Le Langage des gestes POUR LES NULS

Le Langage des gestes POUR LES NULS

Joseph Messinger

Dessins de Sya

FIRST
Editions

Le Langage des gestes pour les Nuls

ISBN : 978-2-7540-0597-5
Dépôt légal : 2e trimestre 2009

Ouvrage dirigé par Benjamin Arranger
Édition : Emmanuelle Mary
Correction : Jacqueline Rouzet
Dessins humoristiques : Marc Chalvin
Mise en page : ReskatoЯ
Fabrication : Antoine Paolucci
Production : Emmanuelle Clément

Imprimé en France par CPI - Hérissey à Évreux

Éditions First
60, rue Mazarine
75006 Paris – France
Tél. : 01 45 49 60 00
Fax : 01 45 49 60 01
E-mail : firstinfo@efirst.com
Inernet : www.editionsfirst.fr

À propos de l'auteur

Joseph Messinger, psychologue de formation, est le spécialiste de la symbolique gestuelle aux éditions First. Il est l'auteur de nombreux ouvrages sur le sujet, dont *Ces gestes qui vous séduisent* (2004), *Les Gestes du succès, les Mots de la réussite* (2004), *Le Langage psy du corps* (2004), *Le Décodeur gestuel de poche* (2006), *Le Sens caché de vos gestes* (2e édition, 2007), *Les mots qui vous trahissent* (2007), *Le Sexe des gestes* (2007), *Le Profileur gestuel* (2009) et *Petit Cahier d'exercices gestuels* (2009).

Son best-seller, *Ces gestes qui vous trahissent* (5e édition, 2008), s'est vendu à plus de 150 000 exemplaires.

Joseph Messinger a mis en exergue une catégorie particulière de refrains gestuels qui représentent l'infrastructure d'une nouvelle discipline de l'observation non verbale : l'autoscopie gestuelle (dite aussi psycho-anatomie). Il s'agit d'une méthode destinée à prendre conscience de ses propres réactions corporelles face à l'autre, comme s'il s'agissait d'un poste récepteur capable de décrypter les sentiments d'autrui.

Remerciements

Je me dois de vous remercier du fond du cœur, tous autant que vous êtes, lecteurs fidèles ou infidèles, qui avez contribué au succès de mes livres depuis la première édition de *Ces gestes qui vous trahissent* en 1994. Je n'y croyais pas, vous y avez cru. Je vous dois beaucoup et plus encore.

Sommaire

Introduction

« On dit avec le corps ce qu'on ne peut pas dire avec les mots. »

Christiane Olivier

Pourquoi tire-t-on la langue quand on s'applique ?

« Tirer la langue » est synonyme d'effort dans le langage populaire ! On tire aussi la langue en guise de provocation ou pour émettre un signal de défi.

Pourquoi fait-on des gribouillis quand on est au téléphone ?

Cette manie compulsive de dessiner n'importe quoi sur une feuille de papier procède d'un sentiment d'insatisfaction globale, voire de frustration. Le sujet estime qu'il n'est pas à sa place dans la hiérarchie de l'entreprise, que les « dieux » ne sont pas favorables à ses initiatives, que sa vie ne cadre pas avec ses aspirations.

Pourquoi certaines personnes penchent la tête lorsqu'elles écoutent ?

Les personnes qui baissent la tête tentent de charmer leur interlocuteur. Horatio, un personnage de la série culte des « Experts Miami » est un exemple typique du flic séducteur qui baisse la tête à droite en permanence quand il s'adresse aux autres acteurs.

Pourquoi applaudit-on en frappant des mains ?

Pour créer de l'énergie qu'on appelle aussi l'enthousiasme, c'est-à-dire le dernier palier avant le bonheur de l'instant.

Pourquoi joignez-vous les mains quand vous priez ?

Pour que les deux cerveaux (cognitif et affectif) s'associent dans leur quête de l'âme, ce concept immatériel qui anime l'Humanité.

Pourquoi ne faut-il pas montrer du doigt ?

Parce que ce doigt est l'index, un doigt qui était considéré comme étant empoisonné du temps des Romains. C'est le doigt de l'affirmation de soi, de l'autorité ou de la maîtrise, à droite ; le doigt de la jalousie, de la possession, à gauche. L'index est un doigt agressif, comme nous le verrons dans le chapitre consacré aux doigts.

Pourquoi les stars sourient-elles tout le temps ?

Une star qui tirerait la tête en permanence ne resterait pas une star très longtemps. Les gens ont besoin de se projeter sur le bonheur de ces étoiles qui brillent au firmament de leurs rêves. C'est une manière comme une autre de se frotter à la poussière d'étoile. Le sourire fait partie de la panoplie de la star, dents blanchies et surfaçage garanti.

Un voyage initiatique

Comme l'affirme un philosophe anglais : « Le corps trouve naturellement le geste juste si l'esprit ne lui barre pas la route. » Ainsi, le décryptage des gestes est une traduction en temps réel des émotions qui agitent les sentiments humains. Il permet de décoder les grandes lignes de la personnalité d'un sujet, mais aussi d'interpréter les codes gestuels qui trahissent son climat mental dans le contexte d'un débat, d'une négociation, d'une situation de séduction ou de crise.

Comme vous allez le découvrir au fil de ce livre, chaque portion de votre corps, chaque organe visible ou invisible, chaque région corporelle correspond aux caractéristiques psychologique, philosophique ou cognitive qui sont les constituants de votre personnalité. Ainsi, les lobes de vos oreilles sont symboliques de votre niveau de sensibilité érotique (quelle que soit leur proéminence, rassurez-vous), tandis que vos pouces sont le siège du tandem plaisir et désir.

Je vous propose un voyage initiatique sur la planète corporelle, ce sanctuaire de l'esprit, pour vous initier à la signification de chacune de ses parties et des gestes qui les accompagnent. Je vais vous enseigner le b.a.-ba de la traduction des gestes, c'est-à-dire vous ouvrir un libre accès au vocabulaire des mouvements de votre corps et de celui de votre interlocuteur.

Un nouveau vocabulaire

Au fil de mes ouvrages et de mes recherches, j'ai établi des grilles de lecture gestuelle qui offrent l'avantage de pouvoir décoder (en principe) la plupart des attitudes du corps, des mimiques du visage et, surtout, des codes gestuels réflexes en partant d'une classification élémentaire. Elle discerne trois types de gestes principaux :

- Les refrains gestuels invariables ;
- Les refrains gestuels alternatifs ;
- Les codes d'intention séducteurs ou réducteurs.

Par exemple, le croisement des bras est un refrain gestuel invariable ; le croisement des jambes est un refrain gestuel alternatif ; les mains en prière, hors contexte religieux, est un code d'intention qui vise à dissimuler l'ignorance, un geste réducteur ; l'animation des deux mains en sous-titrage du discours est un code d'intention attractif ou séducteur.

Si une minorité, certes importante, des refrains gestuels ont un sens (la majorité ne sont que des gesticulations destinées à nettoyer le climat mental des pensées parasites qui y prennent leurs quartiers en toutes saisons), c'est parce que les sites anatomiques qui entrent en jeu sont également signifiants. En serait-il autrement, toute la gestuelle ne serait qu'une mancie de plus et non une technique de décryptage qui s'impose de plus en plus dans le paysage des sciences de l'Homme.

J'appelle « psycho-anatomie » le vocabulaire du corps dont la combinaison des parties représente la syntaxe d'un nouveau langage. À ne pas confondre avec la morphopsychologie qui s'intéresse plus particulièrement aux formes du corps en ce qu'elles sont censées révéler sur le caractère de l'individu.

Cette méthode est l'aboutissement de plus de vingt années d'observations et d'une vingtaine d'ouvrages publiés sur ce sujet d'une richesse insoupçonnée. Une grammaire gestuelle à la portée de tous que je vous propose d'aborder ici. Elle est fondée sur l'observation des principaux refrains gestuels invariables et alternatifs et sur des postulats élémentaires que chacun peut constater objectivement.

De soi à autrui

Cet ouvrage destiné au plus grand nombre apporte une nouvelle vision du langage kinesthésique, dit plus communément « langage gestuel ». La kinesthésie est l'ensemble des sensations d'origine musculaire, tendineuse, articulaire ou cutanée qui renseignent le mental sur les positions du corps dans l'espace et sur les mouvements de ses différentes parties. Où sont mes pieds ? Comment je croise les doigts ? Avec quelle main je tiens ma cigarette, etc. ?

De l'observation de mes propres gestes, j'en arrive à une analyse plus pointue dans laquelle j'associe le geste au ressenti. Quand j'écoute mon correspondant au téléphone de l'oreille droite, mon bras fatigue plus vite qu'à l'oreille gauche. Bizarre, non ? Je suis pourtant droitier. Pourquoi je me pince toujours les narines quand je ris ? De quelle main ? La gauche, pardi !

Ainsi, ce livre a pour vocation de vous informer, de vous étonner, de vous former, le cas échéant, mais surtout de vous rendre service. Apprendre à gérer son corps, prendre conscience de ses pouvoirs sur les plans de la santé, de la longévité, de la forme physique ; répartir les flux énergétiques automatiques ou volontaires ; ralentir vos biorythmes pour freiner l'obsolescence cellulaire, organique et systémique de l'organisme, tels sont quelques-uns des objectifs de la psycho-anatomie.

Mais le premier de ces objectifs consiste à retrouver le chemin d'une écoute corporelle : l'« autoscopie gestuelle ». Apprendre à s'écouter, à se focaliser sur les mouvements de son propre corps pour mieux écouter l'autre. Comment ce paradoxe est-il possible ? C'est ce que vous découvrirez dans le chapitre 2.

« Écoutez le message de vos propres gestes et vous entendrez les sentiments d'autrui ! » Tel est le credo sur lequel repose la gestuelle telle que je la conçois aujourd'hui.

Comment ce livre est organisé

Une première partie pour vous initier à la lecture des gestes, ceux des autres mais aussi les vôtres en réaction aux propos ou aux actes d'autrui. Formant le cœur de l'ouvrage, les parties deux à cinq découpent la géographie corporelle, du haut vers le bas, en quatre grandes zones anatomiques distinctes dont je vous invite à découvrir les secrets. Soit, schématiquement, la tête, les bras, le torse et les jambes.

La partie suivante détaille des postures assises, debout, la marche, les gestes du lien et donne quelques explications sur des postures de proxémie.

Enfin, la partie des Dix s'attache d'abord sur dix gestes clés avant de détailler dix gestes de séduction et d'autorité.

Première partie : Apprendre à lire les gestes

Cette première partie contient les notions essentielles à la compréhension de la gestuelle : l'autoscopie gestuelle, les profils gestuels de base, les premières échelles d'évaluation rapide en deux refrains gestuels, mode d'adaptation, persona, mode de fonctionnement intellectuel.

Deuxième partie : Du sommet du crâne à la base du cou

Du haut du crâne à la base du cou en passant par les mouvements de la tête, le vocabulaire du regard, toutes les expressions du visage, sans oublier la pilosité du visage, cette partie analyse nombre de postures sans pouvoir être exhaustive tant le visage peut les multiplier à l'infini.

Troisième partie : De la pulpe des doigts aux biceps

Elle prend son essor avec les bras, descend jusqu'aux mains pour s'achever avec la pulpe des doigts. Tout y est, la valeur symbolique des doigts, les gestes et postures classiques, le sens symbolique de chaque partie corporelle incriminée.

Quatrième partie : Des épaules au pubis

Cette partie concerne le torse recto et verso. Elle démarre au niveau des épaules, descend jusqu'au sexe et aux fesses en passant par la poitrine, le plexus solaire, la taille, les hanches, le ventre et la colonne vertébrale.

Cinquième partie : Des cuisses aux orteils

Elle est composée de deux chapitres : le premier s'attarde sur les jambes qui sont commandées par la conscience bis, cette partie cachée de la conscience d'être qui gère les automatismes et filtre les émotions sans passage obligé par le subconscient. Le second zoome sur les pieds.

Sixième partie : Les postures thématiques

Cette partie aborde les postures non plus par le menu du corps, mais par grandes thématiques : elle s'ouvre d'abord avec les postures assises, puis détaille les postures verticales, dont la marche, avant de poursuivre avec les gestes du lien et ceux de l'émotion.

Elle se termine avec l'étude du principe bâbord-tribord qui régente les sympathies à l'insu des consciences.

Septième partie : La partie des Dix

La dernière partie de l'ouvrage examine dix postures clés, puis retient dix gestes séducteurs et dix gestes autoritaires.

Les icônes utilisées dans ce livre

Des icônes placées dans la marge permettent de repérer en un coup d'œil le type d'informations proposées selon les passages. Elles orientent votre lecture en fonction de vos besoins.

En voici la liste :

L'icône anecdote attire votre attention sur une histoire particulièrement parlante, en rapport avec les explications données.

Ces icônes permettent de repérer des cas concrets, des situations réelles destinées à illustrer les propos.

Cette question est destinée à mettre l'accent sur un fait particulièrement étonnant.

Et maintenant, par où commencer ?

Détaillant les gestes associés à une zone anatomique ou à une situation précise, chaque chapitre de ce livre peut être lu indépendamment des autres.

Si vous voulez comprendre pourquoi vous tenez toujours votre téléphone de la main gauche, commencez par le chapitre 3. Si vous avez tendance à coincer votre main gauche sous votre cuisse droite, rendez-vous au chapitre 13. Si vous voulez tout savoir sur les gestes à accomplir pour séduire votre interlocuteur, passez directement au chapitre 21. À tout moment, vous pourrez revenir en arrière pour découvrir la signification d'un geste particulier.

Et si votre curiosité ne se focalise pas sur un point spécifique, vous pouvez tout simplement suivre l'ordre de la table des matières.

Première partie

Apprendre à lire les gestes

Dans cette partie…

Cette première partie est destinée à vous donner les clés de base nécessaires au décodage des gestes.

Vous verrez pourquoi je me suis appuyé sur le travail de Carl Gustav Jung pour en tirer une grille de lecture pertinente. Vous découvrirez également que vous devez commencer par vous ausculter en faisant un travail d'autoscopie pour mieux décrypter les gestes d'autrui. Enfin, vous comprendrez que ce travail préalable permet d'établir une classification efficace de profils gestuels.

Chapitre 1

Les mots du corps

Dans ce chapitre :

- Le génie de Jung transposé en gestes
- Les gestes en système binaire
- Le climat mental

Apprendre à lire les gestes est à la portée de tous mais pour en comprendre le sens, c'est une autre paire de manches. Car nul ne peut prêter sa foi aux affirmations et aux postulats sur lesquels repose la gestuelle sans les avoir expérimentés personnellement. Il aura fallu que je découvre le lien qui existe entre trois refrains gestuels basiques pour que cette discipline trouve enfin une voie royale en marche vers les sciences humaines.
La psycho-anatomie (la gestuelle) fait ses débuts balbutiants dans la cour des grands, comme vous en aurez la preuve en parcourant cet ouvrage, très différent de mes titres précédents.

Le génie de Jung

Je me suis fondé sur la typologie du psychiatre suisse Carl Gustav Jung (1875-1961) pour la transposer gestuellement en me reposant sur trois refrains gestuels invariables que vous retrouverez dans le chapitre 3. J'ai ensuite attribué à chacun des huit profils jungiens une appellation plus moderne et, partant, plus facile à mémoriser. Pour attribuer la combinaison des trois gestes à chaque profil, j'ai procédé par élimination logique. Par exemple, pour définir les quatre profils offensifs (ceux dont le bras droit domine quand ils croisent les bras) et les quatre profils défensifs (ceux dont le bras gauche domine dans le croisement des bras), je me suis appuyé sur le descriptif comportemental de chacun des profils jungiens. J'ai ensuite procédé de même pour le deuxième refrain élémentaire (le tricot des doigts) qui articule le profil gestuel de base. Enfin, j'ai pris en compte les notions d'introversion ou d'extraversion édictées par Jung pour le troisième refrain (l'oreille que vous privilégiez au téléphone).

Un autre refrain gestuel invariable peut se substituer à l'oreille téléphonique : la rotation subtile de la tête quand vous écoutez un interlocuteur en face à face. Mais ce dernier est moins fiable que l'oreille téléphonique!

Jung considère l'introversion comme un repli sur soi et l'extraversion comme un intérêt pour le monde extérieur. Ce qui en clair laisserait sous-entendre grossièrement que l'introverti est un individu subjectif, introspectif et égocentrique, et l'extraverti un être objectif et sociable. C'est loin d'être aussi carré. Pour étayer sa théorie, il a établi une typologie originale des caractères qui relativise cette première vision un peu escarpée.

Les gestes en système binaire

Le cerveau gauche contrôle la moitié droite du corps, tandis que le cerveau droit en contrôle la moitié gauche. Du cerveau gauche dépend la parole. Il est rationnel, fonctionnel et pratique. Le cerveau gauche est donc droitier. Quant au cerveau droit, il est considéré comme étant le siège des intuitions, du sens spatial, temporel, de l'imaginaire et du sens créatif. Il est gaucher. Le philosophe et économiste écossais Adam Smith (1723-1790) explique que chaque culture dans le monde, que ce soit sur des bases physiologiques ou non, a mis en évidence cette séparation fondamentale des choses.

Partant de ces constats, entre autres, je pose l'hypothèse suivante : la partie droite du corps d'un sujet masculin et droitier appartient à une image paternelle intégrée dans son Surmoi. La partie gauche, en revanche, serait symbolique de l'image maternelle. L'homme droitier qui s'identifie à son image paternelle, dans la mesure où il est un homme comme son père, intégrera ses énergies positives dans la partie droite de son corps et ses énergies négatives dans la partie gauche. La femme droitière, en revanche, intégrera ses énergies positives dans la partie gauche de son corps. N'est-elle pas une femme comme sa mère? Pour les hommes gauchers, les images parentales doivent être inversées : l'image du père se situera à gauche et celle de la mère à droite. Pour les gauchères, même type d'inversion mais dans le sens contraire.

LE SAVIEZ-VOUS ?

La réincarnation des parents

Tout être humain est la synthèse d'un couple qui a permis sa conception : ses parents. Ces deux images se sont progressivement intégrées dans un schéma de la conscience que les psychanalystes ont intitulé le Surmoi; un lieu qui rassemble les interdits, les libertés et les tolérances sur lesquels repose toute notre éducation. J'ai posé à mon tour l'hypothèse que ces deux personnages centraux, qui nous ont donné la vie, imprègnent tous les atomes, les molécules et les cellules de notre corps. Deux identités de sexe opposé qui y trouvent chacun un siège. J'ai situé l'image maternelle dans la partie gauche du corps humain et l'image paternelle dans la partie droite. La frontière dans ces deux images est une ligne verticale au tracé fictif qui coupe le corps en deux dans le sens de la hauteur et qui va du vertex (sommet du crâne) au périnée (base du bassin).

Le climat mental

Le climat mental est synonyme de ce que les psychologues nomment communément l'attitude mentale, comparativement à l'attitude corporelle. Le climat mental d'un individu fonctionne sur la base des polarités attractives ou répulsives, il aime ou il n'aime pas, il adhère ou il rejette, il adore ou il déteste. Les variations du climat mental s'expriment aussi bien par le choix du vocabulaire verbal que par les réactions corporelles ou gestuelles destinées à évacuer le stress ou l'angoisse générés par un contexte inattendu ou une situation d'exception. À force de se retrouver confronté aux mêmes types de situations, le subconscient programme une réaction gestuelle réflexe, réaction d'évacuation du stress, qui se mue parfois en refrain gestuel. Par exemple, le croisement des bras.

Le climat de votre attitude mentale domine l'atmosphère de vos sentiments, obligeant parfois votre corps à se plier à des attitudes inconfortables pour satisfaire la tyrannie de certaines impressions désagréables (le croisement répulsif des jambes chez une femme droitière, donc droite sur gauche par exemple). En repérant, à la longue, les refrains gestuels qui vous caractérisent, vous serez en mesure de séparer les bonnes attitudes de celles qui trahissent un climat mental morbide, voire simplement négatif. Vous apprendrez dès lors à les déprogrammer d'instinct au profit de celles qui vous valorisent.

La météo de vos humeurs n'est pas qu'une vue de l'esprit. Chaque sentiment présent dans votre conscience se traduit automatiquement sur le plan des GPM (gestes, postures et mimiques), chaque pensée entraîne un effet gesticulatoire. Si vous envisagez de quitter votre job pour vous joindre à l'élaboration d'un projet en devenir, vous pourriez reproduire le geste suivant : la main à hauteur du visage, paume retournée contre la bouche, comme pour éviter une gifle virtuelle (voir Figure 1-1). Ce code gestuel traduit une peur de l'avenir parfaitement légitime dans le contexte décrit.

Figure 1-1 : Geste d'auto-protection, trahissant une peur de l'avenir.

Le climat mental est donc le chef d'orchestre qui dirige ces effets gesticulatoires. Les grands comédiens expriment à merveille ces multiples changements d'humeur en ayant recours à des mimiques ou à des gestes appropriés au contexte imposé par le scénario. C'est là leur force et ce qui fait toute la différence entre un cabotin et un véritable artiste. Quand un film remporte un certain succès, ce n'est pas uniquement parce que l'histoire plaît au public, mais aussi parce que les acteurs ont réussi à s'approprier les sentiments exprimés par les personnages qu'ils jouent. Ils sonnent « vrai » quand ils reproduisent au mieux les gestes et les postures qui animent leurs personnages. Ils sont devenus leurs personnages, sur un plan purement GPM.

Chapitre 2

Les règles de l'analyse gestuelle

Dans ce chapitre :

- L'autoscopie
- La stratégie du miroir

L'autoscopie corporelle offre l'opportunité de vous investir dans l'écoute de votre propre corps pour, d'une part ouvrir la porte aux émotions d'autrui, et, d'autre part, vous enrichir socialement tout en dressant une barrière efficace contre la pollution qu'autrui pourrait vous faire subir.

L'autoscopie

Je ne gère pas la production des mouvements de mon corps, je ne fais que constater *a posteriori* ses réactions en fonction des événements qui me touchent ou de mes rencontres. J'observe attentivement mes propres réactions indépendantes de ma volonté. Quand je suis au téléphone par exemple, je m'observe en train de réagir. En somme, je me dédouble, je deviens le spectateur de mon propre corps et l'acteur qui agit. Les personnes que je croise s'imaginent que je suis toujours aux aguets de leur gestuelle, que mon regard est comme les rayons X ; ça me fait rire, s'ils savaient !

Un miroir en trois dimensions

L'autoscopie des mouvements de mon propre corps m'en apprend plus sur les autres, sur ce qu'ils ressentent, que l'observation de leurs gestes ou de leurs postures, mis à part quelques refrains gestuels classiques, comme le croisement des jambes ou des bras. Les individus émettent des vibrations émotionnelles en permanence et ces vibrations sont réceptionnées par l'amygdale de mon cerveau de façon inconsciente. Comment pourrais-je les percevoir, sinon en analysant mes propres réactions *a priori* ?

Chaque individu est un miroir tridimensionnel : affectif, social, kinesthésique. Il ressent de manière un peu fruste des sentiments de sympathie ou d'antipathie à l'égard d'autrui. J'exclus l'indifférence. Ce n'est pas une attitude subjective. Elle ne peut s'exprimer que dans l'ignorance d'un fait.

Les règles du ressenti

Les règles qui régissent notre société ne permettent pas de dire à votre voisin qu'il a un bouton sur le nez ou de déclarer à haute voix votre aversion pour le chef de service. Il faut faire semblant. Quitte à faire semblant, autant savoir à qui vous avez affaire et quelle distance vous devez fixer entre ce personnage et vous pour vous protéger de sa possible pollution émotionnelle. En effet, les émotions parlent un langage que seul le corps est en mesure de comprendre et que vos gestes traduisent sous votre nez, un nez qui les ignore superbement.

Cela pourrait se dire ainsi : ce que je ressens, je le sens avec mon nez à l'insu de mes sensations conscientes. Par exemple, mes chevilles se croisent et se décroisent sous mon siège. Une pensée parasite me traverse l'esprit, mes chevilles se positionnent automatiquement en mode psychorigide (la droite retient la gauche). Je prends conscience de la congruence entre ma pensée et le croisement psychorigide de mes chevilles et je les décroise. J'évoque un souvenir agréable en discutant avec un ami. Je constate que mes chevilles sont croisées sur le mode flexible (la gauche retient la droite). Ces réactions corporelles précèdent mon analyse, ce qui signifie qu'elles sont parfaitement involontaires. Elles traduisent en temps réel la synthèse émotionnelle de mes pensées ou représentent une réaction kinesthésique à la situation que je vis.

Les larmes du bonheur

Quand j'assiste à un concert ou à un tour de chant, l'artiste qui s'exprime me touche et déclenche chez moi une réaction lacrymale : je pleure. Ce sont des larmes qui coulent sans chagrin, des larmes de plaisir. En revanche, s'il manque de l'émotion au talent de l'artiste, je ne ressentirai que de l'ennui, voire une impatience qui me donne envie… de partir. Mon corps confirme ou infirme ce que j'ai ressenti intuitivement. Les gestes me protègent contre mon propre enthousiasme, contre la manipulation, contre l'abus dont je pourrais être victime par naïveté. Car je ne suis pas le plus malin. Je suis loin du compte ! En revanche, je suis mieux protégé que bien des demi-malins et surtout mieux informé de ce qui risque d'arriver ou de ce qu'ils ont l'intention de me proposer pour tester mes limites. Je ne gobe pas des paroles qui travestissent trop souvent la réalité des intentions, je crois aux gestes, aux miens ou à ceux des autres, qui me racontent une autre histoire.

L'autoscopie élémentaire

La plus grosse difficulté consiste à demeurer à l'écoute de son corps (ce que je nomme l'autoscopie corporelle). L'interprétation de ses propres mouvements en temps réel est évidemment le but à atteindre. Sachant que tous ces mouvements ne sont pas signifiants mais que seuls ceux qui se répètent méritent qu'on s'y attache. Si je recule systématiquement ma jambe droite sous le siège, qu'est-ce que cela veut dire ? Les jambes représentent symboliquement la maîtrise de soi ou… le contrôle de soi. Plus exactement, la jambe droite correspond à la maîtrise de soi chez un homme droitier et la jambe gauche correspond au contrôle de soi. Dois-je vous rappeler qu'un individu qui se maîtrise n'éprouve pas le besoin de se contrôler et qu'un individu qui se contrôle ne maîtrise pas ses réactions ?

Chez la femme droitière, la maîtrise correspond à la jambe gauche et le contrôle de soi, à la jambe droite. Pour les gauchers, il faut inverser, comme d'habitude.

Le Moi mérou

L'interprétation de ses mouvements en temps réel est une gymnastique mentale qui permet de neutraliser les pensées appréhensives ou spéculatives, donc parasites. La plupart des gens confondent leur ego avec une armure sociale. Dès que l'autre entre dans votre champ de vision ou d'écoute, votre Moi se dilate comme un mérou pour protéger votre territoire mental (le terreau de votre confiance en soi et de votre estime de soi). L'attitude peut vous sembler paradoxale. Comment peut-on être attentif à son corps et diminuer très sensiblement l'intervention de l'ego dans une relation à l'autre ?

La double conscience

L'autoscopie corporelle détourne l'énergie investie dans le canal de la pensée oppositionnelle et la réoriente en direction du corps. Il est impossible de produire des pensées parasites en focalisant le mental sur son corps car l'alimentation énergétique de l'ego est purement spéculaire : l'Homme se regarde en train de penser ou de verbaliser cette pensée dans le miroir de sa conscience. Le Moi prend toute la place. La neutralisation du Moi pensant ne peut s'opérer qu'en redirigeant la pensée en direction du corps en mouvement. Cette prise de conscience particulière consomme beaucoup moins d'énergie mentale que la pensée passive et polluante du Moi qui s'admire dans le miroir de sa pensée. Le bénéfice énergétique disponible qui en résulte peut dès lors être investi dans l'ouverture relationnelle à l'autre. La conscience se dédouble puisqu'elle est à la fois à l'écoute de votre corps et du discours de l'autre, sans interférence possible de votre ego. C'est ce que je nomme le phénomène de la double conscience.

Une caisse de résonance

En somme, l'autoscopie gestuelle est un examen réflexe des mouvements de votre corps en temps réel.

Il est primordial de surveiller son propre corps. Il vous renseigne de ce qui vous attend, et il me semble important de savoir comment votre conscience bis réagit à la situation pour deviner ce qui se trame dans l'esprit de votre adversaire ou de votre interlocuteur. Apprendre à distraire une partie de votre attention pour automatiser cette autoscopie n'est pas simple. La programmation de ce type d'attitude mentale exige une prise de conscience impossible sans un solide entraînement. Votre mental s'échappe constamment. Il est happé par l'interprétation de la situation à laquelle vous êtes confronté. Votre corps est une caisse de résonance fabuleuse dont tout le monde ou presque ignore le vocabulaire prémonitoire.

EXEMPLE

Paul croise les bras. Il est las de la discussion qui l'oppose à Jean, un écrivain célèbre et concélébré. Paul est éditeur. Je suis assis à la table voisine et je fais semblant de me concentrer sur l'écran de mon portable. Sa main droite enveloppe son coude gauche (voir Figure 2-1).

Figure 2-1 : Le coude gauche enveloppé dans la main droite est un signe de frilosité ou de peur de l'échec.

Mais Paul ignore le sens de ce refrain gestuel. Sa cheville droite retient la gauche sous son siège (voir Figure 2-2).

Figure 2-2 : Quand votre cheville droite retient la gauche, attendez-vous à une relation psychorigide.

Il voudrait conclure avec son invité, un gros vendeur de livres. L'affaire ne se fera pas. Si Paul avait pratiqué l'autoscopie gestuelle, il aurait diagnostiqué un échec prédictif (son coude gauche enveloppé) et un entretien psychorigide (cheville droite retenant la gauche). Il aurait pu changer de stratégie, conscient de l'échec annoncé.

Paradoxalement, la lecture autoscopique de soi est la source d'une observation objective de l'autre. Je peux cerner l'autre si je prends conscience des limites de mon propre territoire corporel. Telle est la règle. La conscience se dédouble puisqu'elle est à la fois à l'écoute du corps et de l'autre, sans intervention possible de l'ego.

Le Moi séducteur ou le Moi réducteur

Le Moi corporel est une enveloppe séductrice, *a contrario* du Moi spirituel qui est un outil de communication intellectuel et surtout spéculatif, donc réducteur. Il faut choisir entre séduire en investissant son corps par la pensée ou s'affirmer d'emblée en se focalisant sur les mouvements de l'esprit. Le Moi qui s'affirme (donc qui pense) ne dispose pas du recul nécessaire pour s'investir dans une autoscopie corporelle. Il se réduit à une image immatérielle totalement investie dans la préoccupation mentale de son existence. Dans ces conditions, l'autre est perçu comme un intrus et non reçu comme un hôte. Votre interlocuteur vous expose son point de vue sans prendre en compte la matérialité de votre présence. Il communique sur le mode du Moi réducteur. La surenchère verbale est la norme de ce mode de communication. L'autre se sert de vous pour donner un sens à sa réflexion ou à ses affirmations. La place que vous tenez à ses yeux est subordonnée à son ego. L'espace qui vous englobe tous deux lui appartient. Votre présence est virtuelle. La seule réalité qu'il perçoit, c'est lui.

La stratégie du miroir

La lecture et l'analyse des gestes permettent d'atteindre deux objectifs :

- *A priori*, apprendre à évaluer immédiatement le degré de compatibilité sociale, affective ou professionnelle entre votre interlocuteur et vous-même dans différents contextes (rencontre informelle, négociation, situation de séduction, vente, médiation, etc.) en vous fondant sur les refrains gestuels invariables et sur certains codes d'intention basiques ;
- *A posteriori*, reprendre conscience de l'existence de son corps.

Si ma pensée précède mon corps, le stress s'installe et mon corps ne parvient plus à rattraper mon esprit. Un des grands problèmes auxquels vous êtes confronté aujourd'hui s'appelle le stress, c'est-à-dire un trouble du rythme de vie qui perturbe votre mental aussi bien que votre équilibre psychosomatique ; un trouble sociétal qui limite l'efficacité de vos actions et leur rentabilité. Pour être efficace, il faut user d'un stratagème particulier qui éloignera le stress entretenu par les pensées parasites et spéculatives, bien plus que par la pollution que vous fait subir votre environnement.

Votre esprit et votre corps ne vivent plus en harmonie, le premier est envahi, pollué par ses pensées parasites, par des exigences professionnelles hors d'atteinte, des contraintes de temps, de distance, de boulot, etc. qui effacent la dimension corporelle. Le second n'existe plus sauf quand il tombe en carafe. Votre mental court après le temps et votre corps est laissé sur place.

Réapprendre à prendre conscience de l'existence de ce corps, de l'espace qu'il occupe, de ses mouvements, de ses postures, de vos actes et de vos paroles au présent de l'indicatif, sans référence constante aux relents du passé et sans appréhension du devenir à court terme, tel est le but de mes recherches sur la gestuelle.

Car l'ennemi, le virus de l'efficacité de vos actions, c'est le stress, dont les pensées parasites sont les vecteurs principaux. Ensuite viennent les autres, tous ceux qui représentent votre entourage socio-affectif ! Et comme on ne peut pas vivre sans les autres, autant apprendre à se protéger du stress qu'ils vous envoient à longueur de journée : il faut réfléchir la lumière et non l'absorber. Vous devez devenir le miroir de votre environnement et pour y parvenir, il est indispensable de savoir retrouver le chemin mental du corps en mouvement. Apprendre à écouter vos propres GPM en réaction à l'environnement et au stress qui vous agressent en permanence, c'est renouer avec l'efficacité et la rentabilité de vos actions. D'où l'importance de l'autoscopie gestuelle.

Chapitre 3

Les profils gestuels de base

Dans ce chapitre :

- La grammaire gestuelle
- Les refrains gestuels
- Les combinaisons de base
- Les profils psychogestuels

Nous abordons maintenant le cœur du réacteur humain : les portraits des huit profils fondamentaux et les refrains gestuels qui les constituent. Ces profils reposent sur les trois refrains gestuels génériques les plus courants, comme vous le découvrirez dans ce chapitre.

La grammaire gestuelle

Les Hommes ne sont pas des pots de confiture qu'on étiquette en fonction d'un parfum. Nous sommes des êtres complexes, tous différents les uns des autres, mais nos refrains gestuels nous rassemblent dans des familles génériques conjointes. Est-ce là le fruit du hasard ? Ces gestes ne sont que les translations de comportements hyperonymes, de programmations communes si vous préférez, qui nous permettent de nous identifier émotionnellement les uns aux autres ou de nous différencier les uns des autres. Le fameux droit à la différence n'est souvent qu'un appel à la ressemblance.

Tout individu est une mosaïque d'influences héréditaires, ataviques ou acquises par imitation, raison pour laquelle chaque individu est unique. On peut tout juste inférer que nous sommes tous identifiés en partie à huit profils (le cartésien, le challenger, le créatif, l'idéaliste, le narcissique, le relationnel, le sensitif et le tribal) dont deux au moins nous ressemblent plus que les autres. Pourquoi deux et pas trois ou quatre ? Parce que les huit profils en question sont des profils spéculaires, ils sont antagonistes et complémentaires deux par deux. Je m'explique.

Imaginez les cartes à jouer ! Le profil de l'idéaliste est l'antagoniste complémentaire du profil du narcissique, son image spéculaire, en somme son jumeau inverse ; de même, le profil du créatif est le versus du relationnel ; le profil tribal est l'antagoniste complémentaire du cartésien et enfin, le challenger est l'envers du sensitif. Ces huit profils ont donc quatre troncs communs. Un créatif gestuel refoulé se tournera vers son image miroir, celle du relationnel, s'il ne peut exprimer ses talents de créatif.

Mais avant de plonger en détail sur ces profils, voyons rapidement ce que signifient les trois refrains gestuels qui en représentent le socle !

Les refrains gestuels

Les refrains gestuels sont des gestes accomplis automatiquement, de façon réflexe et nous accompagnent tout au long de notre vie sans jamais changer. Ils concernent le croisement des bras, le croisement des doigts et l'écoute téléphonique. Ils signalent certains traits de notre personnalité selon le côté dominant (droit ou gauche).

Les bras

Quand vous croisez les bras, vous protégez un mécanisme psychologique fondamental qui régente votre espace vital : votre territoire mental. Et ce territoire particulier est le creuset de deux armures psychiques essentielles : la confiance en soi, celle que vous vous accordez en exclusivité, et l'estime de soi, celle qui est alimentée par la reconnaissance d'autrui.

Vous avez peut-être constaté que la manière de croiser les bras alterne selon les individus. Certains croisent le bras droit sur le gauche. Dans ce cas, on dit que le bras droit est dominant (profil offensif). D'autres croisent le gauche sur le droit, le bras gauche devient dominant (profil défensif). Le croisement des bras est un refrain gestuel invariable, une posture qui s'installe dès la prime enfance et ne change plus jusqu'à la fin de votre existence, sauf exceptions rarissimes.

Mais que signifient grossièrement ces deux désignations : offensif et défensif ? Que l'offensif a besoin de s'affirmer face au groupe pour conforter sa confiance en lui (sa foi) et que le défensif a besoin d'être confirmé (reconnu) par le groupe pour se rassurer et établir les bases de son estime de soi (la reconnaissance des autres) ?

Le profil défensif

Doté d'un bon esprit d'équipe, le défensif (voir Figure 3-1) est plus réactif que proactif. Il est donc plus « guérir » que « prévenir ». Globalement, le défensif est un individu qui réfléchit avant d'agir là où l'offensif agit d'instinct et réfléchit après coup.

Figure 3-1 : Si vous croisez le bras gauche sur le droit, vous êtes défensif.

Le profil offensif

Hommes ou femmes d'action, le mode de gestion de l'espace vital des profils offensifs (voir Figure 3-2) gestuels est fondé sur l'attaque, le risque, l'invasion, l'audace et surtout l'affirmation de soi. Pour l'offensif, il est impératif d'exister aux yeux des autres en toutes circonstances. L'offensif alimente sa confiance en soi par le succès de ses entreprises. Il vit très mal la mise en doute de ses compétences car elle handicape sa foi.

Il existe deux sortes d'offensifs :

- **L'offensif challenger.** Il réussit quand il échoue, c'est-à-dire qu'il a besoin de l'échec pour pouvoir repartir sur des bases nouvelles. C'est un phénix qui renaît de ses cendres. D'ailleurs, la réussite lui fait peur. C'est un combatif qui ne peut exister qu'en temps de guerre.
- **L'offensif lauréat.** Il fonctionne différemment, il ne mesure jamais la distance avant de l'avoir franchie. C'est un coq de combat tenace et pugnace. Son besoin de réussite est lié à la nécessité vitale d'agrandir son territoire physique. Il a besoin d'un espace vital important pour s'épanouir. Il est ambitieux.

Figure 3-2 : Votre bras droit est dominant quand vous croisez les bras.

En résumé, l'offensif a besoin d'avoir confiance en lui pour gagner l'estime des autres.

Une « ambidextrie » possible ?

Peut-on devenir offensif après avoir été défensif ? En principe, non ! Quelques individus croisent les bras des deux manières mais ils représentent une infime minorité. Cette « ambidextrie » pourrait indiquer un mode de défense du territoire hyperadaptatif, mais leur nombre restreint ne m'a jamais permis de tirer de conclusions.

Cette double identité territoriale peut enfin découler d'un stress majeur ou d'un surmenage. Les grands timides aussi sont susceptibles de croiser dans les deux sens, quand ils sont mis en situation d'examen ou d'exception.

Les doigts

Le mode de croisement des doigts représente le deuxième des trois refrains gestuels génériques de la grammaire des gestes. Comme pour les bras croisés, la haute fréquence de sa reproduction en fait un refrain gestuel indépendant d'un contexte particulier. Je croise les doigts dans diverses circonstances qui n'ont pas toujours un parfum de supplication ou de religiosité. Selon mes observations, le tricot des doigts assure une meilleure interconnexion entre les deux aires cérébrales (cerveaux gauche et droit) symbolisées par les deux mains.

La main droite représente le cerveau gauche et la main gauche, le cerveau droit. Pourquoi cette inversion ? Les scientifiques n'ont pas encore tranché cette question, ils se sont bornés à constater le fait. On peut en inférer que ce geste revient à rebrancher symboliquement les énergies entre les deux cerveaux. Mais ce n'est là qu'une hypothèse concernant le rôle comportemental que joue ce refrain gestuel.

Le fait le plus intéressant à observer se situe au niveau des pouces. Le pouce dominant est toujours le même quand vous croisez les doigts par automatisme. Si vous essayez de reproduire la version contraire, vous hésiterez ou ressentirez une gêne, comme si cette version du refrain gestuel en question ne vous appartenait pas.

J'ai interrogé plusieurs centaines de personnes en leur demandant quel sens symbolique elles attribuaient à ce geste. La grande majorité l'associe à la foi, puis à la compassion, à l'espoir, à l'engagement et enfin à l'idéal. C'est dire à quel point ce refrain gestuel invariable est essentiel dans la radiographie de votre profil gestuel. J'ai pu constater que le recours fréquent au croisement des doigts désignait un individu plus compassionnel que la moyenne, mais il trahissait aussi un sentiment d'insécurité récurrent. C'est d'ailleurs la raison pour laquelle je vous déconseille de recourir à ce refrain gestuel face au recruteur ou au patron qui vous reçoit pour un entretien d'embauche. La connotation d'insécurité n'apparaît d'ailleurs que dans ce type de situation, à l'instar de la victime qui supplie son bourreau de l'épargner, ou du croyant qui prie le bon Dieu de l'exaucer.

Toute communication repose sur une fréquence dynamique des sentiments (dite aussi dynamique mentale) qui anime le territoire mental (pour mémoire : le siège de la confiance en soi et de l'estime de soi). Je pose le postulat suivant : soit cette fréquence est affective et/ou émotionnelle, soit elle est cognitive et/ou rationnelle.

Le mode cognitif

Quand vous croisez les doigts en tricot, votre pouce droit domine le gauche et la modulation de fréquence de votre communication est cognitive (voir Figure 3-3).

Quand la raison domine l'émotion, la faculté de s'enthousiasmer du cognitif est toujours sous contrôle. En réalité, il est très saint Thomas, il ne croit que ce qu'il voit. Le pouce droit dominant indique la fréquence sur laquelle repose le mode de communication.

Figure 3-3 : Pouce droit sur pouce gauche, vous fonctionnez en mode cognitif.

Le pouce droit dominant croit que ce qu'il voit est vrai. C'est un homme ou une femme de désir, au sens large du terme. Il a besoin de preuves et non d'hypothèses ou d'intuitions pour progresser dans la vie. C'est un être de désir ! L'ambition est son moteur.

Le mode affectif

Quand vous croisez les doigts en tricot, votre pouce gauche domine le droit et la modulation de fréquence de votre communication est affective (voir Figure 3-4).

Le pouce gauche dominant indique la fréquence sur laquelle repose votre mode de communication. Si vous croisez les pouces sur le mode affectif, votre fréquence est plus émotionnelle que rationnelle. La fréquence équivaut au ton du discours, le ton de l'affectif est plus passionnel que celui du cognitif.

Sensible, créatif, curieux de la nouveauté, tolérant, vous êtes un homme ou une femme qui cultive le plaisir, privilégiant la qualité de vie au désir d'aboutir. Le pouce gauche dominant est investi dans toutes les déclinaisons du plaisir, de l'émotion à l'imagination, de la créativité à l'empirisme.
Le carburant de ses motivations ou de son ambition prend sa source dans l'idée du plaisir qu'il retirera de l'achèvement de ses entreprises ou de ses initiatives.

Figure 3-4 : Pouce gauche sur pouce droit, vous fonctionnez en mode affectif.

Les oreilles

Le mode de transmission de l'information se situe notamment dans le choix de l'oreille qui écoute au téléphone. Celui qui écoute comprend ce que ne saisit pas toujours celui qui entend.

L'oreille droite est rationnelle puisqu'elle dépend du cerveau cognitif. L'oreille gauche est émotionnelle puisqu'elle dépend du cerveau affectif. L'oreille réceptrice droite identifie un individu dont la communication est extravertie. L'oreille réceptrice gauche identifie un individu dont la communication est introvertie.

Le mode introverti

En principe, l'introverti est vraiment curieux des informations qui le concernent directement. Il informe l'autre à travers son ego. Toute communication verbale est une transmission d'information qui a besoin d'un canal pour être véhiculée. Il n'existe que deux canaux possibles : celui qui passe par l'ego du locuteur et celui qui passe par l'ego de l'interlocuteur. L'introverti se communique à l'autre, il emprunte le canal de son propre ego pour transmettre ses informations.

Carl Jung a défini quatre portraits de l'introverti que j'ai inclus dans des profils psychogestuels : le cartésien, le sensitif, le narcissique et le créatif que vous retrouverez plus loin.

Le mode extraverti

L'extraverti communique avec l'autre, il est « tu » avant d'être « je ».
Il questionne plus qu'il n'affirme. L'ouverture aux autres est une richesse qui a un coût énergétique ! Les extravertis dépensent beaucoup d'énergie à écouter le monde. La différence avec l'introverti, c'est que l'extraverti qui réussit y arrive souvent grâce aux autres. L'extraverti cultive les amitiés avant de saisir les opportunités que ses amis lui proposent. C'est là le secret de ses succès.

Les extravertis peuvent être idéalistes, tribaux, challengers ou relationnels, pour reprendre quatre des huit types décrits par Jung.

Les combinaisons de base

Les gestes exprimant ce qui ne se dit pas, l'observation des combinaisons de base débouche sur trois grilles de lecture élémentaires qui permettent de définir des champs psychocomportementaux essentiels et répondent à trois questions fondamentales que tout homme se pose :

- Quel est mon rôle/ma mission dans la société ?
- Comment me faire accepter par le groupe ?
- Comment fonctionne mon intelligence ?

Le rôle social

Bras et doigts croisés ! La manière dont vous assurez la défense de votre territoire mental et la dynamique mentale qui vous anime (bras croisés et doigts croisés) donnent la réponse à la première question : quel est votre rôle ou votre mission dans la société ? Êtes-vous un initiateur, un fédérateur, un animateur, un promoteur, un révélateur, un compassionnel, un régulateur ou un coordinateur ?

L'initiateur et le fédérateur

Bras droit dominant et pouce gauche dominant font de vous un initiateur ou un fédérateur (voir Figure 3-5).

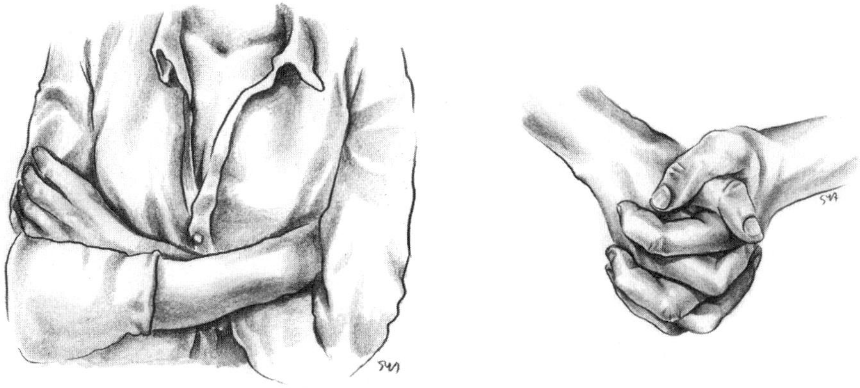

Figure 3-5 : Bras droit dominant et pouce gauche dominant font de vous un initiateur ou un fédérateur.

L'initiateur (offensif affectif) est un individualiste, pionnier et franc-tireur. Capable d'improviser en toutes circonstances, il retombe toujours sur ses pattes. Sa créativité remplace avantageusement le manque de références face à une situation nouvelle. Il agit en autodidacte, en empiriste, et se méfie des connaissances académiques. L'initiateur est généralement un créatif.

Le fédérateur est un pédagogue au sens le plus large du terme. Il enseigne ce qu'il sait (ou ne sait pas) en faisant appel aux moyens de communication les plus performants pour délivrer son message. Politique, prêtre, prof, *coach*, artiste toutes catégories, etc. Certains fédérateurs sont devenus des grands patrons d'entreprise ou d'industrie en se lançant dans des domaines encore mal explorés ou pionniers. Beaucoup de jeunes patrons de *start-up* sont des fédérateurs. Les fédérateurs sont généralement des tribaux.

Le promoteur et l'animateur

Bras droit dominant et pouce droit dominant font de vous soit un promoteur, soit un animateur (voir Figure 3-6).

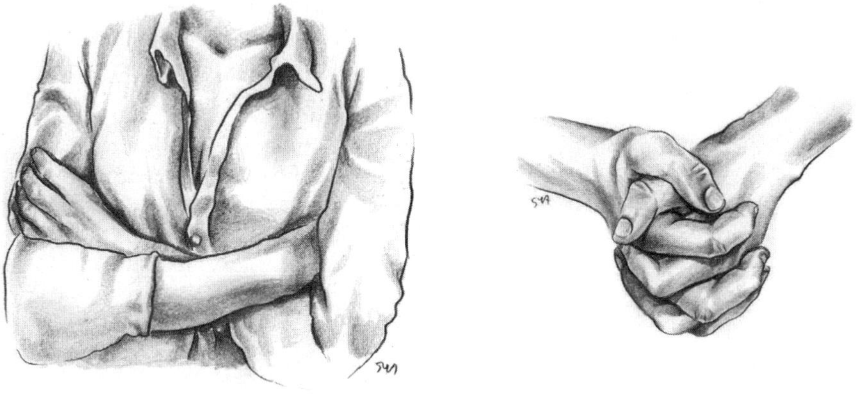

Figure 3-6 : Bras droit dominant et pouce droit dominant font de vous soit un promoteur, soit un animateur.

Le promoteur peut appartenir à une équipe pour s'épanouir et donner toute sa mesure mais peut parfaitement fonctionner en solitaire. C'est un homme d'image, un promoteur-né. Il sait se vendre au meilleur prix. Le narcissique est souvent un promoteur.

Le grand avantage de l'animateur consiste en une reconnaissance instinctive des ressources humaines d'autrui, ressources auxquelles il peut faire appel pour atteindre ses objectifs ou ceux de l'entreprise pour laquelle il travaille. L'animateur sait coordonner d'instinct toutes les ressources dont disposent ses troupes. Il sait commander mais aussi obéir. Les animateurs sont généralement des challengers.

Le révélateur et le compassionnel

Bras gauche dominant et pouce gauche dominant font de vous un révélateur ou un compassionnel (voir Figure 3-7).

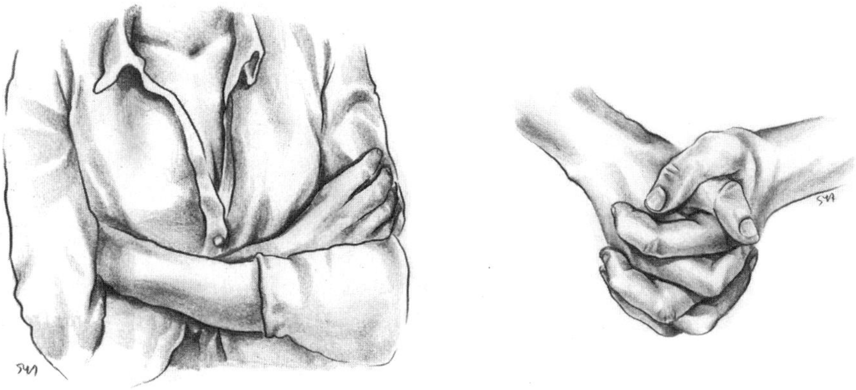

Figure 3-7 : Bras gauche dominant et pouce gauche dominant font de vous un révélateur ou un compassionnel.

Perfectionniste, amoureux de l'ordre et de la méthode, le révélateur (défensif affectif) qui s'engage va jusqu'au bout du contrat, quelle qu'en soit l'issue. Il est fidèle à lui-même et à ses convictions. Comme tout défensif, c'est la reconnaissance de son utilité au couple, au groupe ou de ses compétences par le groupe qui alimente son estime de soi. Le révélateur est plutôt idéaliste.

Le compassionnel est un sensitif qui s'investit dans le besoin de guider ses ouailles. Il est doué d'une intelligence empathique et capable de diriger le groupe ou d'en faire partie. Le compassionnel est un être adaptatif qui s'intègre facilement et qui dispose d'un bon sens de l'anticipation.

Le régulateur et le coordinateur

Bras gauche dominant et pouce droit dominant font de vous soit un régulateur, soit un coordinateur (voir Figure 3-8).

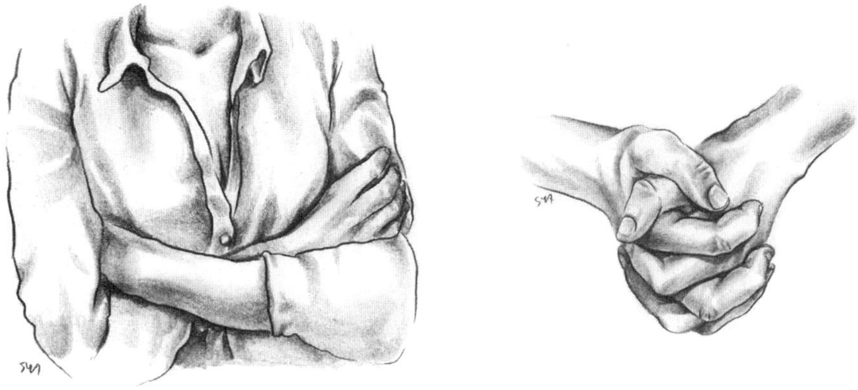

Figure 3-8 : Bras gauche dominant et pouce droit dominant font de vous soit un régulateur, soit un coordinateur.

Le régulateur est le pilier de la stabilité d'une entreprise. Pondérateur, stabilisateur, conservateur en chef des règles du jeu, gardien des valeurs de la société, thermostat social, le régulateur est indispensable à l'équilibre du groupe. Il est globalement plus doué pour les tâches administratives, la recherche, les finances ou la logistique. C'est généralement un cartésien.

Le coordinateur s'occupe de la communication dans le groupe ou vers l'extérieur. C'est souvent un relationnel.

L'adaptation aux autres

Bras croisés et oreille téléphonique ! Si on combine le mode de gestion du territoire (croisement des bras) et le mode de communication (oreille réceptrice au téléphone), cette combinaison gestuelle débouche sur un niveau d'adaptation au groupe ou à l'esprit d'équipe représentés par quatre modèles particuliers :

- L'individualiste ou offensif introverti ;
- L'autonome ou offensif extraverti ;
- Le consensuel ou défensif extraverti ;
- Le dépendant ou défensif introverti.

L'individualiste

Bras droit dominant et oreille gauche au téléphone, vous êtes du type individualiste (voir Figure 3-9).

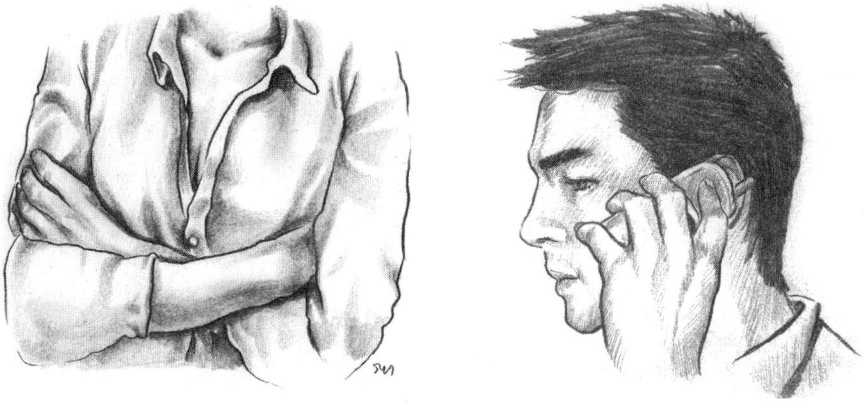

Figure 3-9 : Bras droit dominant et oreille gauche au téléphone, vous êtes du type individualiste.

Offensif et introverti, l'individualiste communique pour s'affirmer avec une certaine agressivité et/ou être accepté tel qu'il est par le groupe. Il correspond aux profils génériques du narcissique ou du créatif. Il fonctionne idéalement à la périphérie du groupe. L'originalité de sa personnalité le marginalise parfois. Excellent franc-tireur, il exerce volontiers le métier de VRP, pigiste, créatif, artisan, artiste, technico-commercial, consultant, comédien, etc.

L'autonome

Bras droit dominant et oreille droite au téléphone, vous êtes du type autonome (voir Figure 3-10).

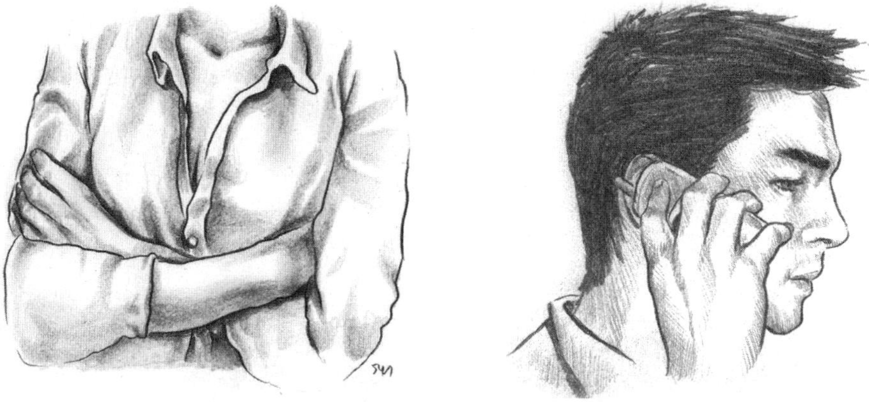

Figure 3-10 : Bras droit dominant et oreille droite au téléphone, vous êtes du type autonome.

L'offensif extraverti communique avec les autres pour s'affirmer et/ou dominer le groupe à terme. Il sera leader, autonome et/ou animateur du groupe. Le profil tribal et celui du challenger appartiennent à ce modèle dominant. L'autonome n'éprouve aucune difficulté d'intégration dans le groupe. Il y trouve sa place naturellement comme chef de la meute ou d'une partie de celle-ci. Généralement, c'est le tribal qui domine le challenger.

Le consensuel

Bras gauche dominant et oreille droite au téléphone, vous êtes du type consensuel (voir Figure 3-11).

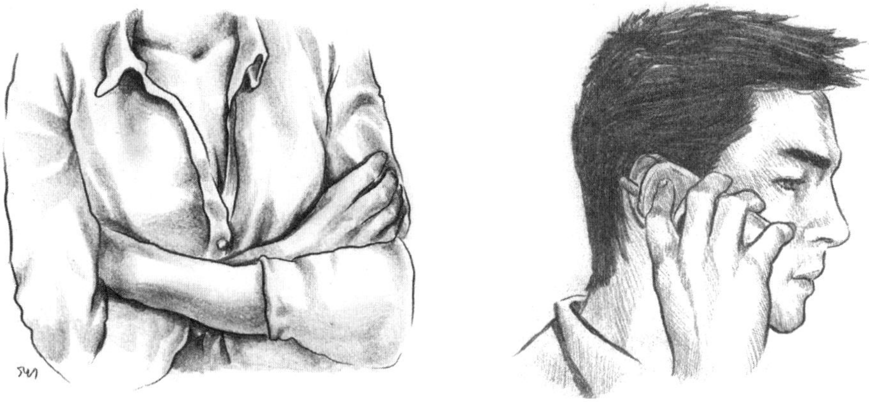

Figure 3-11 : Bras gauche dominant et oreille droite au téléphone, vous êtes du type consensuel.

Le défensif extraverti communique avec le groupe pour s'intégrer en se soumettant aux règles en vigueur. Il se conduira de manière consensuelle. Le modèle consensuel sera idéaliste ou relationnel. Excellent communicateur ou merveilleux auditeur des « Malheurs de Sophie », il contribue à stabiliser le groupe qu'il peut aussi animer ou diriger.

Le dépendant

Bras dominant gauche et oreille gauche au téléphone, vous êtes du type dépendant (voir Figure 3-12).

Le défensif introverti communique pour être pris en charge ou intégré au sein du groupe. Le dépendant sera cartésien ou sensitif. Il a besoin d'être reconnu par le groupe, apprécié pour ses qualités humaines et/ou ses compétences professionnelles. Le dépendant s'intègre sans se faire prier au groupe qui accepte de l'accueillir. C'est un fidèle dont le dévouement est la pierre angulaire de la stabilité de l'entreprise ou de l'entreprise qu'il a réussi à créer avec l'aide du groupe. Certains sensitifs deviennent de grands patrons de multinationale ou des politiques de très haut niveau.

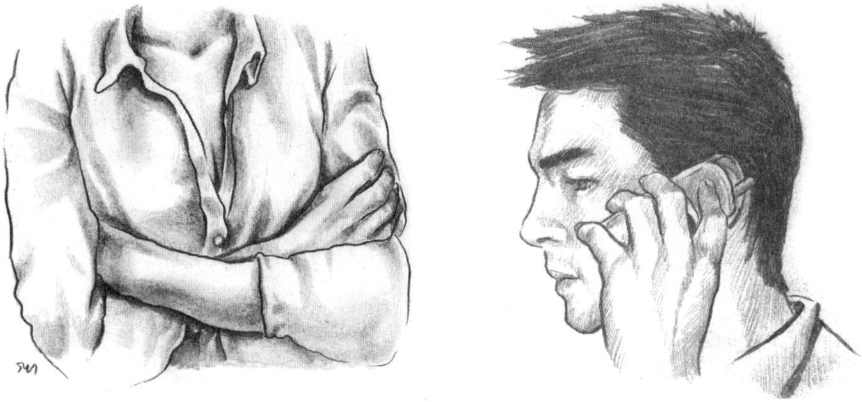

Figure 3-12 : Bras dominant gauche et oreille gauche au téléphone, vous êtes du type dépendant.

Le fonctionnement de l'intelligence

Doigts croisés et oreille téléphonique sont les deux refrains invariables qui suffisent à déterminer cette caractéristique.

L'intelligence sociale

Pouce gauche dominant et écoute téléphonique droite sont le signe de l'intelligence sociale (voir Figure 3-13).

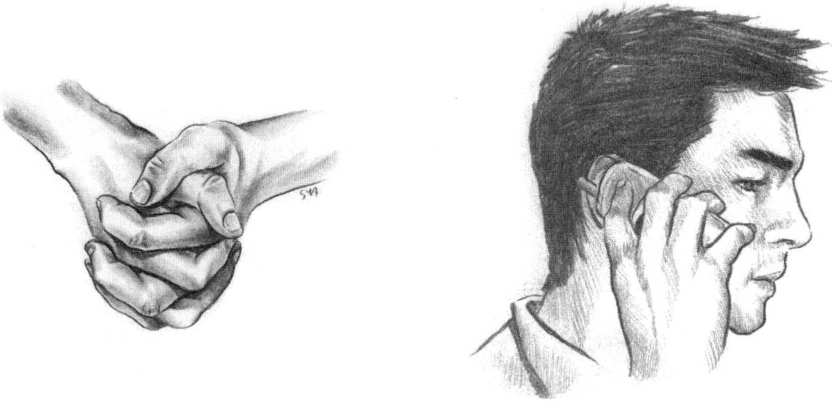

Figure 3-13 : Pouce gauche dominant et écoute téléphonique droite sont le signe de l'intelligence sociale.

Celui qui dispose d'une intelligence sociale ou interpersonnelle (affectif extraverti) a besoin des autres pour s'épanouir. La société est son univers de prédilection et l'intelligence interpersonnelle, le *coach* de son empathie. Idéaliste et tribal sont les deux profils génériques qui appartiennent à cette famille gestuelle. En quelques mots, la sensibilité est tournée vers l'extérieur, en direction des autres.

L'intelligence empirique

Pouce gauche dominant et oreille téléphonique gauche signalent l'intelligence empirique (voir Figure 3-14).

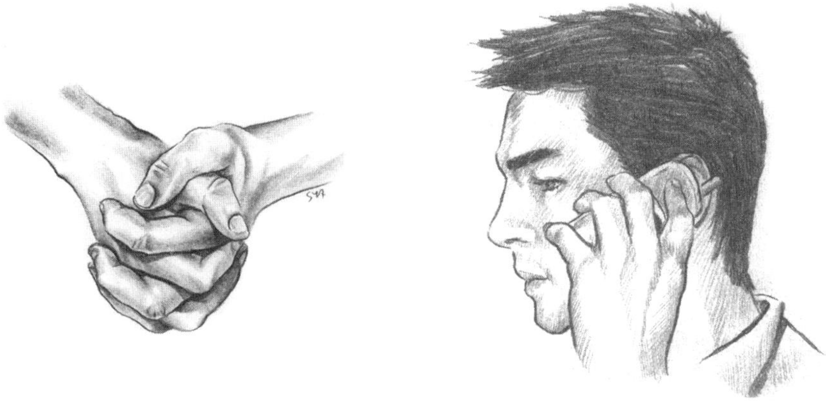

Figure 3-14 : Pouce gauche dominant et oreille téléphonique gauche signalent l'intelligence empirique.

L'intelligence empirique ou analogique appartient à un individu (affectif introverti) qui a besoin de solitude pour se recréer ou se ressourcer en se replongeant dans la plénitude de son inspiration. L'intelligence empirique est le terreau de ses créations. C'est un empiriste, un artisan, un chercheur. Les profils du créatif et du sensitif font partie de ce sous-profil. La sensibilité est d'abord tournée vers le Moi avant de se tourner vers les autres. L'intuition est le socle du fonctionnement intellectuel.

L'intelligence fonctionnelle

Pouce droit dominant et écoute téléphonique droite indiquent une intelligence fonctionnelle (voir Figure 3-15).

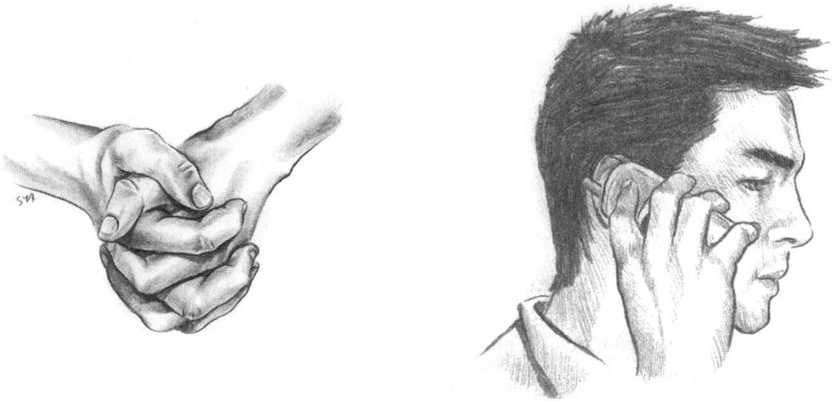

Figure 3-15 : Pouce droit dominant et écoute téléphonique droite indiquent une intelligence fonctionnelle.

L'intelligence pratique ou fonctionnelle (cognitif extraverti) appartient à un homme ou une femme d'équipe, coordinateur ou animateur qui trouve chez les autres le sentiment de son utilité au système. On retrouve les profils du challenger et du relationnel dans cette famille fonctionnelle. L'intelligence est au service de l'action ou du groupe.

L'intelligence logique/spéculative

Pouce droit dominant et écoute téléphonique gauche témoignent d'une intelligence logique/spéculative (voir Figure 3-16).

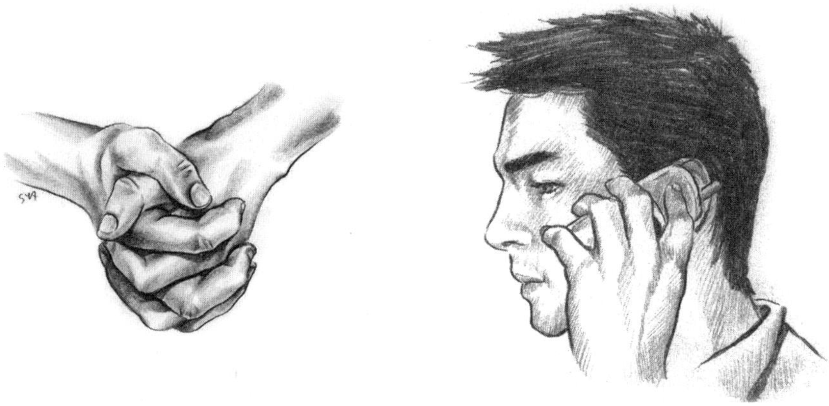

Figure 3-16 : Pouce droit dominant et écoute téléphonique gauche témoignent d'une intelligence logique/spéculative.

L'intelligence logique (cognitif introverti) est le fait d'un individu qui fonctionne idéalement au sein du groupe et l'intelligence spéculative appartient à celui qui fonctionne en marge du groupe.

Par exemple, le profil cartésien s'inspire de l'accumulation de ses connaissances pour évoluer. La logique est son univers intellectuel et son intelligence théorique le prédestine au royaume de l'abstraction.

Le profil narcissique quant à lui dispose d'une intelligence spéculative. Il a fait de son corps un objet de culte. L'intelligence est sous l'influence de l'image de soi.

Les huit profils psychogestuels

Trois gestes suffisent pour situer votre profil psychogestuel : Quel est le bras qui domine quand vous croisez les bras ? Quel est le pouce qui domine quand vous croisez les doigts ? De quelle oreille écoutez-vous au téléphone ? Les combinaisons de ces trois gestes permettent de dresser huit profils :

- Le cartésien ;
- Le sensitif ;
- Le narcissique ;
- Le créatif ;
- L'idéaliste ;
- Le tribal ;
- Le challenger ;
- Le relationnel.

Le cartésien

Bras gauche dominant, pouce droit dominant et oreille gauche : vous êtes cartésien (voir Figure 3-17).

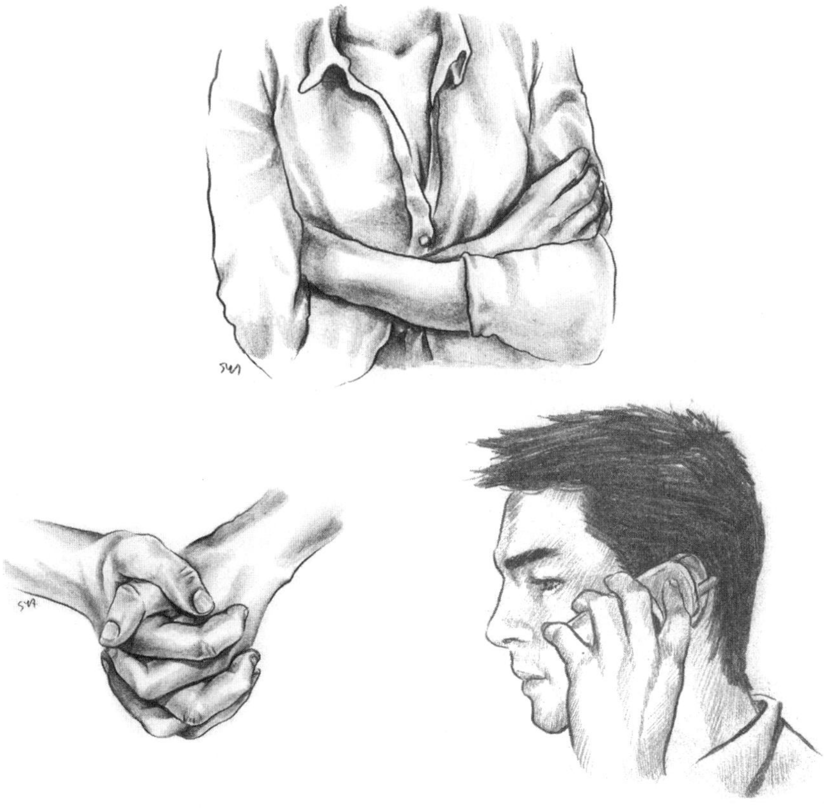

Figure 3-17 : Bras gauche dominant, pouce droit dominant et oreille gauche : vous êtes cartésien.

Le cartésien est rationnel, cérébral, réaliste. Il régule l'activité du groupe dont il dépend et dispose d'une intelligence logique. Il est aussi maniaque, très conformiste et peu accessible à la nouveauté ou au progrès. En revanche, il a souvent beaucoup d'humour.

Le sensitif

Bras gauche dominant, pouce gauche dominant et oreille gauche : vous êtes sensitif (voir Figure 3-18).

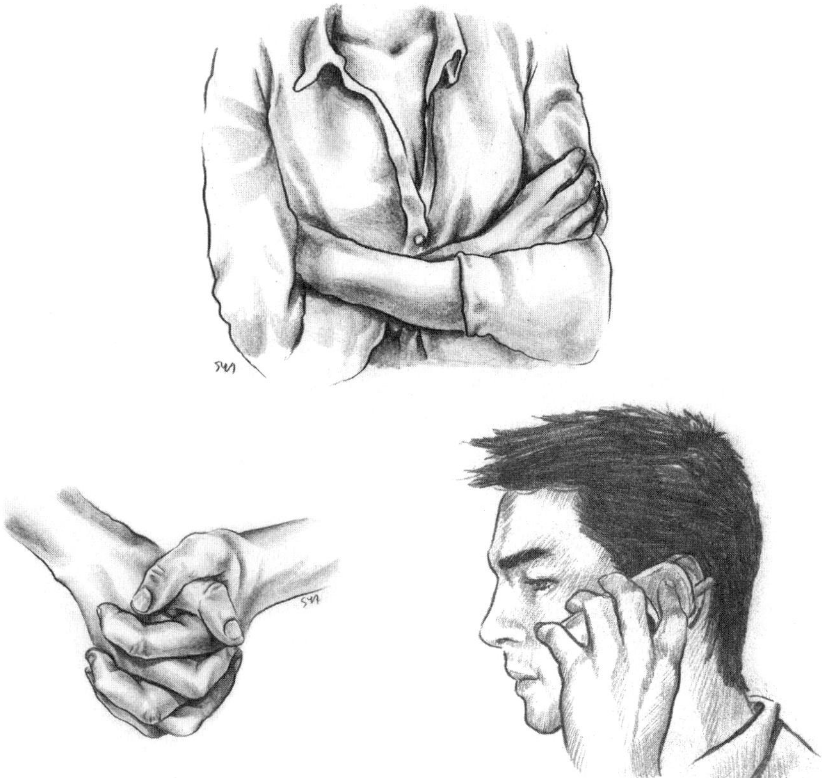

Figure 3-18 : Bras gauche dominant, pouce gauche dominant et oreille gauche : vous êtes sensitif.

Le sensitif est un individu sociable, sentimental, confident et très branché ressources humaines. Il est dépendant de la collectivité et s'identifie au rôle du compassionnel. Il est la conscience du groupe, celui qui pose les bonnes questions et propose souvent les bonnes solutions. Le sensitif est doté d'une intelligence empathique. Certains deviennent des leaders incontestés même si leur leadership est parfois contestable : François Mitterrand, Jacques Chirac, Barack Obama, Vladimir Poutine.

Le narcissique

Bras droit dominant, pouce droit dominant et oreille gauche au téléphone : vous êtes narcissique (voir Figure 3-19).

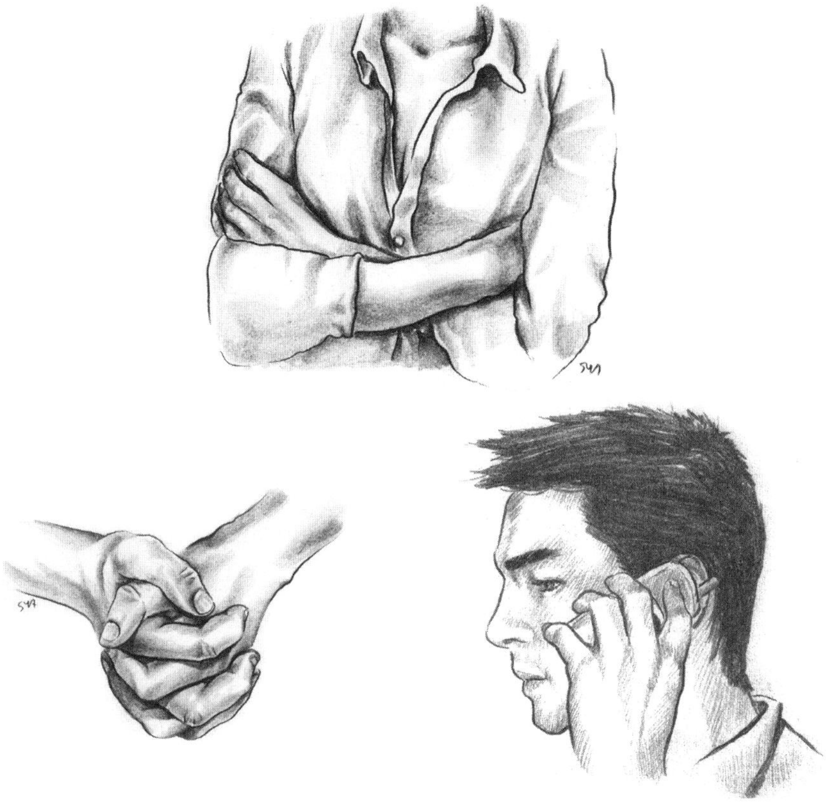

Figure 3-19 : Bras droit dominant, pouce droit dominant et oreille gauche au téléphone : vous êtes narcissique.

Le narcissique est un promoteur, un communicateur de terrain, un séducteur. C'est surtout un homme ou une femme d'image en représentation. Individualiste, le narcissique est un promoteur doté d'une intelligence spéculative. Tout est calculé, mesuré, adapté à ses besoins.

Les narcissiques représentent à peine 4 % de la population française, c'est dire qu'ils ne courent pas les rues.

Le créatif

Bras droit dominant, pouce gauche dominant et oreille gauche au téléphone, vous êtes créatif (voir Figure 3-20).

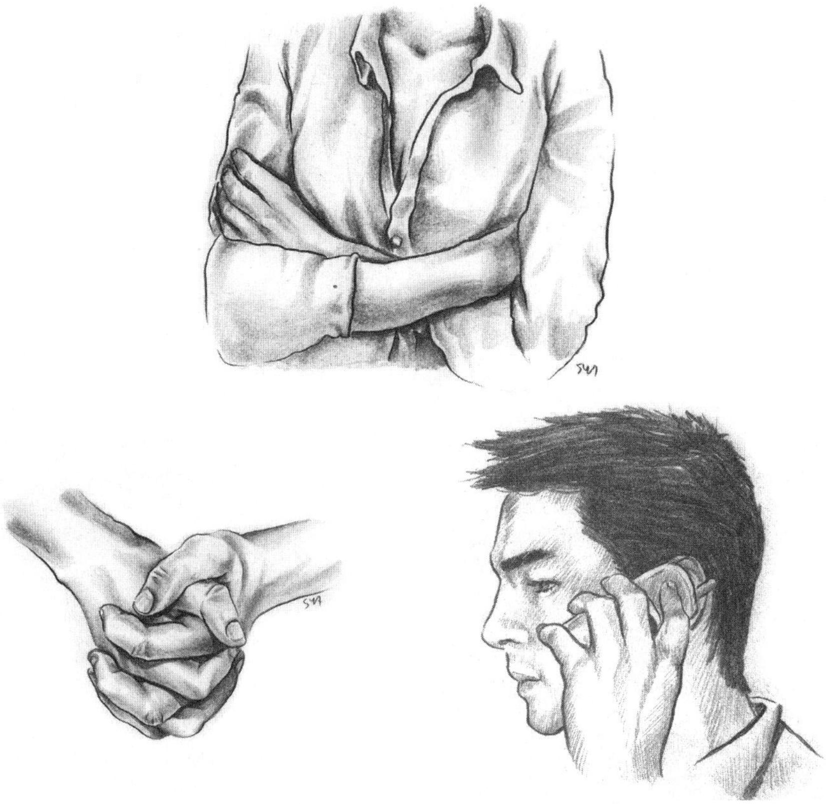

Figure 3-20 : Bras droit dominant, pouce gauche dominant et oreille gauche au téléphone, vous êtes créatif.

Instinctif, intuitif, artiste ou impulsif, le créatif est un imaginatif. Initiateur doté d'une intelligence analogique, c'est un individualiste qui se démarque toujours du groupe par l'originalité de ses conduites ou de sa pensée. C'est plutôt un cow-boy solitaire que solidaire. Il excelle souvent dans les domaines de la recherche et du développement ou dans le milieu de la création, bien sûr.

L'idéaliste

Bras gauche dominant, pouce gauche dominant et oreille droite au téléphone : vous êtes idéaliste (voir Figure 3-21).

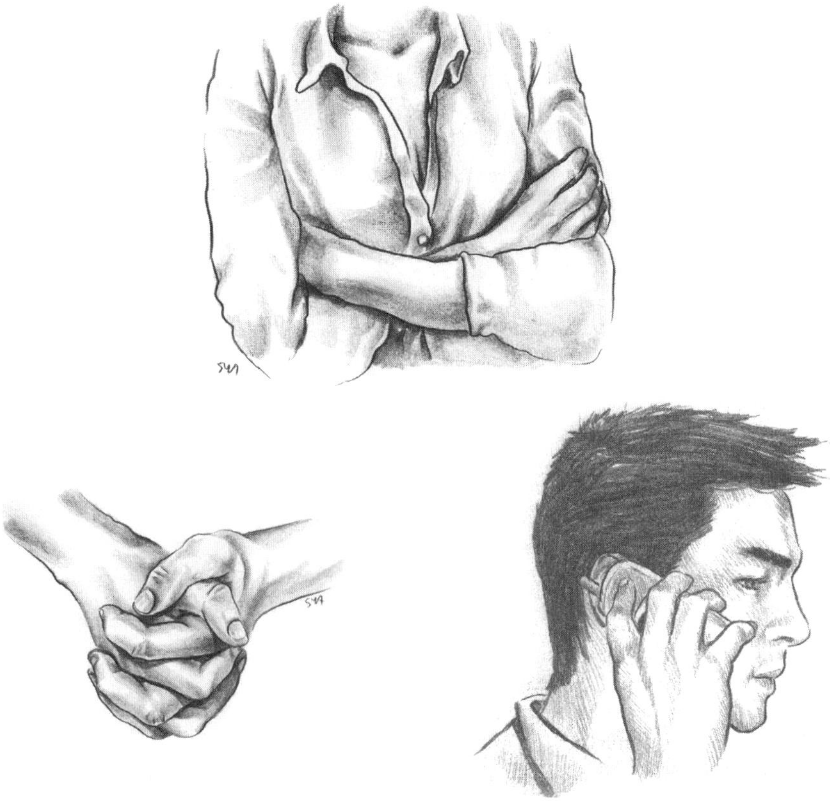

Figure 3-21 : Bras gauche dominant, pouce gauche dominant et oreille droite au téléphone : vous êtes idéaliste.

Volontaire, perfectionniste, fidèle, militant et prosélyte, l'idéaliste est la colonne vertébrale du groupe et le gardien des lois. Révélateur, donc conscience du groupe comme le sensitif, l'idéaliste est solidaire de la collectivité et doté d'une très bonne intelligence sociale ou interpersonnelle. Les idéalistes représentent un peu plus de 30 % de la population française. Ils sont les garants de notre démocratie.

Révélateur, contestataires, motivateurs ou provocateurs, voici quatre caractéristiques qui les définissent.

Le tribal

Bras droit dominant, pouce gauche dominant et oreille droite au téléphone : vous êtes tribal (voir Figure 3-22).

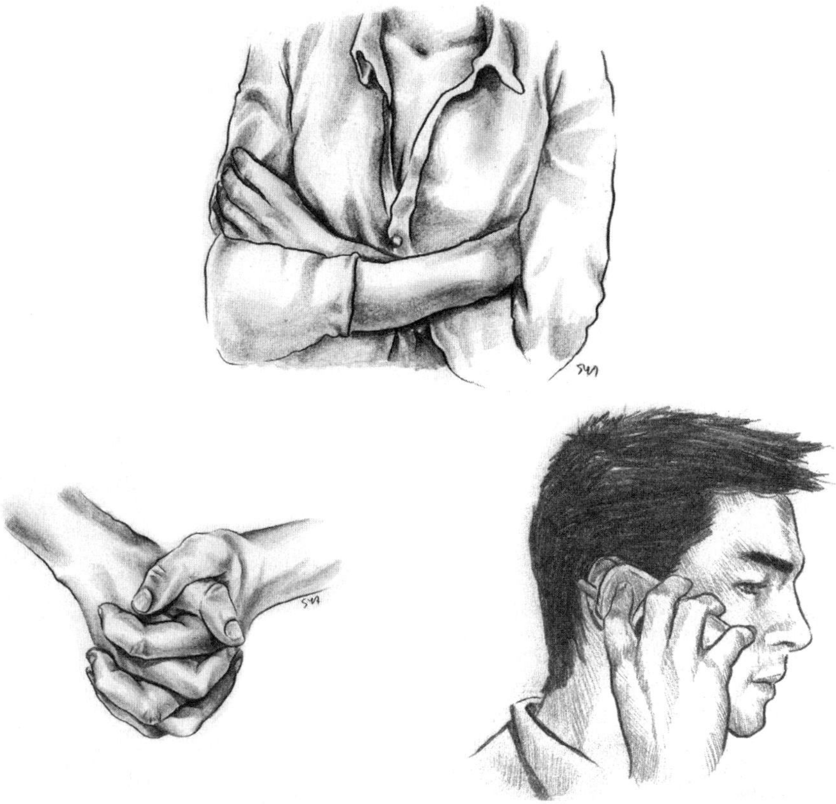

Figure 3-22 : Bras droit dominant, pouce gauche dominant et oreille droite au téléphone : vous êtes tribal.

Chef de bande, fédérateur et militant, le tribal est d'abord un pédagogue et un rassembleur. Il est autonome et se fonde sur son intelligence interpersonnelle pour atteindre ses objectifs. Il est souvent l'âme du groupe et parfois son leader naturel.

Le challenger

Bras droit dominant, pouce droit dominant et oreille droite au téléphone : vous êtes challenger (voir Figure 3-23).

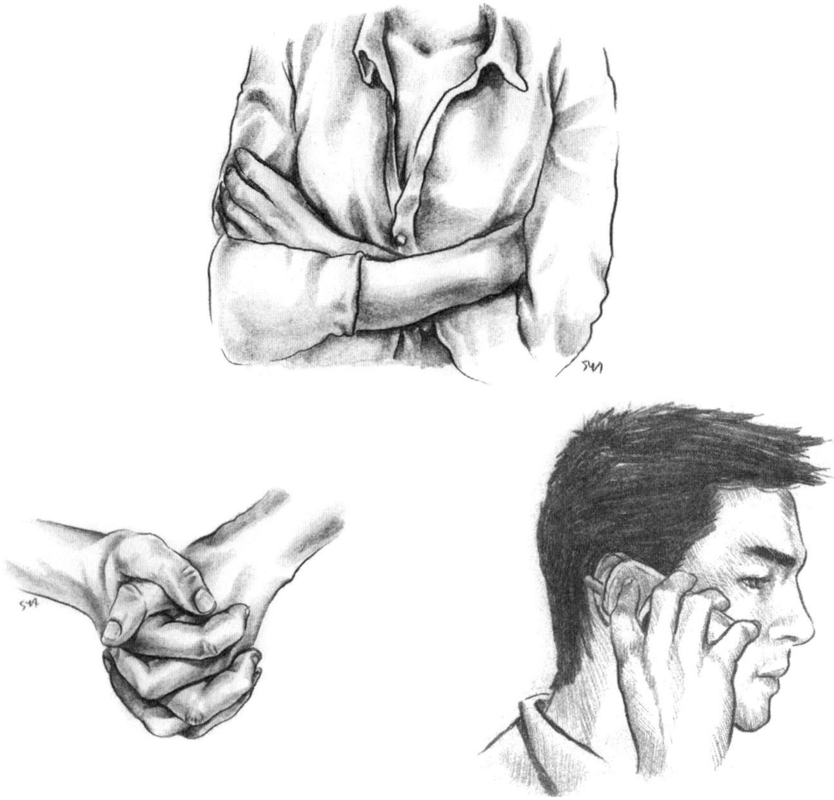

Figure 3-23 : Bras droit dominant, pouce droit dominant et oreille droite au téléphone : vous êtes challenger.

Le challenger est celui qui prend l'initiative, celui qui agit ou fait agir les autres. Animateur et compétiteur, il dispose d'une intelligence pratique qui lui permet souvent d'être à la barre pour diriger le groupe ou une partie de celui-ci.

Le relationnel

Bras gauche dominant, pouce droit dominant, oreille droite au téléphone : vous êtes relationnel (voir Figure 3-24).

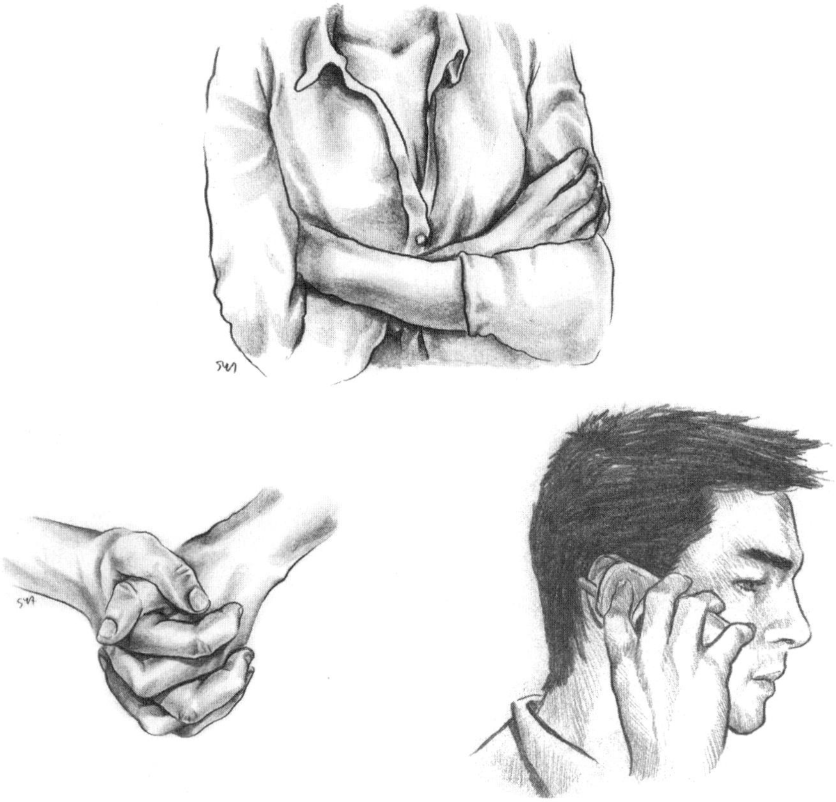

Figure 3-24 : Bras gauche dominant, pouce droit dominant, oreille droite au téléphone : vous êtes relationnel.

Médiateur, vulgarisateur, festif et expansif, le relationnel est un homme ou une femme de communication et de coordination. Solidaire, il coordonne la communication entre les membres du groupe. Mais l'intelligence fonctionnelle du relationnel en fait souvent un leader comme le tribal. En fait, tout dépend du quatrième refrain gestuel intitulé « les mains en tenaille » auquel je vous renvoie dans le chapitre consacré aux mains.

À quoi peuvent bien servir ces profils ?

Ces profils sont essentiels car ils conditionnent, *a priori*, le succès ou l'échec de toute relation humaine. Les profils génèrent des flux énergétiques positifs ou négatifs entre les individus. Le flux énergétique le plus fluide intervient entre deux profils antagonistes comme :

- Le cartésien et le tribal ;
- Le sensitif et le challenger ;
- Le narcissique et l'idéaliste ;
- Le créatif et le relationnel.

Plus la complémentarité énergétique est importante, plus elle crée des couples qui marchent, des associés qui réussissent, des collègues qui se complètent, des amis à vie, des services qui fonctionnent, etc. Mais les antagonismes peuvent provoquer des éclats ou des conflits de personnalité et créer des ennemis irréductibles quand les intérêts deviennent divergents.

La connaissance des profils gestuels permet aussi de mesurer immédiatement le niveau de compatibilité entre les membres d'un groupe social, d'un face-à-face entre deux interlocuteurs, dans une situation de négociation commerciale ou de séduction. La compatibilité socio-affective interindividuelle est un paramètre essentiel qui permet d'équilibrer les échanges psycho-énergétiques à l'intérieur d'un groupe socioprofessionnel. Le but final du profilage gestuel consiste à combattre les conduites absorbantes égocentriques qui subvertissent les rapports sociaux.

Deuxième partie

Du sommet du crâne à la base du cou

Dans cette partie...

Du haut du crâne à la pilosité du visage, cette partie est consacrée au sommet du corps. Vous découvrirez que toute cette zone abrite des symboles forts et qu'elle est particulièrement riche en signaux, notamment au niveau du visage dont chaque élément est signifiant. Les combinaisons sont donc infinies et incalculables. Vous verrez aussi que le soin apporté à notre pilosité, variable au fil du temps en dit beaucoup sur notre climat mental.

Chapitre 4

Le crâne

Dans ce chapitre :

- La tête
- Le front
- Les tempes

Le saviez-vous ? L'incapacité ou la difficulté de prendre une décision est souvent à la racine d'une arthrose cervicale douloureuse. Partie occipitale du crâne, le cervelet est le siège des automatismes qui soulagent les schémas volontaires. Il se situe à l'arrière du crâne. Le fait de se gratter l'occiput découvre un climat mental envahi par le doute. Ce code gestuel accompagne également le calcul mental ou le travail de réminiscence, sous tension.

La tristesse et la mélancolie, quant à elles, ont fait leur nid dans les pariétaux. Une attitude qui consiste à se saisir de son crâne entre ses deux mains concerne aussi les pariétaux. C'est le geste que l'on peut apercevoir chez les survivants d'une catastrophe ou dans les tribunaux. Les personnes sont assises sur des banquettes en bois, coudes en appui sur leurs cuisses, les mains plaquées sur le dessus de leur crâne. Elles semblent porter toute la misère du monde sur leur tête. Les pariétaux sont le siège du deuil. Le besoin d'y poser les mains répond parfois à un acte de contrition.

Quand la main vient se poser sur le front comme une sorte de cataplasme, il y a péril en la demeure. L'intelligence dérape, la logique pédale dans la semoule et les portes de sortie sont verrouillées. Le moral cède la place au blues et la concentration se disperse aux quatre vents. On se frappe le front pour rassembler ses idées.

Le vertex (ou sommet du crâne) est le siège du sentiment de supériorité de l'Homme, du sentiment d'humanité et peut-être d'une certaine idée de la divinité. Par voie d'extension, c'est surtout le siège de la superstition.

Le crâne couvert

Accessoire de standing sur les champs de courses ou dans les cocktails de la grande bourgeoisie, les chapeaux reviennent régulièrement flirter avec la mode et disparaissent ensuite pour de longues années. Pourquoi cette succession d'engouement et de désaffection du public ? Il se pourrait que la mode des chapeaux revienne systématiquement en période d'insécurité socio-économique, comme si le couvre-chef en question représentait une protection symbolique contre le ciel qui risque de vous tomber sur la tête.

Les amateurs de chapeaux et autres casquettes ont souvent un conflit larvé avec leur look et les cheveux qui en sont la déclinaison symbolique. Il est rarissime de rencontrer un individu à la chevelure très fournie qui porte, comme Harpo Marx, un chapeau pour dissimuler son orgueil chevelu. On porte souvent le chapeau pour suppléer, soit à une absence de cheveux, soit à une chevelure peu fournie.

La tête

Vous avez sûrement déjà remarqué que certains de vos collègues agitent la tête quand ils s'expriment mais que leurs mains demeurent cachées, ancrées ou immobiles. Ils sont « hypermimiques ». En revanche, ceux dont les mains servent de sous-titrage au discours reproduisent beaucoup moins fréquemment cette agitation du chef, sauf quand ils s'énervent.

La symbolique de la tête

La mobilité réflexe de la tête est la norme quand un sujet observé est en situation de stress. On utilise rarement ses mains pour se défendre mais plutôt pour convaincre ou pour attaquer. On peut dès lors supposer qu'une personne qui agite la tête en parlant exprimera sa méfiance dans la mesure où elle est ponctuellement ou toujours sur la défensive. Dans les situations extrêmes de contestation, les têtes mobiles sont la norme. Ce code gestuel devient une sorte de réflexe inconditionnel chez certains individus qui s'affichent comme des victimes du système. Dans les grèves, les manifestants interrogés par des journalistes expriment souvent leurs griefs en agitant la tête plutôt qu'en utilisant leurs mains.

Les têtes mobiles sont celles d'individus qui ont perdu confiance en eux et empêchent leurs mains (les aires cérébrales) de se libérer. Ils se méfient d'eux-mêmes et des autres. La mobilité de la tête n'empêche pas forcément l'intervention très ponctuelle de l'une ou l'autre main, mais l'observation permet de constater que cette intervention est peu significative. La main est rappelée à l'ordre et la tête poursuit ses turbulences.

Les mains bavardes impliquent une créativité du contact. Si elles se figent, cette créativité disparaît et leur ennemi apparaît : le refus du changement, de la nouveauté ou l'esprit contestataire. Les têtes mobiles appartiennent à des conservateurs, voire des nostalgiques fanatiques alors que les mains bavardes sont celles des réformistes ou des partisans du progrès des consciences.

Pourquoi la tête cesse de s'agiter quand les mains s'expriment ? On ne peut pas être à la fois réformiste et contestataire. Les mains expressives indiquent un niveau de créativité et un esprit tourné vers le progrès des consciences. Mains bavardes et têtes turbulentes ne peuvent pas s'entendre, elles vivent sur des planètes antagonistes.

Il existe une catégorie « hors concours » qui ne bouge ni la tête ni les mains quand elle s'exprime : c'est celle des individus manipulateurs de haut vol. Plus menaçants que conviviaux, ils vous évaluent et mesurent vos émois avant de vous jeter dans la fosse aux lions.

A contrario, certaines personnes bougent leur tête et leurs mains à tour de rôle : ce sont essentiellement des tribuns qui clament souvent leur attachement au progrès des consciences. Cette mobilité alternative de la tête et des mains est le signe de l'indécision.

Le menu de la tête

La tête n'est pas le visage, elle correspond à l'ensemble front-cheveux-occiput. Les mouvements de tête d'un individu sont hautement révélateurs dans la mesure où ils se répètent de la même manière d'un bout à l'autre de la vie. Ils font partie de la personnalité gestuelle indélébile.

Les oui-oui non-non

La rotation rapide de la tête peut aussi se transformer en tic nerveux chez un individu qui a tendance à désapprouver les propos de tous ceux qu'il rencontre. Il en arrive à croire que lui seul détient la vérité et que tous les autres ne sont que de fieffés menteurs. Ce type de tic est relativement courant chez les vieilles personnes qui se drapent dans une sorte de méfiance épidermique et paranoïaque.

Une tête hypermobile est aussi un signe de surmenage ou de stress permanent. Si vous vous retrouvez en présence de personnes qui correspondent à ce profil, prenez de la distance pour ne pas vous laisser envahir, ce sont souvent des mangeurs d'énergie.

Le hochement de tête

Une personne qui hoche la tête pour vous signifier qu'elle vous a vu est la marque d'un individu imbu de son pouvoir hiérarchique dans la société.

Dans une autre approche, certains individus hochent constamment la tête, en faisant un véritable refrain, voire un tic. Le hochement de tête est souvent souligné par des interjections ou des onomatopées aussi diverses que bizarres (écholalie ou répétition des fins de phrases). Ce besoin d'approuver ainsi son interlocuteur est un signe d'anxiété majeur qui appartient au tableau clinique de la névrose d'angoisse.

Si vous vous surprenez soudain à hocher la tête en staccato, sachez qu'il s'agit d'un avertissement postural de votre inconscient. Vous êtes coincé dans un débat stérile. Votre approbation gestuelle est une esquive stéréotypée.

Celui qui opine mécaniquement n'écoute jamais ce qu'on lui dit. C'est le geste typique des gens timides qui se forcent à écouter leur interlocuteur au-delà de leurs limites. Plus ils les dépassent, plus la tête s'agite jusqu'à ce qu'ils trouvent la force de s'éclipser.

Une personne qui hoche la tête en signe de dénégation (de gauche à droite) sans pour autant s'opposer verbalement à vos arguments se moque de vous. Elle indique ainsi que vous perdez votre temps et votre souffle à lui raconter ce qu'elle considère comme des balivernes du haut de sa science infuse.

L'inclinaison de la tête

L'image publique est primordiale ou secondaire en tant que vecteur « image » de communication suivant les individus. L'inclinaison de la tête est un bon indicatif de la manière dont le sujet affiche cette double image. Si la tête est inclinée à droite, l'image publique prime sur l'image de soi. Si la tête est inclinée à gauche, l'image de soi prime sur l'image publique.

Les individus introspectifs privilégient l'image de soi au détriment de l'image publique. Partisans de la psychologie à la première personne, les introspectifs sont opposés aux extratensifs pour lesquels l'introspection manque d'objectivité. Vous êtes donc extratensif si vous privilégiez l'inclinaison droite de la tête et introspectif si votre tête penche à gauche.

L'inclinaison de la tête à droite est commandée par le cerveau cognitif (gauche). Elle rejoint l'image publique en ce sens qu'elle désigne un individu investi dans l'impression qu'il donne aux autres au détriment de l'expression de son Moi. Il sera moins authentique, identifié à l'image reconstruite, voire travestie qu'il veut faire passer. Les extratensifs projettent leur image vers l'extérieur, elle se confond avec l'image publique qu'ils souhaitent offrir à leur entourage. Ils communiquent au travers de l'originalité de leur image publique, mais aussi par le truchement du discours et d'une gestuelle plus mobile que celle de l'introspectif. Ils ont besoin d'occuper l'espace, de capter l'attention visuelle et auditive de leurs interlocuteurs pour exister à leurs propres yeux. Ne pas confondre extratensif et extraverti dans la mesure où le premier est investi dans son image publique et le second dans son besoin de communiquer avec autrui.

L'inclinaison de la tête vers la gauche dépend du cerveau affectif (droit). Elle traduit l'émotion et le besoin d'authenticité d'une image de soi fondée sur l'introspection qui n'est, après tout, que l'un des terrains de prédilection du développement personnel. Les introspectifs n'accordent pas une telle importance à leur image publique. Leur discours est moins fluide et il arrive qu'ils éprouvent parfois des difficultés à communiquer avec précision. Ils sont souvent plus profonds et plus intelligents que les extratensifs mais se sentent parfois inadaptés dans une société qui privilégie le virtuel au détriment du réel. Professionnellement, les introspectifs sont à l'aise dans des secteurs d'activité ou des fonctions dans lesquels les contacts avec l'extérieur sont limités. Ne pas confondre introspectif et introverti ! Le premier est investi dans l'image de soi et l'introverti se communique aux autres à travers son Moi.

Peut-on être introspectif et extraverti ? Bien entendu ! Il n'y a pas de confusion entre les modes de communication impliqués. L'introspectif est associé au mode de l'image de soi, l'introverti est associé au mode de la transmission verbale de l'information.

La rotation du chef

La rotation latérale de la tête, tout en conservant le regard dans l'axe, est un refrain gestuel alternatif et parfois fonction du sexe de celui ou celle qui reproduit cette rotation. Par exemple, une femme qui détourne toujours la tête vers la droite, vigilance binoculaire sur l'œil gauche, est une femme de défi sans contestation possible (voir Figure 4-1).

Figure 4-1 : La rotation de la tête vers la droite est le signe du défi.

C'est un critère de gestion du territoire, à l'instar du croisement des bras. Ce réflexe gestuel particulier indique deux attitudes distinctes dans le contexte de la compétition : la défiance ou le défi, et deux portraits : celui du lauréat potentiel ou celui du challenger. Sans la volonté d'aboutir, le succès n'est qu'un rêve irresponsable.

La rotation latérale de la tête à gauche déplace la vigilance binoculaire sur l'œil droit qui dépend du cerveau gauche ou cerveau cognitif. Cette rotation s'apparente à la défiance ou à la fuite simulée. On s'enfuit toujours par la gauche.

La rotation de la tête vers la droite déplace la vigilance binoculaire sur l'œil gauche qui dépend du cerveau droit ou cerveau affectif. C'est la réaction provenant d'un personnage aussi impulsif qu'imprévisible prêt à prendre des risques : méfiez-vous de lui ou d'elle, surtout s'ils n'ont pas l'air de ce qu'ils sont. Ces personnes sont souvent des outsiders qui se révèlent redoutables quand il est trop tard pour les contrer.

Le front

Les écrivains l'ont décrit comme pouvant indiquer l'émerveillement, la stupéfaction, la surprise, le bonheur, le scepticisme, la négation, l'ignorance, l'arrogance, l'attente, le doute, l'incompréhension, l'anxiété et la peur. La seule façon de comprendre sa signification, c'est de remonter à son origine.

Le chimpanzé a un cerveau d'environ 400 cm^3 et l'homme d'aujourd'hui de 1 350 cm^3, soit plus de trois fois le volume de celui de nos plus proches cousins. C'est cette croissance du cerveau, surtout dans sa zone frontale, qui nous a donné ce front très particulier parmi les primates, un front dont la beauté échappe à la plupart des gens qui ne voient que les sourcils qui le décorent ou les rides d'expression qui le creusent.

La symbolique du front

Le front est le siège du temps et qui dit temps, dit espace, car ces deux notions sont indissociables et essentielles à notre perception de la vie elle-même.

Le temps se situe dans la partie frontale droite (qui dépend du cerveau cognitif), l'espace dans la partie frontale gauche (qui dépend du cerveau affectif). Ensuite tout devient une question de coude privilégié en appui. Si vous avez tendance à faire appel à la main et au coude gauche en appui pour reposer votre tête ou votre front, vous êtes plus concerné par l'espace que par le temps ; dans le cas contraire, la main et le coude droit en appui, vous êtes plutôt un homme ou une femme esclave du temps. Il est plus simple d'appréhender cette deuxième proposition que la première. Le temporel (celui pour lequel le temps est primordial) est un individu qui mesure tout ce qu'il fait, où il va, d'où il vient, en fonction du temps qui passe. Sa vie est un coucou suisse, voire un calendrier, dont il tient une comptabilité rigoureuse. C'est l'homme du « temps qui passe toujours trop vite », son refrain favori, la femme du « Je n'ai pas le temps de tout faire ». Le temps est omniprésent dans son discours. Le temporel mesure toujours la distance avant de la parcourir, contrairement au spatial (celui qui privilégie son coude gauche en appui). Les profils tribaux, challengers, cartésiens et idéalistes sont des individus temporels. Les profils créatifs, narcissiques, relationnels et sensitifs sont des individus spatiaux.

Le spatial est un imaginatif, un rêveur, un créatif pour lequel le temps est une abstraction sans intérêt. Pour lui, il y a le matin et le soir, le jour et la nuit, l'hiver et le printemps, l'enfance et l'âge adulte. Le spatial aime prendre son temps. Il déteste être bousculé pour des raisons d'horaire, ce qui fait qu'il est toujours très en avance ou très en retard à ses rendez-vous. Il ne mesure pas le temps au cordeau, comme le temporel pour lequel chaque minute compte. Le spatial a besoin d'un territoire personnel, d'un espace vital pour pouvoir exister. Plus cet espace sera confortable, plus son temps sera élastique, plus sa notion du temps sera floue et sans contrainte. Si on veut voir les choses de manière pratique, sur le plan amoureux, un couple spatio-temporel est un couple équilibré ; le couple temporel est un couple « stress » ou « carrière » ; le couple spatial est un couple plutôt bohème et peu concerné par la réussite professionnelle à tous crins. Le temporel réussit souvent mieux que le spatial, d'un strict point de vue professionnel.

Quand un sujet temporel regarde au loin face au soleil, il privilégie la main droite pour protéger ses yeux, s'il évalue la distance qui le sépare du point de focalisation. Le spatial utilisera la main gauche s'il estime le plaisir, la fatigue ou l'ennui qu'il retirera de sa balade jusqu'à ce point.

Si vous accompagnez des marcheurs temporels et que vous êtes un marcheur spatial, vous aurez vite envie de décrocher ou de les envoyer promener (littéralement). Le temporel ne vise que l'exploit ou le défi. Il comptabilise les kilomètres. Le spatial est un adorateur de la nature, il se goinfre du paysage. Les clubs ou groupes de marche ou de trekking devraient tenir compte de cette distinction, ils auraient beaucoup moins de problèmes de communication au sein du groupe. Il faut évidemment équilibrer les deux profils pour installer une ambiance profitable à tous. Enfin, on trouve toujours plus de spatiaux au bistrot du village et plus de temporels qui pédalent sur les petites routes pour entretenir leur forme. La pêche est un sport spatial, le cyclotourisme est une activité temporelle. Les vacances sportives ou culturelles sont des vacances temporelles, le farniente sur la plage est une activité spatiale. La lecture est une activité intellectuelle et spatiale. La télé est une détente temporelle. Toute activité humaine qui dépend du sablier est temporelle, toute activité humaine qui n'en dépend pas expressément est spatiale. Suivant le coude que vous privilégiez pour soutenir votre tête, votre front, votre joue ou votre menton, vous appartenez *de facto* à l'un des deux camps.

Je propose également de situer l'esprit logique et l'imaginaire. À savoir : la logique au niveau du lobe frontal droit et l'imaginaire au niveau du lobe frontal gauche. L'épiphyse ou le centre du front juste entre les sourcils au-dessus de la racine du nez serait le siège symbolique de la concentration. Par exemple, pour rassembler ses idées, on se pince souvent à la racine du nez. Ces attributions proviennent de l'observation des gestes en situation.

Le menu du front

Toutes les postures mettant en jeu le front indiquent que votre interlocuteur est en phase de réflexion, qu'il soit en train de prendre une décision, de vous évaluer, ou de tenter de sortir d'une situation qu'il estime difficile.

Les mains à plat sur le front

Votre interlocuteur appuie une main à plat sur son front, coude en appui. La main à plat sur le front symbolise la main qui frappe pour rappeler les idées en désordre. C'est aussi un code gestuel qui aide à se concentrer.

Les mains plaquées sur le front

Votre interlocuteur, coudes en appui, plaque ses deux mains sur le haut de son front et sur la partie antérieure de son crâne tout en dirigeant ses yeux vers le sol ou la table (voir Figure 4-2).

Figure 4-2 : Cette attitude marque une forme de lassitude ou de désespoir.

Ce geste traduit une forme de lassitude ou de désespoir.

Le front plissé

Votre interlocuteur plisse la peau de son front entre les sourcils. Il a un tempérament soucieux. Il est sans surprise, s'excuse toujours avant de vous marcher sur les pieds et ne fait jamais long feu nulle part. L'individu soucieux au front creusé est essentiellement un individu qui voudrait échapper à la situation dans laquelle il se trouve mais qui ne le peut pas. Celui qui rit avec le front plissé est un inquiet.

Le poing en appui

Votre interlocuteur appuie son poing droit refermé légèrement décalé sur son front, coude en appui (voir Figure 4-3).

Figure 4-3 : Vous êtes jugé et vous devrez fournir les preuves de vos savoir-faire.

C'est une séquence gestuelle d'évaluation. Vous risquez de vous faire piéger si vous n'y prenez pas garde. Votre interlocuteur ne vous accordera du crédit que si vous lui mettez des preuves de votre savoir-faire sous le nez et non votre capacité à faire savoir ce que vous ignorez peut-être.

Le tripode digital

Votre interlocuteur appuie son front sur son majeur et/ou index, le pouce s'appuie contre la pommette pour soutenir sa tête, en tripode (voir Figure 4-4).

Figure 4-4 : Cet individu est en train de faire un choix.

Cette séquence gestuelle est courante chez les décideurs ou les entrepreneurs qui sont dans l'obligation de faire un choix.

Les tempes

Les tempes seraient l'un des sièges psycho-anatomiques de l'intuition, n'en déplaise au troisième œil. Cette affirmation est fondée sur de nombreuses observations effectuées dans le cadre de groupes de développement personnel que j'ai animés. Chaque fois que je demandais aux stagiaires de solliciter leur intuition, ils se grattaient la zone temporale. Dont acte ! Les tempes sont un lieu anatomique fortement sollicité par les visionnaires ou les sujets qui imaginent au lieu de réfléchir.

Les tempes sont le siège de l'intuition et par extension, de la sensibilité humaine. Le recours à la tempe révèle toujours un tempérament intuitif et un flair en parfait état de marche.

Si une personne se masse les tempes aussi régulièrement qu'ostensiblement et vous regarde comme si vous étiez une apparition du troisième type (voir Figure 4-5), vous avez affaire à une victime d'une double contrainte. Vous brouillez son intuition. Il s'agit d'une sorte d'enfermement psychologique entre deux choix dont aucun n'apporte une solution libératoire, mais tous deux aboutissent à une situation de conflit insoluble dont vous êtes peut-être l'instigateur sans le savoir. Cessez de la harceler !

Figure 4-5 : Il appuie son index sur la tempe correspondante, doigts repliés sur eux-mêmes, coude en appui.

Chapitre 5

Le visage

Dans ce chapitre :

- Les yeux et les pupilles
- Les sourcils, les paupières et les cils
- Le nez, les oreilles et la bouche
- Les joues et les pommettes
- Le menton

Le masque social est le site anatomique le plus expressif du corps humain. Par exemple, l'inexpressivité du masque est, sans conteste, le critère le plus évident que l'on peut observer chez les psychopathes ou les dépressifs profonds.

Comme le rappelle Desmond Morris, « Nous avons la musculature faciale la mieux développée et la plus complexe de tout le groupe des primates. À vrai dire, nous avons même le système d'expressions faciales le plus subtil et le plus complexe de tous les animaux vivants. Grâce à d'infimes mouvements de la chair autour de la bouche, du nez, des yeux, des sourcils et du front et en recombinant ces mouvements suivant les façons les plus diverses, nous parvenons à rendre toute une gamme de changements d'humeur complexes. »

En outre, toutes les zones du visage sont porteuses de symbolismes forts, qu'il s'agisse de la frustration, du narcissisme, du don de soi, de l'identification parentale, de la vérité, de l'écoute ou encore du plaisir. La multiplication des combinaisons possibles fait donc du visage un outil de communication très précis.

Le maquillage : des peintures de guerre pour séduire

L'origine du maquillage remonte à la plus haute antiquité. Objectif immuable : la mise en valeur de la beauté ou de certains atouts plastiques en particulier. Que signifie une bouche vermeille qui efface le reste du visage ? Pourquoi votre voisine a-t-elle toujours des ongles impeccablement manucurés ? Faut-il charger les paupières ou rallonger les cils ? La touche de maquillage privilégiée est significative du tempérament de la femme.

Son objectif a toujours été de plaire ou de séduire l'homme. Cependant, chaque site anatomique maquillé trahit la personnalité sentimentale de la femme ainsi que la nature de ses goûts sexuels. Un visage maquillé est une vraie carte géographique du psychisme.

Le maquillage des paupières indique une sensibilité à fleur de peau, celui des cils un tempérament versatile, pour les sourcils, on en déduit que le climat mental est anxieux/nerveux alors que celui des pommettes et/ou les joues rouges signale un peu de nostalgie adolescente ou une adulte plutôt fonceuse, voire arrogante. Le tour des yeux au crayon trahit une femme investie dans ses fantasmes. Le rouge à lèvres qui déborde révèle une insatisfaction sexuelle, voire une frustration institutionnalisée. La mouche est un signe de jalousie de celles qui affectionnent ce code discret, et les ongles manucurés, un signe d'exigence.

Les yeux

Comme l'a écrit Jean-Didier Vincent dans son remarquable ouvrage *Le Cœur des autres*, « le regard est un geste des yeux ». Discipliner cette arme gestuelle qu'est le regard exige un vrai travail introspectif profond, une prise de conscience du volume qu'occupe le corps face à l'autre.

La symbolique du regard

La première chose que vos interlocuteurs doivent voir chez vous, ce sont vos yeux, quelle que soit leur beauté, leur couleur, leur forme. Si vous atteignez ce résultat, vous existez vraiment aux yeux des autres. Vous tranchez sur la grisaille. Or, pour qu'on aperçoive votre regard en premier, il faut apprendre à parler avec ses yeux, surtout quand vous aurez très envie de parler avec votre bouche.

Le Moi présent

Vous pouvez tout dire avec vos yeux, tous vos sentiments sont filtrés par votre regard. Les yeux sont le miroir de l'inconscient, un lieu rempli de vie balayé en permanence par vos humeurs. Ce fameux Moi qui excite tant les psychologues trouve sa source dans le regard que vous jetez sur le monde qui vous entoure.

A priori, le Moi est une image comprimée d'un passé à jamais révolu, doublé d'un avenir encore aléatoire. Le Moi est « ici et maintenant », et n'existe que dans l'instant de sa prise de conscience. Seul le degré d'intensité du regard peut attester de son existence fugitive, d'un présent investi.

Le miroir de l'âme

À la différence du regard animal, le regard humain est susceptible d'exprimer une multitude de sentiments différents. La richesse de ses expressions est tellement vaste qu'on a fini par le baptiser « miroir de l'âme ». Et pourtant, l'œil humain n'a qu'un diamètre d'environ 2,5 cm. Cependant, à côté de lui, la plus perfectionnée des caméras de télévision remonte à l'âge de pierre. La rétine, tunique interne de l'œil sensible à la lumière, contient 137 millions de cellules qui envoient des messages au cerveau pour lui dire ce qui se passe autour de nous. 130 millions de ces cellules sont en bâtonnets et assurent la vision en noir et blanc, les 7 millions restants sont en forme de cônes et facilitent la vision en couleur. À tout moment, ces cellules peuvent traiter simultanément un million et demi d'informations. En raison de sa complexité, il n'est guère surprenant que l'œil soit la partie du corps qui grandisse le moins entre la naissance et l'âge adulte. Même le cerveau se développe plus que lui. Ce qui laisse sous-entendre que l'œil est le premier organe de communication active achevé, opérationnel dès la naissance ou presque. Par comparaison, l'audition, le toucher, l'odorat et le goût sont des organes de communication passive.

Le Moi absent

Le regard est un mystère. Les yeux nous servent à voir, à observer, à regarder et pourtant cette fonction physiologique ne représente qu'une partie mineure de leur véritable objet. Globalement, le regard sert à se méfier de l'entourage ou de l'environnement. Un investissement colossal mais indispensable car cette méfiance ne s'adresse pas uniquement aux autres mais aussi aux obstacles qui se dressent sur votre chemin. Quand le regard « voit », le Moi est absent du jeu. Quand le regard observe, le Moi est présent.

Sentiments ou sensations ?

Le mot est lâché. La plupart des sentiments qui vous habitent pervertissent votre jugement car ils représentent une projection de votre Moi sur l'autre ou sur l'environnement. Les sensations n'ont pas le même genre d'influence. Elles viennent de l'extérieur et impressionnent votre climat mental sans que votre ego se sente concerné. C'est pourquoi les extravertis gestuels dont les sensations priment sur les sentiments (oreille droite au téléphone) sont moins égocentriques que les introvertis gestuels (oreille gauche privilégiée au téléphone) dont les sentiments priment sur les sensations.

Si je regarde la nouvelle berline de luxe de mon voisin en passant par le filtre de mon ego, je ressentirai un sentiment de dépit quand mes yeux se reporteront sur ma propre voiture (regard égocentrique d'évaluation comparative). Mais je peux aussi admirer sa nouvelle voiture sans faire référence à la mienne, si mes intérêts ne se portent pas sur le standing de mon véhicule. Je me laisserai alors pénétrer par l'impression admirative ou appréciative en le félicitant pour son achat sans y mêler mes envies personnelles (regard allocentrique). Si j'admire une jolie femme en regrettant amèrement qu'elle ne soit pas la mienne, mes pupilles se rétracteront automatiquement. La convoitise induit un regard agressif et des pupilles en mode « myosis ». Si je savoure sa beauté sans une connexion libidinale concupiscente, mes pupilles se dilateront légèrement. L'admiration induit un regard oblatif, un regard qui a tout à donner et n'attend rien d'autre en échange que le plaisir de l'instant.

Le regard amoureux est un exemple frappant de ce que je viens de vous décrire. Il transporte les mots échangés par les amants à un autre niveau de conscience (ce qu'on nomme l'hypervigilance en hypnose). La source de votre capacité de séduction se situe bien dans le regard de l'autre et non dans votre propre ego ou votre talent de séductrice (ou de son équivalent masculin).

Ne jamais défocaliser !

Plus de 80 % des individus privilégient le sens visuel au détriment des quatre autres sens : l'ouïe, le goût, le toucher ou l'odorat. Contrairement à ce que vous pourriez croire, les gens écoutent forcément avec leurs oreilles mais censurent votre discours en zappant visuellement. Ils esquivent l'impact polluant des mots en « défocalisant » leur regard. La défocalisation du regard consiste à parler avec un interlocuteur en regardant ailleurs que dans sa direction. Si vous vous exprimez en défocalisant, comme le font la plupart des gens, votre discours sera entendu mais non écouté par votre interlocuteur. Ses mécanismes de défense psychiques feront automatiquement barrage en évacuant le substrat émotionnel de vos paroles. Sachant que l'émotion est ce qui donne du relief aux mots qui s'échappent de votre bouche, il ne restera dans sa mémoire à court terme qu'un ensemble décousu de vos propos. Vous aurez réussi à lui transmettre votre message et raté votre objectif qui était de la ou le séduire ou de la ou le convaincre. En clair, votre discours sera fonction de la manière dont votre cible vous esquivera ou vous affrontera visuellement. N'oubliez jamais que l'esquive n'est pas forcément la fuite et que l'affrontement n'est pas forcément l'acceptation.

Le sens de l'observation

La vue nous sert souvent d'une manière utilitaire : pour éviter les obstacles qui se dressent sur notre chemin, pour nous méfier des réactions du voisin ou lire le journal plus que pour apprécier la beauté d'un paysage ou d'une toile. Le sens de l'observation est un vœu pieux que les instituteurs tentent en vain d'inculquer à des enfants qui sont saturés d'images cathodiques. « À quoi ça sert d'observer ce que je peux voir », me rétorque un enfant très logique qui ne comprend pas ce qui différencie ces deux verbes. Comment lui faire comprendre le fossé qui sépare l'observation de la vision ? Comment lui faire saisir que la taille de ses pupilles diffère quand il voit mécaniquement ou quand il regarde attentivement.

Ce que je vois est une chose, ce que je regarde en est une autre. Comme le dit si bien Raymond Abellio (1907-1986) : « Je l'avais vu mille et une fois. Je ne l'avais jamais regardé. »

Comment réapprend-on à observer ? La multiplication des stimuli visuels et l'intervention du langage modifient progressivement notre sens de l'observation pour le transformer en regard subjectif censuré par l'éducation. L'observation est une vision objective, analytique et spéculative. L'enfant regarde un objet et analyse sa fonction. Il le goûte, il le touche, il le sent. Il utilise quatre des cinq sens pour effectuer son observation. L'observation est préalable à la vision. Tous les amoureux s'observent, se respirent, se goûtent, se touchent et s'écoutent. Tous les séducteurs observent leur future partenaire, toutes les séductrices analysent les différentes informations que reçoivent leurs sens. Leur ego ne participe pas à l'observation. Les uns et les autres se comportent comme des paraboles qui captent la longueur d'onde des sentiments.

Dans le même ordre d'idées, l'observation autoscopique est paradoxalement la racine d'une observation objective de l'autre. Je ne peux pas observer l'autre si je ne prends pas conscience des limites de mon propre territoire corporel. Telle est la règle. Quand vous êtes à l'écoute du discours de l'autre, tentez de l'écouter avec tout votre corps. Prenez conscience du volume qu'il occupe tandis que vous écoutez les propos de votre interlocuteur. Le corps se met à l'écoute globale de l'autre quand le mental investit ce dernier au lieu de se focaliser *a priori* sur ses paroles. Cette écoute corporelle est aussi fonction du regard que vous posez sur l'autre. Vos yeux deviennent un lieu de passage de l'information visuelle traduite en ressenti ou en empathie. Tel est le secret des vrais(ies) séducteurs(trices). L'alchimie de la communication efficace, au sens large du terme, prend son essor à partir de cette règle. Qu'il s'agisse d'une rencontre amoureuse, d'un auditoire ou d'une foule de spectateurs, le *modus operandi* est identique. Ne séduit pas qui veut mais celui qui maîtrise les codes de la séduction ! Ces codes prennent leur source dans le pouvoir des yeux et passent par la prise de conscience du volume que votre corps occupe dans l'espace. La neutralisation du Moi exige une prise de conscience de la réalité de l'autre, quel que soit le type de relation que vous entretenez avec lui.

La réussite au fond de l'œil

Discipliner son regard, ça s'apprend. Comment maîtriser le regard allocentrique, un regard dont les yeux ne clignent pas souvent mais qui n'est pas non plus le regard figé de l'hypnotiseur de spectacle ? Le regard allocentrique est celui d'un individu qui a réussi le tour de force de se débarrasser entièrement de son propre ego. Il est curieux que nous puissions tous programmer ce type de regard inconsciemment, quand il nous arrive d'admirer un paysage. Quand vous êtes captivé par un film, votre ego tend à s'effacer au profit du récit, votre regard devient allocentrique. Les pupilles se dilatent, exprimant le plaisir de l'évasion émotionnelle. C'est comme si votre cerveau gauche (le cerveau rationnel) était en congé et vos émotions à la fête. Votre écran mental est impressionné par des images qui gomment le temps investi, déprogrammant tout besoin d'évaluation comparative. Les pensées parasites qui occupent aussi l'intensité émotionnelle du regard sont évacuées. Vous êtes saisi par l'action du film, captivé par l'histoire, vos sensations priment sur vos sentiments.

Le menu du regard

On peut tout dire avec les yeux, tous les sentiments sont filtrés par la lumière qui baigne le regard. Les yeux sont le miroir de l'inconscient, un lieu plein de vie balayé en permanence par le vent de nos humeurs.

Si vous regardez attentivement vos yeux dans un miroir, vous constaterez qu'ils n'ont pas la même intensité. L'œil gauche sera plus tendre que l'œil droit, par exemple, ou l'inverse. Un regard s'allume ou s'éteint en fonction des sollicitations du milieu mais aussi selon les pensées qui vous traversent l'esprit. Si vous négociez un contrat ou une affaire avec un sentiment d'échec potentiel, l'intensité de votre regard transmettra ce sentiment à votre interlocuteur qui en décodera inconsciemment le contenu.

Regards moqueurs, paniqués, fuyants, faussement indifférents, gênés, satisfaits ou quémandeurs, curieux, tendres, aguicheurs, gourmands, jaloux, concupiscents, atones, vifs ou vides, etc. Ils sont bien trop nombreux pour être classés de la même manière que les gestes. De plus, le regard change constamment de contenu en fonction des sollicitations du milieu et à l'insu de la conscience. Par exemple, si votre interlocuteur tient un discours qui vous dérange, vous aurez tendance à plonger votre regard vers le sol pour masquer la gêne qui vous embarrasse. Le regard gourmand d'un homme mûr qui observe une jeune et jolie femme est parfaitement imaginable, au même titre que celui d'une femme qui exprime son dégoût d'un vieux barbon qui tente de la séduire. Le regard représente à tout moment la synthèse du climat mental d'un individu face à une situation donnée. Il faut apprendre à observer celui de ses interlocuteurs tout en écoutant leur discours pour réaliser l'incommensurable richesse de ses expressions.

Le regard périphérique

Vous avez déjà remarqué à quel point le regard insistant d'un étranger est difficile à soutenir. Le regard direct en face à face est un regard globalisé qui évite les yeux mais demeure dans leur périphérie. On le définit d'ailleurs comme un regard périphérique. Le dialogue est verbal, rarement visuel, sauf chez les amoureux ou dans le contexte d'une entreprise de séduction. Le regard périphérique voyage autour du visage de l'interlocuteur, c'est un regard en transit. Il arrive qu'il se fixe l'espace de quelques secondes mais sans que sa lumière se modifie pour autant. Il faut rester dans le vague.

Je suis mal assis face au directeur d'agence de ma banque. Je lui explique mon problème mais je suis en phase de focalisation oculaire, je scrute les mouvements désordonnés de ses yeux tout en cherchant à saisir le sens de la lueur qui habite son regard. Il a un regard fugueur, mon cas ne l'intéresse pas, je ne suis pas assez riche, sans doute. J'ai compris qu'il valait mieux que je m'adresse ailleurs, là où je représenterai plus qu'un compte-courant. Ses yeux démentent son discours rassurant. Quelques jours plus tard, j'obtiendrai une fin de non-recevoir à ma demande de dépassement sur mon compte. Je savais déjà à quoi m'en tenir, évidemment. J'ai transféré mes comptes dans une autre banque aussitôt son refus officialisé. Et vous savez quoi ? Il a eu le culot de m'appeler pour me demander pourquoi je fermais mon compte. À votre avis ? Il était stupide ou très naïf ?

Le regard introspectif

L'environnement est banalisé par l'esprit préoccupé de lui-même. À force de réfléchir, de rêver ou de penser tout simplement, l'expressivité du regard s'évapore. Les yeux ne sont plus conscients de leur pouvoir de fascination. Vos proches, vos collègues, vos amis deviennent les images virtuelles d'une existence qui défile comme le paysage vu d'un train de banlieue. Or, tout le pouvoir d'un regard est indissolublement lié à sa capacité d'absorber les émotions exprimées par l'environnement. Plus l'esprit banalise cet environnement, plus le regard s'atrophie, moins vous fascinez votre entourage. Et si vous regardiez l'autre comme s'il s'agissait d'un personnage hors du commun ? Difficile ? Pas tant que cela !

Le regard introspectif apparaît quand un individu est obligé de se concentrer sur une argumentation purement défensive face à des détracteurs qui ne lui laissent aucun répit. Les pupilles du regard introspectif sont rétractées. L'intensité est minimale et l'expressivité est absente, c'est un regard tourné vers l'intérieur. En revanche, quand un tribun développe une argumentation offensive, le regard qui accompagne son discours est généralement perforant. En effet, c'est l'intensité lumineuse du regard qui transporte l'émotion du discours individuel et non le poids des mots.

Le regard du poisson mort

On peut afficher un tempérament passionné, marteler ses arguments en utilisant un registre gestuel très pédagogique et perdre en route toute la portée de son message à cause d'un regard de poisson mort.

Le regard polaire

Certains hommes d'influence ont un regard d'une froideur polaire, quelle que soit la mimique qu'ils affichent, sourire compris. Cette froideur est soit synonyme de pouvoir, de manipulation, soit de harcèlement (voir Figure 5-1). Ils n'observent pas le monde comme vous et moi, leur vision est filtrée par les objectifs qu'ils poursuivent et non par les propos qu'ils tiennent. Ils se considèrent comme les seuls êtres réels dans un monde peuplé d'êtres virtuels. Vous n'existez pas à leurs yeux, sauf si vous représentez un rouage ou un fusible pour servir leur stratégie. Si le fusible saute, vous serez remplacé et ils vous oublieront aussitôt. Tout cela peut se lire dans leur regard. Ni scrupules, ni états d'âme !

Figure 5-1 : La froideur du regard polaire reflète celle de l'état d'esprit.

L'acquisition du pouvoir, de la célébrité ou d'une responsabilité politique toute neuve a un effet perturbateur sur les comportements de ceux qui en bénéficient. Ils prennent de l'altitude et leur disponibilité disparaît au profit d'un agenda saturé. La promotion est violente et oblige la nouvelle star, par exemple, à adopter des conduites de protection du territoire : le regard glacial fait partie de ces conduites particulières. Les personnes concernées ne vous enverront un regard pseudo-chaleureux que si vous pouvez leur être utile dans l'ici et maintenant.

Le regard allocentrique

Apprendre à regarder les yeux des autres, c'est aussi apprendre à céder un temps de parole à vos yeux. Car il est difficile de se focaliser sur le regard d'un interlocuteur et de lui parler en même temps. Quand vous développez une argumentation, votre vision de l'autre se globalise tout en conservant la direction de son visage. Le regard du succès est un regard muet, un regard qui tient plus de l'admiration que de l'envie ou de la méfiance. Aucun être humain ne peut résister à ce type de regard sans se sentir gratifié. Ce qui donne au regard son impact, c'est le sentiment dans lequel il prend sa source. L'admiration est une sublimation du sentiment amoureux. Si vous associez votre regard à ce sentiment, l'autre le recevra comme une récompense et vous ouvrira la porte de son âme. Attention ! Ce regard ne fonctionne que s'il demeure muet… d'admiration. Si vous vous mettez à parler, l'effet magique disparaît. Détournez les yeux dès que vous ouvrez la bouche pour persuader votre interlocuteur et n'utilisez le regard allocentrique qu'après avoir cédé votre temps de parole !

Le regard fuyant

Le regard fuyant ou détourné est la norme quand il vient à croiser celui d'un ou d'une inconnue. Un regard appuyé est perçu par l'autre comme un viol de son territoire. En règle générale, nous « zappons » tous pour éviter la confrontation oculaire avec nos interlocuteurs. Cette attitude réflexe, largement répandue, confirme le rôle fascinateur du regard.

L'esquive

Offrir son regard à l'autre est une marque d'estime, voire de sympathie. Dès lors, dialoguer sans les yeux est une attitude propre aux personnes habituées à simuler ou à déguiser la vérité. Pourtant, nous usons tous de cette attitude à divers degrés. Tout est une question de dosage ! Trop d'esquive oculaire trahit le menteur patenté, *a contrario* le regard accrocheur peut révéler un tempérament frondeur. À vous de situer la proportion idéale !

Le transfert

Lorsqu'une personne fixe son regard sur un objet qu'elle manipule, tout en vous parlant, elle signifie qu'elle ne vous apprécie guère, sinon elle lèverait les yeux pour vous regarder plutôt que de les accrocher sur un objet quelconque. C'est une manière de vous effacer de son champ de vision. C'est un phénomène courant de transfert de sujet à objet, un mécanisme typique de protection.

Le zapping visuel

80 % de nos informations passent par nos yeux et surchargent notre vision binoculaire tandis que la conscience tente de donner un sens à ces images multiples. Le zapping visuel est un comportement typique du citadin dont le regard est sans cesse sollicité, voire saturé d'images mobiles et de rencontres inopportunes. Il faut surtout éviter de croiser le fer avec des inconnus, telle est la règle en société. Le regard de l'autre est insupportable car il est perçu comme une véritable inquisition de l'âme. Vous remarquerez que quand vous discutez avec un inconnu, vous ne le fixez jamais dans les yeux. Votre regard balaye globalement son visage ou s'échappe vers la périphérie. Si on vous demandait quelle était la couleur de ses yeux, vous seriez bien en peine de répondre. Le balayage visuel ne s'attarde pas sur ce genre de détail. Dommage ! Car le simple fait de mémoriser la couleur de ses yeux, leur forme et la taille de ses pupilles pourrait déjà modifier votre attitude à son égard. Une modification qui entraîne automatiquement une augmentation de la sympathie interindividuelle.

Le regard par procuration

La procuration consiste à adresser la parole en prenant une tierce personne à témoin. Cette habitude détestable est typique des individus qui ont le sentiment de ne pas exister à leurs propres yeux et qui ont besoin de projeter ce sentiment sur un interlocuteur pour s'en défaire, en prenant à témoin une troisième personne. L'origine de ce comportement est liée à un rejet de type familial, de la part du père le plus souvent. « Ton fils a encore fait des siennes, dit le père à son héritier en fixant son épouse, mais en évitant de regarder son fils. »

Le regard réducteur

Si un individu vous adresse la parole en fixant son regard sur une partie de votre corps autre que votre visage, c'est qu'il réduit votre personne à cette partie anatomique seulement.

La révulsion oculaire

Quand un regard disparaît à la faveur d'un léger mouvement de révulsion des globes oculaires, il s'agit davantage d'un tic gestuel que d'un mouvement oculaire ponctuel. Les personnes stressées ou facilement agacées usent et abusent de ce genre de refrain gestuel. Elles signifient de cette manière leur degré de scepticisme mais aussi les limites de leur capacité de communication verbale. Vos arguments sont évacués d'un simple mouvement des yeux.

Le regard magnétique

Un bon acteur dirige toujours son regard dans l'axe du visage de son interlocuteur en le fixant, non pas dans les yeux, mais au niveau de la bouche. De cette façon, il abaisse subtilement ses paupières et donne à son regard un effet particulier, très cinématographique, voire carrément magnétique.

Le regard placide

Ce type de regard, comme celui d'un gorille, donne l'impression d'un animal doux et serein. Ne vous y fiez pas, le gorille triche. Si vous lui déplaisez ou si vous pénétrez dans son territoire, il vous tuera sans préavis et sans état d'âme. Le regard du gorille enfermé dans une cage est un regard sans âme, totalement vidé de toute émotion, comme le regard d'un malade mental catatonique. Inerte.

Le regard timide

En contemplant le sol, le sujet ébauche une révérence ou incline la tête en signe de soumission.

Les yeux au ciel

La fuite du regard vers le haut est un véritable aveu de tricherie. Même s'il ne dure qu'un bref instant, le dérapage oculaire systématique est la traduction d'un stress. Ce mouvement oculaire en particulier plaide en faveur d'une sincérité à géométrie variable.

Orientation en bas à droite

Si votre ami vous parle en baissant régulièrement les yeux en bas à droite, sachez qu'il exprime un sentiment d'échec soumis à l'incapacité de remettre les choses en question.

Orientation en bas à gauche

Cette orientation du regard marque une incertitude ou un tempérament indécis de la part d'un menteur professionnel.

Orientation vers le haut

Cette orientation indique une exaspération teintée de nervosité, voire un tempérament hystérique.

Orientation vers le sol

Le sujet qui parle en baissant les yeux vers le sol exprime son manque de motivation.

Orientation en haut vers la droite

Ce type de regard signale une personne ambitieuse en recherche de pouvoir et de toutes les courtes échelles possibles pour grimper sur le podium de ses illusions. Refrain gestuel très fréquent chez les carriéristes de tous poils qui visent, par définition, les premiers échelons du pouvoir.

Orientation en haut vers la gauche

Le caprice, la fantaisie et parfois la curiosité jusqu'à l'indiscrétion, telles sont les insignes qualités que révèle ce type de refrain oculaire. Attitudes très coquettes aussi de la part des adolescentes faussement contrariées par les entreprises maladroites de leurs petits copains. Ce mouvement oculaire fait partie des armes de base de la séduction féminine.

Les pupilles

Imaginez des iris sans pupilles ! Pas facile, hein ? Et pourtant, l'iris sans pupille peut être assimilé à l'œil du diable. La pupille est l'excroissance anatomique de l'âme humaine, d'où son rapprochement symbolique avec la vérité et l'authenticité. Avec l'expérience, vous constaterez qu'un nombre très restreint de vos amis, collaborateurs ou clients sont des individus authentiques. Ils expriment leurs sentiments sans les ressentir : « J'adore littéralement cette personne ! » Certifié sincère et conforme en paroles, mais en paroles seulement, car les pupilles sont rétractées. Leur diamètre n'a pas varié d'un iota. Vos pupilles ne peuvent se dilater que si vous ressentez sincèrement ce que vous dites. L'authenticité est à ce prix, la vérité aussi. Ou alors, arrangez-vous pour rester dans la pénombre pour mentir. Les pupilles se dilatent quand la lumière baisse. Mais l'expression de votre regard risque de vous trahir, malgré la dilatation des pupilles. Les choses ne sont pas aussi élémentaires qu'il y paraît. Désolé.

La symbolique des pupilles

Au centre de l'œil se trouve cette tache sombre que nous appelons pupille, l'orifice par lequel passent les rayons lumineux pour tomber sur la rétine. La pupille se dilate dans un faible éclairage et se rétracte dans un éclairage violent, contrôlant ainsi la quantité de lumière atteignant la rétine. Ainsi, l'œil agit comme un appareil photo équipé d'un diaphragme réglable, mais il possède aussi un curieux système de sélection. Quand l'œil voit quelque chose qui lui plaît, la pupille se dilate un peu plus que la normale et, dans le cas contraire, elle se réduit au diamètre d'une tête d'épingle. Il est facile de comprendre cette dernière réaction car la pupille, en se rétractant, diminue l'illumination de la rétine et, en quelque sorte, camoufle l'image désagréable.

La dilatation accrue en cas de vision agréable est plus difficile à expliquer. Ce phénomène, en effet, nuit à l'acuité visuelle en laissant trop de lumière pénétrer sur la rétine et le résultat ressemble davantage à une lueur floue qu'à une image nette et équilibrée.

Quand vous vous trouvez en face d'une jolie femme ou d'un homme craquant, vos pupilles se dilatent légèrement. Elles deviennent alors un précieux indicateur des réponses émotionnelles aux images visuelles. C'est un avantage en cas de coup de foudre chez les amoureux qui se regardent dans le blanc des yeux avec les pupilles dilatées, ce qui leur offre une image brouillée baignant dans un halo de lumière. Les petits défauts du visage disparaissent comme dans la pénombre discrète d'une discothèque. Ce qui est laid devient acceptable, ce qui est acceptable devient sublime et ce qui est beau devient divin.

Il est évident que la dilatation de la pupille permet au subjectivisme de s'exercer à plein rendement.

ANECDOTE

La belladona

Il y a des centaines d'années, les courtisans en Italie utilisaient une drogue faite à partir de belladone qu'ils se mettaient dans les yeux pour dilater leurs pupilles. On disait qu'elle rendait plus beau, c'est pourquoi on l'appelait la « Belladona », ce qui signifie littéralement la « jolie femme ». Les marchands de jade dans la Chine prérévolutionnaire se mirent à porter des lunettes noires simplement pour dissimuler la dilatation de leurs pupilles excitées par un beau jade qui leur était présenté. Car, auparavant, les joailliers surveillaient avec soin la dilatation des pupilles de leurs clients, afin de revoir le prix à la hausse. Mais ce sont là des faits isolés, et tout le monde a continué à faire des affaires, en dilatant et en réagissant aux dilatations sans recourir à des artifices aussi délibérés.

Le menu des pupilles

Le regard est un des signaux majeurs de la séduction, et le maquillage a pour but d'en amplifier l'impact. Quand une femme est attirée par un homme, ses pupilles se dilatent, et il décode probablement ce signal sans même s'en rendre compte. Cela explique pourquoi on apprécie tant les éclairages tamisés pour une soirée romantique. Les pupilles dilatées favorisent l'impression d'une attraction réciproque. Quand deux amoureux se regardent au fond des yeux, ils guettent inconsciemment la dilatation des prunelles de leur bien-aimé. Certaines études ont montré que les pupilles des hommes en train de regarder un film porno peuvent tripler de taille. Quant aux femmes, ce sont les photos de mamans et de leur bébé qui sont les plus spectaculaires à cet égard : les pupilles des bébés sont plus larges que celles des adultes, et elles se dilatent constamment en leur présence, pour attirer leur attention sur eux. Voilà pourquoi les animaux en peluche et les poupées qui se vendent le mieux ont des pupilles immenses.

Selon une autre étude, les prunelles dilatées sont aussi contagieuses. Les pupilles des hommes qui regardent des photos de visages féminins aux pupilles dilatées s'agrandissent plus que devant des portraits aux pupilles resserrées.

ANECDOTE

Les pupilles disent vrai

En principe, il est impossible de contrôler la taille des pupilles. C'est pourquoi celle-ci est un précieux indicateur des réponses émotionnelles aux images visuelles. Elle ne peut pas mentir. En pratique, il existe tout de même un moyen…

Eckhard Hess (1916-1986), pionnier de la mesure des pupilles, a découvert que leur dilatation est due à une stimulation, et notamment celle de l'excitation sexuelle. Il a également démontré que l'activité mentale associée à la résolution d'un problème entraînait une dilatation des pupilles qui culmine au moment de la découverte de la solution.

En appliquant ces découvertes à la communication professionnelle, les publicitaires ont constaté que les photos de visages retouchés avec les pupilles agrandies étaient jugées plus attirantes que les originaux. Il en a découlé une méthode publicitaire très efficace pour tous les produits « vendus » par des photos en gros plan : cosmétiques, lotions capillaires ou lunettes. Ce procédé a permis d'augmenter de 45 % les ventes par catalogue des rouges à lèvres Revlon.

Le profil mydriase

Les individus qui ont tendance à vivre dans l'ici et maintenant sont facilement repérables à la taille de leurs pupilles. La dilatation courante de leurs pupilles vient de l'atmosphère qui règne dans leur climat mental. Elle est majoritairement positive. Les profils mydriases (voir Figure 5-2) sont les messagers du bonheur. Ils sont zen et fuient le stress.

Figure 5-2 : La pupille dilatée symbolise un état d'esprit décontracté.

Le profil myosis

À l'inverse, les ambitieux, les carriéristes et les opportunistes affichent des pupilles rétractées la plupart du temps (voir Figure 5-3).

Figure 5-3 : La pupille contractée symbolise un état d'esprit stressé, projeté dans le futur.

Ils vivent demain et ailleurs, en projection sur le futur qui les attend sans impatience mais qu'ils sont impatients d'atteindre.

Les pupilles « tête d'épingle » sont particulièrement visibles dans les milieux d'affaires ou sur les plateaux de télévision. Vous ne verrez jamais un individu stressé avec des pupilles dilatées. Il est intéressant d'observer ce genre de réaction oculaire chez les artistes de variétés ou les comédiens de cinéma. Certains myosis contredisent leurs affirmations de bonheur total ! L'extase publique des stars sur les plateaux de télé est souvent plus verbale que sincère. Il suffit d'apercevoir la taille de leurs pupilles pour mesurer celle de leur degré de franchise. Redoutable, n'est-ce pas ?

Les sourcils

Mais à quoi servent les sourcils ? À mettre nos émotions entre parenthèses, à signaler nos changements d'humeur, même si on peut aussi supposer que leur fonction anatomique primaire consiste à protéger les yeux de la sueur qui s'écoule du front. La partie basse du front est le siège de l'inspiration ou de la créativité. Dans le mot sourcil, il y a « source ». On pourrait en déduire que des sourcils très mobiles seraient une preuve kinesthésique de la prédominance de ces deux qualités, mais n'allons pas trop vite.

La symbolique des sourcils

Les sourcils signalent les changements d'humeur. La peur ou la surprise nous font hausser les sourcils, la colère les baisse, l'inquiétude les rapproche, l'interrogation les tire. Nous les baissons et les haussons rapidement pour manifester discrètement à un ami que nous avons remarqué sa présence.

Les sourcils des femmes étant naturellement moins fournis que ceux des hommes, elles ont souvent amplifié cette différence en se les rasant ou en se les épilant avant de les redessiner d'un trait plus mince. Cela s'est pratiqué pendant des siècles à l'aide de techniques diverses : rasage, maquillage ou épilation. À l'époque contemporaine, l'épilation des sourcils connut son apogée dans les années vingt et trente, entre les deux guerres, période où le crayon à sourcils était dans chaque sac à main, disponible en « cinq teintes ensorcelantes ». Rappelez-vous Édith Piaf !

La pince à épiler avait contribué à amincir le sourcil et on utilisait le crayon à maquillage pour accentuer l'arc délicat qui restait. Lorsqu'une femme trouvait que ses sourcils n'étaient pas bien plantés, elle pouvait bien sûr les épiler entièrement et les redessiner à son gré. Dans ce cas, les sourcils apparaissaient presque toujours au-dessus de leur véritable place pour donner au visage un aspect moins « froncé ».

Chez les hommes, les sourcils broussailleux ont toujours été acceptés en tant que signaux de charme masculin. En revanche, quand les sourcils épais d'un homme se rejoignent au-dessus du nez, c'est différent. Un vieux dicton dit qu'il ne faut pas faire confiance à un tel homme. Ce sont les sourcils lucifériens !

Les sourcils, signes d'érotisme

L'exemple le plus étrange de faux sourcils nous vient d'Angleterre au début du XVIIIe siècle. À cette époque, la mode était aux sourcils rasés remplacés par des postiches, mais ces postiches étaient bizarres : ils étaient en peau de souris !

Ces méthodes étant destinées à rendre les femmes plus belles, les sourcils laissés à l'état naturel étaient souvent associés à une nature fortement « non sexuelle ». Les femmes qui travaillaient dans des conditions où elles étaient censées étouffer leur sexualité ne devaient pas toucher à leurs sourcils. Dans les années trente, un procès opposa même une infirmière à la directrice d'un hôpital qui lui avait refusé l'autorisation de s'épiler les sourcils. Cette interdiction allait à l'encontre des libertés individuelles, mais les tribunaux donnèrent raison à la directrice. Les malades, par conséquent, furent « épargnés » de la stimulation érotique que constitue le spectacle de sourcils délicatement épilés.

Le menu des sourcils

Les sourcils sont très mobiles. Pour s'en convaincre, il suffit de se souvenir des films muets et de constater à quel point ils venaient « supporter » l'absence de dialogue. Très expressifs, ils épousent quantité de formes et témoignent de nos humeurs en s'y adaptant.

Les sourcils froncés

La profondeur des rides entre les sourcils « au repos » est une assez bonne indication du nombre de fois où la personne observée les aura froncés tout au long de sa vie. Les sourcils s'abaissent dans deux types de situations que l'on peut qualifier en schématisant d'agressives et de défensives.

Les sourcils levés

En se levant, les sourcils rident le front, ce qui est souvent associé à une personne « soucieuse ». L'individu soucieux au front creusé voudrait échapper à la situation dans laquelle il se trouve mais qui, pour une raison quelconque, ne le peut pas. Celui qui rit avec le front plissé est aussi légèrement inquiet. L'homme arrogant avec ses sourcils arqués aimerait lui aussi fuir toute la médiocrité qui l'entoure. Quand un individu est très agressif et s'expose à des représailles, ou bien lorsqu'il est vaincu et craint une attaque imminente, il sacrifie l'amélioration de sa vue pour se protéger les yeux en baissant les sourcils. En revanche, quand il n'est que légèrement agressif tout en étant effrayé ou dans n'importe quelle situation conflictuelle qui ne semble pas inclure le risque d'une attaque physique, il sacrifie la protection des yeux pour l'avantage tactique que lui procure une meilleure vision de ce qui l'entoure. Il hausse donc les sourcils.

Les sourcils en travers

C'est un mélange des deux actions précédentes avec un sourcil baissé et l'autre levé. Ce n'est pas une expression très commune et beaucoup de gens ont du mal à l'adopter. Le message transmis est double comme l'expression elle-même. Une moitié du visage paraît agressive et l'autre effrayée. Sans qu'on sache pourquoi, ce signal contradictoire est beaucoup plus fréquent chez les hommes adultes que chez les femmes ou les jeunes gens. Le sentiment exprimé est en général le scepticisme. Le sourcil levé représente comme un point d'interrogation par rapport à l'autre œil, fixe et grand ouvert.

Les sourcils noués

Les sourcils noués sont associés à un grand chagrin. On observe cette posture également dans certains cas de douleurs chroniques. Les souffrances aiguës et soudaines, au contraire, provoquent une réaction de plissement de tout le visage avec les sourcils froncés, mais une douleur sourde et prolongée entraînera plus vraisemblablement cette réaction de sourcils noués. C'est la mimique caractéristique dépeinte dans les publicités pour les médicaments contre les migraines (voir Figure 5-4).

Figure 5-4 : Les sourcils noués sont le signe de la souffrance.

Le clignement réducteur des sourcils

Les sourcils se lèvent et se baissent en une fraction de seconde. Ce bref clignement est un signal d'accueil important, et apparemment universel, propre à l'espèce humaine. Ce clignement est en général pratiqué à distance, au début d'une rencontre, et ne s'intègre pas aux manifestations de proximité comme la poignée de main, le baiser ou l'étreinte. Mais il faut s'en méfier car ce genre de réaction n'augure pas toujours d'une rencontre placée sous des auspices favorables.

Le clignement séducteur des sourcils

Le mouvement est répété plusieurs fois en rapides successions. C'est un geste de plaisanterie rendu célèbre par Groucho Marx et toujours largement employé par les comédiens sur scène. Les sourcils se lèvent et s'abaissent rapidement pour un signal d'accueil outrancier, souvent pseudo-érotique. Ce type de signal gestuel est privilégié par les hommes qui ont des sourcils très fournis et qui souhaitent attirer l'attention sur cette caractéristique anatomique.

Les sourcils de ponctuation

Le haussement des sourcils sert souvent à accompagner un discours. La plupart d'entre nous, quand nous parlons avec animation, faisons de petits mouvements du corps pour appuyer nos paroles. À chaque accentuation verbale, nous ajoutons une accentuation visuelle. Ce réflexe est un véritable dispositif séducteur. L'importance des sourcils est indiscutablement liée aux expressions du visage. Chaque fois que votre humeur se modifie, imperceptiblement ou non, la position de vos sourcils varie aussi.

Les sourcils cruels

Votre interlocuteur fronce les sourcils en les rapprochant vers la racine du nez (voir Figure 5-5).

À l'origine, ce geste est une manière un peu théâtralisée de questionner son interlocuteur sans verbaliser son interrogation ou une façon d'afficher sa suspicion. Louis Jouvet en jouait régulièrement. L'air méchant bien connu des enfants et des conteurs prend ici tout son sens.

Figure 5-5 : Les sourcils cruels sont ceux du méchant dans les contes pour enfants.

Les sourcils qui démangent

Votre interlocuteur se gratte les sourcils du bout d'un doigt. Vous avez affaire à un sujet versatile et très capricieux, un digne représentant de cette nomenklatura fort répandue sur notre petite planète, j'ai nommé les hommes de pouvoir à géométrie variable et à responsabilité relative. Il faut mettre un bémol à cette interprétation, car gratter ses sourcils traduit aussi un esprit créatif. Les sourcils inspirent ceux qui se les grattouillent continuellement, ce qui ne les empêche pas d'être aussi versatiles et capricieux.

Si votre interlocuteur se met soudainement à gratter cette partie de son visage, sachez qu'il vient de changer d'avis vous concernant. Vous avez fait un faux pas ou vous l'avez vexé.

Le conseil du profileur

Si vous observez les sourcils de vos interlocuteurs ou de ceux qui occupent le petit écran, vous constaterez très vite la congruence entre le manque de créativité des sourcils immobiles et le trop-plein de créativité de tous les autres dont les sourcils n'arrêtent pas de voyager. C'est un excellent exercice d'observation comportementale. Les chanteurs dont les sourcils demeurent figés sont de bons interprètes techniques mais non créatifs. Plus les sourcils s'expriment, plus l'artiste investit ses émotions dans son jeu de scène.
Le meilleur exemple vivant à ce jour : Charles Aznavour.

Le piercing des sourcils

Le piercing du sourcil peut être le signe d'un tempérament capricieux, très accroché aux futilités. Mais ce piercing peut aussi témoigner d'un besoin de grandir, de valoriser son image publique et d'acquérir une bonne image de soi en fin de compte (voir Figure 5-6).

Figure 5-6 : Le piercing du sourcil révèle une personne soit capricieuse, soit contestataire.

Les individus contestataires arborent souvent un piercing au sourcil. Ce qu'ils ignorent, c'est qu'ils privilégient de cette manière une conduite de progrès et un rejet de la médiocrité qu'ils défendent parfois avec acharnement.

Les paupières

Les paupières sont les sièges symboliques des identifications parentales. Le père occupe la paupière droite et la mère, la paupière gauche (pour les gauchers, on inverse !).

La symbolique des paupières

Pour vérifier l'état de vos relations avec vos images parentales (c'est-à-dire votre degré d'affranchissement), il suffit de révulser les yeux le plus haut possible sous les paupières fermées pendant une minute, environ. Ensuite, relâchez tout doucement la tension musculaire que vous imprimez à vos paupières. Si elles demeurent closes spontanément, vous êtes reçu à l'âge adulte. Si l'une d'entre elles se décolle mais que l'autre reste légèrement fermée avant de s'ouvrir, cela signifie que vous êtes affranchi de l'une de vos images parentales. Ainsi, si la paupière droite demeure close plus longtemps que la gauche, il s'agit de l'image paternelle, et de l'image maternelle, si la paupière gauche demeure close plus longtemps que la droite. Cette obturation temporaire différée d'une paupière à l'autre indique que vous avez avec l'un de vos parents une relation conflictuelle, déclarée ou non, qui vous empêche d'atteindre la maturité affective. Si vos deux paupières se décollent, vous n'avez pas encore goûté aux charmes de la maturité, quel que soit votre âge.

À quoi servent ces constats ? À mieux comprendre la façon dont vous dormez car il existe un lien étroit entre la qualité du sommeil et l'affranchissement d'un individu par rapport à ses images parentales.

Le menu des paupières

Les postures liées aux paupières sont relativement peu nombreuses.

Le clignement des paupières

Votre père cligne des paupières comme pour vous approuver. L'approbation palpébrale est paternaliste.

Le frottement des paupières

Votre fils adolescent se frotte souvent les paupières (voir Figure 5-7).

Figure 5-7 : Le frottement des paupières traduit un comportement gaffeur.

Il casse tout ce qu'il touche. Par-dessus le marché, il est probablement aussi susceptible qu'une starlette. Mais c'est l'âge des gaffes à répétitions.

Le plissement des paupières

Votre supérieur plisse fréquemment les paupières en faisant mine de fermer les yeux. Il cherche à effacer littéralement votre image. Attendez-vous à un refus catégorique et dites-vous que vous l'avez échappé belle, si cela peut vous consoler. Dans certains cas de figure, la méchanceté peut atteindre, voire dépasser, les sommets de l'expérience mystique ! C'est un persécuteur.

La fermeture appuyée des paupières

Les paupières se ferment de manière appuyée et régulière quand mon amie se met à parler. Le clignement des paupières est un phénomène gesticulatoire dans tous les cas et signifiant dans un seul cas de figure, quand il est appuyé. Tout clignement appuyé accompagne toujours un mot particulier du discours. Ce mot est généralement en contradiction avec le sentiment non exprimé du locuteur.

La révulsion oculaire est une autre manifestation équivalente du clignement appuyé… qui signifie exactement la même chose. Votre interlocuteur ne dit pas ce qu'il pense et ne pense pas ce qu'il dit, soit par peur de perdre la main, soit parce que sa situation est sans références connues et qu'il lui faut s'y adapter sans filet. La fermeture appuyée des paupières est aussi le signe évident de troubles de la concentration. On ferme généralement les yeux pour discipliner sa pensée.

Les paupières et l'hypnose

Les paupières ont pour mission de protéger les globes oculaires des agressions venant de l'extérieur mais aussi de nettoyer l'œil de ses poussières. Des rideaux de chair et de muscles qui se referment régulièrement comme des capots. Les paupières sont closes et tout devient noir, le regard cesse de « s'extravertir ». Les paupières s'ouvrent et le monde existe à nouveau. On ne réalise jamais assez l'importance des muscles palpébraux. Si vous étiez incapable de fermer les paupières, vous ne pourriez plus dormir et vous pourriez même en mourir. Les gens qui dorment les yeux ouverts sont victimes d'une pathologie hystérique rarissime.

Les sujets réceptifs à l'hypnose, induits en transe somnambulique, conservent les yeux ouverts mais ne voient que ce que l'opérateur leur suggère, soit une vision en tunnel. Si l'opérateur abandonne son sujet hypnotisé pendant un court instant, les paupières de ce dernier ont tendance à se refermer. Il ne faut pas oublier que l'état somnambulique est une altération de la vigilance, un stade du sommeil dit paradoxal (la phase du rêve nocturne). Il est logique que les paupières se ferment en l'absence de stimuli visuel et fantasmatique suggérés par l'opérateur.

Les cils

Les femmes qui ont des cils interminables attirent l'attention dessus en les maquillant avec du Rimmel pour les allonger le plus possible. On dit d'elles qu'elles ont des yeux de biche ou de poupée de porcelaine.

La symbolique des cils

Siège du narcissisme primaire de l'enfant dont on vante la longueur, et qui débouche sur un adulte très concerné par son image sociale, les 200 cils qui entourent chaque œil ont une durée de vie de trois à cinq mois avant d'être remplacés. Ils durent aussi longtemps que les poils des sourcils.

Méfiez-vous des cils interminables, ils ont plus d'un tour dans leur sac et les regards qu'ils dissimulent sont parfois très calculateurs sous une apparence de candeur ! Sont-ils vrais ou faux ? Est-ce encore la mode des faux cils ? La longueur des cils est un détail morphologique qui interpelle essentiellement les femmes. Mascara et faux cils aident les petits yeux à s'agrandir ou à s'éclaircir. Comme pour d'autres parties du corps, quand la femme a un signal important à sa disposition, elle en tire le maximum.

Est-ce parce qu'il s'agit d'un attribut essentiellement humain que les représentations anthropomorphiques d'extraterrestres sont dépourvues de cils et de sourcils ? On sait que les sourcils servent de signaux mais qu'en est-il des cils ? S'agit-il d'une simple frange protectrice qui entoure l'œil ? N'est-ce pas là le rôle de la paupière ?

Les populations aux yeux très bridés du continent asiatique n'ont pratiquement pas de cils. Les yeux sont protégés par le degré de fermeture des paupières. En revanche, plus les globes oculaires sont protubérants (exophtalmiques), plus les cils sont longs et fournis. Cette observation laisse sous-entendre que les cils seraient bien une protection supplémentaire qui aurait peut-être perdu son utilité avec le développement fonctionnel de nos paupières.

Les cils de la compassion

La fonctionnalité des cils, si elle existe, consisterait en un signal de compassion. Les cils serviraient à retenir les larmes afin d'offrir au regard humain une humidité compassionnelle que l'on retrouve souvent chez les amoureux qui viennent d'être victimes d'un coup de foudre. Une fonction de préservation destinée à déclencher un sentiment de pitié chez l'agresseur potentiel ? Pourquoi pas ! J'ai constaté qu'une haute fréquence de clignements des paupières (et des cils, fatalement) révélait un personnage plus compassionnel qu'une faible fréquence de clignements.

Le nez

Desmond Morris nous fait remarquer que le nez protubérant et charnu de notre espèce est un autre trait unique et mystérieux que les anatomistes sont incapables d'expliquer. L'un d'eux en a parlé comme d'une simple variation exubérante sans signification fonctionnelle. D. Morris dit aussi que lorsqu'on lit que « les parois latérales du nez contiennent un tissu érectile spongieux qui provoque l'élargissement des conduits nasaux et des narines par vasodilatation lors de l'excitation sexuelle, on commence à se poser des questions. »

La symbolique du nez

Le nez est le siège du flair (logique), du savoir-faire (un peu moins logique) et aussi le méridien du charisme (analogique). Ce qui me fait dire qu'un nez peut sévir dans beaucoup de domaines, à condition de savoir s'en servir.

Les narines

La narine gauche est le siège symbolique de la générosité, de la subtilité et de la spiritualité (dans les deux sens du terme : esprit vif, finesse et drôlerie ou en rapport avec l'âme ou la religion). Elle dépend du cerveau droit, dit affectif. Selon les hindous, la narine gauche symbolise le plaisir, la générosité, l'humour et l'indulgence. Un piercing dans cette narine est un gage de bonheur sur terre, à défaut d'une place au paradis.

La narine droite est le siège symbolique de la capacité d'évolution par l'apprentissage et la fluidité des mécanismes de compréhension. Elle dépend du cerveau gauche, dit cognitif. La narine droite est la narine privilégiée par les hindous. Elle symbolise la spiritualité, la chance, l'intuition ou la fatalité du destin. Un fataliste prend la vie comme elle va tandis qu'un philosophe (un peu épicurien) prend la vie comme elle vient. Et si le piercing dans cette narine trahissait un personnage superstitieux ?

Le nez érotique

Le grand nez est essentiellement masculin et souvent considéré comme un symbole phallique, le mythe populaire voulant que plus grand est le nez, plus grand est le pénis. C'est pourquoi un individu nanti d'un nez particulièrement long, comme Cyrano de Bergerac par exemple, devient un sujet de plaisanteries. Bien qu'il n'y ait en réalité aucun lien entre la taille du nez et celle du pénis, ces deux organes ont malgré tout un point commun : tous deux se gorgent de sang durant l'excitation sexuelle, devenant ainsi plus gonflés et plus sensibles. Ils deviennent également plus chauds. Un chercheur industrieux a été jusqu'à mesurer la température nasale d'un homme en train de faire l'amour, constatant une augmentation notoire comprise entre 1,5 °C et 3 °C due à la congestion des vaisseaux sanguins dans les tissus spongieux du nez.

Les nez percés

Le piercing des narines est supposé avoir pris naissance au Moyen-Orient, il y a presque 4000 ans. De là, il se serait étendu à l'Inde au XVIe siècle, où il a été rapidement adopté dans les castes nobles. Le type de bijou porté pouvait servir à distinguer la caste et la position sociale à laquelle appartenait le porteur du piercing.

Ce piercing a été amené dans l'Ouest par les hippies, fans des Indes, dans les années soixante. Il a été adopté ensuite par les punks dans les années quatre-vingt jusqu'à devenir tout à fait populaire au cours de ces dernières années. Narine gauche pour les filles ou les fils à maman, narine droite pour les fils et filles à papa ? Le fait est que cette mode de la narine percée se remarque plus souvent du côté gauche que du côté droit mais jamais des deux côtés à la fois. Il s'agit bien d'une identification latéralisée à l'un des deux parents, mais elle indique peut-être aussi le rejet inconscient de l'image parentale désignée.

Le piercing du septum nasal est effectué dans la cloison centrale du nez. En Nouvelle-Guinée, les Papous y portaient un bijou en os ou en bois. On y perce souvent un anneau en forme de fer à cheval, un porte-bonheur qui symbolisait à l'origine les organes génitaux de la femme. Autrefois, le fait de l'accrocher au-dessus de la porte d'entrée de la maison était un moyen d'éloigner le Malin en l'empêchant de regarder dans la maison. Il est devenu par la suite un symbole de fécondité.

Le menu du nez

En règle générale, on se gratte le nez pour exprimer perplexité ou hésitation, comme si votre flair n'était pas au rendez-vous. Simple réaction de stress face à une situation d'incertitude, en somme, et non comme le prétendent certains chercheurs malavisés qui affirment haut et fort que seuls les menteurs se grattent le nez.

Le curage du nez

Votre interlocuteur se cure constamment l'orifice du nez d'un auriculaire aérien. Handicapé par un complexe de supériorité identifiable dans les cinq premières minutes de votre rencontre, il a la fâcheuse tendance d'entrer en conflit avec tous ceux qui l'approchent d'un peu trop près. Gardez vos distances !

Se curer le nez n'est pas toujours un geste polluant, s'il est reproduit en privé ou en solitaire. C'est une conduite de toilettage dont l'objectif inconscient consiste à se débarrasser de ses pensées parasites.

Le nez bouché

Si votre interlocuteur se bouche très régulièrement le nez entre sa pince pouce-index, vous pouvez conclure que vous êtes en présence d'un sceptique de niveau olympique qui affiche son incrédulité comme une médaille. Mais on se pince aussi le nez quand on veut éviter de respirer une mauvaise odeur, au sens figuré. Votre interlocuteur peut se le boucher pour vous signaler involontairement qu'il est en train de s'engager sur une voie de garage à son insu.

La sonnette

Il écrase la pointe de son nez du bout de son index (voir Figure 5-8).

Figure 5-8 : Prendre son nez pour une sonnette revient à se priver de son flair.

Le nez est le siège symbolique du savoir-faire. Ah ! Si le nez était une commande électrique ! Mais l'écraseur a beau appuyer, le savoir-faire n'est pas au rendez-vous gestuel qu'il lui a fixé. Quand on écrase son flair, c'est comme pour tout, il s'aplatit. Votre interlocuteur est le genre à faire naufrage dans une flaque d'eau ou à se noyer dans un verre à dents.

Le pince-nez

Le politicien joint ses mains, paume contre paume, et pince son nez entre ses pouces, coudes en appui.

C'est une séquence gestuelle assez rare des individus vissés à leur fauteuil dont la carrière ressemble à ces fusibles automatiques qu'on rebranche quand ils sautent. Je n'ai observé ce geste particulier que chez des politiciens, d'ailleurs. Les mains du jésuite associées au pince-nez pourraient indiquer un besoin de se démarquer de l'entourage en appuyant un peu plus sur la pédale de l'extrémisme du discours.

La trompette

Vous suspendez votre vol le temps de repousser la pointe de votre nez du bout de l'index. « Tu manques de flair ! » tel est le message involontaire que vous envoie votre inconscient.

Les narines équestres

Si vous observez une sorte de frémissement chevalin des narines chez votre interlocuteur, sachez qu'il exprime inconsciemment son impatience. S'il s'agit d'une nouvelle rencontre, l'impatience en question indique peut-être que vous perdez un temps précieux à le (la) faire patienter au lieu de passer aux choses sérieuses.

Le V comme vit

Parmi les gestes qui se rattachent à la sexualité non verbalisée, on trouve la pince pouce-index en V qui cache la bouche et encadre le nez un court instant. Il s'agit là de la reproduction inconsciente d'un signe obscène d'origine arabe, dans lequel le bout du nez préfigure un phallus en érection. C'est également un geste conventionnel en Angleterre pour conspuer les arbitres sportifs. Le geste effectué sans intention de nuire indiquerait une frustration sexuelle.

Les oreilles

Les oreilles ne sont pas seulement un organe que l'on cache ou que l'on montre en fonction de leur esthétique. Elles sont accompagnées d'un lobe très sensible, mais surtout, elles sont le siège de l'écoute et donc un outil important de l'échange avec autrui. En outre, si vous êtes sujet à une déficience acoustique, vous constaterez que c'est tout votre équilibre corporel qui s'en trouve affecté. Les oreilles valent donc bien la peine que l'on s'y arrête.

La symbolique des oreilles

L'oreille droite est le siège symbolique de l'égoïsme. Dépossédé, sans travail, sans perspectives, blessé dans son orgueil ou dans sa fierté, l'égoïste se punit parfois en somatisant sa frustration dans une affection de l'oreille droite. Mais le plus intéressant consiste à observer les individus qui se palpent le lobe de l'oreille droite, dès qu'on leur demande un effort bénévole. Ce tic gestuel est la marque de fabrique de l'égoïste patenté.

L'oreille gauche l'un des sièges psycho-anatomiques de la revendication. Être spolié, castré, sevré d'une satisfaction souvent légitime ou considérée comme telle, être exclu, rejeté, mal aimé, victime de l'indifférence, tous ces cas de figure génèrent parfois des pathologies de l'oreille gauche du type surproduction de sébum, douleurs atypiques de l'oreille interne, boutons de fièvre récidivant à l'intérieur du conduit auditif ou bouchons de cérumen à répétition. Le contexte psychogène de ce genre d'affection n'est jamais pris en compte par les spécialistes. Il est vrai qu'il n'existe aucune solution de type psychologique pour déboucher une oreille.

Les lobes orgasmiques

Desmond Morris note qu'on a enregistré des cas d'individus masculins et féminins qui parviennent bel et bien à l'orgasme à la suite de la stimulation du lobe de l'oreille. Il est vrai que durant les moments d'excitation intense, les lobes enflent et se gorgent de sang. Un afflux sanguin qui les rend évidemment très sensibles au toucher. Selon Charles Alfred Kinsey (1894-1956), il existe des cas rares où un homme ou une femme ont atteint l'orgasme à la suite d'une stimulation des oreilles.

Contrairement à ce que vous pourriez croire, ce ne sont pas seulement les lobes de vos oreilles qui sont les plus sensibles sur le plan érotique mais aussi les hélix qui, caressés ou embrassés avec une certaine adresse, peuvent décoincer les individus les plus inhibés sexuellement.

Le menu des oreilles

Observez les oreilles de votre interlocuteur.

Les oreilles couvertes

Votre interlocuteur, coudes en appui sur ses cuisses, couvre ses oreilles de ses mains. Il refuse de vous écouter.

Les oreilles écrasées

Votre interlocuteur écrase ses oreilles de ses paumes. Il se débarrasse de ses angoisses avant de repartir à l'attaque. La posture est trompeuse. C'est un profil auditif qui a besoin de repartir du silence pour être efficace.

L'oreille en appui

Votre interlocuteur repose l'une de ses oreilles contre sa main correspondante, coude en appui, tout en penchant la tête sur le côté.
Le simple fait de pencher la tête est en soi une attitude de séduction. Il vous apprécie. Distillez le temps de l'entretien afin qu'il conserve la même attitude mentale jusqu'à sa conclusion.

La palpation du lobe

Votre interlocuteur se palpe le lobe de l'oreille droite ou gauche entre le pouce et l'index (voir Figure 5-9).

Figure 5-9 : Si votre interlocuteur se palpe le lobe, c'est que vous êtes en train de perdre le contact.

Il cherche un moyen de se désister. Vos propositions le démotivent complètement. En tout cas, elles ne rencontrent aucun écho dans son esprit.

La bouche

La bouche est la porte de la communication. Aussi, un bon communicant se remarque-t-il à la mobilité de sa bouche. À l'inverse, toute mimique de la bouche qui tend à la fermer est évidemment le signe d'une rupture du dialogue.

La symbolique de la bouche

Le degré de confiance en soi est fonction de la fréquence des mouvements de vos lèvres, donc lié à leurs mimiques. Plus les lèvres sont figées quand vous vous exprimez, plus cette raideur trahit un manque de confiance en soi, entraînant souvent le besoin de cacher sa bouche derrière sa main. Apprenez à articuler quand vous parlez, votre degré de confiance en soi remontera très vite.

Bouche tordue, lèvres pincées, commissures affaissées sont autant de signes d'une confiance en soi délaissée au profit de la méfiance, de la haine ou de l'amertume. Le nombre de mimiques disqualifiantes qui oppriment la mobilité des lèvres est incalculable. En revanche, la bouche d'un individu qui privilégie la confiance qu'il s'accorde se distingue immédiatement, quelle que soit la morphologie de ses lèvres : sa bouche s'harmonise toujours avec le reste de son visage en toutes circonstances (voir Figure 5-10).

Figure 5-10 : Plus votre bouche est mobile, plus vous signifiez que vous avez confiance en vous.

Quand votre interlocuteur s'exprime, il a tendance à articuler, ce qui met en branle un nombre important de muscles faciaux dont nous verrons le détail plus loin. Prendre conscience de l'animation du visage quand on s'exprime exige un effort d'attention soutenu mais très payant au bout du compte.

Le menu de la bouche

Les postures de la bouche sont variées.

La grimace

Si la bouche de votre interlocuteur grimace constamment, il affiche son malaise de manière très mimétique tout en objectant mentalement son désaccord. Il est surtout très attentif à ce qu'il pense mais ne fera pas attention à ce que vous dites. Louis de Funès excellait dans le genre pour les besoins de la cause cinématographique.

Le cul-de-poule

Resserrer sa bouche en cul-de-poule est une attitude de refus caractérisée (voir Figure 5-11).

Figure 5-11 : La bouche en cul-de-poule présage d'un dialogue de sourds.

Il est possible que vous mettiez mal à l'aise votre interlocuteur en lui donnant l'impression de tout savoir sur rien alors qu'il ne sait ou ne comprend probablement rien du tout à ce que vous dites (attitude défensive).

La bouche masquée

Les hommes politiques qui souhaitent confier discrètement certains détails, en public ou sous le feu des caméras de télévision, savent que les commentateurs politiques utilisent des spécialistes de la lecture des lèvres pour décoder leurs propos. On peut aussi se couvrir la bouche… pendant une conversation. Une personne peut porter sa main à sa bouche pour la dissimuler en partie et même parfois l'y laisser tout en continuant de parler. Il s'agit d'une tentative d'« étouffement » tant au propre qu'au figuré. C'est souvent un signal de duperie. La main se porte à la bouche comme pour étouffer les paroles qui pourraient en sortir.

Les signaux barrières sont multiples, aussi évanescents que constants. Ainsi que le note Desmond Morris, on en retrouve des traces dans le comportement de l'adolescente qui glousse en se mettant la main devant la bouche. Dans ce cas, les mains et les bras se croisent devant le corps, formant une « barre » temporaire en travers du buste.

La bouche verrouillée

Il arrive qu'un individu refuse inconsciemment de se livrer et qu'il conserve souvent les lèvres pincées en assiette de soupe renversée. La pigmentation des lèvres a disparu sous la pression des muscles orbiculaires. Il s'agit là d'une mimique propre aux pudibonds ou aux vertueux, au choix.
Le pincement des lèvres exprime aussi le dégoût. On pince les lèvres de cette manière quand on ne peut pas se boucher le nez en public. L'ouverture sociale commence au bord des lèvres avec les mots qui nous permettent de communiquer ; la fermeture s'inscrit logiquement au même endroit.

Les lèvres

Comme les lobes des oreilles et le nez protubérant, les lèvres de notre espèce sont un trait unique, qu'on ne rencontre nulle part ailleurs chez les primates. Certes, tous les primates ont des lèvres, mais elles ne sont pas comme les nôtres tournées vers l'extérieur. Un chimpanzé peut faire saillir et retourner ses lèvres dans une moue exagérée, révélant ainsi la muqueuse qui, normalement, se trouve dissimulée à l'intérieur de la bouche. Mais les lèvres n'apparaissent que brièvement dans cette posture avant que l'animal retrouve son visage normal « aux lèvres absentes ».

La symbolique des lèvres

La lèvre supérieure est le siège symbolique du mensonge ou de la colère, c'est selon. La lèvre inférieure est le siège symbolique de la cupidité. Les lèvres prises dans leur ensemble sont le siège du plaisir.

Le baiser étant considéré comme un fac-similé de l'acte sexuel proprement dit, les lèvres représentent symboliquement le sexe, ce qui fait qu'on peut considérer le baiser avec pénétration comme un préliminaire à l'acte sexuel, même si les nouveaux partenaires n'ont pas encore atteint ce stade de l'intimité amoureuse.

Nos lèvres ont également une fonction sexuelle. Durant la phase d'excitation, elles enflent, devenant plus rouges et protubérantes. Elles sont ainsi plus sensibles au contact de la peau du partenaire, et également plus voyantes. Dans la mesure où nous avons tendance à nous accoupler face à face, on peut penser que cette imitation est justifiée. Elle explique aussi pourquoi les femmes, pendant des milliers d'années, se sont peint les lèvres en rouge pour les rendre visuellement plus excitantes.

Il est intéressant d'observer que le vécu d'une personne se marque avec l'âge dans le dessin de ses lèvres. En croissant de lune tiré vers le bas pour ceux qui ont appris à cultiver l'amertume, en trait de crayon pour les individus auxquels le destin a réservé une vie aussi longue qu'un fleuve tranquille. Pour les derniers, ceux dont la vie a été une aventure, les commissures des lèvres ont une légère tendance à se relever, donnant à la bouche la forme d'un croquis d'assiette à potage. Reste les lèvres goulues, des lèvres sinusoïdales comme des vagues ourlées d'écume. Ce dessin particulier est celui de la cupidité, de l'avarice ou de l'avidité ! On ne naît pas ainsi, on le devient !

Certaines jeunes femmes, dans la trentaine, sont déjà marquées du sceau de l'infâme amertume alors que le dessin des lèvres d'autres femmes quinquagénaires et actives laisse percevoir un redressement des commissures. Les lèvres en croissant de lune, tirées vers le bas, sont la signature de l'amertume, du mépris ou du dégoût.

En revanche, pour les lèvres pincées, la signification est différente. Il s'agit bien d'un tic gestuel et pas des moindres. La quasi-disparition de la pigmentation des lèvres révèle un niveau de… cruauté qu'on retrouve chez tous les harceleurs et autres manipulateurs pervers.

Mimique des individus pudibonds ou vertueux, au choix, le pincement des lèvres exprime aussi l'écœurement. On pince les lèvres de cette manière quand on ne peut pas se boucher le nez en public. Le dégoût est aussi synonyme d'une attitude globale de rejet. La misanthropie suscite ce genre de mimique, la misogynie aussi. Toutes ces formes de rejet finissent par s'imprimer dans les expressions quand un individu passe du rejet pur et simple à la violence des sentiments face à un contexte ou à un vécu inextricable.

Le menu des lèvres

Les lèvres ont la capacité de se relever ou de s'abaisser. Ces deux positions sont souvent le signe du chagrin ou de la détresse. Les lèvres sont aussi l'objet de morsure, de caresse, de grattage, gestes qui ont tous une signification.

La proue

Un séducteur qui est très bisous-bisous s'exprimera, lèvres en proue. Celui qui vise plus bas que le visage aura des lèvres moins expressives et un regard plus perforant. Les femmes qui ont une lèvre inférieure proéminente sont des amoureuses romantiques et sentimentales.

L'assiette de potage renversée

Cette expression trahit des individus amers ou insatisfaits sur le plan amoureux. Les commissures des lèvres affaissées sont un signe de frustration auquel peu de séducteurs sont attentifs. Aussi belle que soit la femme que vous rêvez de séduire, si les commissures de ses lèvres s'incurvent vers le bas, vous risquez une déception.

Le muscle releveur redresse la lèvre supérieure pour exprimer le chagrin ou le dépit tandis que les muscles triangulaires abaissent la bouche pour lui donner une expression de tristesse. Cette dernière contorsion buccale est héritée des mimiques communes à tous les enfants qui vont éclater en sanglots. La tristesse est confirmée par le regard perdu, dirigé vers le bas.

La caresse

Votre interlocuteur caresse sa lèvre inférieure du bout de l'index. L'intervention des lèvres dévie le sens premier de la caresse gratifiante. Il trouve que vous manquez de franchise à son égard ou, s'il s'agit d'une femme qui vous plaît, que vous manquez d'audace pour l'aborder. Le geste prend, dans ce dernier cas un sens évaluateur.

Une femme qui se caresse le tour des lèvres de l'index, comme si elle se remettait du rouge, la bouche en cul-de-poule, essaie de vous donner le change alors qu'elle se sent perturbée par votre présence ou votre manège.

Le pseudo-sourire

Votre interlocuteur écarte les commissures de ses lèvres vers les joues tout en reproduisant un pseudo-sourire. Tracassier, criard, parcimonieux, prévoyant, scrupuleux, il ne conjugue sa vie qu'au conditionnel, n'utilisant que très rarement le temps présent ou même le futur de l'indicatif. Il dégouline de respect devant ses supérieurs et devant tous ceux en face desquels il se sent en situation d'infériorité.

Les lèvres figées

Les lèvres figées, voire inexpressives, tandis que votre sujet lit son discours équivaut à une rigidité plus qu'à une flexibilité de ses intentions réelles.

La gratte

Le portier du palace se frotte les commissures des lèvres, de la pince pouce-index, en reproduisant une grimace de dégoût ou de mépris (voir Figure 5-12).

Figure 5-12 : Méfiez-vous des personnes qui effectuent ce geste ; elles manquent de franchise.

Vous remarquerez qu'il est impossible de se gratter les commissures des lèvres sans effectuer cette petite grimace qui induit une torsion inélégante des muscles orbiculaires de la bouche. La reproduction fréquente de cette séquence révèle un tempérament envieux. Les imposteurs favorisent le nettoyage des commissures de la pince pouce-index. Attention aux excès de familiarité avec ce genre d'individu !

La soupe à la grimace

L'invité du plateau grimace en tendant la commissure gauche ou droite de sa lèvre vers la joue correspondante. C'est une demi-grimace typique des personnes hypersensibles et superstitieuses qui tentent de se protéger en affichant une moue ironique.

La morsure de la lèvre

Si votre interlocuteur mordille sa lèvre supérieure ou sa lèvre inférieure, indifféremment, il révèle un malaise évident. Il est débordé ou surmené. Quand une femme se mordille la lèvre inférieure, elle exprime son appréhension. Quand elle reproduit cette séquence en situation de séduction, cela peut traduire un sentiment d'exaltation amoureuse. En tout état de cause, la morsure de la lèvre inférieure peut aussi signifier un accès de tristesse ou un chagrin refoulé. Elle indique aussi une envie de plaire.

Le bisou à distance

Mimique du courtisan cauteleux, tête rejetée en arrière typique du snobisme méprisant du crapaud qui se prend pour un prince.

La lèvre rigide

Une lèvre supérieure rigide est un signe de… psychorigidité, comme il se doit. L'animation des lèvres et leur degré d'ouverture au repos sont des signaux essentiels.

Le piercing des lèvres

La bouche et plus particulièrement les lèvres sont une partie du corps avec un pouvoir aphrodisiaque puissant. Aujourd'hui, le piercing des lèvres (voir Figure 5-13) est assez courant, il se pratique le plus souvent sur ou sous la lèvre inférieure, un signal de cupidité ou de rapacité affichée en toute innocence.

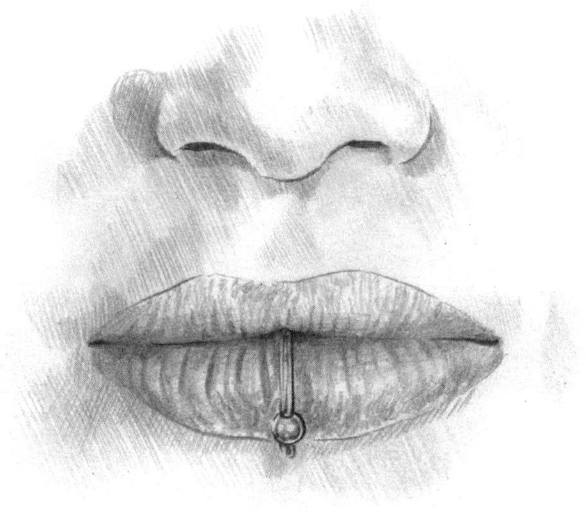

Figure 5-13 : Le piercing des lèvres est le propre de personnes cupides.

Mon expérience de comportementaliste me permet de confirmer que ce piercing particulier correspond bien à des individus très déterminés dans leur recherche de profit au sens le plus large du terme. Le piercing de la lèvre inférieure (ou sous la lèvre) indique aussi une ténacité qui ne s'encombre pas de scrupules superflus.

Les dents

Avoir de jolies dents bien blanches et bien alignées est un atout incontournable, professionnellement, mais pas seulement.

La symbolique des dents

Un recruteur engagera plus facilement une personne au sourire immaculé qu'un candidat nettement plus compétent mais dont les dents sont jaunies par la nicotine ou plantées comme un cauchemar dentaire. Et il aura raison sans le savoir car il engagera une personne qui est capable de résister à la frustration. Qu'est-ce que cela signifie ? Que le candidat aux dents parfaites sera apte à s'investir sans référence à l'aboutissement de sa carrière. Sera-t-il plus séduisant ? Sera-t-elle plus attrayante ? Bien sûr ! Le recruteur se sentira valorisé par le choix de ce candidat auprès de la société cliente. Mais celui qui aura porté un appareil dentaire durant des années pour redresser son sourire ou celui qui aura passé de longues minutes chaque jour pour glisser un fil dentaire entre ses dents, celui-là sera capable de résister à la frustration.

L'esthétique des dents

Les Occidentaux ont toujours considéré les dents saines et blanches comme des signes de beauté, mais nombre de civilisations avaient un point de vue différent. Il existait une coutume consistant à arracher les incisives pour mettre en valeur les canines et donner à la bouche un aspect plus menaçant et bestial, genre Dracula. Cette coutume se rencontrait en Afrique, en Asie et en Amérique du Nord.

Une autre façon de conférer un air sauvage aux dents était de les limer en pointe, une coutume pratiquée aux quatre coins du monde, de l'Afrique au Sud-Est asiatique en passant par le continent américain. Parfois on incrustait des pierres précieuses ou des morceaux de métal dans les dents comme marque de haut rang.

Mayas et Aztèques rougissaient leurs dents avec de la cochenille ou les noircissaient de tanins pour rendre leur bouche plus attirante. Et les dents noircies des femmes en Océanie et dans toute l'Asie, ou limées à Bali, avaient pour but de paraître moins animales ou aussi édentées qu'un bébé. Elles se donnaient ainsi un air plus soumis aux yeux des hommes.

Les modes sont toujours venues d'en haut. Ainsi, au XVIe siècle, la reine Élisabeth Ire d'Angleterre, aux dents gâtées par les friandises, a lancé la mode des chicots. La première femme de Napoléon dont il était éperdument amoureux, Joséphine de Beauharnais, avait les dents pourries. Bonaparte n'aurait pas aimé nos stars aux dentures nickel chrome.

Aujourd'hui, la tendance est à l'émail immaculé, aux dents irréprochables et aux lèvres rouges et pulpeuses chez les célébrités des deux sexes.

Le menu des dents

Les postures qui mettent les dents en jeu sont variées.

Le tapotage des dents

Si votre interlocuteur tapote ses incisives du bout de l'ongle de l'index, il ne vous entend plus. Il a décroché au moment même où il a commencé à s'intéresser à ses dents. Vous parlez dans le vide.

La dent creuse

Vous avez déjà rencontré, j'en suis sûr, quelqu'un qui aspire l'air d'une dent creuse. Ce comportement agaçant correspond au profil d'un individu sceptique par fidélité à ses préjugés. Aspirer équivaut à absorber pour détruire.

Le curage des dents

Votre client se cure les dents en dissimulant sa bouche d'une main pudique. Que voilà une manière peu élégante de faire durer le plaisir avant de vous annoncer que votre produit ne l'intéresse guère, histoire de vous faire baisser vos prétentions.

Le frottement des dents

Le vendeur que vous venez d'engager se frotte les dents du bout de l'index, coude en appui. Il est possible que vous ayez affaire au roi de la productivité plancher ou à une espèce de plantigrade fier de son inexistence. Ne vous fiez pas aux apparences mais soyez prudent tout de même avant l'expiration de la période d'essai de son contrat.

Le « lavage » des dents

La jeune femme que vous tentez de séduire passe régulièrement sa langue sur ses incisives supérieures. Cette mimique trahit un intérêt sonnant et trébuchant et non un besoin de se laver les dents.

Le grincement de dents

Un certain nombre de personnes grincent des dents en dormant. Selon Desmond Morris, il pourrait s'agir d'une réaction instinctive apparaissant au cours d'un rêve chez un individu frustré. Il me paraît logique que la frustration puisse être à l'origine de cette réaction nocturne (bruxisme) peu appréciée par le ou la partenaire. La frustration entraîne une augmentation du taux de stress démultipliant les réactions agressives auto ou hétéro. J'oubliais de vous préciser qu'en psycho-anatomie, les dents sont le siège symbolique de la frustration.

Les dents de la chance

On dit que la plupart des individus qui ont les incisives fortement écartées sont des personnages déterminés. On dit aussi qu'ils ont les dents de la chance ou du bonheur. Mais il est possible qu'il y ait réellement un rapport entre la chance et la détermination. Les ambitions de ce type d'individus ne sont pas des rêves illusoires. Quand ils visent un objectif, ils marchent sur la tête pour l'atteindre. Ils ont soif d'absolu, d'une perfection qui peut parfois les perdre en chemin mais qui souvent les accompagne jusqu'à la réalisation de leur rêve.

La langue

Organe remarquable aux multiples fonctions, sa surface rugueuse est couverte de 9000 à 10000 papilles gustatives capables de détecter quatre saveurs différentes : le salé et le sucré sur le bout de la langue, l'acide sur le côté et l'amer à l'arrière. Mais la langue est aussi un organe de communication visuelle, comme de tirer la langue, geste typique de la moquerie et l'équivalent d'un pied de nez, tout en ayant un rôle capital dans le processus de la phonation.

Imaginez un seul instant que l'Homme ne dispose pas d'une langue qui lui permette de s'exprimer, même si on sait que la langue n'est pas seule dans la production du langage : nous vivrions alors dans un monde du silence, un monde de signaux corporels aux significations grossières. Car si on considère la langue comme la source de la communication verbale, on peut aussi envisager qu'elle est l'un des instruments qui a permis à l'*Homo sapiens* de survivre. Aucune société n'eût été possible sans la faculté de communiquer oralement. La richesse du langage est un facteur de préservation du genre humain. Elle a permis à la poésie, à la dialectique, à l'écriture d'exprimer les mille et un sentiments de l'Homme. Le langage est un miroir dans lequel nous pouvons admirer la supériorité de notre intelligence sur nos cousins, les primates.

La symbolique de la langue

Qui dit évolution sous-entend aussi préservation de l'espèce. Car cette langue indécente que les lèvres refoulent au fond la bouche est aussi le siège symbolique et unique de notre instinct de conservation, une succursale de l'instinct de survie.

Le menu de la langue

La figure la plus répandue de la langue est celle de la langue tirée dont l'interprétation varie selon le contexte : moquerie ou connivence. Plus récemment est apparu chez nous le piercing de la langue, connu depuis très longtemps dans certaines civilisations. Nous verrons que cette pratique n'est pas forcément synonyme de provocation.

Le mensonge

Le mensonge dessèche les lèvres du menteur, comme si les glandes salivaires refusaient de trahir la vérité. Il est curieux de constater qu'on salive normalement quand on dit la vérité et que cette salivation se tarit quand on la déguise. En réalité, le fait de mentir entraîne automatiquement dans son sillage un sentiment de culpabilité réprimé par la conscience du menteur. C'est cette culpabilité qui est à l'origine des troubles de la salivation.

La langue tirée

Votre interlocuteur vous tire la langue de manière tout à fait inattendue (voir Figure 5-14).

Figure 5-14 : Moquerie ou complicité, tout dépend du contexte.

Il s'agit d'une salve d'honneur du pitre à bout d'arguments, mais aussi d'une licence qui permet de mesurer le degré de connivence entre deux individus.

Le piercing de la langue

Conjurer le mauvais sort, l'échec vital ou remettre son passé en question, tel est le symbolisme de ce piercing très singulier et franchement très douloureux (voir Figure 5-15).

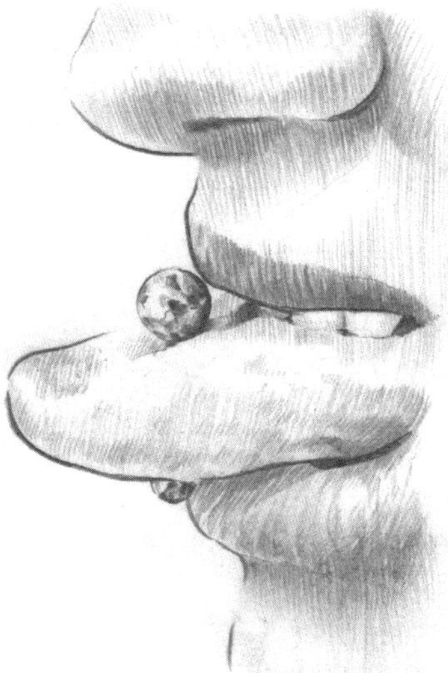

Figure 5-15 : Le piercing de la langue est douloureux, mais peut être salvateur.

Se faire trouer la langue est une manière de souffrance initiatique qui réveillera un instinct de survie affaibli par les messages d'une éducation démissionnaire. Curieusement, les quelques jeunes dont je connais l'histoire et qui se sont soumis à cette initiation avaient des tendances suicidaires. Ils ne les évoquent plus depuis qu'ils se sont percé la langue.

Les mâchoires

La forme des mâchoires ne détermine pas la capacité d'endurance d'un individu. En revanche, le carburant principal qui alimente cette qualité est… la colère sublimée. Endurance ou combativité ont besoin du carburant de la colère pour retrouver du tonus. Peut-on durer sans râler contre le sort qui nous est contraire ?

La symbolique des mâchoires

Qui dit mâchoires dit colère avec toutes ses déclinaisons négatives comme la contestation systématique, le radicalisme, l'extrémisme, la révolte. Mais on peut aussi considérer les mâchoires comme l'un des sièges symboliques de la ténacité et de l'endurance.

Dans certaines régions du globe, les mâchoires proéminentes et très masculines, force des maxillaires et du menton, sont moins prononcées. En parallèle, on peut constater que les individus de ces régions (Extrême-Orient, notamment) ont une croissance moins marquée de la barbe. Y aurait-il un lien entre la mâchoire occidentale et la croissance capillaire de la barbe ?

On ne peut pas définir le degré de ténacité d'un individu en fonction de son type de mâchoire. En revanche, la mastication discrète est un signe de colère qui est susceptible d'alimenter cette qualité.

Le menu des mâchoires

En mouvement ou au repos, les postures des mâchoires sont plutôt connotées négativement.

La mastication

Les mâchoires de votre interlocuteur sont animées d'un mouvement permanent mais discret de mastication. La mastication discrète trahit un individu versatile.

Les mâchoires serrées

Votre interlocuteur serre les mâchoires en permanence. Le mouvement des mandibules est visible à l'œil nu. Dans le cas d'un effort sportif, l'athlète serre les mâchoires pour conforter sa combativité ou son endurance. Hors de ce contexte, la tension des mâchoires révèle une incapacité de se détendre, voire un sentiment d'hostilité permanent, variante de la mastication discrète. Les mâchoires se découpent nettement à travers la peau des joues. Le visage est fermé et hostile à l'environnement. Halogène de la malveillance, oscar de la jalousie morbide, diffamateur de niveau olympique, votre interlocuteur est totalement immunisé contre l'humour.

Les joues

Les mains et les joues aiment à se retrouver plusieurs fois par jour. Surtout quand la vie est ingrate et que les caresses manquent à l'appel. Quand votre interlocuteur pose son ou ses coudes en appui sur son bureau ou sur la table de bistrot qui vous sépare, notez le lieu où atterrissent les paumes de ses mains. Sur les joues ? Vous êtes en présence d'un mendiant affectif qui a besoin d'amour.

La symbolique des joues

Le degré d'oblativité (don de soi), le sens du bénévolat vraiment désintéressé, l'humanisme ou l'indulgence se lisent sur les joues. Évidemment, on peut aussi y lire les antonymes de ces qualités rares : la cruauté, l'égoïsme, la rancœur, la haine de la société, etc. Ne vous fiez jamais à l'homme (ou la femme) aux joues creuses qui vous assure de sa compassion car il (ou elle) en est dépourvu.

Tendre l'autre joue est une conduite courageuse mais surtout oblative.
La joue droite représente le courage. La joue gauche la générosité et les deux sont le symbole de la tendresse.

Le doigt de Dieu

Les fossettes sur les joues, ou doigt de Dieu, appartiennent-elles aux héritiers d'une lignée de rieurs et de farceurs ? Elles sont une rareté dont on ne connaît pas l'origine anatomique ou l'utilité éventuelle. Elles sont peut-être la marque distinctive de tous les descendants d'un tronc commun, d'une tribu, d'un ancêtre. Il existe d'autres marques originales comme les couples de nævi de part et d'autre de la bouche, les taches de naissance curieuses par leur emplacement, la fossette du menton, les dents de la chance, etc.

La plupart des fossettes se marquent surtout quand le visage est souriant ou quand le sujet est prêt à éclater de rire. D'où l'idée d'une lignée de rieurs ou de farceurs. À force de rire, les joues ont gardé cette trace de cette bonne humeur permanente.

Le menu des joues

De nombreuses postures mettent en jeu les joues. En voici quelques-unes ainsi que des explications pour vous aider à les décrypter.

Le gonflement des joues

Votre interlocuteur gonfle ses joues sans raison. Ses doutes lui emplissent la bouche d'amertume mais il n'osera jamais les cracher sur la table. Il est trop poli.

La joue sur l'index

Votre interlocuteur enfonce son index et/ou son majeur dans sa joue pour soutenir sa tête, coude en appui. C'est une séquence gestuelle particulière qui préfigure le geste moqueur conventionnel de l'index dégonflant la joue. Si vous attendez de lui qu'il vous ouvre son portefeuille ou qu'il vous vote une petite rallonge au budget, vous frappez à la mauvaise porte.

Le tripode

Votre interlocuteur appuie sa joue sur son index et son majeur, alors que le pouce soutient son menton. Il s'agit d'un geste d'ouverture traduisant le tempérament gagneur et d'un individu qui sait où il va et ce qu'il veut. Cette personne est à l'écoute sans *a priori*.

La morsure des joues

Votre interlocuteur se mordille l'intérieur des joues. Votre présence le met mal à l'aise. Il trouve que vous parlez beaucoup pour ne pas dire grand-chose.

La joue sur le dos de la main

Votre interlocuteur appuie sa joue contre le dos de sa main, coude en appui, avec la tête légèrement penchée vers la gauche. Une tête penchée est toujours plus séduisante qu'une tête guindée. Le dos de la main préfigure l'épaule contre laquelle il rêve peut-être d'appuyer sa tête.

Le frottement de la joue

Votre interlocuteur se frotte la joue du plat de la main du haut vers le bas en relevant la tête. On dirait qu'il vient de recevoir une gifle. Vous avez affaire à un individu dont l'arme la plus redoutable est la mauvaise foi. Le frottement est un succédané de la gifle qu'il aurait pu vous donner pour vous faire taire ou vous remettre à la place qui vous revient.

Et les pommettes ?

Sans elles, les joues ne seraient que des étendues de chair flasques. Proéminentes chez certains, elles sont à peine visibles chez d'autres. La mise en valeur des pommettes par le biais du maquillage, chez les femmes, est significative. Il ne suffit pas d'avoir les pommettes hautes pour ressentir le besoin de les maquiller. Cette mise en valeur d'une partie du visage traduit bien souvent un « soupçon d'ambition » chez la femme d'action que vous croisez tous les jours dans les couloirs de votre entreprise. Ne lui en tenez pas grief ! Chacun choisit et fourbit ses armes en fonction de ses qualités, qu'elles soient professionnelles ou plastiques. Il est cependant fortement conseillé aux collègues des pommettes rouges de regarder attentivement où ils mettent les pieds. Elles (les pommettes turgescentes) sont assez féroces dans leur genre. Il ne faut évidemment pas conclure que la rougeur naturelle de la femme timide est un signe de carriérisme. Il est en revanche intéressant de réaliser que la reproduction artificielle de ces petites taches turgescentes qui apparaissent sur les joues ou les pommettes des adolescentes puisse ainsi changer de sens quand elles sont imitées dans un cadre professionnel.

Le menton

Lorsque l'on parle du menton, c'est souvent à sa morphologie qu'il est fait référence. S'il ne peut véritablement être mobile et donc signifiant seul, en revanche, quand il est associé aux doigts et aux mains, il transmet de nombreux messages.

La symbolique du menton

On le dit volontaire quand il est prognathe, mais sa forme est involontaire sur le plan purement morphologique. J'ai croisé plusieurs individus au menton en galoche qui n'étaient pas des foudres de persévérance. Alors d'où vient cette légende des volontaristes à la large mâchoire ? Comme toujours, je recherche les indices analogiques pour tenter de cerner la signification psycho-anatomique du menton. Le muscle releveur du menton projette celui-ci en avant, imprimant une expression de défi au visage avec le concours du muscle buccinateur qui comprime les joues contre les dents. Quand les enfants se défient du regard dans la cour de récréation, ils amorcent toujours un mouvement qui expose leur menton aux coups hypothétiques de l'adversaire. Sous le coup de l'horreur ou d'une douleur violente, le muscle peaucier du cou tire la bouche vers le bas ou sur le côté du menton. Cette grimace se lit comme un signal fruste d'ignorance.

Dans un autre registre, les bébés mordent volontiers le menton de leur maman. Une réaction relique de la tétée. Le menton ovale ou rond de la mère préfigure un petit sein que le bébé a envie de s'approprier. Cette conduite est parfaitement sensuelle sous d'autres latitudes, et je vous conseille vivement de vous y essayer, si votre partenaire féminine à un joli menton bien dessiné. Vous lui ferez découvrir un lieu anatomique dont elle ignorait la puissance érotique. En dévorant son menton, vous pouvez remonter jusqu'à la lèvre inférieure et inclure cette dernière dans votre anthropophagie amoureuse.

Le signe de la chance

La fossette du menton est une curiosité morphologique au même titre que les fossettes qui marquent les joues. Les mentons à fossette très prononcée remportent toujours un certain succès, bien qu'ils soient plutôt rares dans nos régions. Une légende veut que le bébé qui naît avec ce genre de détail morphologique soit né coiffé. Les fossettes ont toujours été considérées comme un attrait du fait de leur rareté. Selon certaines légendes, elles seraient une marque de distinction divine. La rareté équivaut à la chance car elle a toujours une valeur ajoutée en toutes circonstances.

Cependant, le raccourci est un peu facile. Les fossettes au menton sont encore plus rares que celles des joues. Les hommes ou les femmes qui en sont pourvus ont donc bien de la chance. Mais l'héritage de cette pliure de la peau pourrait s'expliquer différemment. Je vous livre mon hypothèse. Elle repose sur un raisonnement analogique, c'est-à-dire sur un rapport de similitudes dont le rapprochement peut déboucher sur une partie de la vérité. Ce type de raisonnement est l'un des outils de base du travail de recherche psycho-anatomique.

En réalité, une lignée d'ancêtres bien portants pourrait être à l'origine de cette pliure de la peau du menton. Des ascendants tout en rondeurs, des lignées de bourgeois bien nourris ont donné naissance à des descendants du même bois. Et puis, les rondeurs ont brutalement disparu. Une génération confrontée à l'aventure ou à l'obligation de fuir. Les rondeurs ont été remplacées par des muscles et une énergie du désespoir, la racine de la bonne fortune. D'où l'idée de la chance associée à la fossette. Car la chance n'est jamais qu'une déclinaison de certaines grâces subtiles qui accompagnent des qualités telles que l'audace, l'instinct de survie, l'inspiration, l'intuition, le flair, l'opportunisme, la créativité, etc. Je dois avouer que je n'ai jamais observé de fossettes au menton chez les personnes dont l'existence était un échec permanent. Dans ma spécialité, l'observation analogique est une seconde nature : c'est une méthode d'observation comparative entre la reproduction du geste et le contexte de son apparition.

Cette interprétation de la fossette du menton va dans le sens du siège symbolique attribué à cette partie anatomique du visage : le défi. Pour braver le sort, il faut avoir du courage ; pour provoquer, il faut avoir du talent; pour oser, il faut avoir de la chance. Et pour avoir de la chance, il faut peut-être en être doté.

Le menu du menton

Quand vous posez votre menton et votre joue au creux de la main… cela peut évoquer tout simplement un état de fatigue ou de lassitude, mais tout dépend du contexte dans lequel ce geste est reproduit.

L'uppercut

Votre interlocuteur lève le menton chaque fois qu'il vous adresse la parole. Il ne vous apprécie guère ou il vous met au défi de le contredire (voir Figure 5-16). Certains locuteurs en font un tic récurrent. On dirait qu'ils vont aboyer chaque fois qu'ils commencent une phrase.

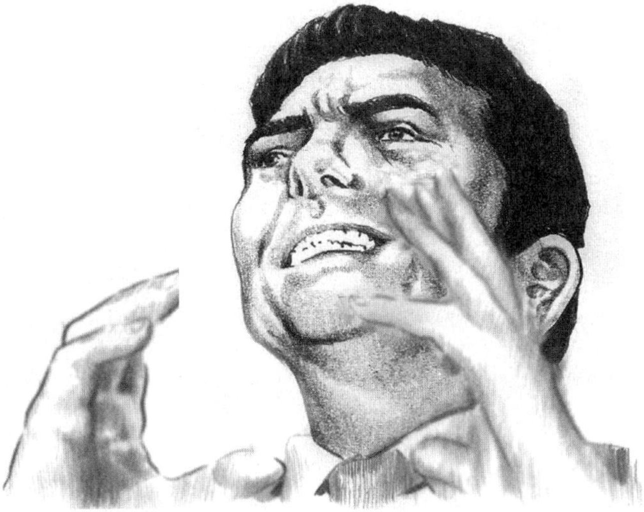

Figure 5-16 : Le menton levé est un signe d'agressivité.

L'attitude est clairement agressive et marque la recherche de la confrontation. Ne rentrez pas dans ce jeu ! La frustration est le seul moyen de vous faire respecter par ce type d'individu qui ne souhaite que votre KO.

La barbichette

Votre interlocuteur cale son menton dans l'ouverture supérieure de son poing, coude en appui. Le poing préfigure une barbichette de prof d'une autre époque. Il tournera autour du pot dès que vous lui demanderez de prendre position.

La caresse

Votre interlocuteur se caresse le menton dès que vous lui parlez. Ce geste d'évaluation est typique du boxeur qui prend les mesures de son adversaire. Comment va-t-il vous mettre KO ? Avec le pouce droit, il est offensif, avec le pouce gauche, il est sur la défensive !

S'il se caresse le menton de la pulpe du pouce, il regrette soudainement de vous avoir reçu dans son bureau et vous signale par la même occasion que vous ne pourrez malheureusement pas compter sur son appui. Vous êtes hors course avant d'avoir livré combat.

L'encadrement

Votre interlocuteur repose son menton sur son pouce, appuie son index et son majeur contre sa joue, l'annulaire et l'auriculaire sont repliés devant les lèvres.

Les doigts du pouvoir maternel et de la mémoire à gauche, du pouvoir paternel et de l'intelligence à droite soutiennent la tête (la machine à réfléchir) tandis que le pouce droit (motivation) ou le pouce gauche (sensibilité) relève le menton. Vous avez cinq minutes pour le convaincre mais vous pourrez compter sur lui.

La variante de cette posture consiste à mettre le coude en appui et à soutenir la tête du pouce (bord du menton), de l'index (en appui sur la tempe) et du majeur inséré entre ses lèvres. C'est un geste anxiolytique par excellence révélant un individu sincère. Il maîtrise la situation, même s'il n'en a pas l'air.

L'entonnoir

Votre interlocuteur, coude en appui, repose son menton sur les phalanges (face externe) de sa main à demi refermée. Ce type de séquence appartient au vocabulaire gestuel des individus qui s'attachent exclusivement au besoin de plaire ou de séduire leurs interlocuteurs sans pour autant leur apporter l'aide sollicitée.

La gratte

Votre patron relève la tête et se caresse ou se gratte le menton d'un air inspiré. Le simple fait de relever la tête indique un changement d'orientation dans le climat mental. Vous avez ébranlé ses certitudes. Donnez-lui du champ, si vous constatez l'intervention de ce geste dans le cours de votre entretien ! S'il vous pose des questions, c'est gagné ! Si vous poursuivez votre exposé en ignorant le signal que représente ce geste, c'est fichu.

L'instable

Votre interlocuteur pose souvent son menton sur la première phalange de son pouce gauche ou droit en extension, coude en appui et poing fermé. Il se laissera facilement influencer par vos arguments, quitte à le regretter ensuite.

Les jumeaux

Le menton repose sur les poings, coudes en appui, tandis que le corps est penché en avant (voir Figure 5-17).

Figure 5-17 : Cette posture est le signe d'un véritable intérêt à votre égard.

La pose est bien sûr étudiée, mais elle dévoile aussi un intérêt accru pour l'interlocuteur qui l'utiliserait en situation de dialogue. « Vous m'intéressez fortement », pourrait être sa traduction en langage clair !

Le lotus

La jeune femme que je viens de rencontrer pose finalement son menton sur ses deux paumes, doigts écartés sur les joues (voir Figure 5-18).

Figure 5-18 : Attitude de sympathie ou d'intérêt.

Elle témoigne ainsi de l'attention pour vos propos.

La pince à linge

Coude en appui (droit/gauche), mon invité pose son menton entre le pouce et le majeur, index en antenne. Ce geste complexe révèle un tempérament affairiste.

Le prophète

Votre interlocuteur presse l'une de ses mains sous sa lèvre inférieure. Les doigts collés l'un à l'autre cachent son menton. L'effacement du menton (siège du défi) est un signe d'apaisement marquant une ouverture au dialogue.

Le sémaphore

Le salut accompagné d'un hochement du menton trahit un individu qui vous signale involontairement ou non son mépris, comme s'il attendait un uppercut de votre part. Ce geste est un mélange de mépris et de ruse de la part de quelqu'un qui n'accorde du crédit qu'à ceux qui serviront de marchepied à sa carrière.

Le socle

Coudes en appui, la directrice commerciale pose son menton dans sa paume gauche ou droite, doigts recourbés (voir Figure 5-19).

Figure 5-19 : Le socle est une posture plutôt positive.

C'est une posture courante qui traduit toujours la motivation. Il s'agit aussi d'une posture narcissique destinée à mettre en valeur le visage.

Chapitre 6

Sous le visage

Dans ce chapitre :

- La nuque
- La gorge
- Le cou

La nuque, la gorge et le cou constituent une zone où siège symboliquement la confiance en soi. Les douleurs qui affectent cette zone, les mains qui s'y posent ou la chaîne qui l'entoure signalent toujours une altération de cette confiance, l'apparition d'une anxiété plus ou moins importante ou encore que votre interlocuteur se détourne de vos propos.

La nuque

Les affections qui touchent la nuque ou votre besoin d'y poser les mains trahissent une baisse de votre confiance, un malaise. Essayez d'être attentif aux circonstances dans lesquelles vous y êtes sujet.

Le symbolisme de la nuque

Tout torticolis est le signal puissant d'une affection banale. Si vous êtes sujet à ce genre de trouble, vous pouvez considérer que votre inconscient tente de tordre le cou à votre manque de confiance.

Qui n'a jamais eu à se plaindre d'un torticolis ? L'ennui c'est qu'on se souvient rarement dans quelles circonstances il est apparu. Je me suis aussi penché sur le coup du lapin dont sont victimes certains accidentés de la route. Ils portent une minerve pour protéger leurs vertèbres cervicales fragilisées. Ceux que j'ai pu interroger avaient tous un vrai problème de confiance en eux.

C'est en recevant, un beau matin, un étudiant (Jérôme) en situation d'échec total que j'ai acquis la conviction que la nuque était bien le siège de cette fichue confiance en soi que nous chérissons tous. Il ne cessait de répéter qu'il n'était pas digne de confiance, qu'il se méfiait de sa mémoire, de son intelligence, parlant de ses qualités intellectuelles comme si elles ne faisaient pas partie de lui. Ce garçon souffrait atrocement de douleurs des vertèbres cervicales, une douleur chronique qui avait débuté quand il avait été recalé à l'occasion de ses examens de fin d'année, en première année de faculté. Tous les examens radiologiques et échographiques réalisés étaient négatifs. Jérôme avait toujours été premier de la classe, depuis l'école primaire jusqu'au lycée. Ce premier échec universitaire avait terrassé sa confiance en lui de manière brutale. Un choc frontal avec la vie adulte ! Sa confiance en ses potentiels s'est écroulée comme un château de cartes. Il s'était construit une image d'étudiant modèle. « J'ai eu l'impression d'avoir été guillotiné, m'a-t-il confié les larmes aux yeux. Les douleurs cervicales se sont installées en l'espace d'une nuit et ne m'ont plus quitté depuis. »

Le menu de la nuque

Votre interlocuteur soupèse les implications de votre projet quand il se caresse la nuque. Ce geste peut aussi signaler une nouvelle tactique ou un changement d'attitude.

Le support

Coudes en appui, ses mains entourent sa nuque tout en soutenant la tête (voir Figure 6-1).

Figure 6-1 : Cette posture montre un désintéressement de vos propos.

Il pose sa tête sur le billot pour ne plus devoir vous supporter. Il ne se sent pas concerné par vos propos et regrette de vous avoir consacré du temps ou de s'être dérangé pour vous rencontrer. L'attitude est aussi synonyme de défaitisme.

Le bateau

Votre interlocuteur lève un bras en l'air et replie l'avant-bras en cachant sa main derrière sa nuque. Imaginez que le bras en érection soit un mât et le bras replié une voile. Il prend le large. Votre interlocuteur est le genre de fantaisiste qui se défile à la dernière minute. Il dilapide son existence au gré de ses lubies et de ses goûts éclectiques en matière de tout et de rien.

Le papillon

Votre interlocuteur lève les bras en l'air et replie les avant-bras tout en cachant ses mains derrière sa nuque. Il s'agit de la posture du papillon qui vole de fleur en fleur sans jamais prendre le temps de se poser quelque part. Répété par une inconnue dans un lieu public, ce type de code est une invitation à l'escale amoureuse.

Les doigts croisés

Celui qui n'a pas confiance en lui et qui croise ses doigts sur sa nuque se méfie forcément des autres. *A priori*, il s'agit d'un code d'intention de la part d'un individu qui a déjà pris sa décision sans vous l'annoncer immédiatement. Vous aurez beau continuer à vouloir le convaincre, le sol se dérobera sous vos pieds. Il s'est fait une religion à laquelle il souscrira comme un seul homme, quelle que soit votre conclusion. Il simule aussi une attitude de fuite. Fuite devant le stress, imitant un besoin de détente, ou fuite devant l'autre et ses exigences.

L'arthrose

L'arthrose de la nuque est souvent consécutive à une chute de la confiance en soi. Située dans la partie droite de la nuque, elle pourrait représenter le symptôme précurseur d'une dispersion mentale. Une arthrose récurrente située dans la partie gauche est un symptôme de surmenage.

La main sur la nuque

Refrain gestuel parfaitement alternatif, tout dépend du ressenti ou du contexte. Le stress peut être lié à la difficulté de prendre une décision, de terminer un travail dans les délais. Il produira automatiquement un ancrage rapide de la main gauche dans la nuque.

EXEMPLE

Je me suis surpris un jour à me frotter systématiquement la nuque de la main gauche au cours d'une conversation téléphonique avec un journaliste. Ses questions ressemblaient à des affirmations déguisées. Il était limite désagréable. Une légère douleur migraineuse a commencé à poindre du côté occipital gauche. Un signe! « Vos questions me donnent un mal de crâne épouvantable! » Ma sortie l'a laissé sans voix. Il ne s'y attendait pas. J'ai poursuivi sur ma lancée : « Je vous propose d'en rester là. Vous n'êtes pas plus intéressé par la gestuelle que moi par vos talents sportifs. » Piqué au vif, il m'a raccroché au nez. Ma migraine avait disparu! Ça fait du bien d'être authentique de temps en temps!

Quand on vous met le dos au mur, la main droite qui se glisse dans la nuque est la seule façon de prendre symboliquement du recul. Cependant, si vous constatez que le geste se répète un peu trop souvent au cours d'un entretien, sachez qu'on tente de vous coincer ou de vous persuader d'adhérer contre votre gré. Votre libre arbitre est débranché et la dispersion mentale est annoncée. Vous êtes un homme ou une femme sous influence. Trouvez un prétexte pour vous échapper.

En conclusion, rappelez-vous que tous les gestes qui aboutissent à la nuque sont en rapport avec le degré de confiance ou de méfiance en soi; tous les gestes qui impliquent la gorge révèlent une angoisse ou une peur quelconque.

La gorge

La gorge est le siège caractéristique des peurs infantiles. Si les mains de votre interlocuteur viennent souvent la couvrir, cela indique qu'il pourrait avoir peur de perdre ce qu'il possède.

Le symbolisme de la gorge

Siège de l'anxiété selon les neurobiologistes, la gorge peut aussi être assimilée à la tristesse et à la mélancolie. « J'ai la gorge serrée » ou « j'ai la gorge sèche », dit-on quand le chagrin s'annonce, ou encore : « Il est pris à la gorge », quand les créanciers acculent un débiteur à la faillite.

Le menu de la gorge

Un grand classique gestuel de la personnalité anxieuse consiste à porter sa main gauche en collier à la base du cou. Un geste anxiogène par excellence. Traduction : « J'ai peur de ce qui va m'arriver. »

La coupe

Le ministre qui pose son index en travers de sa pomme d'Adam se coupe la gorge, littéralement (voir Figure 6-2).

Figure 6-2 : Lorsqu'on se tranche la gorge, on exprime la crainte d'être dépassé par une situation.

Il se sent en difficulté et exprime ce sentiment gestuellement et involontairement en couvrant sa gorge avec sa main.

La main en couverture

La main ne couvre jamais la gorge sans qu'un sentiment archaïque de peur ne remonte à la surface de la conscience, la peur d'être décapité ou étranglé par une situation préoccupante. La main gauche indique une émotion vive et plus gratifiante que la droite.

Les deux mains superposées posées sur la gorge trahissent un individu craintif, voire superstitieux à souhait. C'est un vilain jaloux auquel vous coupez le souffle ou que vous étranglez par imprudence ou par ignorance du langage gestuel.

La gorge qui gratte

La gorge irritée ou le chat dans la gorge est le signe évident d'un état de stress soudain. Enfin, si votre interlocuteur coince sa glotte entre le pouce et l'index, comme s'il craignait de se faire couper la gorge par son adversaire, il indique qu'il craint de s'être fait piéger.

Le cou

Si l'on se réfère au langage symbolique du corps, le cou ainsi que la nuque abritent le siège de la confiance en soi. En réalité, la partie du cou identifiée à ce climat mental idéal que nous recherchons tous se situe exactement au niveau des sept dernières cervicales de la colonne vertébrale. C'est dire que toute la gestuelle impliquant le cou et la nuque ne peut être reléguée au second plan.

Le symbolisme du cou

Selon Desmond Morris, « le cou a été décrit comme la partie la plus mystérieuse du corps humain ». En effet, il renferme non seulement les connexions vitales entre la bouche et l'estomac, le nez et les poumons ainsi qu'entre le cerveau et la colonne vertébrale, mais aussi les vaisseaux sanguins menant du cœur au cerveau. Autour de tout cela, on trouve encore des groupes complexes de muscles qui permettent de hocher, secouer, et tourner la tête, ainsi que d'accomplir une série de mouvements véhiculant d'importants messages au cours des rapports sociaux.

Dans le culte vaudou en Haïti, les adeptes croient que l'âme réside dans la nuque. Et c'est cette croyance qui aurait conduit à l'usage de colliers protecteurs contre les influences maléfiques.

En chorégraphie, comme dans la pratique thérapeutique de Matthias Alexander (1869-1955), le cou est considéré comme la clef permettant de débloquer le reste du corps.

La voix et le cou

Frederick Matthias Alexander était un orateur shakespearien qui a développé des problèmes d'extinction de voix. Après que les médecins l'eurent informé qu'il n'y avait pas de cause physique, il s'est soigneusement observé à l'aide de miroirs multiples. Ceci lui a permis de découvrir qu'il raidissait inutilement son corps dans son ensemble lorsqu'il se préparait à réciter ou parler. Après avoir découvert l'existence d'une certaine unité entre la tête, le cou et le dos rendant possible un meilleur accomplissement de l'être humain, il prit huit années pour appliquer avec succès ses observations empiriques afin de résoudre ses propres problèmes de voix. Matthias Alexander a inventé un traitement fondé sur l'idée qu'en modifiant la position du cou sur les épaules, on guérit non seulement certains symptômes physiologiques mais aussi un grand nombre de conflits ou de troubles psychiques.

Enfin, nul n'ignore que le cou est une zone érogène puissante chez la plupart des femmes au profil séducteur tactile. Les ados pratiquent souvent une sorte de morsure érotique qui laisse des marques rouges et qu'on nomme aussi suçon. Ces marques sont produites par une succion prolongée.
Un baiser dans le cou est un bristol sexuel de la part de celui qui l'offre à l'autre.

Le menu du cou

Le cou étant le siège de la confiance en soi, les gestes associés à cette zone corporelle marquent souvent l'anxiété et le doute.

La main sur le cou

Quand je suis en difficulté, je passe ma main à la base du cou. C'est le geste typique de l'angoisse qui monte, qui monte, qui monte.

Le cou hypertendu

Lorsque votre interlocuteur tend le cou de manière exagérée, il reproduit une attitude que l'on retrouve communément dans le registre gestuel des premiers de la classe qui rêvent de se hisser à la hauteur du prof ou de dépasser les autres élèves d'une bonne tête.

La tête dans les épaules

Cette posture est un réflexe associé à la peur des coups, fussent-ils verbaux. Vous ne vous sentez pas à la hauteur, à tort ou à raison. Beaucoup de jeunes artistes récemment propulsés sous les sunlights ont ce tic déplaisant de rentrer la tête dans les épaules quand ils chantent en public.

Le tripotage du pendentif

Votre femme mâchonne sa chaîne ou le pendentif qui lui sert d'ornement tandis que vous lui expliquez avec ménagement que vous venez de vous faire licencier. La chaîne lui sert de tétine, donc de moyen de se rassurer dans une situation qui l'insécurise. Et puis, elle se met à tendre la chaîne avec son index. La peur du manque d'argent l'étouffe déjà symboliquement. Finalement, vous lui avouez en souriant que le concurrent de votre patron vous a débauché en vous proposant un salaire nettement plus confortable que le précédent. Après vous avoir frappé pour lui avoir donné des sueurs froides, elle se met à tripoter le pendentif qui termine sa chaîne. Elle exprime un besoin de tendresse inassouvi pour faire passer la peur rétrospective que vous lui avez imposée.

La chaîne autour du cou

Pourquoi la chaîne a-t-elle autant de succès ? En or ou en argent, elle est portée par une large majorité d'individus, hommes ou femmes, comme si ce type d'ornement pouvait les distinguer de leurs voisins. À l'origine, la chaîne autour du cou était une distinction sous la forme d'une décoration pour services rendus (la Toison d'or). Elle s'est muée en signe de réussite à tous les échelons de la société contemporaine.

Indicateur d'une carence affective comblée, en partie, par un bijou narcissique, la chaîne ras du cou est souvent prétexte à attirer l'attention sur la finesse d'une gorge ou la puissance des pectoraux. Notez que plus les maillons de la chaîne sont lourds, plus le porteur est avide de reconnaissance.

Chapitre 7

Les poils du visage

Dans ce chapitre :

- Les cheveux
- La moustache
- La barbe

La pilosité du visage, c'est-à-dire nos cheveux, la moustache et la barbe, est étroitement liée à l'histoire. En effet, ils n'ont cessé d'évoluer au cours des siècles, adoptant des significations elles-mêmes variables en fonction des époques. Facilement modifiables, ce sont des ornements du visage qui reflètent nos humeurs.

Les cheveux

Améliorables à merci grâce à de fréquentes visites chez le coiffeur, les cheveux embellissent l'esthétique du visage en lui offrant un cadre susceptible d'en gommer les défauts, par exemple en dissimulant les oreilles en coupe-vent.

Les cheveux font partie de l'arsenal de séduction du visage. La relation entre l'individu et sa chevelure est tout d'abord narcissique et sensuelle. Plus un individu accorde de l'importance à ses cheveux, plus il appartient à la catégorie des personnes dont la sensibilité est centrée sur leur ego, plus votre interlocuteur est concerné par son image publique. La chevelure est considérée comme un moyen de rajeunir ou de conserver cette jeunesse qui nous fuit inéluctablement. On y investit ses émotions en les perdant parfois ponctuellement en cas de deuil, ou de manière définitive pour les hommes, quand la vie devient un parcours du combattant au quotidien et une source de stress majeur. Puissant signal de séduction, la coiffure est aussi un moyen de détecter le climat mental ponctuel dans lequel baignent les sentiments de votre ami(e). De même en ce qui concerne la brillance du cheveu et l'état général de son apparence. La plupart du temps, la coiffure que vous adoptez est fonction de ce qui se passe dans votre mental.

Les types de cheveux

Le cuir chevelu de l'homme s'orne d'environ 100000 cheveux. Les chevelures claires sont plus fournies que les chevelures de couleur foncée. D'après Desmond Morris, un blond aura 140000 cheveux, un brun 108000 et un roux 90000, ce qui représente tout de même 36 % en moins que les blonds. Y aurait-il une explication scientifique à cette différence ?

On associe souvent la rousseur des cheveux à une hypersexualité. Est-ce fondé ou est-ce une légende lancée par les rouquins souvent moqués dans nos sociétés occidentales ? Là encore l'amalgame populaire joue son rôle comme un petit soldat : chevelure de feu débouche fatalement sur un tempérament de feu, n'est-ce pas ?

Les cheveux poussent au rythme de près de treize centimètres par an, chacun d'eux dure six ans avant de tomber et d'être remplacé. Sans coupe, la chevelure atteindrait donc les hanches, ce qui devait donner à l'homme primitif, qui n'allait pas chez le coiffeur, une allure extraordinaire, au milieu des autres espèces de primates.

La longueur des cheveux

Bien que le cheveu de l'homme soit biologiquement aussi long que celui de la femme, il existe une vieille tradition, fondée sur les paroles de saint Paul dans la Lettre aux Corinthiens, qui assimile les cheveux courts à une image masculine. Cette tradition a sans doute été fortifiée par la crainte de l'homme d'être empoigné par ses longues boucles au cours d'un combat. La police utilise souvent cette prise pour arrêter des manifestants. Une coupe en brosse ou un crâne rasé la privent de cet avantage. Les longues tresses de la femme lui donnent en revanche un air de vulnérabilité : elle est symboliquement prête à être tirée par les cheveux, attachée ou entraînée dans une grotte.

Les femmes aux longs cheveux devaient en outre affronter un problème particulier : une cascade de boucles avec son aspect soyeux et érotique était souvent considérée comme trop provocante par les sociétés sexuellement inhibées. Les puritains détestaient la sensualité de ces longues chevelures, mais ils ne pouvaient pas exiger qu'on les coupât car c'eût été peu féminin et contraire aux lois de Dieu énoncées par saint Paul. La solution était simple : les cheveux restaient longs mais il fallait les cacher, c'est-à-dire les dissimuler dans un étroit bonnet ou toute autre pieuse coiffe, ou encore, à la fin de cette période, les ramener en un chignon serré. Les femmes portaient donc rarement les cheveux longs en public et l'acte de « laisser tomber ses cheveux sur ses épaules » a été associé aux moments d'intimité de la femme avec son époux, tandis que « libérer une cascade de boucles » prenait une forte saveur érotique. À certaines époques, porter les cheveux défaits en public était la marque de « la femme perdue ». L'une des punitions infligées aux femmes de petite vertu était de leur raser le crâne pour leur ôter « leur insigne ».

Raser le crâne d'une femme dans une culture où la norme est aux cheveux longs est un châtiment public qui a encore été utilisé en 1945. À la fin de l'Occupation, les femmes accusées de collaboration avec les Allemands ont en effet été tondues au milieu d'une foule hostile. En quoi cette punition avait-elle valeur d'exemple ? Ce type de mutilation, bien qu'il n'y ait pas de sang versé, est très efficace en raison du temps que mettent les cheveux à repousser et à faire disparaître les marques de l'infamie.

Les cheveux en deuil

Quand on est décidé à changer de vie, il est évidemment indispensable de changer de tête. C'est la raison pour laquelle les cheveux coupés très court, à la garçonne, signalent généralement une femme qui s'est libérée de son passé. Elle a fait le deuil d'une tranche de vie qui vient de se terminer. Ce deuil peut être lié à un chagrin d'amour ou à un besoin de dégager son visage après un bouleversement récent, comme une maladie ou une séparation. Elle peut aussi indiquer qu'elle vit une période de deuil affectif. La femme est-elle plus sensible que son compagnon à la rupture entre le passé et le présent ? Pas forcément. Elle a besoin de se recréer une nouvelle image pour pouvoir aborder une nouvelle tranche de vie.

Et la coupe du hérisson très à la mode chez certains jeunes qualifiés de « grunge » de ce début du XXIe siècle ? Ce sont les cheveux courts qui se dressent dans tous les sens avec l'aide d'un gel efficace ! Le hérisson qui se protège avec ses épines ! Ce genre de coiffure est un signal de refus, celui de s'enfermer dans le moule imposé par un modèle uniforme.

Les cheveux au pouvoir

Une majorité d'hommes de pouvoir (P-DG, cadres supérieurs, sportifs) conservent une chevelure fournie jusqu'à un âge avancé. Les politiques ne font pas partie de cette tribu dans la mesure où leur pouvoir ne dépend pas uniquement de leurs mérites propres mais du choix des électeurs. Y aurait-il un vrai rapport entre la force de Samson et le pouvoir acquis de haute lutte ? Quel rôle joue la production de testostérone dans cette affaire ? Car il faut savoir que la conservation d'une chevelure fournie après la quarantaine indiquerait un déficit de testostérone, donc une sexualité machiste peu performante. Ce qui ne signifie pas que ces messieurs ont abandonné leur sensualité. Ils sont toujours aussi intéressés par le sexe mais de manière moins active que leur compagne de jeu.

L'image publique est une énergie fondamentale et un excellent nutriment pour stimuler une repousse régulière des cheveux (voir Figure 7-1). Elle est aussi puissante que l'amour. Quand un individu cesse de s'aimer, il divorce de ses chances de succès et perd son pouvoir de séduction. La perte précoce de ses cheveux pourrait provenir d'une forme de démission face à la vie. Évidemment, certaines chutes de cheveux sont largement conditionnées par l'hérédité et donc sans rapport avec les compétences du sujet ou sa capacité de réussite vitale.

Figure 7-1 : L'image publique est un excellent nutriment pour stimuler une repousse des cheveux.

Y aurait-il un rapport de cause à effet entre le leadership et la repousse des cheveux ? Ou s'agit-il d'un avantage collatéral du charisme ? Il existe peut-être une piste à explorer qui devrait être confirmée par la science sexologique toute neuve. Paradoxalement, les hommes de pouvoir ont toujours été de grands consommateurs de sexe, mais pas de grands producteurs de testostérone. Ils adorent séduire mais pour ce qui est de prendre ce pouvoir-là… Ils laissent l'initiative à leurs compagnes.

Le menu des cheveux

Cette section est particulièrement consacrée à la raie dans les cheveux dont le positionnement au milieu, à droite, à gauche ou l'absence définissent des types d'individus.

Le sillon voyageur

La raie qui sépare vos cheveux en deux parties inégales est un sillon voyageur. La topographie de la raie n'est pas si naturelle que vous pourriez le croire. Elle trouve son origine dans la prime enfance. C'est le parent qui coiffe le plus régulièrement son enfant qui lui impose la latéralité de cette raie. Ce faisant, il projette inconsciemment son mode de séduction sur son héritier. Il arrive que cette raie trace sa route sans la moindre influence parentale. L'orientation d'une raie en épi, c'est-à-dire en diagonale, gauche ou droite, procède d'une modification involontaire de la topographie de la raie naturelle.

Singulièrement, la raie est un sillon qui voyage au gré des âges de la vie. Vous aurez beau essayer de la déplacer volontairement, elle reviendra à son emplacement initial. Et puis, un jour, vous vous réveillerez avec un sillon à droite parce que vous avez décidé de prendre le taureau par les cornes au lieu de vous laisser mener en bateau.

Le sillon au centre

La raie au milieu se manifeste spontanément chez ceux qui divisent le monde en deux camps : les bons et les méchants (voir Figure 7-2).

Figure 7-2 : Les personnes qui portent la raie au milieu ont tendance à diviser le monde en deux.

Mais ils sont aussi très susceptibles et difficiles à manipuler. La raie coiffée au milieu du crâne révèle un personnage à la sensibilité partiale, il ne s'émeut qu'en certaines circonstances qui le concernent en exclusivité, évidemment. Il est partial parce qu'il n'est jamais vraiment entier ou authentique. C'est un individu susceptible, charmant mais non charmeur, très influençable, voire hypersensible qui s'évertue à plaire mais non à séduire. La raie du milieu est un signe de respect de l'ordre et des règles du jeu. Il est vrai qu'on rencontre plus souvent ce type de raie dans les milieux favorisés ou carrément bourgeois que dans les cités.

Le sillon à droite

La raie à droite procède, en règle générale, d'un caractère bien trempé, elle appartient à un individu combatif, challenger ou un battant. Il aime la compétition, les examens et toutes les épreuves qui lui permettent de se mesurer aux autres. Le besoin d'être confirmé dans ses talents est viscéral chez lui et pas du tout lié au besoin de caresser son orgueil dans le sens du poil. La faculté d'adaptation est excellente, évidemment. L'adaptation est un réajustement du mental à des expériences nouvelles, des circonstances ou des événements qui viennent bouleverser les acquis. La faculté d'adaptation appartient au tableau des aptitudes indispensables à l'instinct de conservation.

Chez la femme, elle dévoile une fille un peu mec au caractère affirmé et qui refuse de jouer son rôle de femme en adoptant un look de poupée glamour. C'est une séductrice combative, une charmeuse de serpents. Une femme de challenge ou d'action! Il existe un rapport statistique concluant entre la raie à droite et le port du sac suspendu à l'épaule droite.

Le sillon à gauche

En tant que femme, vous cherchez sans doute à privilégier votre côté féminin qui fait, à la fois, votre grâce si particulière et l'originalité de votre personnage. Vous êtes franchement femme jusqu'au bout des ongles. En règle générale, la raie à gauche trahit un individu plus sensible, plus créatif et féminin dans sa vision du monde que ne le laissent supposer ses conduites, surtout s'il s'agit d'un homme. Féminin ne veut pas dire efféminé. Mais la raie à gauche est aussi révélatrice d'un tempérament séducteur. Car tous les individus sensibles ont besoin de se construire des systèmes de défense pour protéger leur vulnérabilité.

Pas de sillon

L'absence de raie est une preuve de consensualité et de convivialité! Ni susceptible, ni séducteur de haut niveau, l'individu sans raie est juste doué d'un esprit d'adaptation qui lui facilite la vie et lui permet de se faire accepter partout sans levée de boucliers.

La frange

Cette frange qui vous mange le visage et que vous rejetez d'un mouvement de la tête ou de la main, que vous le vouliez ou non, est un outil de séduction (voir Figure 7-3). La frange en rideau n'est pas là pour dissimuler mais pour dévoiler un regard espiègle. Elle ne doit pas cacher n'importe lequel des deux yeux. Il faut choisir son camp avec discernement.

Figure 7-3 : La frange, contrairement aux apparences, n'est pas là pour masquer une partie du visage, mais pour soutenir une stratégie de séduction.

En cachant l'œil gauche, vous affirmez votre besoin de domination. L'œil droit dissimulé par la frange est un signe de soumission, amoureuse, s'entend. Cette règle vaut pour les droitiers, hommes et femmes. Si vous êtes gaucher, vous inversez les rapports.

Les portemanteaux

Les cheveux accrochés derrière les oreilles offrent un privilège à la beauté des traits du visage (voir Figure 7-4).

Figure 7-4 : Les cheveux derrière les oreilles soulignent la beauté du visage.

Geste séducteur ou attitude narcissique ? Le besoin de dégager ses oreilles est une manière inconsciente de toilettage de la face. On se recoiffe le moral en accrochant ses cheveux derrière les oreilles. L'objectif évident est de (se) plaire. Vous n'êtes pas forcément compris dans le menu. Mais il s'agit aussi d'un geste typique des calculateurs. Il faut dégager les oreilles pour mieux saisir le passage des opportunités.

La moustache

De la moustache en guidon de vélo à la petite touffe de poils qui semble servir de chauffeuse aux narines, la moustache est avant toute chose, un ornement en trompe-l'œil à l'instar du maquillage adopté par nos compagnes.

Le sens de l'improvisation

La moustache est l'emblème de l'animateur de proximité, enthousiaste, communicatif, convivial, familier, extraverti et appréciant l'humour. Il aime le dialogue et ne s'en prive pas. Pourquoi aucun de nos politiciens en vue (sauf Noël Mamère et José Bové) ne porte la moustache ? Sans doute parce qu'elle rappelle trop la IIIe République et ses représentants du peuple, proches des gens.

La signification des différents types de moustache mériterait, à elle seule, une étude exhaustive. Il est évident que certains hommes se laissent pousser la moustache pour raccourcir un nez à la Cyrano qui blesse leur ego mais ce n'est pas la règle générale. Celui qui adopte la moustache adoucit souvent l'aspect angulaire de son visage et cette recherche s'accorde assez bien avec le besoin de s'ouvrir aux autres. La moustache est un postiche de comédien plus vrai que nature. Elle habille le visage nu, gomme les angles aigus, sert de collerette à un nez trop pointu. Le moustachu est un caméléon, un individu plutôt versatile, infidèle mais tellement charmeur qu'on a envie de croire à ses mensonges. Il est capable de vous offrir la lune et d'improviser pour faire semblant de tenir sa promesse. En effet, il possède un grand sens de la débrouille, qu'on nomme aussi sens de l'improvisation. Cette qualité est typique des pays où la moustache est encore uniformément acceptée comme une parure virile : dans les pays arabes ou musulmans ou ceux du bassin méditerranéen par exemple. Mais la moustache est aussi devenue le signe de ralliement des homosexuels de New York et de San Francisco.

Le déguisement

Toute parure de poil est un déguisement, un loup de carnaval plaqué sur un visage dont la nudité dérange. La moustache abrite la lèvre supérieure, celle de la colère et du mensonge. Atténue-t-elle la première au profit du second ? Il est vrai que les moustachus sont souvent de grands colériques. Sont-ils aussi plus menteurs ?

Dans certaines cultures, la moustache est quasiment une marque distinctive obligatoire pour affirmer sa virilité et se distinguer symboliquement de la femme. Mais est-ce la seule raison de cette dissimulation de la lèvre supérieure ? La longueur du nez ou la hauteur disproportionnée de la lèvre supérieure peut parfaitement justifier qu'un homme se laisse pousser la moustache par souci esthétique. Or cette disproportion anatomique de la lèvre supérieure se rencontre effectivement dans la région méditerranéenne et au Moyen-Orient, ce qui explique peut-être pourquoi les hommes de ces régions affectionnent les moustaches drues.

Moustache et plaisir

Le simple fait de se caresser les moustaches entraîne une sensation de plaisir. Ce qui ramène ce geste particulier reproduit sous votre nez à une déclaration d'intention de la part du moustachu qui vous interpelle. Enfin, les baisers à moustache impliquent une sensation de virilité que certaines femmes apprécient particulièrement parce qu'ils leur rappellent les baisers paternels, tout bêtement.

Les moustachus sont généralement de bons vivants ; ils aiment la gaudriole, la bonne chère et les copains qui partagent leurs repas. Ce sont des individus festifs, parfois colériques mais rarement rancuniers. Les gendarmes d'autrefois arboraient des bacchantes imposantes. Dans l'esprit populaire, ces moustaches étaient destinées à en imposer au contrevenant. En vérité, les gendarmes sont des individus sociables qui aiment s'amuser et partager leur bonheur entre amis, une conséquence parfaitement normale quand on a pour mission de faire respecter l'ordre.

Desmond Morris rapporte dans son ouvrage *La Magie du corps* que les moustaches ont toujours été populaires parmi les militaires qui n'ont cessé de les cirer, de les teindre, de les lisser et de les tortiller pour en faire souvent le point central de leur masculinité. Chaque époque a eu sa mode, depuis les moustaches en guidon de vélo jusqu'au mince trait noir des premières stars du parlant. Sur le plan symbolique, les moustaches signifient : « Je veux passer pour un être amical (c'est pourquoi je me suis rasé le menton) mais je me considère aussi comme exceptionnellement viril (c'est pourquoi j'ai conservé une partie de ma grosse barbe de mâle). »

La barbe

Pourquoi les hommes gaspillent-ils leur temps à se raser ? Un homme de 60 ans qui s'est rasé chaque matin depuis l'âge de 18 ans aura perdu 2555 heures ou 106 jours de sa vie à effectuer cette opération.

« La barbe est un présent de Dieu et celui qui la rase n'a pour seul but que de ressembler à une femme. Un acte, non seulement d'indécence, mais aussi d'injustice et d'ingratitude envers Dieu et la Nature, un acte qui répugne aux Saintes Écritures », écrivait John Bulwer (1606-1656) au XVIIe siècle.

La barbe des religieux, mal taillée, voire malpropre et malodorante, serait donc un signe de respect envers Dieu ? L'homme de religion, dans sa suffisance, ne se couvre-t-il pas le visage d'une toison de poils pour s'identifier au Tout-Puissant ? Les représentations idolâtres du Dieu de la Bible par les peintres de la Renaissance sont toutes barbues. Pourquoi Jésus portait-il la barbe et pas les larrons ? Il est vrai qu'un rabbin ou un imam sans barbe serait une hérésie. Il en existe mais ils ne font pas sérieux. Ce serait comme un cadre de multinationale sans sa cravate. Les clichés ont la vie dure.

La remise en question

La barbe est, à mon sens, le siège de la remise en question. Cette interprétation est évidemment totalement contemporaine. Elle colle à notre époque d'insécurité vitale. Tous mes amis qui ont déposé le bilan de leur entreprise, tous ceux qui se sont séparés de leur compagne, tous ceux qui ont perdu leur emploi brutalement, tous ceux-là, sans exception, se sont laissé pousser la barbe pour un temps ou pour longtemps. Cette pilosité têtue qu'il fallait raser chaque matin est devenue un déguisement, une manière de dissimuler le deuil, la tristesse ou la déception. Et puis la remise en question est devenue un mode de comportement ou de fonctionnement. Une nouvelle liberté d'exister au gré du vent des illusions.

Les modes barbues sont aussi le symptôme d'une période de précarité sur le plan socio-économique. Quand les barbichettes seront passées de mode, cela indiquera que les affaires auront repris du poil de la bête en lieu et place du poil de la barbe. Les modes ne sont jamais que des balises qui traduisent le mal-être ou le bien-être de notre société ou encore de l'évolution de la civilisation humaine au sens large.

La barbe est tendance

La mouche située sous la lèvre inférieure est une touffe de poils qui a la cote auprès des jeunes. Elle est un véritable signal de disponibilité sexuelle. Idem en ce qui concerne la barbe en fente de tirelire verticale au milieu du menton. Elle imite la fossette du menton (Kirk Douglas et Robert Mitchum, pour ceux ou celles qui s'en souviennent) que l'on retrouve de moins en moins sur les visages contemporains. Elle rappelle aussi fatalement le pubis féminin indiquant que le barbu en question est fortement marqué par les joutes sexuelles.

La barbe de huit jours, qui donne un air négligé, n'est plus trop à la mode. Elle représente un masque, un maquillage poilu du visage. Barbe taillée au cordeau, barbe trident impeccable, touffe de poils sous la lèvre inférieure, petite raie poilue, barbe du masque de clown, etc. La taille de la barbe est en passe de devenir un art à part entière. Il faut déguiser le visage, modifier son apparence ou en gommer les défauts un peu trop flagrants. Le visage glabre n'est plus à la mode.

La barbe imposante est une sorte de statut, un archétype du patriarche dans l'imaginaire populaire. Marek Halter marquerait-il les esprits de ses lecteurs sans cette barbe quasi biblique qu'il porte comme une marque de fabrique ? Aucun animateur de télé ne se présente avec des poils au menton face aux caméras. Pourquoi ? Peu d'acteurs de cinéma cultivent la barbe longue durée, sauf pour les besoins d'un rôle. Pas ou peu de politiciens barbus dans l'Hémicycle ! En réalité la barbe est assez peu courante chez les individus surexposés ou très médiatisés. Est-ce que les poils font désordre sur les photos des magazines « people » ? Il est vrai que les fans risquent de ne pas reconnaître leurs idoles. Et ces magazines payent très cher le droit de reproduire les clichés des stars qui les font vivre. Les célébrités n'aiment pas se remettre en question, ni s'imaginer que le succès pourrait les abandonner sur le bas-côté de la route. Est-ce la raison qui justifie l'absence de la barbe chez les animateurs de télé ?

Un peu d'histoire

Durant l'Antiquité, la barbe était considérée comme le symbole masculin de la puissance, de la force et de la virilité. Perdre sa barbe était une véritable tragédie. C'était le châtiment réservé aux ennemis vaincus, aux prisonniers et aux esclaves. Une barbe rasée était un déshonneur. Les hommes juraient sur leur barbe ; la barbe était sacrée ; les dieux étaient barbus et une divinité glabre était impensable. Les pharaons de l'ancienne Égypte portaient toujours de fausses barbes pour les cérémonies, affichant ainsi leur rang et leur sagesse d'homme de pouvoir. La reine Hatshepsout elle-même mettait une fausse barbe pour affirmer son pouvoir.

Aujourd'hui les femmes à barbe ne sont plus que des curiosités, mais certaines déesses de la mythologie étaient représentées avec une barbe. L'Église aussi a eu sa martyre à barbe, sainte Wilgefortis, une vierge qui périt sur la croix.

La barbe au combat

Les premiers exemples de rasage volontaire semblent avoir été liés au désir d'afficher l'« asservissement à un dieu ». Les jeunes gens offraient leur barbe en signe de soumission. Les prêtres, quant à eux, se coupaient la barbe comme symbole d'humilité. Mais le rasage sur une base plus répandue et permanente paraît avoir été introduit comme règle militaire dans la Grèce et la Rome antiques.

Alexandre le Grand a ordonné à ses soldats de se couper la barbe afin d'être plus aptes à se battre au corps à corps. On considère en effet que les longues barbes offraient une excellente prise aux ennemis. Les soldats romains durent se raser, eux, pour des raisons d'identification. Leurs mentons glabres les distinguaient des barbares barbus et chevelus qu'ils combattaient.

Dès qu'il y eut deux modes bien établies, être rasé ou pas, il devenait possible à tout groupe social ou à toute culture de faire acte d'allégeance ou de rébellion selon la manière dont les hommes se taillaient la barbe.

La tendance pouvait parfois s'inverser uniquement par le choix du monarque. Un roi de France qui avait une vilaine cicatrice au menton se laissa pousser la barbe pour la dissimuler et, par respect, ses sujets firent de même. Un roi d'Espagne était imberbe et les Espagnols sous son règne se rasèrent pour l'honorer.

Les barbes des militaires agressifs étaient taillées en pointe. Les barbes hirsutes des contestataires comme les peintres, les poètes et les hippies étaient longues et broussailleuses, reflétant en cela le refus des conventions sociales. En Angleterre à l'époque élisabéthaine, une forte taxe était prélevée sur les barbes, ce qui en limitait le port aux aristocrates et en faisait un symbole de richesse.

Desmond Morris rapporte qu'en 1830 dans le Massachusetts, un barbu eut ses fenêtres éventrées par les pierres que les enfants lui jetaient et se vit refuser la communion par l'église de sa ville. Il finit par être agressé par quatre hommes qui voulurent le raser de force. Il se défendit, fut condamné à un an de prison pour voie de fait.

Troisième partie

De la pulpe des doigts aux biceps

Dans cette partie...

Consacrée aux bras et à ses différents éléments, cette partie vous apprendra que les postures adoptées par nos membres supérieurs appartiennent à la catégorie des refrains gestuels invariables décrits au début du livre.

Vous verrez également que les articulations que constituent les coudes et les poignées, lorsqu'elles sont douloureuses ou entravées reflètent notre climat mental.

Enfin, vous constaterez toute la richesse du langage gestuel des mains et des doigts, véritables substituts de la parole.

Chapitre 8

Les bras

Dans ce chapitre :

- Les bras
- Les biceps
- Les coudes
- Les avant-bras
- Les poignets

Les postures liées aux bras et à leurs différentes parties mettent essentiellement en jeu deux postures : la liberté ou l'entrave qui témoignent de l'assurance de l'individu ou de l'inverse.

Les bras

La gestuelle des bras est particulièrement riche.

La symbolique des bras

Le bras gauche est le celui de la liberté de penser ou de croire. Il exprime le degré d'autonomie d'un individu qui le privilégie dans son expression gestuelle. Le bras droit est le bras moteur du droitier ou bras de la liberté d'agir. Liberté de penser et d'agir sont les deux fondements de toute démocratie.

Ce que je pense, je peux le dire à voix haute et je peux agir pour que ce que je dis se réalise. Mais si je dois taire ce que je pense et qu'on m'interdit d'agir dans le sens de mes désirs, alors mes bras s'immobilisent et, je dois m'inventer une autre réalité.

Le menu des bras

Les principaux gestes forts des bras sont les bras levés, leur balancement, le bras d'honneur et les bras croisés. Le premier est généralement destiné à rassembler une foule autour d'un leader, le deuxième indique un degré de liberté et le troisième est un refrain gestuel invariable.

Les bras levés

C'est le geste typique du triomphe ou de la victoire, très apprécié des hommes politiques et des sportifs. Bras levés, ils saluent leurs « supporters » et célèbrent leur rang en adoptant une position « élevée ». Ils paraissent ainsi plus grands et plus forts et sont également plus faciles à repérer (voir Figure 8-1). Néanmoins, ils ne gardent cette position que l'espace de quelques dizaines de secondes. S'ils essayaient au-delà d'une ou deux minutes, ils éprouveraient bientôt de violentes douleurs.

Figure 8-1 : Les bras levés sont connotés positivement, mais c'est une posture inconfortable.

Les bras levés possèdent le pouvoir « magique » de redonner le moral à ceux qui les voient. Voilà sans doute pourquoi le poing levé remporte toujours autant de succès auprès des militants des partis politiques, des manifestants ou des révolutionnaires. Les spectateurs qui assistent à des concerts de rock adorent aussi lever les bras… pour se remonter le moral, sans aucun doute.

Les bras de Moïse

Moïse se tenait au sommet d'une colline en contemplant la bataille entre les Amalécites et les enfants d'Israël; tant qu'il a conservé les bras levés, symbole de victoire, ces derniers combattaient bien, mais dès que les forces ont commencé à lui manquer et qu'il a dû baisser les bras, les Amalécites ont repris l'avantage. Aaron et Hur ont résolu le problème en se plaçant de chaque côté en lui maintenant les bras en l'air jusqu'au coucher du soleil où les Amalécites ont été enfin vaincus. Ils ne connaissaient pas encore l'hypnose à cette époque car en le lui suggérant, ils auraient pu induire une catalepsie (acampsie des bras) qui aurait pu durer toute la journée sans que Moïse ne ressente la moindre fatigue.

On peut d'ailleurs agiter le bras, faire signe et saluer du bras, chacun de ces gestes ayant sa signification propre. La position exacte et le degré de rigidité des bras indiquent jusqu'à un certain point à qui nous avons affaire. Le poing dressé du leader politique est parfois le symbole impétueux du pouvoir révolutionnaire et actif. Le salut romain, de même que le salut hitlérien, est l'expression figée de la loyauté rigide. Le salut militaire, bras plié, main à la hauteur de la tempe… est un geste d'apaisement destiné à annuler le signal guerrier émis par tout l'accoutrement du chevalier. Le salut du pape représente le geste ample et symbolique d'étreindre tous ces enfants de Dieu qui sont devant lui… Nous nous servons de nos bras quand nous avons besoin d'émettre des signaux à longue distance, d'un type moins élaboré que ceux transmis par nos doigts et nos expressions faciales. Nos bras agissent comme des sémaphores.

Le balancement des bras

S'il vous arrive d'observer le balancement des bras des promeneurs dans un endroit public, vous constaterez très vite que la majorité des bras sont libres et que les bras collés au corps sont assez rares, ce qui est un signe de bonne santé mentale de la société occidentale. Hélas, ce constat change du tout au tout dans les pays déstabilisés par un état de guerre, les pays soumis à une dictature ou dans les pays pauvres. Les bras cessent de se balancer quand les libertés d'agir ou de penser sont prises en otage par l'ignorance, la misère et la délinquance.

L'amplitude de balancement est contrainte, voire nulle ou alors elle est exagérée, comme chez les militaires à la parade. En tout état de cause, elle ne se manifeste jamais de manière naturelle. Certains individus sont incapables de marcher dans la rue sans glisser les mains dans les poches pour immobiliser leurs bras. Un prof qui cache systématiquement ses mains dans les poches de son pantalon pour s'adresser à ses élèves trahit un sentiment d'insécurité. Il est prisonnier de sa peur. La jeune adolescente qui se promène avec ses copines, les bras cassés à angle droit et les poignets mous exprime son malaise de femme en devenir. Le mouvement adopté par les bras d'un sujet ou d'une population de référence est une observation essentielle pour en évaluer le niveau de liberté mentale ou effective.

Le bras d'honneur

Un conducteur, pour toute réponse à la queue-de-poisson qu'on vient de lui faire, se permet un bras d'honneur, réagit à un événement qui a provoqué sa colère suite à la peur d'une collision. Dans le cas présent, le bras d'honneur est une manière d'évacuer cette peur rétrospective tout en exprimant gestuellement sa colère.

Le recours au bras d'honneur, geste conventionnel, dénonce un individu au tempérament envieux, intellectuellement limité et dont la libido est restée bloquée au stade anal… Le bras d'honneur est une forme de « salut », un peu comme le salut nazi d'une autre époque. Une marque de mépris, en somme. Celui qui en abuse ne vaut guère mieux qu'un avorton.

Le bras d'honneur est en principe fonction de la latéralité. Si vous faites l'essai, vous constaterez aisément que le geste se reproduit instinctivement en fonction de votre bras moteur. Il fait donc partie des refrains gestuels invariables. La main gauche vient frapper l'avant-bras droit près du coude pour le droitier. Or, l'avant-bras droit est le siège de la superstition. Quel est le rapport entre le bras d'honneur et la superstition ? La faiblesse intellectuelle de celui qui reproduit fréquemment ce geste vous paraîtra évidente. La superstition attire généralement des personnes qui voient le mystère là où il n'y a rien que de très banal. Il est vrai que pour comprendre certains phénomènes, il faut avoir un esprit critique opérationnel, ce qui est rarement le cas des individus superstitieux. Il est tellement plus facile de prêter foi à des vérités de carnaval que de poser des questions (im) pertinentes, tellement plus simple de renvoyer un bras d'honneur en guise de réponse que de débattre ou de s'exprimer.

L'adieu

Quand vous levez le bras pour dire adieu ou au revoir à distance, de quel bras s'agit-il ? Communiquez-vous sur le mode temporel ou le mode spatial ?

Le bras droit équivaut au mode temporel : plus viril, le mode temporel dévoile un individu pressé et stressé. Il ne prend jamais son temps et consomme ses relations comme autant de fast-foods.

Le bras gauche correspond au mode spatial : il signale une personne moins stressée et plus encline à prendre le temps de faire ses adieux. Ce mode indique, en outre, que le reproducteur du geste aura du plaisir à revoir la personne dont il vient de se séparer.

Le voilier

À quoi joue-t-elle ? Je suis là, assise en face d'elle, à lui raconter mes déboires professionnels, et que fait-elle ? Elle lève les bras. Elle m'écoute ou elle fait semblant ? Elle lève les bras en extension au-dessus de sa tête, avec une nonchalance déconcertante. Ce que je lui raconte n'a pas l'air de l'émouvoir plus que ça (voir Figure 8-2).

Figure 8-2 : La posture du voilier exprime une sorte de nonchalance et indique un manque d'intérêt pour ce que vous dites.

Les adeptes du voilier sont généralement des individus au tempérament simulateur doublé d'un esprit fantaisiste. Ils vous diront la vérité d'une manière tellement tirée par les cheveux qu'elle vous paraîtra incroyable.

L'opportuniste

Je crois qu'elle a accroché sur mon projet de collaboration. J'ai eu un excellent feeling avec cette très jolie femme. Charmante, avenante et avec beaucoup d'humour, vraiment décontractée, cette directrice. Elle posait souvent son bras gauche en équilibre en travers de son crâne (voir Figure 8-3). Bizarre tout de même, non ?

Figure 8-3 : Ne vous fiez pas aux personnes qui posent leur bras gauche en équilibre en travers de leur crâne.

La figure de l'opportuniste signale une personne qui, malgré une attitude décontractée, ne vous fera pas de cadeau. Elle attend quelque chose de vous, dont elle pourra tirer un bénéfice. Si tel n'est pas le cas, elle pourrait bien jeter le bébé avec l'eau du bain.

Le papillon

« Ce que vous faites m'intéresse beaucoup », me confie le responsable de la galerie. En admiration devant mon book de photos, il lève les bras en l'air et replie les avant-bras tout en cachant ses mains derrière sa nuque (voir Figure 8-4). « Vous avez un foutu talent, vous alors ! Je suis preneur. J'exposerai vos photos. » En passant devant la galerie, ce matin, j'ai vu des tas de photos exposées. Pas les miennes.

Il n'y a pas de pire menteur que celui qui croit sincèrement qu'il dit la vérité. Cette phrase s'adapte idéalement à votre interlocuteur que la fatalité poursuit de ses assiduités.

Figure 8-4 : Posture du papillon qui vole de fleur en fleur sans jamais prendre le temps de se poser quelque part.

La liane

Cette posture consiste à contorsionner ses avant-bras pour permettre à ses doigts de s'entrelacer, paume contre paume (voir Figure 8-5).

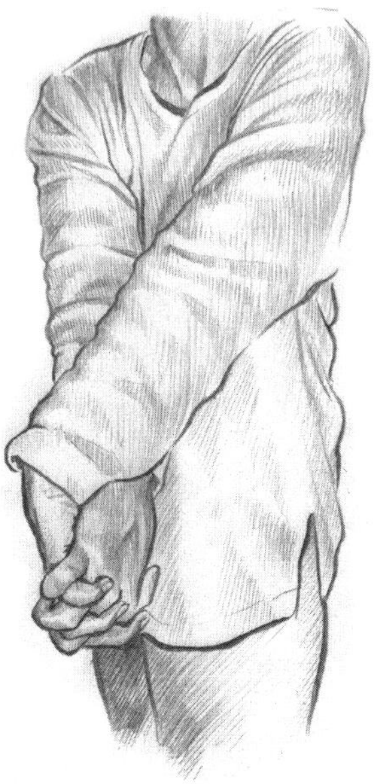

Figure 8-5 : Cette façon de tordre ses avant-bras indique une demande amoureuse fusionnelle.

Il s'agit là d'une position inconfortable mais ô combien suggestive ! Le geste indique une demande de relation amoureuse très fusionnelle.

L'allumeuse

Lorsque la main gauche vient délicatement s'accrocher à l'épaule gauche, avec le visage présenté de trois quarts, soyez certain d'être face à une personne qui souhaite vous séduire. Charmeuse et charmante, la femme qui reproduit ce type de geste cherche à mettre en valeur son buste bien plus qu'à véhiculer un message de séduction active. Encore que, si elle a dépassé un certain âge, elle ne dira pas non.

Le tribun

L'homme vient d'être nommé à la tête de l'entreprise. Le discours qu'il a préparé pour l'occasion est convivial, stimulant, directif aussi. C'est lui le patron à présent. Ça y est, il commence. Il pose ses mains sur les bords du pupitre, ses bras sont repliés en pattes d'araignée. Il marque un temps d'arrêt. Son regard va et vient de son texte à l'auditoire. Est-il stressé au point d'avoir des trous de mémoire ou est-ce un genre qu'il se donne ?

Il veut donner l'impression d'être à l'aise. Il ne l'est pas. La posture indique un besoin de s'affirmer de manière agressive. Il baisse les yeux en permanence sur le texte de son discours.

Les bras cassés

On observe beaucoup de bras cassés dans ces zones de non-droit que sont les cités ! C'est une posture très féminine : un bras cassé est un bras replié formant un angle droit et se terminant par le poignet dit mou. Le geste est très adolescent mais nombre d'adulescentes le privilégient encore dans les milieux défavorisés. Le bras cassé trahit notamment un niveau intellectuel peu oxygéné et un besoin de compenser ses moyens de séduction pour se protéger d'une agressivité ambiante.

Le bras caché

Il se tient juste à côté du nouveau directeur du département marketing. Il écoute son speech d'investiture, le bras droit caché dans le dos (voir Figure 8-6). Il ne comprend toujours pas pourquoi le patron est allé débaucher cette forte tête à la concurrence, alors que lui était là. Ils en avaient déjà parlé, de cette promotion. Il l'attendait. Elle lui revenait de plein droit. Il s'est vraiment bien moqué de lui.

Figure 8-6 : Le bras droit dans le dos est mauvais signe : cette personne est susceptible de vous « poignarder ».

Comme je l'ai déjà répété à de nombreuses reprises, les mains sont les représentations symboliques des aires cérébrales. La main droite représente donc le cerveau cognitif et la gauche, le cerveau affectif. Quand les mains s'abritent derrière le dos, cela signifie que l'activité cérébrale fonctionne *a minima* : pas de réflexion structurée mais une attitude mentale passive.

J'ai noté que certains individus avaient tendance à replier un seul de leurs bras dans le dos cachant ainsi la main correspondante. Cette attitude particulière mérite le détour dans la mesure où elle s'exprime quand le sujet observé est en situation d'examen ou d'exception.

L'enfant qui cache le bonbon qu'il vient de chiper dans la cuisine ne fait pas autrement que l'adulte qui replie son bras dans le dos. Il sait qu'il va être puni mais il espère envers et contre tout que l'adulte ne verra pas son manège. « Les mains qui se cachent sont des mains qui mentent. » Telle est la règle. D'autre part, ceux qui cachent leurs mains sont toujours des individus qui tentent de tout contrôler mais qui ne maîtrisent rien.

Si c'est la main gauche qui se cache dans le dos, cela signifie que la personne tente de contrôler ses émotions et… les mensonges qui lui permettront de garder la main ou de donner le change. C'est également le signe d'une personne perturbée. Le bras gauche est le bouclier du visage et de la tête ; quand vous le cachez dans votre dos, vous vous privez d'une capacité de défense (symboliquement, bien sûr).

Lorsqu'une personne cache sa main droite, elle indique qu'elle craint de perdre le contrôle de la situation. Quand en plus la personne n'aime pas du tout se sentir menée par le bout du nez, la main droite cachée est une manière de masquer le poignard qu'on voudrait bien planter dans le dos de son interlocuteur.

Les bras croisés

Faites donc l'expérience de croiser les bras, vous ressentirez une impression de sécurité doublée d'une détente musculaire du dos. La seconde impression est légitime et bien réelle, la première est une impression travestie. Le croisement des bras ne protège pas plus votre corps qu'un débardeur ne vous évite d'attraper un rhume en hiver. En revanche, quand vous croisez les bras (voir Figure 8-7), vous protégez bien un mécanisme psychologique fondamental qui administre votre espace vital : j'ai nommé votre territoire mental. Et ce territoire particulier est le champ psychologique de la confiance et de l'estime que vous vous accordez en exclusivité.

Figure 8-7 : Les bras croisés apportent un sentiment de sécurité et indiquent la volonté de protéger son territoire mental.

On ne croise jamais les bras sans une raison valable. Le réflexe est si courant que nul n'y prête plus attention. Quand le croisement est reproduit ponctuellement, il peut parfaitement ressortir d'un besoin de détente du dos. Mais le plus souvent, le geste est réactif à une invasion de votre territoire par le « chronophage » de service, celui qui a tout votre temps à perdre.

Au-delà du territoire corporel, nous disposons tous d'un territoire mental souvent vulnérable aux agressions verbales de l'environnement. L'évolution a institutionnalisé des moyens de défense pour le protéger, une série de refrains gestuels et de postures invariables ou alternatives, dont le croisement de bras est le plus remarquable.

Vous avez peut-être constaté que la manière de croiser les bras alterne suivant les individus. Certains croisent le bras droit sur le gauche. Dans ce cas, on dit que le bras droit est dominant. D'autres croisent le gauche sur le droit. Le bras gauche devient dominant. Je vous renvoie au chapitre 3 pour vous rafraîchir la mémoire.

Chaque fois que votre conscience est envahie par de vilaines pensées, ces pensées parasitent la confiance que vous vous accordez. L'espace de la conscience, ou territoire mental est un espace dédié à la liberté de penser, la capacité de réfléchir, donc de mettre de l'ordre dans votre esprit ; un territoire qui est régulièrement laissé en friche et occupé par de multiples obsessions, images mentales fragmentées, souvenirs, scénarios fantasmatiques et autres mélodies obsessionnelles. Retenez bien ceci : plus votre conscience produit ce type de pollution, plus vos bras auront tendance à se croiser.

Vous remarquerez que le croisement des bras ne se manifeste jamais quand vous êtes détendu, l'esprit vide. En revanche, si vous redoutez un événement, si vous êtes dans l'attente d'une action à accomplir, si vous patientez dans la salle d'attente du dentiste, le geste se produira automatiquement pour vous mettre à l'abri de vos angoisses et les évacuer.

Les individus qui croisent régulièrement les bras en face à face ont un déficit de confiance ou d'estime de soi. Les confrontations les mettent mal à l'aise, elles les paralysent socialement.

Il ne sert à rien d'empêcher les bras de se croiser mais il faut prendre conscience de la reproduction instinctive de ce mouvement. C'est un signal qui révèle toujours et sans exception une invasion du territoire mental ou un harcèlement. Il en résulte logiquement que les personnes qui croisent systématiquement les bras sont plus influençables ou impressionnables que les autres. La prise de conscience de ce dernier aspect est importante car elle permet d'évacuer le doute. Si chaque fois que vous croisez les bras, vous vous donnez la peine de situer l'origine de ce réflexe, vous renforcerez *ipso facto* votre confiance et mettrez le doute en situation d'échec.

L'effet néfaste des bras croisés

Une étude américaine sur les bras croisés rapportée par Allan Pease a donné des résultats négatifs sur cette posture. Un premier groupe d'étudiants volontaires assistait à une série de conférences, au cours desquelles on leur demandait de ne croiser ni les jambes ni les bras, et de maintenir une position assise confortable et décontractée. Après chaque séance, on soumettait les participants à un test de connaissances et de mémorisation du sujet traité, et on les invitait à donner leurs impressions sur le conférencier.

Un deuxième groupe recevait l'instruction de garder les bras croisés. À l'issue de ces tests, le déficit dans l'acquisition des connaissances était de 38 % pour le second groupe, par rapport au premier, et ces « bras croisés » se montraient plus critiques sur la conférence comme sur le conférencier. Une expérience similaire, menée en 1989 avec 1 500 congressistes, a donné des résultats pratiquement identiques. Nos tests révèlent en effet que les personnes qui écoutaient la conférence en croisant les bras écoutaient moins bien les conférenciers et qu'elles exprimaient un jugement plus critique.

Conclusion : les chaises des salles de congrès et de formation devraient être équipées d'accoudoirs, pour inciter le public à ne pas croiser les bras.

Les mains qui se cachent

Ça fait une heure que j'essaie de lui parler. Mon fils est aussi fermé qu'une huître. Il reste là, planté, les bras croisés et les mains cachées sous les aisselles. Une statue de marbre. Tout ce que je lui dis passe au-dessus de sa tête. Il enchaîne les bêtises et quand je lui demande des explications, il s'enferme dans un mutisme accablant.

Un sujet qui cache ses mains sous les aisselles quand il croise les bras vous signale son incapacité ou son refus de communiquer. Il ne vous écoute pas, donc il vous entend à peine.

Les biceps à l'ancre

Il est parti en claquant la porte. Il préfère aller passer ses nerfs ailleurs. Elle devient insupportable depuis qu'elle est enceinte. Elle est constamment après lui. Bien sûr qu'il va retrouver du boulot, qu'elle le laisse ! Ce n'est pas à le regarder avec cet air de chien battu, les bras croisés sur son gros ventre, les mains agrippées à ses biceps, que les choses vont s'arranger.

Le double ancrage des biceps par les mains est un appel au secours, une demande d'assistance ou de protection larvée dont le sujet est évidemment inconscient. Cette posture exprime un fort sentiment d'insécurité.

L'ancrage du biceps gauche

La main droite est accrochée au biceps gauche, siège symbolique de l'instinct de survie. Il trahit le perdant pur et dur quand il est reproduit systématiquement. Sachant que le bras gauche est le bouclier du visage, une immobilisation du biceps gauche qui se reproduit un peu trop souvent peut être considérée comme un sabordage des mécanismes de survie.

L'ancrage du biceps droit

La main gauche est accrochée au biceps droit, siège qui représente les conduites dynamiques. Son immobilisation est un aveu d'impuissance. La reproduction systématique de cette attitude peut aussi indiquer un refus de progresser et un goût immodéré pour la contestation dès qu'il est question de changement.

Le vigile

Cette posture se définit par des poings serrés dans des bras croisés. On ne serre pas les poings derrière ses bras croisés sans raison. Cela sert généralement à se remotiver. J'ai observé que la posture des bras croisés poings serrés était le refrain gestuel favori des vigiles. Elle pourrait donc signaler le niveau d'agressivité du personnage. Le simple fait de serrer les poings dans un cadre professionnel est en soi un signe d'hostilité.

La petite laine

EXEMPLE

Le directeur commercial lui annonce ses résultats de vente. Rien de réjouissant. Elle frôle la catastrophe. Elle peut faire une croix sur son pourcentage. Dommage, elle en aurait eu bien besoin. Ah, en plus, ce n'est pas fini ! Elle croise les bras, les mains plaquées contre les flancs (voir Figure 8-8). Il l'avertit aussi que si ça ne s'améliore pas dans le mois qui suit, les termes de son contrat seront révisés. À la baisse, évidemment.

Les flancs sont le ventre mou des armées. Quand vous plaquez vos mains contre vos flancs en croisant les bras, vous cherchez à vous rassurer, voire à protéger vos avantages, vos acquis ou vos arrières.

Figure 8-8 : La posture de la petite laine est un signe d'auto-protection.

Les bras fugueurs

Les bras cachés dans le dos sont des bras fugueurs.

Je vous remets en mémoire la tendance à replier un seul bras dans le dos en cachant ainsi la main correspondante (voir plus haut). Si c'est le bras gauche, la personne tente de contrôler ses émotions, ce qui sous-entend que vos arguments ont touché leur cible ou qu'elle est troublée. S'il s'agit du bras droit, elle craint de perdre le contrôle de la situation. S'il s'agit des deux bras, elle a perdu le contrôle de ses émotions et de la situation.

Le déséquilibre

Bras croisés, la main droite agrippe le coude gauche et la main gauche enveloppe le biceps droit. Le déséquilibre des prises est une manière d'exprimer gestuellement son manque de conviction. Cette manière particulière de croiser les bras peut également révéler un climat mental frileux face à une proposition ou à un contexte peu motivant.

Échec et mat

Il la reçoit dans cinq minutes. Elle arpente la salle d'attente, stressée. Sera-t-elle à la hauteur ? Pas le choix, ce job, elle le veut. Elle en a besoin. Elle répète mentalement ses arguments. La secrétaire lui fait signe d'entrer. Le directeur l'invite à s'asseoir. Tandis qu'il lui pose ses premières questions, elle s'adosse au dossier de sa chaise, croise les bras et enveloppe ses coudes (voir Figure 8-9).

Figure 8-9 : Envelopper son coude droit ou gauche tout en croisant les bras marque la peur de l'échec.

Le croisement des bras associé à l'enveloppement des coudes est un signe de frilosité au sens large du terme. La peur de l'échec est manifeste. Le coude droit est le siège de la réussite ou de l'échec professionnel et le gauche celui de la réussite ou de l'échec affectif.

Cache-cache

Il faut que la banque m'accorde un prêt. J'ai besoin de cet argent pour lancer mon entreprise. J'explique à mon directeur d'agence les tenants et les aboutissants de mon projet commercial. Il quitte son fauteuil et fait plusieurs fois le tour de son bureau. Tout en marchant, il croise les bras, sa main gauche agrippe son biceps droit et sa main droite se cache sous son biceps gauche, contre sa poitrine. Il réfléchit. Sa mine sévère me fait craindre le pire…

Vigilance pour une main et dissimulation pour l'autre. Le directeur est totalement réfractaire à vos suggestions dans la mesure où la main droite est celle que l'on tend à son interlocuteur quand on est d'accord avec lui. S'il cache sa main gauche, ce sont ses émotions qui sont censurées.

Les plans sur la comète

Elle referme mon book, la mine satisfaite. Assise au fond de son fauteuil, elle croise les bras sur sa poitrine, les mains suspendues aux épaules (voir Figure 8-10). « Votre conception graphique est très intéressante, je pense que nous pouvons faire du très bon boulot ensemble. J'attends de voir vos suggestions pour notre entreprise. Soyez créatif, le poste de directeur de la publicité est encore vacant. »

Figure 8-10 : Selon le contexte, cette posture signale soit un enthousiasme imprudent, soit un geste de séduction.

Le croisement des bras sur la poitrine avec les mains suspendues aux épaules révèle que votre interlocuteur tire parfois des plans sur la comète. S'il prête foi à votre discours, il vous appuiera sans réserve et sans en mesurer les conséquences éventuelles. Attention ! Ce même geste change totalement de signification si on le sort du contexte professionnel. Dans le cadre de la séduction, il s'agit d'une invite sans détour.

Le double croisement

EXEMPLE

Elle aurait mieux fait d'aller se coucher que d'accepter de l'accompagner. Il n'y a que le foot et l'humour bien gras qui les intéressent. Charmante soirée ! Elle a voulu lui faire plaisir. C'est la dernière fois. Blottie au coin du canapé, bras croisés, jambes croisées sur le mode répulsif, droite sur gauche, elle regarde sa montre toutes les cinq minutes (voir Figure 8-11). Mortel ennui. Et dire que ça ne fait qu'une heure qu'ils sont arrivés, ce n'est pas près de se terminer.

Figure 8-11 : Quand vous croisez en même temps les bras et les jambes, vous signifiez que la communication est rompue.

Le croisement parallèle des bras et des jambes en position assise détermine une attitude de surprotection. Il vous arrivera d'adopter cette posture pour vous protéger d'une attaque un peu trop virulente ou pour vous soustraire à une atmosphère hostile ou ennuyeuse. Le double croisement simule une incarcération du mental dans ses préjugés et un refus total de flexibilité. Le sujet s'accroche à son argumentation et toute tentative de le convaincre se heurte souvent à un mur. Il est assis sur ses objections mentales et refusera de transiger, considérant qu'il a raison contre le monde entier. La reproduction du double croisement apparaît souvent dans des débats politiques télévisés. J'ai pu constater qu'il est reproduit en règle générale par des adversaires muets du tribun interrogé par le journaliste. Ils sont assis en retrait, dans le public. Les mimiques de leur visage parlent pour eux.

Il existe quatre cas de double croisement possibles pour chaque sexe, donc huit en tout. Nous les retrouverons dans le chapitre consacré aux jambes croisées.

Les biceps

Symboles de la force mâle, les biceps participent principalement au langage gestuel en tant que figurants de l'attitude des bras croisés. Réactivité, hostilité et apprentissage, tels sont les trois concepts symboliquement représentés par ces deux outils corporels très pratiqués par les culturistes.

La symbolique des biceps

Le biceps gauche est le siège symbolique de l'instinct de survie, son ancrage trahit un recours à cet instinct vital. L'ancrage du biceps gauche de la main droite est un aveu quand il est reproduit avec constance : « Je suis un perdant » serait le sens symbolique de ce geste. Non pas le perdant confronté au gagnant, mais celui qui sabote ses chances de réussite. Le bras gauche sert de bouclier dans l'hypothèse d'un combat au corps à corps. L'immobilisation de cette défense cruciale, identifiée comme telle dans notre patrimoine héréditaire, est par conséquent un véritable sabordage de mécanismes de survie.

Symbole de la force physique chez l'homme, le biceps du bras moteur est aussi le siège logique du dynamisme. Son ancrage répétitif pourrait être symptomatique d'un manque de tonus passager. L'ancrage du biceps droit par la main gauche est une entrave à l'action. Il trahit un manque d'audace : son immobilisation est la traduction d'une agressivité latente.

Le menu des biceps

Les biceps sont mis en jeu à travers leur ancrage, individuellement ou simultanément.

L'ancrage du biceps

Cette posture peut se produire dans n'importe quelles circonstances. L'ancrage du biceps est un signal fort, une demande d'affection massive dans une situation perçue comme étant agressive de manière très souterraine. On le constate plus souvent quand le sujet observé croise les bras dans d'autres circonstances. Les femmes enceintes reproduisent cet ancrage plus souvent que les autres ; les hommes enrobés aussi. Quel est le rapport ? Mis à part le fait qu'ils sont handicapés par leurs rondeurs ou leur poids, je ne saurais le dire.

L'ancrage du biceps gauche de la main droite est un aveu quand il est reproduit avec constance : « Je suis une victime, je suis un perdant » est le sens symbolique de ce geste. Cette interprétation ne tient que dans le cas d'une haute fréquence de ce refrain, évidemment ! Ce qui est remarquable, c'est que dans certaines situations d'échec ponctuelles, un individu est capable de reproduire ce refrain gestuel en continu. Il abandonnera le geste si sa situation évolue.

L'ancrage du biceps droit par la main gauche est une entrave à l'action. Reproduit à satiété, il trahit l'individu immobiliste par vocation. Le biceps droit est un symbole de la force agressive.

Le double ancrage des biceps

L'ancrage du biceps apparaît toujours ou presque dans la posture des bras croisés. Les offensifs (bras droit dominant) reproduisent un ancrage du biceps droit et les défensifs (bras gauche dominant), un ancrage du biceps gauche. Il ne faut pas conclure pour autant. Mais certains individus croisent les bras en reproduisant les deux ancrages, gauche et droit en même temps. Ce double ancrage indique un sentiment de panique et une rigidité comportementale, s'il est reproduit systématiquement.

Les coudes

Au-delà de son rôle de levier articulaire du bras, le coude est le plus souvent un soutien indirect de la tête noyée dans ses pensées. Les coudes en appui renforcent l'indécision au détriment de l'action et de l'esprit d'initiative car ils représentent plutôt les piliers de la pensée que les moteurs de l'action. Ils évoquent le célèbre *Penseur* de Rodin.

Il est à noter, cependant, que la statue qui accueille les visiteurs au musée Rodin comporte une légère erreur gestuelle. En effet, l'artiste a créé sa sculpture en obligeant son modèle à poser le coude droit en appui sur la cuisse gauche (voir Figure 8-12).

Figure 8-12 : Le coude soutient la tête lorsqu'elle est encombrée de pensées.

Cette position incongrue est un geste décalé. Rodin ne pouvait ignorer l'inconfort de la posture, ce qui laisse supposer que le penseur ne pensait pas réellement. Car je vous assure qu'il est impossible de réfléchir dans cette position décalée sans se faire un tour de reins. Le sculpteur le savait mais il a privilégié ce type de croisement pour des raisons artistiques, paraît-il. Il a peut-être voulu exprimer l'indécision de celui qui se sert de ses coudes pour éviter d'agir. Avec un tour de reins à la clef, il me semble impossible de prendre la moindre décision, encore moins de réfléchir efficacement.

Pour en revenir aux coudes en appui, aussi remplie qu'elle puisse être, la tête ne risque pas de se détacher du corps, mais il faut croire qu'elle pourrait tomber symboliquement, si nous ne faisions pas appel régulièrement à nos mains et à nos coudes pour la soutenir. Il va de soi qu'il existe un nombre incalculable de variantes, aussi communes que courantes, d'attitudes corporelles sollicitant les coudes en appui comme support. L'homme cherche à reposer sa tête pour se protéger de l'instabilité de son climat mental. *A priori*, vous reposerez vos coudes sur un support (table, accoudoirs) pour retrouver une stabilité en situation de stress ; *a posteriori*, cette réaction gestuelle trahit un manque de dynamisme.

Quand le cerveau est mis à contribution, la tête s'alourdit et les coudes en appui viennent automatiquement la soutenir dans son effort de concentration ou de réflexion. La capacité de jugement, aussi, a besoin des coudes pour prendre tout le recul indispensable à son bon fonctionnement. Quand vous lisez un mail sur votre écran, vous posez presque automatiquement l'un de vos coudes en appui sur votre bureau. Si vous êtes gaucher du coude, vous n'aurez techniquement aucun souci pour remonter le texte. Si vous êtes droitier du coude, vous utiliserez obligatoirement l'index de la main gauche pour procéder à cette opération, même si la touche de déplacement du curseur se situe à droite du clavier. Toutes ces observations sont rudimentaires et sont surtout visibles dans la plupart des films. Les films sont en effet une école gestuelle extraordinaire et les acteurs des professeurs gestuels émérites qui s'ignorent.

La symbolique des coudes

Pour ce qui est du coude privilégié, il faut choisir entre l'objectivité ou la subjectivité. Les auditeurs subjectifs (coude gauche) traduisent leur écoute en images, ils sont créatifs. Les auditeurs objectifs (coude droit) analysent le discours de l'autre sans se référer à leur imaginaire. Il n'y a pas de créativité sans subjectivité. Le créatif est un individu qui est capable d'imaginer la réalité d'une diversité de points de vue tous virtuels, et apte à les projeter dans le réel. La subjectivité est une forme d'appropriation de la réalité. Le créatif s'approprie un événement et le déplace virtuellement dans un contexte qui lui paraît plus adapté. L'objectivité n'autorise pas ce genre de gymnastique mentale.

Sur le plan de l'écoute, l'objectivité ou la subjectivité dépendent évidemment de l'intervention des aires cérébrales. L'aire gauche commande la partie droite du corps et forcément le coude droit. Le coude droit en tant que support indique donc un mode d'écoute objectif. Le support gauche exprime un mode d'écoute subjectif. Le support de la tête par le coude est un refrain gestuel qui peut être alternatif chez certaines personnes ou invariable chez d'autres. Les introvertis ont tendance à utiliser le coude gauche comme pilier de soutien, les extravertis sont abonnés au coude droit.

Appui gauche

Votre coude gauche est le siège de la pénalisation qui fait suite à l'échec et à celle de son avers, la capacité d'achèvement. L'un ne va pas sans l'autre. Aucune réalisation vitale ne s'accomplit sans un pourcentage significatif d'échecs ou d'actions contre-productives. Si vous voulez réussir dans la vie, commencez par échouer sans vous punir de ces échecs et vous connaîtrez le bonheur de la victoire. Si vous voulez échouer, pénalisez-vous, en vous frappant la poitrine, en vous accusant de tous les maux de la terre ! Ce geste rituel chez les Chiites symbolise un besoin de sacrifice qui n'est qu'une déclinaison de l'échec. Et si vous ressentez une douleur diffuse dans le coude gauche, sachez que vous vous pénalisez de votre dernier échec au lieu d'en tirer une expérience positive. Une douleur atypique au coude gauche peut aussi être prédictive d'un mauvais présage.

Appui droit

Le coude droit étant le siège de la force d'inertie, il était fatal qu'il fût aussi associé au doute et à sa sœur ennemie, la foi. Une foi blessée peut entraîner un trouble fonctionnel du type « tennis-elbow » chez un individu qui n'a jamais touché une raquette de tennis de toute sa vie. L'apparition d'un doute massif chez une personne habituellement confiante génère parfois une douleur profuse et atypique du coude droit. Comme je l'ai évoqué, une douleur ressentie au coude droit peut aussi être prédictive d'un événement déjà inscrit dans les tablettes de l'inconscient.

Selon mes observations, le coude droit est le siège de la force d'inertie. Une douleur atypique à ce coude révèle un refus ou une incapacité d'évoluer. Le coude gauche est le siège des mécanismes de pénalisation. On ne souffre donc jamais de l'un ou de l'autre sans raison.

Le menu des coudes

Examinons les principales postures des coudes.

Le coude pilastre

Le coude pilastre soutient la tête trop pleine d'images ou de pensées parasites. Lorsque les deux coudes deviennent pilastres, la démotivation ou le refus d'accorder une attention soutenue au discours sont affichés sans retenue. En règle générale, le choix du coude pilastre est invariable chez un même sujet.

La vérité subjective est introvertie, elle passe son examen auprès de l'ego avant d'être acceptée. La vérité objective est évidente, pour autant que cette évidence soit reconnue par deux personnes au moins. Le coude de support privilégié peut remplacer l'oreille réceptrice au téléphone sachant que l'oreille gauche correspond à une écoute subjective et l'oreille droite à une écoute objective. Ce qui est subjectif est équivalent à l'introversion, ce qui est objectif est équivalent à l'extraversion, ces modes de transmission associés à l'oreille téléphonique.

Les auditeurs subjectifs traduisent leur écoute en images, ils sont affectifs. Les auditeurs objectifs analysent le discours de l'autre sans se référer à leur imaginaire, ils sont cognitifs.

L'ancrage du coude

EXEMPLE

Jérémie s'est retrouvé un beau jour en dépôt de bilan de sa PMI. Il avait cru pouvoir s'en sortir en obtenant des avances de l'Ursaff mais il n'a pas pu honorer les échéances. Chantal, sa compagne, n'a pas supporté l'idée de devoir s'installer dans un deux pièces-cuisine en attendant le retour des beaux jours. Elle a fait sa valise et elle est retournée vivre chez ses parents.

« Elle avait souvent les bras croisés ces derniers temps, chaque fois qu'on parlait, m'explique Jérémie. Mais elle les croisait bizarrement en protégeant ses coudes, comme si elle avait froid. » (Voir Figure 8-13.)

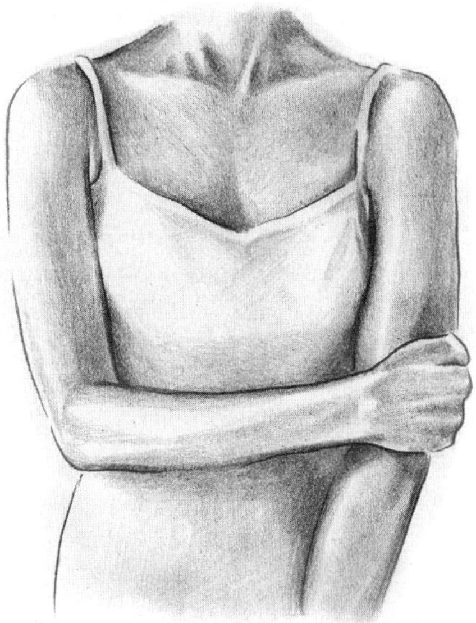

Figure 8-13 : L'ancrage du coude est un signe de malaise : peur de l'avenir, fragilité de la personnalité.

Le coude est une articulation fondamentale du corps humain. Sa fragilisation (hors pathologie articulaire inflammatoire) provient presque toujours d'un trouble d'ordre psychogène. Les charnières principales du corps sont les coudes et les genoux, ils symbolisent l'échec ou le progrès, l'inertie ou le mouvement. Ces charnières corporelles sont d'ailleurs particulièrement sujettes aux fractures, aux déboîtements ou aux luxations diverses.

L'ancrage du coude peut se produire debout : votre interlocuteur vous fait face et accroche son coude gauche de sa main droite ou le coude droit de sa main gauche. L'ancrage d'un ou des deux coudes peut aussi être reproduit quand les bras se croisent. Il indique alors une réaction de frilosité. Mais un ancrage du coude reproduit dans un croisement de bras signifie également que la situation d'échec est perçue de manière prédictive par le reproducteur du geste. Il retient ses coudes en croisant les bras. Il se protège de manière préventive contre la débâcle.

On assiste souvent à l'ancrage de ces charnières dans les réunions professionnelles. Le sujet observé est assis, jambe en équerre, la main gauche ou droite protège le genou. Il craint de se retrouver dans une situation ingérable.

Quand un individu agrippe son coude droit de sa main gauche, il redoute un échec scolaire ou professionnel. Par-derrière ou par-devant, l'ancrage de la main gauche sur le coude droit est un geste symbolique de réassurance dans un contexte d'échec. Les personnes qui reproduisent cette attitude régulièrement n'ont pas envie de jouer les entrepreneurs, ni les aventuriers pour affronter la nouveauté ou les turbulences professionnelles : elles privilégient l'inertie à l'action, la routine à l'aventure.

Si votre interlocuteur agrippe son coude gauche de sa main droite, cela peut être le signe d'un échec affectif redouté ou confirmé, surtout si le geste est reproduit face à d'autres personnes par-devant. S'il est reproduit en solitaire et par-derrière, cela indique un sentiment de solitude affective. De toute façon, quand la main droite retient le coude gauche, cet ancrage est une manière de réconfort ou parfois un appel du pied de la part d'une personne esseulée. Tout dépend du contexte, comme d'habitude!

Les deux coudes emmaillotés

Les coudes enveloppés, bras croisés sont une variante révélatrice d'un sentiment d'échec annoncé (voir Figure 8-14).

Figure 8-14 : Les coudes enveloppés, bras croisés sont une variante révélatrice d'un sentiment d'échec annoncé.

Les deux coudes emmaillotés présagent d'un échec. Une reproduction fréquente de ce double ancrage peut indiquer un symptôme névrotique.

Les avant-bras

Être privé d'une satisfaction, légitime ou non, ressentir l'absence d'un objet désiré, rencontrer un obstacle insurmontable dans la réalisation d'un projet, chacune de ces situations génère un sentiment de frustration auquel nous avons tous goûté un jour. Le niveau de résistance à la frustration est une qualité qui s'acquiert avec l'éducation ou en fonction du milieu social dans lequel vous avez grandi. On pourrait supposer que les enfants de milieux aisés ont généralement un degré de résistance plus faible à la frustration que des enfants issus des classes défavorisées. Ce qui serait somme toute logique. Encore que…

La résistance à la frustration est fluctuante et fonction du vécu individuel. Si vous travaillez dans un secteur d'activité pour des raisons alimentaires, votre degré de résistance à la frustration sera moins élevé que si vous avez décidé de vivre de votre vocation ou votre passion.

Avec quel avant-bras se protège-t-on ?

Une expérience réalisée dans une université américaine a permis de constater que celui qui se protège instinctivement de son bras moteur, en cas d'agression physique, est un individu qui refuse le combat, donc un sujet passif ou soumis, davantage attiré par les aspects oniriques de son vécu que par la réalité qu'il est obligé de supporter. Le test est facile à réaliser. Il consiste à prévenir un sujet qu'on va faire semblant de le frapper au visage et qu'il doit se protéger avec son bras (ne pas préciser lequel !). S'il lève instinctivement le bras droit (moteur) pour protéger son visage, vous saurez immédiatement que vous avez affaire à un sujet sous influence et dont le degré de soumission devrait vous apparaître rapidement. S'il lève le bras gauche (non moteur) pour assurer la protection de son visage, vous faites face à un battant qui risque de vous renvoyer dans vos filets. Il sera plus combatif et difficile à influencer. Les enfants qui protègent leur tête des deux avant-bras peuvent être assimilés aux avant-bras droits influençables. Si vous êtes instituteur et que vous souhaitiez répéter cette expérience en classe, je vous préviens que l'enfant assis à droite du banc lèvera plus facilement le bras droit pour se protéger. C'est une question de configuration topographique. L'enfant testé doit être face à son « agresseur » sans entrave de séparation pour que le test soit valide. N'oubliez jamais de prendre en compte la latéralité du sujet. Pour les gauchers, il faut inverser les données. Et s'il lève les deux bras pour se protéger ? Vous saurez que vous avez affaire à un enfant battu.

La symbolique des avant-bras

Siège symbolique des moyens défensifs naturels, de la méfiance et de la prévention, l'avant-bras gauche du droitier est son bouclier. C'est en effet celui qui protège instinctivement le visage ou le crâne en cas d'agression physique. Pourquoi le gauche et non le droit ? Sans doute parce que le bras gauche dépend du cerveau droit, donc par voie d'extension de l'image maternelle (symbole de sécurité absolue). L'avant-bras gauche est le siège de la résistance à la frustration.

Comme le signale fort judicieusement Boris Cyrulnik, les individus superstitieux ont un sentiment de contrôle faible sur leur existence et le cours de leur vie. Les avant-bras, la partie comprise entre le poignet et le coude, jouent un rôle important dans les positions assises nécessitant un appui naturel sur les cuisses ou sur un support externe en remplacement du coude. L'avant-bras droit est l'un des sièges symboliques de la suggestibilité et de la superstition.

Le menu des avant-bras

La gestuelle des avant-bras est variée.

Main gauche sur l'avant-bras droit sans ancrage

Signe d'apaisement, votre main gauche fait mine de retenir votre avant-bras droit. L'inconscient individuel interprète chaque geste de manière binaire : attaque ou fuite, réduction ou séduction, ouverture ou fermeture, etc.

Main droite sur l'avant-bras gauche sans ancrage

Siège symbolique des moyens défensifs naturels du corps, l'avant-bras gauche du droitier est son bouclier. Ce code gestuel courant révèle que votre interlocuteur se méfie de vous et prépare déjà sa défense avant même que vous n'ayez ouvert les hostilités.

L'avant-bras complice

Les politiciens qui s'expriment à la tribune posent souvent leur avant-bras gauche sur le lutrin pour se confier à leurs militants. Leur corps penche à gauche, côté cœur. Ils sont parfaitement inconscients de l'efficacité balistique de cette attitude et pourtant, tous les grands tribuns la reproduisent au moment *ad hoc*, comme s'ils s'étaient donné le mot. Paradoxalement, cette posture alimente leur combativité. La dépose de l'avant-bras droit ne délivre pas le même message sur le plan de la connivence avec le public. Il faut se souvenir que l'avant-bras droit fait partie du bras moteur, donc de ce bras qui sert à agir. Son immobilisation est un aveu de passivité. L'immobilisation de l'avant-bras gauche délivre un message différent. Cet avant-bras est le bouclier symbolique de protection du visage, sa désactivation est un aveu de confiance et d'apaisement adressé au public (voir Figure 8-15).

Figure 8-15 : En posant l'avant-bras gauche, vous soutenez votre combativité. Si c'est l'avant-bras droit, vous affichez une certaine passivité.

Conclusion : quand un politicien droitier pose systématiquement son avant-bras droit sur le lutrin pour établir une complicité avec son auditoire, il trahit son inertie politique.

Les tueurs

L'avant-bras est replié sur le bras, main à hauteur de l'épaule, le coude repose sur le dos de la main (voir Figure 8-16).

Figure 8-16 : La posture du tueur apparaît dans les entreprises de séduction.

La main opposée tient le coude du bras qui sert de support. Ce dernier détail est essentiel. Les coudes sont les sièges du sentiment d'échec. Le personnage qui reproduit ce type de geste est un individu qui craint l'échec de ses entreprises. Cette attitude est fortement prisée par les petits Machiavel. Certains individus, homme ou femme, en situation de parade amoureuse, sont susceptibles d'adopter cette posture. Généralement, ils ne soutiennent pas leur coude mais le posent en appui sur l'accoudoir du fauteuil. Ils évaluent leurs chances en cherchant activement un moyen de tirer la situation à leur avantage. Quand ils sont en situation de séduction, cette race de tueurs ne peut jamais se départir de cette gestuelle particulière qui est sa marque de fabrique. Les mimiques du visage d'un tueur sont généralement explicites. Ils donnent l'impression de maîtriser la situation, même et surtout quand ils ne maîtrisent rien du tout. Cette attitude influence parfois leur cible, impressionnée par l'assurance qu'ils affichent. À ce propos, quand votre interlocuteur vous paraît très ou trop sûr de lui, prenez toujours le contre-pied de ce que son attitude globale suggère.

La croix

Si vos avant-bras sont croisés sur la table ou sur un support quelconque, il s'agit d'une attitude de fausse désinvolture. Je vous rappelle que les avant-bras sont des outils de défense du buste au sens strict du terme. Ce sont aussi les boucliers naturels de votre visage et de la tête. En les superposant hors contexte de violence, vous anticipez une hostilité larvée ou vous subissez une hostilité verbale. Le fait de les croiser dans le contexte d'un entretien n'augure en général pas d'une atmosphère aussi détendue que vous pourriez le supposer. Vous vous préparez à contrer une attaque verbale virtuelle ou vous subissez des arguments contre lesquels vous vous sentez impuissant.

L'ancrage des avant-bras

Selon certains spécialistes, l'ancrage des avant-bras signalerait une attitude de refus. La partie gauche du corps commandant aux émotions, la main droite retient l'avant-bras gauche ou protège la partie gauche du corps contre ses propres désirs. Une reproduction abusive de cette attitude désigne un individu qui vit sous la contrainte d'un entourage ou d'un contexte qui l'insécurise. C'est aussi un geste dit « pare-chocs », selon l'expression consacrée par Desmond Morris. Il s'agit d'un refrain gestuel alternatif qui peut se transformer en refrain invariable, à la faveur d'un trouble psychologique.

Les alternatives

Si la main droite agrippe l'avant-bras gauche, la main entre en contact avec le siège symbolique de la résistance à la frustration (avant-bras gauche). La sympathie s'exprime par une immobilisation du bouclier.

Si la main gauche agrippe l'avant-bras droit, la main bloque le siège de la superstition, le cerveau cognitif est dérouté par un raz de marée émotif qu'il tente de contenir symboliquement en reproduisant cet ancrage. L'hyperémotivité du sujet devrait se voir à l'œil nu. Cet ancrage gestuel indique également une fragilité de sa résistance à la frustration, d'où une baisse de régime sur le plan intellectuel. Ceci explique pourquoi votre interlocuteur prêtera foi à toutes les superstitions ou tous les préjugés, devenant du même coup hautement influençable.

Le double ancrage des avant-bras

L'avant-bras droit est aussi l'un des sièges symboliques de la communication interpersonnelle. Autrefois, les Romains se serraient mutuellement l'avant-bras droit en guise de poignée de main. Le double ancrage des avant-bras est un refuge symbolique. Il est la marque d'un individu nostalgique, voire carrément passéiste et totalement anachronique qui donne l'impression de s'être trompé d'époque. Le présent l'insécurise, il se réfugie dans le passé. Les ancrages de l'avant-bras sont souvent alternatifs.

Les poignets

Les poignets pris ensemble symbolisent les sentiments d'insécurité ou de sécurité. Des douleurs atypiques aux poignets, des rhumatismes ou une fragilité articulaire de ceux-ci pourraient indiquer que vous vivez une période d'insécurité.

La symbolique des poignets

Le poignet droit est le siège de l'audace avec comme corollaire une conduite impulsive.

Le poignet gauche est le siège de la prudence avec comme corollaire une perturbation des mécanismes de décision et une bonne dose de fatalisme.

L'ancrage du poignet droit trahit un caractère impulsif.

A contrario, la prise du poignet gauche par la main droite peut trahir un doute colossal qui envahit soudainement votre esprit dérouté (voir Figure 8-17).

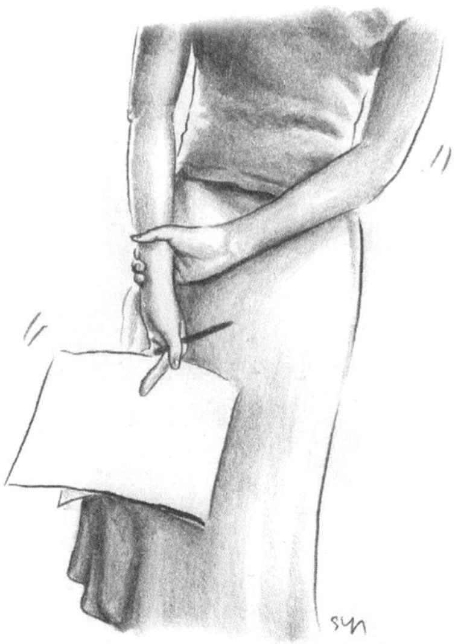

Figure 8-17 : L'ancrage du poignet gauche trahit généralement le doute.

Le signal est gros comme une maison mais vous l'ignorez. L'autre est tellement persuasif que vous refoulez vos doutes. Et vous avez mille et une fois tort de ne pas écouter votre corps. Car votre interlocuteur vous manipule et vous êtes le dernier à vous en douter.

Il peut arriver que pour une raison ou une autre, vous alterniez votre ancrage du poignet : votre main droite s'empare du poignet gauche (indécision), contrairement à ce que vous faites habituellement (ancrage du poignet droit par la main gauche). Votre inconscient vous a peut-être signalé ainsi que vous deviez attendre avant de vous décider, vous évitant de commettre une erreur.

Le menu des poignets

Réflexe gestuel, l'ancrage du poignet dans le dos est une attitude de détente du dos. Quand les militaires sont au repos, c'est l'attitude qu'ils adoptent obligatoirement. Cependant, la main qui domine est souvent identique. Ce code gestuel réflexe est considéré comme invariable quand il est reproduit instinctivement.

La main gauche retient le poignet droit

L'impulsivité est un mode de comportement dominé par l'émotion du moment et un zeste d'indiscipline. C'est l'homme ou la femme des coups de foudre ou des coups de cœur. Confronté à l'insécurité, la réaction de l'impulsif est imprévisible, son sens de l'improvisation le sauve souvent du KO final. Il refusera de suivre le plus grand nombre contre toute attente, n'écoutant que son instinct de survie. L'impulsif n'est jamais grégaire, il est parfois irréfléchi, s'emporte facilement quand on le contrarie, mais il est aussi spontané et fougueux quand il est passionné. C'est également un indécis qui jette sa gourme dans la fosse aux lions. Ses mécanismes de décision sont perturbés par l'incapacité de prendre un recul suffisant pour analyser les avantages ou les inconvénients d'une opportunité, par exemple. Tous les consommateurs indécis sont des acheteurs impulsifs, par définition.

La main droite retient le poignet gauche

Le prudent a tendance à réagir par la prostration à l'insécurité. Il peut être aussi grégaire et suivre le mouvement imposé par la majorité. Souvent aussi calme en apparence que pondéré ou réfléchi, méthodique ou réaliste, il éprouve le besoin de mettre de l'ordre dans les informations qui lui parviennent avant de pouvoir réagir. Le poignet gauche est justement le siège symbolique de la prudence et du fatalisme. Le prudent évite comme de juste de prendre des décisions à l'emporte-pièce. Cet ancrage trahit aussi le compulsif.

Les menottes

EXEMPLE

Je suis en train de négocier un ouvrage chez un nouvel éditeur. L'affaire se passe dans un autrefois que je préfère oublier. Il est prêt à me signer un contrat avec une avance dérisoire, ce qui en soi est déjà mauvais signe. Et quand je dis dérisoire, c'est encore pire. Imaginez : 750 € à réception d'un manuscrit de 250 pages. Trois mois de travail pour une queue sans cerise au bout. J'ai les menottes aux poignets (voir Figure 8-18) mais je signe bêtement pour un bouquin qui sera pilonné sans son auteur. Un de mes mauvais bouquins ! J'en ai commis quelques-uns, comme tout écrivain qui se respecte.

Figure 8-18 : Les poignets menottés signalent que la situation est sans issue.

Quel est le message prédictif des poignets menottés ? Ils annoncent une frustration par rapport au résultat espéré. Les poignets menottés interviennent aussi quand votre interlocuteur se vante de détenir toutes les cartes dans son jeu. Il a les mains liées sous vos yeux, mais peu d'interlocuteurs constatent ce geste qui ressemble à une attitude de détente. Il dément gestuellement ses propos.

Chapitre 9

Les mains

Dans ce chapitre :

- Le langage des mains
- La danse des mains
- La dynamique manuelle
- Les paumes

De toutes les parties du corps humain, ce sont peut-être les mains les plus actives. On estime que, durant une existence, les doigts se plient au minimum 25 millions de fois. En tant que pièce de machinerie, les mains sont quasiment parfaites. Elles peuvent atteindre toutes les parties anatomiques du corps humain, ou presque. Outils extraordinaires, leur mobilité, l'angle de rotation des bras, la longueur des doigts et leur capacité de préhension en font un outil adaptatif presque parfait. Leurs fonctions primaires : explorer et créer. Parmi leurs fonctions secondaires, on situe aussi leur emploi de piédestal du visage ou de la tête trop lourde de ses pensées, ainsi et surtout que celui de décor implicite du langage verbal (voir Figure 9-1).

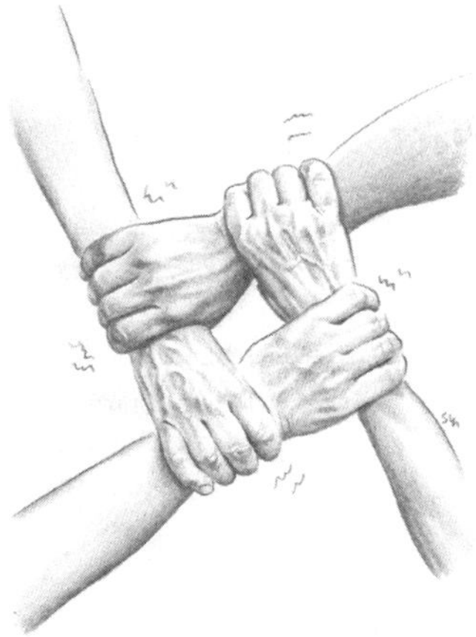

Figure 9-1 : Les mains sont le moteur de l'intelligence et les acteurs de toute communication.

La symbolique manuelle

Les scientifiques ont établi qu'il existe plus de connexions nerveuses entre le cerveau et la main qu'avec toute autre partie du corps. Nos gestes manuels sont donc les meilleurs reflets des états émotionnels que nous traversons. Et comme nous tenons souvent les mains devant nous, leurs signaux sont très visibles. Les gestes de la main accompagnent les paroles et renforcent l'impact de la communication. Ils captent l'attention de ceux qui écoutent et les aident à mémoriser ce qui est dit.

Parler avec ses deux mains, en appui du discours, est un mode séducteur parfaitement pédagogique. Cette facilité gestuelle n'est pas courante. La plupart des débatteurs politiques ont recours aux ancrages manuels (doigts croisés) ou à leurs index. Certains utilisent une main privilégiée et posent l'autre sur un support. Je ne fais pas exception à la règle, pour ceux qui m'ont vu à la télévision ou sur le Net.

Le langage des mains est essentiel pour soutenir le discours. Trop de gens tentent de contrôler cette expression gestuelle en figeant leurs mains sur un point d'appui ou en les cachant sous la table. D'autres privilégient la main droite au détriment de la gauche ou vice versa. Les derniers agitent la tête pour compenser inconsciemment l'inertie de leurs mains. Ce faisant, ils se privent d'un mode de communication non verbal essentiel. Cependant, il faut admettre que la mise en mouvement des deux mains n'est pas aussi simple qu'il y paraît. Face à la caméra, les mains se glacent chez certains « traqueurs » et la tête se dévisse. Ils donnent l'impression d'être figés alors qu'ils voudraient se comporter normalement. Impossible ! Le syndrome cathodique modifie l'image publique de ceux qui ne sont pas habitués à s'exprimer sous l'œil de la caméra. Leur gestuelle s'appauvrit et ils deviennent moins convaincants qu'ils ne le seraient en temps normal. Les animateurs le savent et en profitent pour voler la lumière qui reviendrait normalement à l'invité.

L'authenticité du langage des mains

La censure exercée par le cerveau cognitif (cerveau gauche) génère une expression manuelle exclusive de la main droite avec comme conséquence une psychorigidité du mode de communication et une déperdition du pouvoir d'influence. Idem en ce qui concernerait une censure du cerveau affectif avec une expression manuelle de la main gauche. La dissimulation des mains sous la table correspond à un mode de défense. Le sujet craint les réactions de son interlocuteur. Cacher ses mains, c'est aussi cacher sa pensée ou travestir ses propos pour éviter de se brûler l'esprit au contact de la vérité. Les mains sont une source de vérité qui embarrasse tous les menteurs.

Le sémaphore du discours verbal

Les mains résument le climat mental du locuteur sans se préoccuper de la nature de ses prises de position verbale. Ce que dit la bouche est une chose, ce qu'expriment les mains en est une autre. Trahison corporelle? L'esprit et le corps ne partagent pas toujours le même point de vue. La manière dont les mains chorégraphient leur rôle est à la fois un code d'intention et un refrain gestuel. En tant que code d'intention ponctuel, elles suivent généralement le discours et lui servent d'appui. Nul ne peut communiquer ses émotions sans le concours de ses mains. Et sans émotion, la communication devient insignifiante.

Chaque main interroge le cerveau avant de passer à l'action. La main droite demande « pourquoi ? », la main gauche demande « comment ? ». Pourquoi faut-il faire cela ? Comment le fait-on ? On attribue la formule suivante à Kant : « La main est le cerveau extérieur de l'homme. » Je cite Jean-Didier Vincent : « Cette main avec son pouce opposable aux autres doigts est l'indispensable compagne dans l'évolution du néocortex (nouveau cerveau) de l'homme. » Et selon A. Philonenko : « C'est à l'intérieur de celui-ci que s'entrelacent le pourquoi et le comment... »

Les moteurs du discours

Celui qui parle n'est pas toujours celui qui sait. S'il utilise ses deux mains en appui de son discours, il sait. Si ses mains restent scotchées, il parle.

N'oubliez jamais que le ballet des mains est toujours une ouverture en matière de communication. Le remplacement des mains par les mouvements de la tête indique une attitude de fuite simulée. Vous constaterez d'ailleurs que nombre de personnes agitent le chef en parlant, quand elles sont placées en situation de stress et/ou de frustration. Dans les accès de colère sourde, l'agitation de la tête se généralise au détriment de l'usage des mains. Mais il existe des individus qui n'utilisent jamais leurs mains et qui expriment leurs émotions de manière quasi exclusive par l'agitation de la tête.

Main droite/main gauche

La main droite est l'équivalent du cerveau gauche, celui qu'on dit cognitif. La main droite dynamique est la main du stress, celle qui agit, un outil efficace et pragmatique programmé pour accomplir des milliers de tâches sans participation intellectuelle. Elle est le siège de l'esprit d'initiative. L'homme qui soutient son discours de la main droite, soit une main droite dynamique, signale un individu identifié à l'autorité paternelle. Il se comportera de manière directive et axera sa communication sur le mode stratégique. Accrocheur, tenace, agressif et directif, il essayera toujours d'avoir le dernier mot. Plus tendu et parfois hypertendu, c'est un théoricien davantage qu'un praticien.

La main gauche. C'est la main toujours prête à donner un coup de main à la droite, en cas de besoin. Mais cette main-là est moins spécialisée, c'est aussi la main de la tendresse, de la caresse, de la sérénité. Une main gauche en action est celle d'un individu qui agira en autodidacte. La main gauche dynamique indique un individu identifié à l'image maternelle.

Apprenez à décrypter vos propres réactions corporelles avant de chasser celles des autres. Et ôtez la main de votre bouche quand vous lisez ce livre! La main du temps, la main droite du droitier, mesure le temps qui passe. Quand elle cache la bouche, elle entrave l'intelligence rationnelle. La main de l'espace, la main gauche du droitier, évalue l'espace utile et nécessaire. Quand elle couvre la bouche, elle solde l'efficacité de l'intelligence émotionnelle dite aussi créative.

Le menu des mains

Virevoltantes, caressantes ou fermement serrées, les mains ont un langage qui évoque une danse et trahit la personnalité de leur propriétaire. Ainsi :

- **Le censeur dresse ses mains en opposition, les paumes face à face.** Les mains représentent les limites qu'il s'impose. Il se conduit toujours comme le garde-frontière de vos succès.
- **Le consensuel est abonné aux mains centrifuges.** Ce sont des mains qui tendent à s'écarter du corps du locuteur. Elles appartiennent aux codes gratifiants pour l'image publique.
- **Le dépressif chronique serre les poings symboliquement quand son destin lui est contraire, ou quand il veut réveiller son courage défaillant.** Si tous ceux qui serrent les poings étaient des combatifs, le PIB (produit intérieur brut) de la France serait créditeur. Les poings serrés sont aussi signe de force, de violence et d'agressivité.
- **L'égoïste privilégie les mains centripètes.** Les mains reviennent systématiquement vers le corps du locuteur.
- **L'indécis polarise le discours de ses mains.** Elles sautent de droite à gauche ou de gauche à droite avec une constance exaspérante. On dirait qu'il peine à choisir son camp.
- **L'oblatif s'exprime souvent avec les mains en supination.** Les paumes sont dirigées vers le haut : ce sont les mains en offrande. Elles illustrent une ouverture d'esprit.
- **L'obsessionnel possède des mains compulsives qui sont une dépense d'énergie permanente.** Elles reposent l'une sur l'autre *a priori* mais s'écartent dans un mouvement d'ouverture à intervalles réguliers avant de revenir systématiquement à la case départ, comme des portes battantes.

- **Le possessif referme toujours ses doigts.** Ses mains n'ont rien à offrir mais tout à prendre. Attention ! Il ne faut pas confondre les mains fermées et les poings serrés.
- **Le psychorigide présente des doigts tendus et collés.** Les mains dévoilent un individu nourri de ses préjugés.
- **Le révisionniste pose plutôt les mains en pronation.** Les paumes sont dirigées vers le bas : ce sont les mains réductrices. Le mode de la pronation peut apparaître ponctuellement quand il faut calmer le jeu.
- **Le séducteur offre des mains ouvertes et des doigts déliés** qui s'expriment en toute liberté au rythme des propos.

Le bâillon

La dissimulation de la bouche est l'un des gestes de la main les plus courants.

Pourquoi met-on généralement sa main devant sa bouche pour lire le texte d'un courrier que l'on vient de taper sur l'écran de l'ordinateur ? La dissimulation de la bouche de la main gauche ou de la main droite est une manière symbolique de s'interdire la parole.

La bouche bâillonnée est un geste si courant que personne ne peut imaginer ce qu'il signifie réellement. Selon Desmond Morris, ce n'est pas un bâillon destiné à empêcher la bouche de parler. Il explique dans *La Magie du corps* que l'« on peut aussi se couvrir la bouche pendant une conversation. Une personne peut porter la main à la bouche pour la dissimuler en partie (quand elle rit ou qu'elle bâille, par exemple) et même parfois l'y laisser tout en continuant à parler ». Il s'agit, selon Morris, d'une tentative d'étouffement tant au propre qu'au figuré, se produisant quand on cherche à cacher quelque chose à son interlocuteur. C'est un signal secret d'ambiguïté ou de duperie. La main se porte à la bouche comme pour étouffer les paroles qui pourraient en sortir.

Desmond Morris omet de signaler les autres contextes déjà évoqués où la main se porte instinctivement à la bouche.

Quand vous écoutez

La main sur la bouche est un signal d'attention soutenue bien plus qu'un signal de duperie ou d'ambiguïté, dans ce cas précis. La bouche reçoit gestuellement l'ordre de se taire pour que l'intellect puisse analyser les propos du locuteur ou pour que l'imaginaire puisse s'en imprégner. Cependant, Desmond Morris n'a pas quand il parle de duperie ou d'ambiguïté, sauf qu'il oublie de situer la latéralité de ces deux critères.

La main gauche peut trahir le tempérament simulateur ou un individu susceptible de tricher le cas échéant (la duperie).

La main droite révélerait un individu qui a l'habitude de se censurer ou de se contrôler en société.

Quand vous lisez

Ici, il s'agit clairement de rassembler les neurones partis à la récré. La main gauche révélera un besoin de faire appel à l'inspiration. La main droite, à la réflexion.

Quand vous êtes surpris

Parce que la brutalité d'une nouvelle grave, d'une information ou d'une récompense inattendue perturbe avec violence les émotions d'un individu, il s'empêche symboliquement de crier sa peine ou sa joie. C'est généralement la main gauche du droitier qui se porte spontanément à la bouche. C'est d'ailleurs à ce niveau qu'on piège les mauvais comédiens qui portent leur main droite à la bouche pour simuler la surprise. Pourquoi la main gauche ? Parce qu'il faut conserver à la main droite offensive la capacité de réagir.

Quand vous cherchez à dissimuler votre ironie

C'est le propre des personnages qui font appel à leurs mains pour cacher leurs éclats de rire.

La main droite trahit une honte ou une gêne. Beaucoup d'enfants font appel à leur main droite pour dissimuler leur bouche. En grandissant, la plupart abandonnent cette protection. Ceux qui la conservent révèlent leur degré de puérilité.

La main gauche indique un droitier indécis qui fait semblant de jouer les décideurs en se moquant de son interlocuteur sur lequel il projette ses lacunes. À ce propos, Céline Dion (droitière) rit de bon cœur en cachant sa bouche de sa main gauche et en se tapant la cuisse de la main droite. Nulle trace d'ironie dans cette attitude mais Céline est un clown qui aime se moquer d'elle-même, l'ironie si on admet qu'elle existe, est donc autodérisoire.

La barbe du prophète

Il pose son menton dans l'ouverture de son poing droit. Le poing préfigure une barbichette (voir Figure 9-2).

Figure 9-2 : La barbe du prophète, signe visible du doute.

Ce geste indique que le prophète en question affichera sa perplexité et tournera autour du pot, dès qu'on lui demandera d'aller droit au but. Il sera donc plus castrateur qu'indécis. Les prophètes gestuels sont des enquiquineurs qui prennent leur pied en « croche-pattant » celui de leur interlocuteur. Le geste est plus souvent caricatural que charismatique. Il est l'un des gestes phares du doute.

D'autres danses manuelles

La gestuelle manuelle est inépuisable ou presque. Après les chorégraphies les plus courantes, voyons maintenant d'autres gestes signifiants.

Les mains qui se cachent

« Il cachait ses mains sous la table tout en essayant de me convaincre de signer le contrat d'édition qu'il me proposait. J'avais très envie de souscrire à son désir mais j'ignorais alors la signification des mains dissimulées sous la table. Je faisais mes débuts dans le métier d'écrivain, trop submergé par mon enthousiasme pour surveiller la gestuelle de mon premier éditeur. J'ai signé mon premier livre, je l'ai écrit et j'ai remis le manuscrit à un repreneur car le précédent venait de déposer le bilan. J'ai eu de la chance car la faillite prononcée du premier aurait pu représenter le chant du cygne d'une carrière avortée. »

Le supérieur hiérarchique qui dissimule ses mains sous son bureau n'est pas forcément ouvert aux propositions de son subalterne, même s'il affirme le contraire en toute mauvaise foi. Pourquoi ? On dissimule généralement ses mains quand on veut rhabiller le mensonge pour faire plus vrai que vrai. Celui qui agit de la sorte ne dit jamais ce qu'il pense, ou ne pense pas ce qu'il dit. Inconsciemment, il interdit à ses mains de confirmer ou d'infirmer son discours. Celui qui se balade avec les mains dans les poches tout en bavardant avec un interlocuteur est souvent un simulateur, voire un fieffé menteur. La sincérité a toujours besoin des mains nues pour s'exprimer sans retenue.

Nombre d'étudiants éprouvent le besoin de cacher leurs mains sous la table quand ils sont confrontés à une inquisition de leurs (in)compétences. Ils simulent la connaissance mais dissimulent les seuls outils (leurs mains) qui permettraient à leur mémoire ou à leur inspiration de les sauver d'un repêchage.

On cache toujours la même main sous la table en situation d'exception. La gauche quand on est en panne d'inspiration, la droite quand on est face à un interlocuteur qui détient le pouvoir. Les deux quand on nage dans la mélasse. Il ne s'agit donc pas d'un tic mais d'une réaction de protection inadéquate. Les menteurs (imposteurs, charlatans, etc.) se trahissent de cette manière. En revanche, les mains se dissimulent souvent pour ne pas rougir des gros mensonges que l'on sert à son interlocuteur. Il s'agit d'une attitude relique héritée de l'enfance. Vous avez déjà remarqué que les enfants cachent leurs mains quand ils se sont emparés d'un objet interdit, n'est-ce pas ? Le mensonge est un « objet interdit », lui aussi.

La calotte

La main de votre interlocuteur couvre son vertex (le sommet du crâne), coude en appui sur la table derrière laquelle il s'est réfugié (voir Figure 9-3). Le vertex est le siège de l'âme humaine pour toutes les religions. Quelle que soit la croyance, la bénédiction naturelle passe par une imposition des mains de l'un sur la tête de l'autre.

La main gauche en calotte sur le sommet du crâne est un geste prédictif plutôt encourageant. Il indique une souplesse émotionnelle et/ou intellectuelle de la part de votre interlocuteur.

La main droite en calotte montre qu'il tente de remettre de l'ordre sans ses idées.

Figure 9-3 : La main gauche en calotte qualifie positivement votre interlocuteur.

Les mains centrifuges

Les mains centrifuges sont des mains qui tendent à s'écarter du corps du locuteur. Elles sont dirigées vers l'interlocuteur. Elles appartiennent aux codes gratifiants pour l'image publique. Les sujets qui ont du mal à gérer leur espace vital évitent les mains centrifuges et s'adressent à leur interlocuteur en ayant recours aux mains centripètes.

Les mains centripètes

Le P-DG utilise ses deux mains paumes tournées vers lui tandis qu'il tente de convaincre ses employés. Les uns bâillent discrètement, d'autres se lancent des regards entendus. Ses troupes ne l'apprécient guère. Il faut dire qu'il se comporte comme un satrape.

Cet homme est un patron exclusif, jaloux de ses prérogatives, mesquin et dont la générosité frôle le zéro absolu. Il aura toujours raison, même et surtout quand il a tort. Tout lui revient et il laissera les miettes du repas à ceux qui lui ont donné leur confiance. Les mains reviennent systématiquement vers le corps du locuteur. Le mode de communication est égocentrique. Le sujet se désigne régulièrement des deux mains sans rapport avec le contenu du discours. Ce mode gestuel trahit aussi un individu victime de ses devoirs et non acteur de ses entreprises. Ce qui sous-entend qu'il refusera de porter la responsabilité de ses échecs et encore moins celle des vôtres.

Les mains compulsives

Elles reposent l'une sur l'autre *a priori* mais s'écartent dans un mouvement d'ouverture à intervalles réguliers avant de revenir systématiquement à la case départ.

C'est un geste qui ponctue le discours verbal. Les mains tentent de s'exprimer mais sont rappelées à l'ordre chaque fois qu'elles quittent les starting-blocks. Ce refrain peut révéler un trouble obsessionnel et compulsif dit TOC. La situation du locuteur le met mal à l'aise, il ne maîtrise pas les événements. Les mains compulsives sont comme des portes battantes qui s'ouvrent et se referment constamment pour laisser passer les mots.

Les mains du Coran

Il lit dans ses mains comme un musulman qu'il n'est pas, geste qu'il reproduit régulièrement en alternance avec les mains jointes en prière (voir Figure 9-4).

Figure 9-4 : Les mains jointes comme pour une lecture du Coran donnent une image de sincérité au personnage.

Le geste est habile car il donne une image de sincérité au personnage. Les paumes préfigurent la vérité qu'il cherche à faire passer. « Je crois, dit-il les mains en lecture, qu'il faut revoir notre position dans cette affaire. »

La main en cornet

Il consulte ses notes et m'écoute, la main en cornet, doigts repliés contre la bouche (voir Figure 9-5).

Cette position désigne un individu avec les doigts repliés contre la bouche. On dirait qu'il réprime un rot, qu'il cherche à en finir avec son interlocuteur et que le renvoi simulé lui est adressé.

Figure 9-5 : La main en cornet est un signe de rejet.

Cette attitude est courante chez les hommes qui jouent de leur influence. La main en cornet préfigure le réceptacle des objections qu'ils n'exprimeront jamais pour s'éviter une perte de temps inutile et un débat qu'ils considèrent comme stérile, une sorte d'entonnoir destiné à empêcher les pensées de se verbaliser. Le geste trahit une hostilité authentique et parfaitement prédictive.

La main droite en cornet est le signe d'un mental critique plutôt négatif. Un sceptique pur porc. Cette latéralité exprime un doute sérieux quant à la conduite à tenir. C'est un signal gestuel préconscient qui annonce souvent des ennuis ou une fin de non-recevoir pour le solliciteur. La main gauche en cornet est la traduction gestuelle d'une antipathie non déclarée de la part de celui qui reproduit le geste.

Les mains dans le dos

Les mains derrière le dos traduisent généralement un sentiment de désœuvrement. Détente ou passivité ! Mais le détail le plus intéressant dans cette posture, c'est qu'elle devient un refrain gestuel invariable quand on constate que la main gauche tient le poignet droit ou l'inverse. Si vous testez ce geste vous remarquerez très vite si vous êtes plutôt poignet gauche ou plutôt poignet droit. Question de confort ! Je vous renvoie au poignet pour en savoir plus.

Quand les mains s'abritent derrière le dos, cela signifie que l'activité cérébrale fonctionne *a minima*. Pas de réflexion structurée, mais une attitude mentale passive ou contemplative.

Le dos des mains

En psycho-anatomie, tout est une question d'observation et de contexte. Je regarde un grand fantaisiste et je m'imprègne de son jeu de scène et des gestes qui l'accompagnent. Et puis, je constate ce « grattouillage » du dos de la main gauche chez un humoriste en *stand up* dont je sais qu'il improvise en fonction des réactions du public. Une fois, deux fois, dix fois ! À force, je finis par classer le geste dans un coin de ma mémoire.

Ainsi le dos de la main gauche est-il le siège du sens de l'improvisation. L'improvisation est une expression sauvage de la liberté créative, voire une forme de délinquance des idées dont l'objectif consiste à secouer l'ordre établi. Elle est aussi instinctuelle que l'instinct de survie qui préside à sa maîtrise. Les tacticiens sont de grands improvisateurs, les malicieux aussi. Ce qui me donne à penser que le sens de l'improvisation est une qualité très proche de l'intelligence pragmatique du renard de la fable.

Bien plus que la main gauche, le dos de la main droite est le siège de la malice. J'ai souvent observé de vieux politiciens qui se grattaient le dos de la main droite avant de répondre à leurs détracteurs. Le plus célèbre d'entre eux reproduisait ce tic avec une constance touchante chaque fois qu'il s'invitait sur un plateau télé. Vous ne devinez pas qui c'est ? Il aimait les roses rouges et se prénommait François. D'autres politiciens ont récupéré le tic. Ils le pratiquent parfois sur les plateaux de télé dans des débats polémiques. Il faut dire que les naïfs ne font jamais carrière en politique, les intellos non plus.

Le double hameçon

Les deux mains se raccrochent par les doigts accrochés ensemble comme des rangées d'hameçons qui s'entrecroisent (voir Figure 9-6).

Geste typiquement féminin des dames de charité d'autrefois, qui cultivaient leur compassion en s'accrochant désespérément à leurs propres mains plutôt qu'à les tendre aux nécessiteux. Code gestuel indiquant, quand il s'installe à demeure, un personnage mielleux, hypocrite et obséquieux. Il semble avoir peur de se perdre de vue. Geste de compassion dans certains cas de figure, le double hameçon est surtout un refrain dont abusent les personnes qui tirent une fierté, légitime ou non, de leur statut social ou d'une exposition médiatique.

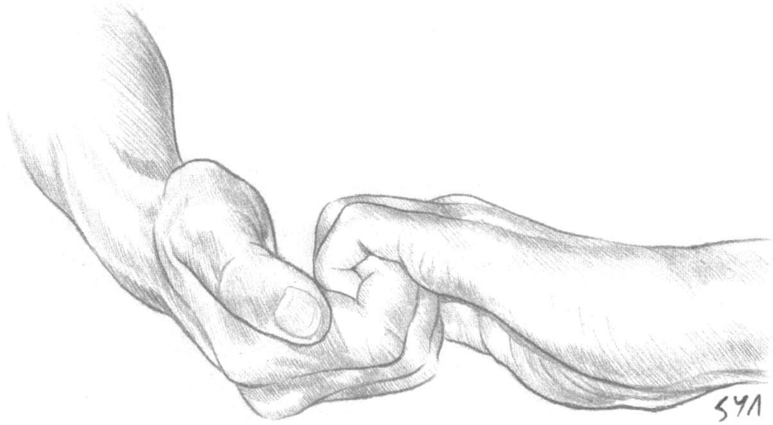

Figure 9-6 : Le double hameçon annonce toujours la soupe à la grimace.

Le langage dynamique des mains

Quand vous levez la main pour dire adieu ou au revoir, de quel bras s'agit-il ? Communiquez-vous sur le mode temporel ou le mode spatial ?

Main droite, vous êtes un homme pressé et stressé. Main gauche, vous avez tendance à prendre le temps de le prendre, ce temps. Les mains résument le climat mental du locuteur sans se préoccuper de la nature de ses prises de position verbale. Ce que dit la bouche est une chose, ce qu'expriment les mains en est une autre. N'oubliez jamais d'observer les mains de votre interlocuteur, vous vous éviterez bien des déceptions !

Quand mon copain Jules se met à parler, il sous-titre souvent son discours de la main droite. Sa main gauche demeure collée à la table. En revanche, si un invité le contredit, ses deux mains s'envolent pour contrer les arguments de son détracteur. Jules est un intellectuel qui fonde son mode verbal sur le raisonnement, donc sur la logique de sa pensée. Il construit son argumentation de manière structurée. Cependant, si ses émotions s'en mêlent, il perd le fil de son propos et tente de contrer son adversaire en ouvrant les vannes de son imaginaire. Jules se contrôle toujours en société. Je le trouve plutôt psychorigide. Face à un créatif, Jules rompt le combat en se réfugiant derrière sa sacro-sainte logique qui le protège de tout dérapage intellectuel.

Annie s'aide exclusivement de sa main gauche pour exprimer son opinion. Elle est hyperémotive et très imaginative. Ces deux-là se complètent mais ne s'apprécient pas car ils ne fonctionnent pas sur la même longueur d'onde : elle est cerveau droit, il est cerveau gauche. Leurs discours respectifs se croisent sans se comprendre, comme deux monologues dans deux langues étrangères. Annie considère que Jules est trop rigide et Jules trouve que l'empirisme d'Annie est pure superstition de bonne femme. En revanche, ils s'entendent à merveille dès qu'ils se retrouvent dans l'intimité sous la couette.

À la lueur de cet exemple, vous constatez que l'observation de la main qui cornaque le discours vous permet de situer le mode intellectuel de vos interlocuteurs. Et ce n'est évidemment pas le seul refrain gestuel qui confirmera ou infirmera cette première observation.

Les deux mains en action

Le débatteur qui n'utilise qu'une seule main pour accompagner son discours sait de quoi il parle mais ne parle pas toujours de ce qu'il sait.

Utiliser les deux mains traduit-il un équilibre entre les deux hémisphères du cerveau ? En principe, oui !

Les deux mains s'animent dès que le débat se réchauffe et surtout quand le locuteur a peur de perdre le contrôle de la situation. Les mains s'envolent, créant une série de katas gestuels qui le protègent contre son détracteur ou contre son propre trac.

Quand un locuteur utilise ses mains pour appuyer son discours verbal, il privilégie toujours l'une des deux mains, même s'il lui arrive ponctuellement d'animer les deux. La main privilégiée est généralement la même dans tous les cas de figure, à quelques exceptions près. Cette main dynamique détermine le mode d'identification du locuteur aux deux questions fondamentales qui éveillent l'intelligence de l'enfant : Pourquoi ? Comment ?

De quelle main se sert votre interlocuteur pour sous-titrer son discours ?

Soyez attentif car cette information gestuelle est souvent occultée par la concentration sur le discours de l'autre.

La main droite dynamique signale un individu identifié à l'image du père. Il se comportera de manière directive et axera sa communication sur le mode stratégique. Tendu et parfois hypertendu, c'est un individu implicite. Il se fera toujours avoir par la main gauche du malicieux. La main droite dynamique est un sujet méfiant par nature.

La main gauche dynamique indique un individu non directif, identifié à l'image maternelle. Homme de terrain et de contact, c'est un tacticien et, parfois, un rusé renard ! Plus explicite et plus pédagogue que la main droite dynamique, il profite d'une intelligence pratique et pour certains (mais pas tous) d'une malice à toute épreuve.

La main qui fume

Fumer de la main motrice est le symptôme d'une tension qui peut traduire un état de stress ou de surmenage. Pourquoi ? Tout simplement parce que fumer n'exige aucun investissement psychomoteur élaboré au contraire de l'écriture, par exemple. La main gauche du droitier est parfaitement apte à viser la bouche sans se tromper de cible. L'utilisation de la main motrice pour fumer mobilise un outil entraîné à des actions complexes pour un usage élémentaire. On peut en déduire que le sujet observé est perturbé ponctuellement si le geste est occasionnel, et durablement stressé si le geste en question se répète un peu trop souvent.

Les mains inertes

Le fait de cacher ostensiblement ses paumes est une manière de dissimulation et un refus d'accorder du crédit à son interlocuteur.

Votre chef de service pose ses mains, doigts à moitié refermés sur le bord de la table, signe de versatilité. Il nage entre deux eaux, encore ignorant de la manière dont il mettra fin à l'entretien.

Les mains posées sur un bureau ou sur les genoux, recroquevillées comme des griffes ou les poings fermés de l'auditeur trahissent le côté exclusif, voire possessif. Les poings serrés dévoilent un tempérament agressif ou une attitude mentale hostile.

La main du joueur

De quelle main tenez-vous votre jeu de cartes ? Si c'est la main droite du droitier qui tient le jeu en éventail, elle joue donc un rôle passif et délègue le rôle sélectif à la main gauche. Ce type de joueur est imprévisible parce qu'impulsif.

Si c'est la main gauche du droitier qui tient le jeu en éventail, vous faites face à un joueur beaucoup plus prévisible et surtout moins audacieux que le premier.

La main droite qui sélectionne dépend du cerveau rationnel, le joueur analyse, évalue, spécule mais ne se laissera jamais entraîner dans une spirale de surenchère par ses émotions. Il ne vous suivra que si sa main est bien fournie.

La levrette

Coudes en appui, votre interlocutrice pose délicatement la paume de sa main droite sur le dos de sa main gauche ouverte tout en vous fixant d'un regard en biais (voir Figure 9-7). « Je sais exactement ce que je veux… » est le sens de ce geste dans ce contexte particulier de séduction.

Figure 9-7 : Ces mains appartiennent à une personne déterminée.

Cette signification tient aussi au regard en biais. Le geste est plus rare dans d'autres contextes. En tout état de cause, il signifie toujours que la dominance du reproducteur du geste est au programme ; et il ne s'agit pas forcément d'une domination sexuelle. La bête à deux dos est un code gestuel de harceleur.

Les mains ouvertes, doigts collés

Elles trahissent un individu rigide et peu créatif. Il ne sera jamais ouvert à la remise en question de ses préjugés. Si les pouces sont en érection, décollés du reste des doigts, ce mode indique un individu fortement impliqué dans ses ambitions au détriment des vôtres, évidemment. Si les pouces restent collés, ils confirment sa psychorigidité.

Le plongeur

« Notre ambition, c'est de rassembler ces 30 % de Français », affirme un politicien en faisant mine de plonger, les mains réunies en avant, pouces relevés côte à côte.

Geste parfaitement opportuniste des plongeurs qui nagent en eau trouble mais dont les ambitions ont les pieds dans l'eau. Ils sont prétentieux mais n'ont pas les moyens de leur politique. Bien entendu, ce geste trahit le personnage qui le répète à l'envi et non la reproduction ponctuelle ou pédagogique de ce code gestuel.

Les poings serrés

Le tribun qui abuse des poings pour faire passer son message indique paradoxalement son impuissance face à l'*establishment*.

Signe de force, de violence et d'agressivité, serrer les poings symboliquement advient quand le destin de l'individu lui est contraire. Il faut éviter d'abuser de ce code gestuel réflexe car sa reproduction exagérée trahit une incapacité de faire passer le message ou de passer à l'acte, le moment venu. Il solde la combativité.

Les mains polarisées

Les deux mains sautent de droite à gauche ou de gauche à droite avec une constance exaspérante.

On dirait que le propriétaire des mains peine à choisir son camp. En vérité, les mains polarisées trahissent un tempérament alternatif ou l'incapacité de prendre une décision claire et nette. Le tempérament alternatif est une version remaniée du caractère indécis. Les mains voyagent de concert de l'aller au retour et du retour à l'aller mais jamais ne se quittent.

Beaucoup de politiciens expriment leurs convictions en usant des mains polarisées. Cela signifie qu'il est plus urgent d'attendre et de voir venir que de prendre le taureau par les cornes.

Ponce Pilate

« Que puis-je faire pour vous ? » dit-il en se frottant les mains avec une satisfaction à peine dissimulée. Le regard glacial (pupilles minuscules) dément la jovialité préfabriquée qu'il affiche.

Le geste de Ponce Pilate appartient à une catégorie très particulière : les envieux chroniques. Plus les individus qui se frottent les mains sont riches, puissants ou reconnus, plus ils vous envieront ce que vous possédez et qui leur fait encore défaut. Si vous avez du talent, ils feront tout pour en tirer profit avant de vous évacuer comme une épluchure quand vous leur aurez tout donné. Ils veulent tout pour rien et ne valent rien du tout, comme tous les oncles Picsou. Pour être humain à part entière, il faut avoir un cœur à gauche et un cerveau affectif opérationnel dans la partie droite du néocortex : ce n'est pas le cas des envieux chroniques. Ils n'aiment que les bénéfices qu'ils retirent de votre incommensurable naïveté, les profits que leur apporte votre présence aux yeux de leur entourage et aux leurs. Ils se croient des humains à part entière. Ne leur dites jamais la vérité, vous pourriez les tuer!

La rotule

Coudes en appui, la main droite de votre interlocuteur enveloppe son poing gauche (voir Figure 9-8). Qu'est-ce que cela signifie?

Figure 9-8 : Coudes en appui, la main droite de votre interlocuteur enveloppe son poing gauche.

Dans un débat politique animé entre deux adversaires irréductibles, le poing dissimulé est un uppercut virtuel ou un argument verbal que le producteur du geste assènera le moment venu à son détracteur. Dans le cadre d'une discussion conviviale, le producteur exprimera sa détermination de cette manière. C'est en somme l'image de la main de fer dans un gant de velours.

Forts de cette analyse, voyons maintenant qui sont les individus qui reproduisent ce refrain gestuel particulier ? Les hommes de pouvoir, les fédérateurs, les animateurs et la plupart des individus qui portent sur leurs épaules de lourdes responsabilités, en règle générale. Mais aussi les grands prédateurs qui cachent derrière une apparence conviviale leur force de persuasion et/ou leur pouvoir d'influence et, *last but not least,* les harceleurs et les pervers narcissiques, leurs cousins germains.

Gourou, illusionniste, bluffeur, conseilleur, menteur, corrompu et corruptible, etc., le modèle est assez cosmopolite. Il vous promettra la lune mais ne vous prêtera même pas une longue-vue pour l'apercevoir. C'est aussi un geste typique des hommes de pouvoir. Rassembleur, directif, incisif, votre interlocuteur est le genre d'individu capable de transformer ses penalties à vos dépens, si son intérêt le lui commande.

Le serment

Les serments se font encore souvent la main sur le cœur et on lève la main dans les tribunaux pour jurer de dire la vérité : quand on jure sur la Bible, on pose dessus la main gauche et on dresse la paume droite avant de témoigner.

On cache la paume de la main qui dit la vérité et on montre celle de la main qui assure la gestion du mensonge. Car le mensonge se fabrique dans le cerveau cognitif (gauche) qui commande la partie droite du corps.

Les pattes du fauve

Votre interlocuteur appuie ses paumes sur ses cuisses, en position assise, tandis que ses doigts sont recroquevillés (voir Figure 9-9).

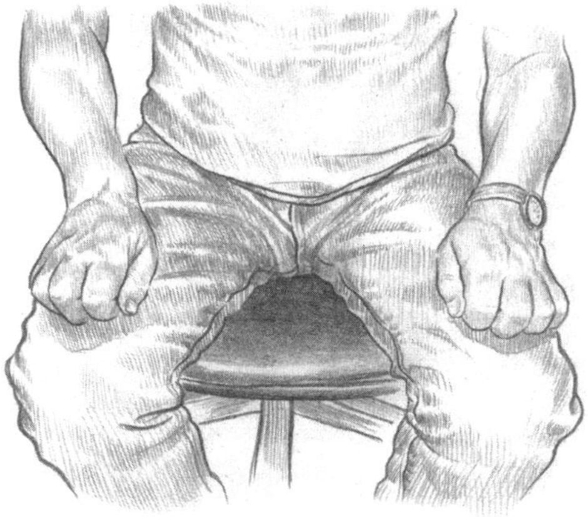

Figure 9-9 : Votre interlocuteur est psychorigide.

Il est constipé. Psychologiquement, bien entendu !

Les deux mains sur la bouche

Avec un tel geste, la personne se prive de toute capacité de réaction. Ce troisième mode gestuel correspond à une surprise létale. On le rencontre généralement chez les survivants des catastrophes naturelles et des attentats de masse.

Les paumes

Les humains ouvrent leurs paumes pour montrer qu'ils n'ont pas d'arme et ne sont pas inoffensifs. La paume droite active et apaise, la paume gauche soulage et guérit. Les magnétiseurs connaissent bien les effets magnétiques des paumes, des outils anatomiques qu'ils utilisent en priorité pour tenter d'apaiser ou soulager les souffrances des personnes qui viennent les consulter. Il existe des dizaines de monographies qui pourront vous renseigner sur les bienfaits supposés ou réels de cet art ésotérique et millénaire. Un art qui plonge ses racines dans les profondeurs du temps.

La main droite de la maman a un effet apaisant sur les douleurs des poussées dentaires du bébé. Le fait est objectivement connu et reconnu. Pourquoi la main droite ? Parce qu'une majorité de mères droitières portent leur bébé sur le bras gauche. Un fait scientifiquement établi par des chercheurs qui pensent que cette habitude vient naturellement de la proximité du cœur et de ses pulsations rassurantes mieux perçues par le bébé. Ça sert parfois, la logique !

Les paumes sont de véritables antalgiques, elles calment la douleur de l'autre mais pas la sienne propre. Pour en bénéficier, il est donc indispensable de nouer des liens affectifs avec un partenaire ou de faire appel aux services d'un magnétiseur ou d'un spécialiste du massage. Le bonheur ? Des mains chaudes et de l'huile de massage !

Quand les paumes vous démangent

À ce titre, le chatouillement de la paume gauche ne signifie pas automatiquement que vous allez gagner de l'argent et celui de la paume droite que vous allez en perdre. Il en va des paumes comme du pied gauche ou du pied droit. Toujours cette différenciation des latéralités associées à la chance ou à la malchance. La gauche sort gagnante à tous les coups. Pourquoi ? Parce que la partie gauche du corps dépend du cerveau droit, celui qui filtre les affects ou les émotions. Et quand les émotions et l'intellect sont confrontés, le second est toujours donné perdant face aux premières.

Les paumes des mains sont des lieux anatomiques très innervés, donc très sensibles. Le chatouillement récurrent de l'une ou l'autre main révèle un progrès réalisé par l'intelligence avant que la conscience n'en soit avertie. Ce progrès intellectuel débouche toujours sur une action ou un événement gratifiant, d'où la superstition qui veut que ce type de chatouillement annonce une période de chance ou un gain d'argent. C'est un geste courant chez les individus intuitifs. Cela pourrait signifier que l'une de ses extrémités l'avertit d'une opportunité. Il est à l'écoute de son corps de manière totalement instinctuelle et si votre projet lui plaît, tout baigne !

Et quand c'est la paume droite qui démange ? Votre subconscient tente peut-être de vous transmettre un message de prudence quand le fantasme encombre toute la largeur de votre écran mental.

Il m'est déjà arrivé de sortir d'un entretien avec une éditrice m'ayant confirmé son intérêt pour plusieurs titres que je lui proposais. Démangeaison immédiate de la paume droite ! Un mois plus tard, elle se rétractait en me précisant que son intérêt ne valait pas un accord ferme et définitif. Le message neuropsychologique de mon système nerveux avait douché mon enthousiasme. Heureusement !

Les mains en pronation

Les paumes sont dirigées vers le bas. Ce sont les mains réductrices. Le sujet qui en use est effectivement réducteur et surtout révisionniste en cas de besoin. Ce sont les mains d'un sujet prudent, voire méfiant, qui temporisera toute décision ou tempérera les ardeurs de ses collègues. Le mode de la pronation peut apparaître ponctuellement quand il faut calmer le jeu. Les fondamentalistes de tous les horizons, politique, religieux, scientifique, social ou philosophique, sont des individus qui privilégient les mains en pronation en tant que code d'intention. Ce sont des réducteurs de têtes, ils repoussent vos idées vers le bas, anéantissent vos arguments en abusant d'un double langage typique de la pensée extrémiste.

Les mains en supination

L'oblatif s'exprime souvent avec les mains en supination. Les paumes sont dirigées vers le haut. Ce sont les mains en offrande. Elles illustrent une ouverture d'esprit.

Chapitre 10

Les doigts

Dans ce chapitre :

- Le langage des doigts
- Le menu des doigts
- Les doigts à la loupe
- La pulpe des doigts
- Les ongles

Sans les doigts, où en serions-nous, en termes d'évolution ? Par-delà leur signification symbolique primaire que vous retrouverez dans chacune des sections consacrées aux différents doigts de la main, le langage combinatoire des doigts sur lequel reposent les bases de la gestuelle telle que je la conçois est incontestablement le plus riche de tout le vocabulaire gestuel. De l'auriculaire au pouce en passant par toutes les combinaisons possibles, les gestes qui impliquent les doigts se déclinent à l'infini ou presque.

Étant donné l'importance fondamentale des doigts dans notre évolution, il était fatal qu'on leur attribue une symbolique associée aux caractéristiques psychologiques majeures du tempérament humain. Ces attributions sont le fruit de multiples observations dont j'ai extrapolé le sens en écoutant mes patients (vingt années durant) sur les deux plans de l'analyse verbale et non verbale – et accessoirement en associant doigts et combinaison de bagues. Le contact des doigts avec le reste du corps est un champ d'observation d'une richesse inouïe, surtout quand on l'associe au discours verbal ou au vécu contextuel du sujet.

La symbolique digitale

Chaque doigt représente symboliquement un thème primordial pour l'économie de la personnalité. La notion du temps qui passe, la capacité d'achèvement, la capacité de remise en question, la somme des interdits ou Surmoi et l'instinct de survie ou de conservation, cinq paramètres essentiels symbolisés par les dix doigts de la main.

Pris deux par deux, les doigts miroirs symbolisent des modes de fonctionnement vitaux sur lesquels repose toute l'activité psychique et comportementale. Il s'agit bien entendu de postulats que j'ai pu établir à la suite d'une classification d'une multitude d'observations congruentes.

Le langage gestuel des doigts repose sur ces postulats et sur le sens particulier de chaque doigt de la main en contact avec une partie du corps. Imaginons que la dernière phalange de votre index gauche, la phalangette, obture votre bouche ! Cette dernière est l'un des sièges de la jalousie tandis que l'index gauche symbolise la possession.

Si vous reproduisez souvent cette posture, on peut en déduire que votre sentiment de jalousie est sur le gril. Et s'il s'agit de votre index droit qui reproduit ce code gestuel ? L'index droit est symbolique de l'affirmation ou de la maîtrise de soi. Vous vous contrôlez au lieu de maîtriser le débat. L'auriculaire gauche représente le passé et l'enfance. Coincé entre les lèvres, il dévoile un individu nostalgique mais aussi intuitif.

L'homme politique qui abuse de ses index pour appuyer son discours (voir Figure 10-1) est un individu cornaqué par son Surmoi, donc par les interdits et les tabous qui incarcèrent ses pensées et ses comportements. Et ainsi de suite !

Figure 10-1 : La ponctuation systématique d'un discours avec l'index indique un tempérament dominé par les interdits.

Les pouces

Équivalents des plaisirs et des désirs au sens large du terme, ils sont le siège symbolique de l'instinct de conservation ou de survie.

Le pouce gauche est le doigt du plaisir au sens large du terme. On peut y associer l'imaginaire, le rêve, la créativité, la sensualité, autant de paramètres qui dépendent étroitement de nos émotions et du cerveau droit féminin ou yin.

Le pouce droit est le doigt du désir. Motivation et sexualité en sont les deux déclinaisons principales. Tout désir procède d'une élaboration intellectuelle ou d'un calcul en connaissance de cause. Le bénéfice secondaire du désir est le plaisir. L'expression du désir dépend du cerveau gauche, le cerveau cognitif avec, cependant, une large participation émotionnelle du cerveau limbique.

Les index

Les index symbolisent le Surmoi, c'est-à-dire la somme des interdits parentaux, des tabous culturels, religieux ou biologiques inscrits dans le cerveau. Ils identifient le degré de maturité d'un individu adulte ou son sens des responsabilités, quel que soit l'âge du sujet testé.

L'index droit est le doigt de l'être, de l'affirmation de soi, du pouvoir paternel, de la maîtrise de soi ou de ses potentiels et de l'autorité.

L'index gauche est le doigt de l'avoir, de la fusion, du territoire, du pouvoir maternel, de la possession ou de la jalousie et surtout de la vocation.

Les majeurs

Ils sont symboliques de l'organisation psychique, comportementale et intellectuelle dont l'estime de soi (la reconnaissance) et la confiance en soi (la foi) représentent les piliers. L'équilibre entre les deux énergies concernées sous-tend l'équilibre psycho-émotionnel global de l'individu et sa capacité de remise en question sans laquelle il ne pourrait pas survivre dans notre type de société. Une bague a chacun des deux majeurs trahit un besoin de se remettre en question.

Le majeur gauche est le doigt du narcissisme, de l'estime de soi, de l'image de soi ou de l'image publique.

Le majeur droit est le doigt de l'organisation psychique et des aptitudes intellectuelles. C'est le doigt cérébral par excellence et celui de la confiance en soi et en ses convictions.

Les annulaires

En couple, ils symbolisent la capacité d'achèvement supportée par les schémas volontaires et la capacité de s'investir affectivement dans ses prédispositions ou ses talents innés.

L'annulaire droit est le doigt de la volonté, des automatismes, de la détermination, de la ténacité et de la persévérance.

L'annulaire gauche est le doigt des émotions ou des affects mais aussi celui de la passion, donc des talents. Les annulaires opposent la passion à la volonté.

Les auriculaires

Les auriculaires pris en couple identifient la notion du temps ou l'horloge biologique interne, le flair ou intelligence intuitive qui repose essentiellement sur l'expérience acquise.

L'auriculaire droit est le doigt de l'ambition, de la vanité, de l'avenir et de la curiosité. C'est un doigt qui se projette.

L'auriculaire gauche est le doigt du passé, de la mémoire, des racines et de l'enfance. C'est un doigt qui se souvient.

« Elle se gratte continuellement la narine de l'index gauche tout en me rassurant sur le sens bénévole de son intervention. » L'index gauche est le doigt de la jalousie, le nez est celui du flair ou du savoir-faire. Cette manie trahit une fausse générosité de la part d'une vraie jalouse.

Le menu des doigts

Dix doigts ont suffi pour créer l'humanité et polluer la planète.

Ils sont comme les dix petits nains d'un corps immense qui ne serait que le golem d'un esprit infertile si les doigts n'existaient pas. Les doigts peuvent tout faire, défaire ou refaire, ce sont des outils extraordinairement habiles auxquels l'animal humain doit d'être un primate un peu plus ingénieux que ses cousins. Si les mains n'étaient pas terminées par des doigts, elles ne seraient que des pattes avant, tout juste bonnes à supporter le poids du corps. Quand on fait l'amalgame entre les mains et la créativité, c'est une injustice que l'on fait aux doigts. Car les mains ont bien d'autres missions que celle d'accompagner les doigts dans la création, comme vous le découvrirez dans cette section.

Le cadrage du visage

EXEMPLE

B. m'écoute attentivement en cadrant du côté droit. Ses doigts sont collés deux par deux et forment un angle droit, comme une ébauche d'encadrement de son visage. Le pouce soutient son menton, annulaire et auriculaire soulignent ses lèvres ou les dissimulent, index et majeur sont dressés en double canon scotché à sa joue ou à sa tempe (voir Figure 10-2). B. est éditeur et je suis l'auteur qui lui propose un sujet de livre. J'ai remarqué que son cadrage ne « cadrait » pas avec mon enthousiasme pour le projet que je lui présente mais naïf, j'espère encore le séduire…

Figure 10-2 : Lorsque votre interlocuteur adopte cette posture, il manifeste son ennui.

Je n'ai pas besoin de vous informer que l'affaire s'est enlisée dans les sables mouvants d'une discussion de marchand de tapis.

Le cadrage à droite

Reproduit à droite, le cadrage désigne un individu rationnel qui pèse les avantages ou les inconvénients de vos propositions. Il n'est pas acquis. Il est sous l'influence de son cerveau gauche. Vous pourriez déceler un brin d'ironie dans son regard ou sur ses lèvres. Il mesure la distance qui vous sépare de lui.

Le cadrage à gauche

Le cadrage à gauche indique que votre interlocuteur imagine. Son esprit est alimenté par ses émotions et son cerveau droit. Vous l'avez séduit ou vous êtes en train de le faire. Relâchez la pression, donnez-lui le temps de se persuader que vous êtes l'homme qu'il lui faut ou que votre proposition lui convient à merveille. Votre meilleur allié, c'est son cerveau affectif. En le bloquant sur cette fréquence mentale, vous esquivez toute tentative de manipulation frontale. Dans un autre contexte, cette latéralité du cadrage gestuel appartient aussi au registre de la séduction.

Sur le plan barométrique, l'encadrement gauche sera toujours plus acquis et influençable que son avers. Tout dépendra de la qualité de vos arguments ou de votre pouvoir de persuasion. Il changera de latéralité en fonction de ces deux paramètres.

Le signe du diable

Cette posture désigne l'index et l'auriculaire en érection, les trois autres doigts étant repliés (voir Figure 10-3).

Figure 10-3 : Selon la main avec laquelle ce geste est fait, il signale une personne avide de pouvoir ou un caractère jaloux.

C'est une posture digitale que reproduisent souvent les jeunes fans de Tokio Hotel. En Italie, ce geste est une insulte adressée à un homme dont la femme est supposée être infidèle. Reproduit hors de ce contexte convenu, il prend une autre signification suivant la main qui le reproduit.

De la main droite

L'index droit correspond symboliquement à la maîtrise ou au contrôle de soi et l'auriculaire droit à l'ambition. Ce qui en langage clair signifie que le reproducteur du geste en question désire exprimer son ambition au vu et au su de tous mais à son insu.

De la main gauche

Avec la main gauche, cette figure confirme le caractère possessif et le besoin de valoriser les prédispositions, les victoires passées ou les racines du reproducteur.

Les doigts en faisceau

Un syndicaliste vient exposer les avantages de son syndicat au sein du comité de cette jeune entreprise. L'attention de son auditoire se disperse, il ne parvient pas à faire passer son message. Les doigts rassemblés en faisceau, il tente d'imposer des arguments essentiels à ses yeux, qui échappent manifestement aux salariés de l'entreprise. Les doigts rassemblés en faisceau viennent souligner les arguments (voir Figure 10-4).

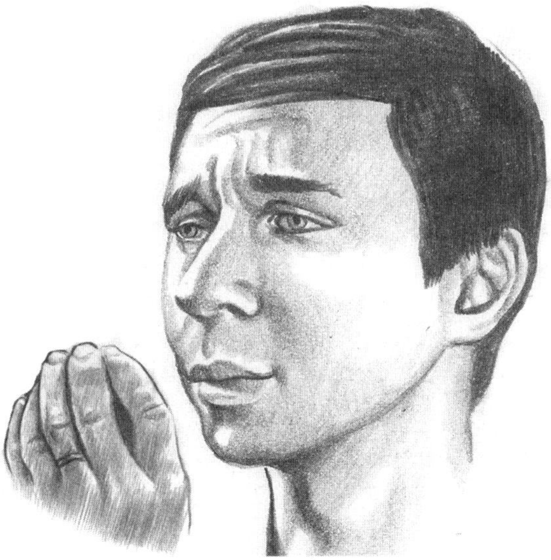

Figure 10-4 : Les doigts en faisceau indiquent le besoin de rassembler son auditoire.

Geste rituel reproduit par de nombreux politiciens face à leur auditoire, il marque une idée de rassemblement des moyens mis en œuvre pour aboutir au résultat. Hélas, un abus de ce code gestuel trahit un individu dont la capacité de fédérer ses troupes est souvent plus théorique qu'effective.

Les doigts croisés

Nous croisons les doigts à tout bout de champ et dans une kyrielle de postures. J'ai extrait quelques manières de croiser les doigts qu'on remarque plus fréquemment que d'autres et dont j'ai réussi à percer le secret, ce qui n'a pas été sans mal. Chacune des attitudes reprises fait partie de la comédie des gestes d'influence qui pourrait influencer votre jugement et, par voie de conséquence, vos chances de convaincre votre interlocuteur. Les croisements de doigts ne sont jamais anodins, car ils évoquent un maillage protecteur contre l'entourage et se reproduisent en toutes circonstances mais plus souvent quand l'individu est mis sur la sellette. *A priori*, croiser ses doigts, c'est se donner la main (à défaut de l'offrir à l'autre) et s'accorder une dose d'affection et/ou de réassurance dans une situation de tension ou de stress. *A posteriori*…

Le pouce écrasé

Le directeur lui avait promis ce poste de responsable de communication, dès que le salaire serait débloqué. Une question de semaines. Ce matin, il est convoqué. Le directeur lui annonce qu'il a trouvé quelqu'un de plus dynamique et de plus expérimenté pour ce job. Il s'effondre sur un fauteuil à portée de fessier. Il croise les doigts sur le mode cognitif, le pouce droit domine, puis réaction tout à fait inhabituelle, le croisement de ses pouces s'inverse, le pouce gauche écrase le droit. Il est prostré.

Dans cet exemple, le salarié croise les doigts normalement mais inverse le croisement des pouces, ce qui fait que dans le croisement affectif, le pouce droit est dominé par le pouce gauche. Dans le même ordre d'idées, lors du croisement cognitif, le pouce gauche est dominé par le pouce droit. Dans le premier cas, le sujet est frustré du plaisir au sens large du terme, dans le second cas, il est privé de ses ambitions ou de sa motivation.

Les chevrons

C'est sa première grande télévision. Le trac lui vrille les intestins. L'invité espère que l'animateur ne lui posera pas de questions pièges. Il doit défendre son livre, mais il n'est pas prêt à subir un flot de critiques acerbes et redoute la confrontation. L'animateur capte toute la lumière, il ne sait plus comment canaliser son stress. Instinctivement, il croise les doigts en chevrons (voir Figure 10-5).

Le croisement des doigts en chevrons est un signal de panique ou de trac pur et dur que vous pouvez apercevoir dans la plupart des *talk-shows* télévisuels. C'est un croisement prioritairement féminin mais certains hommes y ont recours sans être pour autant efféminés. La longueur des doigts est un critère morphologique qui justifie ce type de croisement.

Figure 10-5 : Le trac ou la panique se manifestent par le croisement des doigts en chevrons.

La courte échelle

Elle s'arrange toujours pour se faire inviter sur les plateaux de télé. Si elle parvenait à décrocher une émission hebdomadaire, ou mensuelle, elle serait très soulagée. Elle passe bien à l'écran, tout le monde lui dit. Alors… Dans les coulisses, elle entreprend le directeur de la programmation. Les doigts croisés, paumes tournées vers le haut, elle lui soumet quelques idées intéressantes à développer (voir Figure 10-6). Avec sa collaboration, évidemment.

Figure 10-6 : La courte échelle est la posture typique du courtisan.

Ce geste particulier révèle une sorte d'appel au secours. Il est fréquent chez les individus en situation précaire, prêts à se soumettre à toutes les influences, si ces dernières leur permettent de sortir la tête de l'eau. L'opportunisme connoté est transparent. J'ai souvent observé cette attitude dans des bureaux de casting ou officines de recrutement. Cette posture s'apparente à la courte échelle qui permet de franchir un muret entre copains. Reproduit dans tout autre contexte, elle trahit le courtisan, celui qui encensera le fort pour écraser le faible.

La courte échelle est une posture sociale très fréquentée dans les allées des quatre pouvoirs, le présidentiel, le législatif, l'exécutif et surtout le médiatique.

Le diaphragme

Les pouces écartés, les doigts attachés se croisent et se décroisent à plusieurs reprises.

L'écartement régulier des pouces trahit le peu de conviction investi dans les propos ou le peu de connaissance que l'individu possède d'un sujet. C'est un geste limitant comme les mailles d'un filet dont il se sent prisonnier mais dont il s'accommode sans trop de scrupules. À ne pas confondre avec les pouces marionnettes ! Ce refrain gestuel est fortement prisé par tous les coupables qui se retirent derrière l'appareil ou la raison d'État pour motiver leurs actes. C'est une séquence extrêmement courante dont je vous conseille de vous méfier dès qu'un interlocuteur la reproduit sous votre nez. Ce refrain gestuel indique, entre autres, que le reproducteur n'aimera pas endosser les responsabilités de sa charge et payer pour des fautes qu'il a commises bien malgré lui.

Le double canon

Nous discutons ouvertement d'un projet qui me tient à cœur. L'éditeur qui est assis en face de moi m'a proposé de le publier. Je lui ai transmis une centaine de pages dudit projet. Il y a manifestement quelque chose qui achoppe. Une aspérité imprévue. Il pose des coudes sur la table et reproduit le double canon avant de me proposer quelques changements dans le synopsis envisagé. Je déteste ça. Il veut un mode d'emploi plutôt qu'un ouvrage pratique de développement personnel. Les index tendus en travers de sa bouche m'avaient annoncé des difficultés de collaboration. Le pire de cette affaire, c'est que ce doit être la dixième fois que nous essayons de collaborer sans succès. Je crois que nous n'y arriverons jamais, ou peut-être dans une autre vie. Il ne faut jamais dire fontaine…

Index tendus en travers de la bouche, les autres doigts sont croisés. Geste redoutable du débatteur ironique qui cherche l'ouverture pour abattre son adversaire en le ridiculisant ou qui cherche à soumettre l'autre à son autorité.

L'engrenage

Je suis en train d'expliquer à ma collègue que son dossier est mal ficelé. Son regard perd soudain de son intensité, j'y discerne une lueur d'affolement. Elle croise les doigts à l'envers, pouces écartés, paumes ouvertes vers l'intérieur. Le geste m'interpelle, ce n'est pas la première fois que je l'observe chez elle.

Le maillage des doigts croisés est produit à l'inverse d'un croisement habituel. Le geste est étonnant et doit être légèrement douloureux, surtout si le producteur porte des bagues. Ce code particulier est une fraude manifeste. Il dévoile un individu psychorigide en contradiction avec le côté conciliant et tout sourires du personnage. Méfiez-vous des engrenages ! Ils sont le fait d'individus de très mauvaise foi, très accrochés à leurs prérogatives ou aux pouvoirs qui leur sont confiés. Si vous refusez de danser comme ils chantent, ils vous évacueront sans l'ombre d'une hésitation. L'engrenage est un refrain gestuel privilégié par des individus de mauvaise foi et très fréquenté par les harceleurs. C'est aussi un code gestuel qui annonce la panique à bord.

L'épi

Il raccroche brutalement son téléphone. Il vient de se disputer avec un client. Un chicaneur de première, selon lui. Accoudé à son bureau, la mine exaspérée et le regard teigneux, il presse ses mains l'une contre l'autre, les doigts accrochés en épi, orientés vers le haut.

Les doigts en épi est un geste remarquable en ce sens qu'il trahit un tempérament torturé doublé d'un esprit tortueux. Il vous donnera l'impression d'un être généreux, confiant et d'une loyauté sans faille. Cela pourrait être vrai si vous n'entrez pas en conflit avec lui. Car dans ce cas précis, il peut tout aussi bien se métamorphoser en frelon hargneux ! Cette attitude appartient à des individus qui tirent un plaisir trouble de leurs souffrances. Or, la souffrance a ceci de fabuleux qu'elle autorise la sublimation et permet à un individu médiocre de devenir génial, du jour au lendemain.

La herse

« Il est bien entendu que lorsque vous aurez passé cette période probatoire, vous m'accompagnerez dans mes déplacements en France comme à l'étranger. J'ai besoin de quelqu'un comme vous pour asseoir la crédibilité du cabinet », assure le patron à sa nouvelle recrue. Cette perspective ravit la jeune femme qui n'a pas remarqué que ce dernier entrecroisait les doigts, tendus, en forme de herse (voir Figure 10-7).

Figure 10-7 : La herse, inversée ou non, caractérise le harceleur.

Le manque de franchise doublé de mauvaise foi est ce qui caractérise le plus le sujet qui reproduit souvent ce code gestuel. Cela dénote également un besoin de castrer son interlocuteur. La herse est difficile à franchir au propre comme au figuré. Ce genre de code trahit le harceleur.

Il existe aussi un mode inverse de la herse doigts non tendus qui se reproduit paumes orientées vers le haut. Les doigts s'entrecroisent l'espace d'un instant avant de se détacher. Le geste ne change pas de sens.

La minerve

Plus de trois heures qu'ils débattent pour trouver « le » slogan qui tue. Ils ne sont pas les seuls sur les rangs. Le meilleur slogan permettra de décrocher un contrat pour la prochaine campagne de communication d'une société leader en cosmétique. Un enjeu de taille. Les propositions fusent, les arguments se veulent tous plus convaincants les uns que les autres. Assommé, le directeur de l'agence de pub se cale au fond de son fauteuil et croise les doigts sur sa nuque.

Il est temps de faire un break. Quand la confiance en soi est chahutée, les doigts viennent se poser sur la nuque pour la renforcer ou la protéger. Mais c'est surtout, selon mon expérience, le geste typique d'un individu qui a déjà pris sa décision sans l'annoncer immédiatement. Vous aurez beau continuer à vouloir le convaincre, le sol se dérobera sous vos pieds.

Le croisement des doigts derrière la nuque simule aussi une attitude de fuite. Fuite devant le stress, imitant un besoin de détente, ou fuite devant l'autre et ses exigences. Dans les réunions de travail ou les séminaires, les doigts croisés sur la nuque sont la norme car la confiance en soi a tendance à se ramollir quand la fatigue s'installe. Mais s'agit-il uniquement d'une réaction à la fatigue ou serait-ce un signal de ras-le-bol ?

La passerelle

Peut-être qu'il va finalement s'associer avec elle. Après tout, pourquoi pas ? C'est une femme de terrain, elle a fait ses preuves. Il a besoin de quelqu'un comme elle pour redémarrer. Il l'invite à déjeuner. Alors qu'il est en train de lui exposer ses projets, coudes en appui, elle entrecroise horizontalement ses doigts tendus sous son menton. Ses paumes dans le prolongement de ses doigts soulignent son visage sans le toucher expressément. Elle est tout ouïe (voir Figure 10-8).

Figure 10-8 : Ne confiez rien de confidentiel à une personne dont les doigts forment une passerelle : votre secret se diffusera comme une traînée de poudre.

Les doigts entrecroisés sous le menton sont une séquence gestuelle marquant un tempérament instable, voire irresponsable. Confiez-lui une information confidentielle et vous pouvez être certain que tous ceux qui devraient l'ignorer seront mis au courant dans les meilleurs délais.

Le plongeur

EXEMPLE

Il est convoqué. Son équipe de commerciaux a tout juste atteint les chiffres budgétés. Ils auraient pu faire nettement mieux. C'est en tout cas ce qu'estime le directeur. Encore eût-il fallu qu'ils acceptent de suivre ses directives à la lettre. Ce qui n'a pas été le cas. « Toutes les initiatives ne sont pas bonnes à prendre n'est-ce pas, Martinet ? » Doigts croisés, index pointés en avant et collés l'un à l'autre (voir Figure 10-9), l'ironie s'affiche en grande pompe sur le visage adipeux du directeur.

Figure 10-9 : Le producteur de ce geste ne vous fera pas de cadeaux à moins que vous ne vous soumettiez ou que vous ne parveniez à l'impressionner.

Geste inattendu indiquant un donneur de leçons capable de couper les cheveux en quatre dans le sens de la longueur, s'il considère que vous ne vous soumettez pas assez vite à son influence. Personnage exclusif et élitiste, vous trouverez grâce à ses yeux si vous avez une envergure qui l'impressionne. Attention car le bonhomme est un adepte convaincu des conduites de harcèlement pour se débarrasser d'un subalterne trop terne.

Les pouces cachés

EXEMPLE

Elle ne travaille plus depuis des années. C'est son mari qui faisait bouillir la marmite. Elle le secondait. À présent qu'il n'est plus là, elle ne se sent plus bonne à grand-chose. Elle va pourtant devoir se dégoter un petit travail, la retraite de son mari ne lui permettant pas de faire face. Les pouces cachés derrière le rempart de ses doigts croisés, elle réfléchit. Comment décrocher un boulot à plus de 50 ans ?

Les pouces cachés indiquent que la motivation et l'imaginaire sont inhibés par un vécu plus frustrant qu'excitant. J'ai observé ce genre de refrain chez un nombre important de personnes désœuvrées ou en recherche d'emploi. Un désir privé d'avenir interdit tout accès au plaisir.

Le prisonnier

Mon projet lui plaît. Ouf! Je vais enfin pouvoir sortir la tête de l'eau. Pas trop tôt. Cela fait combien d'années que je galère à proposer des maquettes qui finissent irrémédiablement leur vie au fond d'un tiroir ? Je préfère ne pas compter. Le directeur artistique est emballé. Il est d'accord pour me signer trois albums. Les doigts croisés sur le sommet du crâne, il propose que l'on se revoie sous quinzaine pour finaliser les contrats. Pas de problème!

J'ai mis du temps à comprendre le sens des doigts croisés sur le sommet du crâne, code gestuel que mes hôtes reproduisaient sous mon nez avant de me congédier en me fixant un rendez-vous sans engagement. Cette posture empêche de se cogner le crâne au plafond. L'exaltation n'est jamais qu'une excitation très ponctuelle qui retombe comme un soufflé. Le rêve ne colle jamais à la réalité surtout quand cette dernière dépasse largement la fiction à laquelle il se rattache. Le candidat qui croise ses doigts sur la tête dans le contexte d'un entretien d'embauche vous signale que sa motivation s'est dégonflée sans préavis. Il est temps de le remercier de sa visite.

La posture du prisonnier est aussi un code d'intention qui préfigure le résultat d'un entretien. C'est ce que j'appelle un geste prémonitoire de mauvais augure. Le reproducteur se sent pénalisé ou sanctionné. Les doigts croisés sur le sommet de la tête vous rappelleront certainement des souvenirs de la petite école. Mais cette posture peut aussi traduire une attitude oppositionnelle, donc pas aussi soumise qu'on pourrait le croire. Par convention, c'est l'attitude adoptée par les prisonniers de guerre. Elle est la traduction littérale d'une soumission forcée à celui ou ceux qui détiennent l'autorité. Dans tous les cas de figure, les doigts croisés scotchés sur la tête sont des mains passives ou rétives. Tout dépend du contexte.

Les pouces scotchés

J'ai beau lui démontrer par a + b qu'il a tort, il refuse de voir la réalité en face. Il ne fonctionne que par déni. Il commence sérieusement à m'énerver. Sa mauvaise foi est palpable. À bout d'arguments, je décide le planter là, sans un au revoir. Aucun regret, les pulpes de ses pouces sont restées scotchées pendant toute la durée de l'entretien (voir Figure 10-10).

C'est une attitude de refus « gestualisée ». Le sujet est oppositionnel et de mauvaise foi. Il objecte mentalement mais n'exprime pas pour autant son refus. Ceux qui reproduisent ce geste à haute dose n'expriment ni désir, ni plaisir. Ils sont neutres et trahissent un individu psychorigide dans 99 % des cas et un persécuteur dans 100 % des cas de figure. C'est le genre de personnage borné et procédurier qui préférera un mauvais procès à un arrangement amiable. Il affirme souvent sa sympathie à tout-va, ce qui donne de lui une impression fallacieuse de bonté naturelle. Il dira toujours le contraire de ce qu'il pense avec la plus parfaite mauvaise foi. Si les pouces se mettent à bouger, reportez-vous à l'interprétation des pouces marionnettes.

Figure 10-10 : Les pouces scotchés sont le signe d'une opposition et d'une hypocrisie fortes.

Les doigts à la loupe

Cette section est consacrée aux doigts à travers différentes postures et au sens dégagé par le fait qu'ils sont bagués.

La saga des auriculaires

L'auriculaire est un doigt autonome au même titre que le pouce ou l'index. Un doigt autonome est un doigt que l'on peut faire bouger indépendamment des autres. Le passé et l'avenir représentés par les deux auriculaires sont les deux extrémités d'une même chaîne d'événements mais ils sont coupés par le présent, un présent qu'il est indispensable de maîtriser, si vous rêvez d'un avenir qui ne ressemble pas à votre passé. Passé et futur deviennent donc autonomes, s'ils sont séparés par un présent recréatif, sinon ils restent indissolublement liés et le second devient la conséquence inéluctable du premier. Plus vos auriculaires sont libres du mouvement des autres doigts, plus votre destin est écrit au brouillon et inversement.

L'auriculaire gauche : le doigt du passé

L'histoire de l'auriculaire gauche n'est pas celle de l'auriculaire droit. L'auriculaire gauche est le doigt du passé. Il a commencé à cultiver ses souvenirs bien avant que l'auriculaire de la main droite (ou motrice) ne s'investisse dans son avenir. Logique, me direz-vous, dans la mesure où le passé débute toujours avant que le futur ne se mette en place. Mais pourquoi l'auriculaire gauche est-il le doigt qui symbolise le passé et non l'annulaire ou le majeur ou… ? Parce que le passé est le début de l'histoire et l'auriculaire gauche le doigt le plus éloigné du présent qui se situe entre les deux pouces, entre les gardiens du désir et du plaisir. L'auriculaire gauche est aussi le doigt de l'enfance, le petit doigt maladroit de la main gauche du droitier. Un doigt privilégié par les aristocrates qui s'en servent pour y loger leurs armoiries en forme de chevalière. Les racines familiales y ont naturellement trouvé refuge.

L'auriculaire droit : le doigt de l'avenir

« Je ne crains pas l'avenir », confirme un responsable d'une ONG menacée de disparition par la désaffection de ses bénévoles. Il n'arrête pas de frotter son auriculaire droit tout en répétant sa ritournelle à trois reprises devant les caméras de télé. Quand on sait que l'auriculaire de la main droite est le siège symbolique de l'ambition et/ou du futur, on peut se demander à juste titre pourquoi le responsable interviewé ressent le besoin impérieux de gratter ce petit doigt pendant toute la durée de son intervention face à la caméra.

L'auriculaire droit est le doigt de la vanité, de la curiosité et des ambitions. Mais c'est aussi le doigt de l'avenir, de la projection sur son environnement, des rêves et des projets qui parfois se réalisent. Orné d'une bague, il révèle un personnage plus ambitieux que la moyenne des gens et parfois aussi plus vaniteux ou prétentieux. Les ambitions de ces sujets sont souvent mal adaptées à leurs potentiels, d'où le dérapage possible vers l'arrivisme. Ce sont bien entendu des individus qui réussissent bien dans leurs entreprises car ils bénéficient, en règle générale, d'un flair efficace et d'un culot à toute épreuve.

Testez vos auriculaires

Si vous faites faire des flexions à vos auriculaires, vous constaterez très vite que l'un d'entre eux est plus souple que l'autre. S'il s'agit du gauche, vous êtes dégagé du passé mais votre vision de l'avenir est floue ou anxiogène. L'âge aussi entre en jeu. Si vous avez dépassé le demi-siècle, votre auriculaire gauche sera plus flexible que le droit, en règle générale. Si votre auriculaire droit est plus souple, vous avez une bonne visibilité sur votre avenir mais il reste quelques écueils à nettoyer dans votre passé. Si vos deux auriculaires sont également souples, tout est pour le mieux dans le meilleur des mondes. Cette souplesse musculaire peut évidemment varier en fonction des époques ou des circonstances mais elle traduit toujours l'état des lieux de votre climat mental face à l'écoulement du temps, poids du passé et appréhension par rapport à l'avenir.

Le registre gestuel des auriculaires

Elle pousse la porte de l'agence immobilière, stressée. Elle doit trouver un appartement d'urgence. Elle n'aime pas particulièrement les agences, mais elle n'a pas le choix. Elle énumère ses critères de recherche et indique son budget. L'agent lui déroule un large sourire et décrit les biens dont il dispose. Alors qu'elle se concentre sur l'écran d'ordinateur pour une première visite virtuelle, il se gratte les commissures des lèvres de l'auriculaire gauche.

Soit il n'a pas la conscience tranquille, soit il spécule sur ses chances de vous rouler dans sa farine.

Un personnage superficiel qui se cure délicatement les narines d'un auriculaire aérien… L'usage de l'auriculaire pour effectuer ce curage révèle un fond de préciosité, voire de snobisme.

La bague au petit doigt

Une bague à l'auriculaire gauche trahit un personnage nostalgique d'un passé révolu, un sujet régressif tiraillé par ses souvenirs d'enfance ou par la nostalgie d'une lignée dont il est issu. Les aristocrates mettent toujours la chevalière qui porte leur blason à l'auriculaire gauche.

Si votre auriculaire droit est bagué, votre mode de séduction est fondé sur les opportunités que les autres sont susceptibles de vous apporter, donc un mode manipulateur. Toutes vos démarches sont tournées vers l'avenir dans la mesure où vous pourriez avoir une ambition dévorante.

Autre particularité, si vous repérez un sujet qui porte une bague à chaque auriculaire, faites attention à ce que vous lui dites, vous êtes en présence d'un extrémiste doué d'un niveau d'intolérance plus vrai que nature. Surtout s'il n'en a pas du tout l'air à première vue. C'est aussi un (ou une) amateur éclairé d'érotisme ou de pornographie bon chic et mauvais genre.

La saga des annulaires

Les annulaires correspondent symboliquement : à gauche, aux affects ou à la capacité de s'investir dans ses passions ; à droite, ils représentent les schémas volontaires et la coordination des automatismes. Pris en couple, les annulaires marquent l'engagement et la capacité d'achèvement de l'individu.

Dans une majorité de cas, les annulaires sont plus longs que les index. Mais il arrive que chez certains individus, les index dépassent les annulaires en taille. Ce détail morphologique pourrait être signifiant en matière d'hérédité.

L'annulaire droit

L'annulaire droit est le doigt de la détermination, un indicateur précieux de l'état général des schémas volontaires, un terme générique qui comprend la ténacité, la constance et autres prédispositions apparentées. Chez un individu velléitaire l'ossature de ce doigt est souvent beaucoup plus fragile que celle de l'auriculaire voisin.

L'annulaire gauche

Doigt de l'implication affective, des passions et des talents, il est aussi celui où l'on glisse l'anneau du mariage dans nos régions. L'annulaire gauche est aussi le doigt des émotions. Implication affective ne signifie pas uniquement sentiment. Rappelez-vous que l'annulaire gauche est le doigt des émotions *largo sensu*, l'un des dignes représentants du cerveau limbique à l'extérieur du corps humain. Pour la longueur des annulaires en comparaison des index, je vous renvoie à ces derniers.

LE SAVIEZ-VOUS ?

Quel est le doigt qui manque à Mickey ?

Sûrement l'annulaire, car c'est le moins utile, ses muscles le rendant moins autonome que les autres. Pour en juger, poing serré, ongles sur la table, essayez de déplier chaque doigt. Le quatrième coince. Cette inefficacité lui a valu d'être le doigt le plus propre, utilisé par les guérisseurs pour soigner les plaies et par les apothicaires du Moyen Âge pour mélanger les potions. Pour les Romains, c'était même le *digitus medicus*, relié directement au cœur par un nerf lui donnant le pouvoir de détecter des poisons. Son manque d'autonomie le fait aujourd'hui réserver au port de l'alliance sur la main la plus passive, symbole de la perte d'indépendance. Pas étonnant que Mickey soit vieux garçon !

Les doigts bagués

Sur le plan des doigts bagués, je vous cite les trois combinaisons les plus fréquentes dans lesquelles les annulaires gauches ou droits interviennent.

Le couple bagué, dit de Cendrillon (annulaire et majeur gauches), qui trahit la peur de déplaire.

Le couple possessif (annulaire et index gauches) qui dévoile un individu fusionnel, parfois très jaloux de ses prérogatives ou de ses pouvoirs mais aussi très fidèle et dévoué à ceux qui lui font confiance.

Le couple romantique (annulaires gauche et droit) qui signale un sujet psychotonique, sincère, bénévole et doué d'une facilité d'adaptation socio-affective. Ce couple de bagues indique aussi une fidélité inébranlable.

La saga des majeurs

Les majeurs symbolisent respectivement l'estime de soi à gauche et la confiance en soi à droite. Ce sont aussi les doigts les plus protégés de la main et souvent les plus forts en traction. En langage gestuel, l'action des majeurs est souvent associée à celle des index plutôt qu'à une combinaison gestuelle sollicitant les annulaires. Le majeur est enfin celui qu'on nomme pudiquement le doigt d'honneur (voir Figure 10-11). Les majeurs gauche ou droit sont aussi les doigts de la provocation pour une raison que je vais vous livrer en exclusivité.

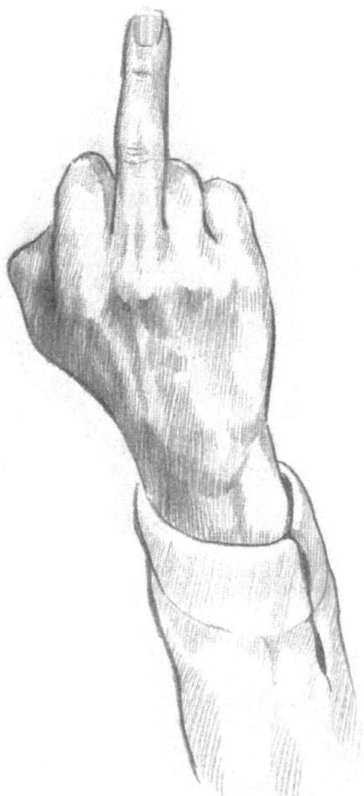

Figure 10-11 : Le majeur, doigt de la provocation.

ANECDOTE

Une histoire majeure

À la bataille de Crécy en 1346, les archers français levèrent leur majeur droit en guise de provocation envers leurs collègues anglais en leur criant : « Vous n'aurez pas celui là ! » Et de pointer leur majeur droit vers le ciel. Pourquoi le majeur ? Parce que les archers utilisent ce doigt particulier pour tendre la corde de leur arc. Faits prisonniers, on coupait ce doigt aux archers afin qu'ils ne puissent plus se servir de leur arme favorite contre leurs ennemis. Provocation guerrière parfaitement légitime ! Mais pourquoi, dans ce cas, le majeur est devenu un pénis virtuel par la suite ? La question demeure.

Le majeur droit ou la confiance en soi

Les majeurs sont généralement plus longs que les autres doigts de la main. Cependant, il arrive que l'index ou l'annulaire soient aussi longs que le majeur. Ces détails morphologiques ont un sens. Je pose l'hypothèse suivante : si votre majeur droit (confiance en soi) est rejoint par l'annulaire droit, votre confiance en vous repose sur vos schémas volontaires. Si c'est l'index droit qui rejoint le majeur droit, votre confiance en vous repose sur votre besoin de vous affirmer.

Y a-t-il un rapport entre la force musculaire de ce doigt particulier (le majeur droit du droitier) et la confiance en soi ? Si vous faites l'expérience de soulever un haltère ou un pack de bouteilles d'eau sans le concours du majeur (donc uniquement avec les trois autres doigts, pouce non compris), vous constaterez que la force manquante vaut largement celle des trois doigts réunis (index, annulaire et auriculaire). Comparativement aux symboles psycho-anatomiques que représentent ces trois autres doigts, il faut admettre que la confiance en soi est la lauréate des atouts qu'ils représentent : l'affirmation de soi (index droit), la volonté (annulaire droit) et l'ambition (auriculaire droit) demeurent des coquilles vides sans la quote-part indispensable de la confiance en soi (majeur droit). Dans le même ordre d'idées, que valent la mémoire (auriculaire gauche), la passion (annulaire gauche) et la vocation (index gauche) sans l'estime de soi (majeur gauche) ? Aucun individu ne peut se réaliser sans cette estime qu'on lui accorde ou qu'il s'accorde en exclusivité.

Le majeur gauche ou l'estime de soi

L'estime de soi commence par le reflet qu'on aperçoit dans son miroir. Elle passe par l'image de soi et par l'image publique. Elle est évidemment interdépendante de la foi en soi (que symbolise le majeur droit).

Quelques signaux gestuels majeurs

Une personne qui emprisonne son majeur droit dans le creux de son autre main se sent en état d'infériorité intellectuelle ou de méfiance en soi (voir Figure 10-12). Le geste est très courant chez des ados en situation d'échec scolaire. Quant à celui qui incarcère son majeur gauche dans sa main droite, il trahit haut et fort une mésestime de soi.

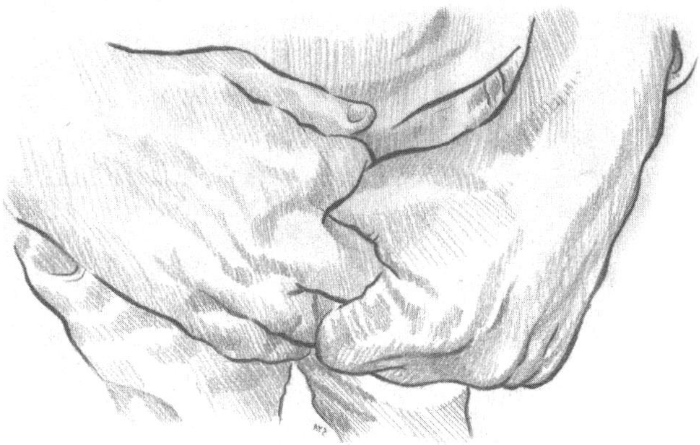

Figure 10-12 : L'emprisonnement du majeur d'une main dans l'autre main est toujours connoté négativement.

Votre interlocuteur pointe son majeur dans votre direction tout en conservant les autres doigts repliés. Utiliser son majeur, index rétracté est une bien curieuse manière d'exposer ses arguments quand on sait ce que le majeur signifie symboliquement lorsqu'il est dirigé de bas en haut.

Petit tour chez les bagues

Le majeur droit bagué en solitaire affiche une perturbation de l'organisation mentale ou intellectuelle bien plus qu'un intellect raffiné ou un équilibre psychique. Il trahit aussi une culture des préjugés avec un seuil élevé d'intolérance.

Une bague enfilée au majeur gauche traduit une peur viscérale de déplaire à autrui. L'image de soi est primordiale. La bague au majeur droit dévoile une femme très cérébrale dans son approche intellectuelle de l'autre et une méfiance de soi institutionnalisée.

Parmi les couples de bagues courants, j'ai repéré une fréquence importante pour les trois combinaisons suivantes :

- **Majeurs gauche et droit.** La confiance en soi est précaire mais l'organisation intellectuelle de la personne « cérébralise » ou « psychologise » le problème au lieu d'accepter de se remettre en question. Les émotions sont sous contrôle.

- **Majeur et annulaire gauches :** un couple de bagues classique qui traduit un tempérament très narcissique. Tout flatteur vit aux dépens de celui qui l'écoute, écrivait Jean de la Fontaine ; cette maxime s'applique assez bien aux jeunes femmes qui adoptent ce couple de bagues. Elles vous écoutent de toutes leurs oreilles quand vous leur parlez d'elles.
- **Majeur droit et annulaire gauche.** Cette combinaison définit une personne cérébrale totalement investie dans ses prouesses intellectuelles et fière de ses connaissances effectives ou supposées, quel que soit son niveau d'instruction. Un peu « moi, je sais tout », si vous voyez ce que je veux dire. La confiance en soi est en berne.

La saga des index

L'index est le doigt le plus autonome et aussi le doigt le plus utilisé, en opposition avec le pouce, pour des actions délicates ou de précision. C'est l'index qui presse la détente d'une arme, qui indique le chemin, qui compose souvent le numéro de téléphone sur un fixe, qui attire l'attention, qui appuie sur le bouton de la sonnette, etc. Il tient son nom de ce qu'il sert à indiquer (voir Figure 10-13) mais il a connu de multiples appellations, comme le rappelle Desmond Morris dans *La Magie du corps*.

Figure 10-13 : L'index est le doigt le plus sollicité car il est le plus habile et le plus autonome.

Brève histoire de l'index

LE SAVIEZ-VOUS ?

Dans l'Antiquité, il était interdit d'utiliser l'index pour toute médication car on le croyait empoisonné. Il valait mieux recourir à l'annulaire. Cette superstition venait sans doute de ce qu'on s'en sert pour interpeller son interlocuteur avec agressivité, lui conférant ainsi le rôle symbolique d'une dague. Au fil des époques, il a été également baptisé doigt napoléonien, doigt de l'ambition ou doigt du monde. Son surnom le plus étrange est doigt du poisson. Les catholiques ont dédié l'index au Saint-Esprit, les musulmans à Fatima, fille de Mahomet et vierge des chiites. En chiromancie, l'index est consacré à Jupiter. Pour en revenir aux catholiques, les index symbolisant le pouvoir des images parentales (être et avoir) cela laisse supposer que le Saint-Esprit aurait un rapport avec la synthèse de ces deux images divines dans le subconscient de tout individu.

Pour votre information, il y a clairement un rapport entre la quérulence des « rappeurs » de banlieue et le fait qu'ils utilisent systématiquement leurs index comme des doigts revolver. À l'origine, le rap est une réaction de révolte de certains jeunes face à une société qui les a laissés tomber.

Comment imposer ses vues sans faire appel à ce procureur gestuel ? Doigt impératif du pouvoir et de l'autorité ! Tel est donc le rôle prépondérant de l'index moteur du droitier ! Et pourquoi pas l'index de la main gauche ? Car la main gauche est commandée par l'hémisphère droit du cerveau, celui qui préside à l'imaginaire et aux émotions, irrationnelles par définition. L'index gauche ne peut donc logiquement symboliser le pouvoir ou l'autorité, comme l'index droit, un doigt commandé par le cerveau cognitif. Si l'index droit du droitier est le représentant de sa puissance, que représente alors son index gauche ? Un sentiment ? Mais lequel ?

L'index droit et l'index gauche

Un pas de deux en arrière ! Imaginons que la main droite appartienne symboliquement au champ de conscience paternel du Surmoi, à l'instar de la partie droite du corps humain. Le père est l'image symbolique de l'autorité dans l'imaginaire de l'enfant. L'index droit en dépendrait donc et représenterait le pouvoir paternel. En revanche, l'index gauche ferait partie du champ de conscience maternel du Surmoi, à l'instar de la partie gauche du corps humain. Il symboliserait dès lors le pouvoir de la mère. Le pouvoir autoritaire du père (index droit) trouve son équivalent dans le pouvoir possessif de la mère (index gauche). Et de la possession à la jalousie, la distance est vite franchie. Ainsi donc, l'autorité et la jalousie ont chacun leur territoire digital propre. De là à imaginer qu'un individu qui utilise son index droit de manière récurrente est en recherche d'autorité sur son interlocuteur, il n'y a qu'un pas. Quant à celui qui privilégie l'index gauche en tant que droitier, il serait plutôt jaloux de ses prérogatives, donc de tempérament possessif.

Si vous accompagnez votre discours de l'index droit, vous avez besoin de vous affirmer ! Si vous vous exprimez en soulignant vos propos de l'index gauche, vous avez besoin de persuader ou convaincre l'interlocuteur qui vous fait face ou vous-même. On peut aussi en conclure que le premier craint de ne pas être à la hauteur (l'index droit) et que le second tente de se défaire de ses doutes (l'index gauche).

Le doigt du pouvoir

Pour devenir un homme de pouvoir, il faut savoir déléguer ce pouvoir, et pour déléguer ce pouvoir, il faut savoir se servir de ses index. Ce qui n'est pas donné au premier venu. Il en résulte que l'homme influent se démarque du manipulateur en fonction de l'index qui vient en appui de son discours. Simple, efficace et facile à observer. Et méfiez-vous des index gauches ! Ceux de séducteurs de masse ! On a tellement envie de les croire.

L'index barbichette

Je lui expose les tenants et les aboutissants du projet pour lequel je requiers sa participation. Il m'écoute avec attention, l'index posé sous sa lèvre inférieure, ses autres doigts dissimulant son menton. Je décoche mes arguments les uns derrière les autres. Il finira bien par réagir.

Il s'agit d'un index dubitatif de la part d'un individu qui se demande comment il va s'y prendre pour vous convaincre ou vous soumettre à son influence. Il peut aussi traduire le doute ou la suspicion. Le geste est assez précieux pour être à la limite de la caricature. Je n'ai pas observé de différence significative entre la gauche et la droite. Les individus pris en flagrant délit d'index barbichette me semblaient surtout gourmés et psychorigides.

L'index bluffeur

Le journaliste pousse l'invité dans ses retranchements. Ses arguments sont peu convaincants. Je l'observe depuis un bon moment, la manière dont il s'exprime est pour le moins curieuse. On dirait qu'il ne maîtrise pas son sujet. Sans doute le stress des caméras. Le journaliste lui pose une question piège, le spécialiste prend appui sur l'accoudoir de son fauteuil et dissimule ses lèvres de son index gauche (voir Figure 10-14).

Figure 10-14 : Cette posture indique une personne fourbe, qui se joue de vous.

L'index bluffeur est typique de l'individu qui se cherche une porte de sortie ou une vraie fausse vérité à asséner à son interlocuteur. Ce geste très fréquenté trahit le cynisme du personnage et signale l'imposteur.

Quand l'index gauche dissimule les lèvres, le geste est révélateur d'une attitude envieuse.

L'index droit dissimulateur indique un personnage qui tentera de jouer de son influence pour vous amener à accepter ses conditions, fussent-elles inacceptables. Les arnaqueurs abusent de ce refrain gestuel alternatif dans un sens comme dans l'autre. Le corrupteur aussi.

L'index du gourou

EXEMPLE

L'homme me prend à partie. Le regard que je viens de poser sur sa femme lui a déplu. Je la trouve jolie, c'est tout. Il se lève, furieux. Il pointe l'index de sa main droite dans ma direction, paume tournée vers l'intérieur, en me priant d'un ton menaçant de déguerpir si je ne veux pas qu'il m'arrive des bricoles.

Cette sorte d'avertissement gestuel est très courue chez les faux prophètes et les petits gourous de service. Ce code gestuel trahit aussi la lâcheté de celui qui le reproduit. C'est le genre d'individu qui poussera les autres à prendre des risques tandis qu'il les évitera soigneusement.

L'index omerta

EXEMPLE

Le débat est animé. L'invité se confronte aux questions du public depuis bientôt une heure. Une quinquagénaire prend la parole pour exprimer une critique acerbe suivie d'une question des plus cinglantes. L'invité ne s'en émeut pas outre mesure. Il mime l'idée de se taire, pose son index gauche perpendiculairement à ses lèvres. Il l'écoute (voir Figure 10-15).

Figure 10-15 : En posant son index sur ses lèvres, un individu coupe symboliquement le lien avec sa réflexion pour privilégier son instinct.

Tout contact entre les lèvres et l'un des index provoque une coupure de l'intelligence logique et de la réflexion qui l'accompagne. C'est le geste inconscient de celui ou celle qui compte beaucoup plus sur son instinct, son inspiration ou la chance que sur son esprit logique pour l'emporter. Les individus de tempérament créatif reproduisent souvent ce geste alors qu'il est nettement moins courant chez les chercheurs ou les scientifiques. Parmi les créatifs, on trouve aussi pas mal de manipulateurs, des pseudo-gourous notamment.

L'index omerta gauche n'entre pas en contact avec les lèvres pour respecter votre temps de parole mais pour préparer les arguments qui vous embrocheront. C'est un index manipulateur.

L'index omerta droit indique un besoin de s'affirmer, d'exister à ses yeux ou aux yeux de ses adversaires. C'est un index agressif de la part d'un individu qui refoule son agressivité à votre encontre. Ne vous méprenez jamais sur la qualité de ses sourires. Vous êtes déjà mort mais vous ne le savez pas encore.

L'index paratonnerre

EXEMPLE

La soirée bat son plein. Certains convives commencent à être un peu éméchés. Autour de la table, mon père discute avec l'un de ses amis. Le ton monte. Ils ne sont pas d'accord. Une dispute se profile à l'horizon. L'ami de mon père pointe son index droit, légèrement de profil, au-dessus de sa tête, pour donner du poids à ses arguments (voir Figure 10-16). À sa manière de faire, la question ne se pose pas, il a forcément raison. Il ressemble à un prof chahuté par ses élèves.

Figure 10-16 : Avec l'index paratonnerre, l'orage n'est pas loin, la violence gronde.

Quand votre interlocuteur souligne ses propos d'un index (droit ou gauche) pointé vers le plafond ou le ciel, il s'agit d'un individu au tempérament versatile, voire cyclothymique. Il peut aussi s'avérer violent (en paroles), changeant d'avis comme le vent tourne, se faisant une règle de ne prendre que des risques sans danger et se disputant avec tout le monde.

L'index revolver

À travers la cloison vitrée de mon bureau, j'aperçois mon chef de service en train de se prendre la tête avec la secrétaire. Je n'entends rien. Dommage. J'imagine ce qu'ils se disent rien qu'à leurs mimiques. Amusant. Mon supérieur donne l'impression d'aboyer. Tiens, il a un tic étonnant, que je n'avais pas remarqué : il dégaine constamment son index gauche quand il parle, on dirait qu'il a un revolver à la place des doigts.

Celui qui dégaine trop souvent son index ou les deux, pouces en gâchette, pour donner du poids à ses interventions est une sorte de cow-boy gestuel. Il se prive de ses mains au profit d'un seul doigt, comme si tout son pouvoir était contenu dans son index hostile pointé vers son interlocuteur. Ce faisant, il solde la qualité ou l'impact de ses arguments. Il dévalorise le sens du mot communication au seul profit de son besoin d'avoir toujours raison. Geste puéril et révélateur d'un tempérament fantaisiste, et geste de l'imprécateur, du contestataire et du besoin de dévaloriser son adversaire, il confirme une incompatibilité d'humeur rédhibitoire d'entrée de jeu.

L'usage abusif de l'index droit révèle une mentalité de procureur de mauvaise foi. L'envieux dégaine de l'index gauche. L'utilisation compulsive de cet index peut être prédictive d'une crise de jalousie. On utilise l'index gauche pour affirmer son droit de propriété. Il n'aime pas qu'on lui fasse de l'ombre ou qu'on lui vole la vedette. Les abonnés de l'index gauche se fâchent facilement pour des queues de cerises et sont très élitistes.

Le caractériel dégaine des deux index à la fois. Il fonctionne sur le mode agressif dès qu'on le contredit. C'est un être méprisant avec les petits et dégoulinant avec les grands. Enfin, il n'aura aucune reconnaissance pour les services que vous lui avez rendus.

La saga des pouces

Un enfant qui suce son pouce gauche sera un adulte épicurien et sensuel, celui qui suce son pouce droit sera plus concerné par sa réussite scolaire ou sociale. S'il passe indifféremment de l'un à l'autre, attendez qu'il fixe son choix pour statuer. Les pouces sont des doigts jumeaux qui symbolisent deux sentiments interdépendants.

Le pouce droit est le siège symbolique du désir, de la motivation et de la sexualité (voir Figure 10-17). Quant au pouce gauche, il est le siège symbolique de l'imagination, du plaisir et de la sensibilité. Sans désir, point de plaisir et sans plaisir, le désir tourne à la frustration.

Figure 10-17 : Le pouce droit, siège du désir.

Le pouce gauche : le siège du plaisir

De la sensualité au rêve en passant par la disponibilité, l'imaginaire, le plaisir d'être sans se poser de questions superfétatoires ou l'état de non-stress, le pouce gauche est un paradis digital à lui tout seul. Symbole de l'éternité de l'instant, doigt de l'achèvement au sens premier du terme, le pouce gauche est le doigt des épicuriens et des jouisseurs, donc des hédonistes pour lesquels la recherche du plaisir est confondue avec la quête du bonheur.

Dans le refrain gestuel invariable du croisement des doigts, le pouce gauche dominant indique un niveau d'imagination actif reposant sur une liberté émotionnelle facile à décrypter. Le pouce gauche est donc le support symbolique de la créativité, de l'imaginaire, de la sensibilité et de la sensualité. Doigt du plaisir *largo sensu* par opposition au pouce droit qui est le doigt du désir. Une bague enfilée sur ce pouce n'est pas aussi rare qu'on l'imagine. Nombre de jeunes filles ou de jeunes femmes y sont abonnées. Elles affichent ainsi leur besoin insatiable de câlins, de caresses, de fantasmes de tous ordres mais pas forcément de sexe. Ce sont des femmes inachevées aussi hypersensibles que susceptibles.

Chez un homme : surinvesti dans ses fantasmes mais pas forcément dans le passage à l'acte, il confond le rêve et la réalisation. Très hédoniste !

Si votre pouce gauche est bagué, votre mode de communication est conditionnel, fondé sur la procrastination, la superstition et la poursuite du plaisir au sens large du terme. Mais la frustration vous guette du coin de l'œil.

Le pouce droit : le siège du désir

Si on évacue le désir sexuel, que représente le désir au sens large du terme ? La motivation, l'enthousiasme, l'envie, le ravissement, l'extase ! Le désir est ambivalent, à la fois oblatif et sadique, pervers et authentique. Il est une force fabuleuse quand il s'exprime et un terrible handicap quand il est inhibé. La motivation apprend à l'homme à vivre ses rêves au lieu de rêver sa vie.

Une bague enfilée sur le pouce droit est une enseigne au néon qui clame l'insatisfaction sexuelle de sa propriétaire. Frustrée ou insatiable, elle affichera toujours cette carence dans le reste de son habillement ou en potentialisera le message en combinant un anneau au pouce droit avec une bague sur l'annulaire droit.

Les désirs de votre interlocuteur sont inassouvis… mais par rapport à quoi ou à qui ? Si votre pouce droit est bagué, votre mode de communication est clairement séducteur. Vous êtes une femme ou un homme de désir.

Le pouce droit est bagué en solitaire

Chez une femme : anorgasmique ou insatiable, elle affichera toujours cette carence dans le reste de son habillement ou en potentialisera le message en combinant un anneau au pouce droit avec une bague sur l'annulaire gauche : « Je réclame le droit de jouir ! »

Chez un homme : très sensuel ou très sexe, au choix. Il est obsédé par ses conquêtes passées présentes et à venir.

Le pouce gauche est bagué en solitaire

Chez une femme : une bague enfilée sur ce pouce n'est pas aussi rare qu'on se l'imagine. Nombre de jeunes filles ou de jeunes femmes y sont abonnées. Ce sont des femmes inachevées, en quelque sorte, qui peuvent être aussi insensibles qu'hypersensibles. Elles sont toujours hypersusceptibles, ce qui n'arrange pas le tableau…

Chez un homme : surinvesti dans ses fantasmes mais pas forcément dans le passage à l'acte. Il confond le rêve et la réalisation. Très hédoniste !

Lorsque chaque pouce porte une bague

Chez une femme : il y a une confusion entre le désir et le plaisir.

Voyeuse ou exhibitionniste, au choix ! Bref, très physique, elle est folle de son corps ! Le sexe est son obsession plus que sa passion. Elle est insatiable. Elle ne vous sera infidèle que si vous n'êtes plus en mesure de suivre le rythme. Si vous en refusez l'augure, ne prenez aucun pari sur l'avenir. Les ongles carrés très longs et artistiquement manucurés confirment statistiquement le diagnostic.

Chez un homme : le sexe est sa religion. Et surtout, ne vous fiez jamais aux apparences, qui par définition, sont toujours de vilaines menteuses. Il est obsédé par sa libido qui est souvent le seul moyen pour lui de s'affirmer en tant qu'homme.

Les pouces au fourreau

Les avant-bras en appui sur son bureau, mon interlocuteur ferme les poings, ses pouces se cachent à l'intérieur de ses doigts repliés. Ce n'est pas la première fois que je le vois reproduire ce geste.

Cette posture se définit avec des poings fermés, les pouces cachés à l'intérieur des doigts repliés. Les pouces au fourreau trahissent un malaise profond lié à l'incapacité de vivre ses rêves (pouce gauche) ou un sentiment d'inachèvement (pouce droit). Observez mais taisez-vous !

La guillotine

EXEMPLE

Ça fait des mois que cet interprète cherche des chansons à sa mesure. Jusqu'à présent, rien de satisfaisant. Ce midi, il déjeune avec un auteur-compositeur au palmarès flatteur. Ils passent rapidement les préliminaires pour entrer dans le vif du sujet. Les avant-bras posés sur la table du restaurant, le chanteur glisse son pouce entre l'index et le majeur de sa main gauche (voir Figure 10-18). Un tic gestuel qu'il reproduira tout au long du repas.

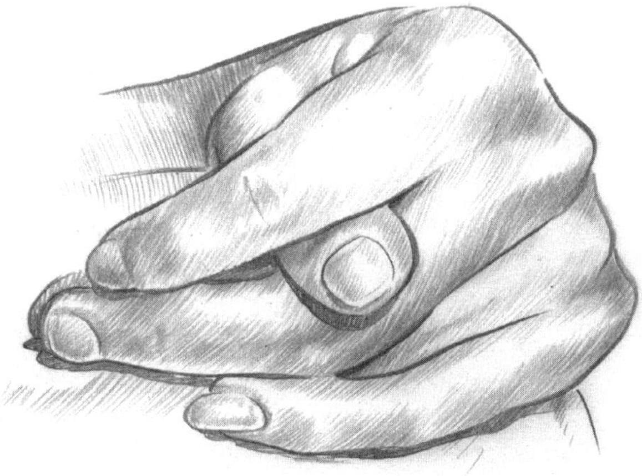

Figure 10-18 : La guillotine est une figure prédictive.

Les doigts servent de cache-col au pouce. Le pouce incarcéré est un réflexe gestuel alternatif, donc prédictif.

En cas d'insertion du pouce entre l'index et le majeur, vous vous apercevrez très vite que votre interlocuteur n'a pas assez de combativité pour agir ou réagir. Vous le démotivez.

Si l'insertion est reproduite régulièrement de la main gauche, il ne supporte pas vos succès. La répétition de cette insertion trahit un caractère envieux.

Si le geste est reproduit régulièrement de la main droite, la motivation est totalement investie dans une affirmation narcissique de l'intelligence du sujet ou de sa personnalité. Si vous ne fayotez pas, vous avez déjà perdu la partie.

L'insertion du pouce entre le majeur et l'annulaire, si le geste est reproduit de la main droite, indique que votre sujet se conduit en cérébral pur jus, totalement insensible aux émotions des autres. S'il s'agit d'une femme, son approche sera platonique. La frustration fait partie du menu des festivités qu'elle pourrait vous proposer. Encore une fois, le geste est prédictif d'une conclusion qui ne sera pas forcément de votre goût, quel que soit l'objet de la rencontre.

Si le geste est reproduit de la main gauche, cette séquence est prédictive d'une rupture ou d'une séparation temporaire ou définitive. Cette interprétation procède d'un contexte amoureux. Parfois, l'insertion du pouce entre le majeur et l'annulaire se reproduit en batterie après la séparation d'un couple. Dans toute autre situation, on peut réinterpréter les facteurs en présence : vous vous investissez en pure perte. Votre objectif recule au fur et à mesure que vous avancez dans la discussion.

L'insertion du pouce entre l'annulaire et l'auriculaire est une perle rare et un signal gestuel d'anorgasmie globale. J'ai observé cette variante à plusieurs reprises chez des personnes désorientées, voire des femmes névrosées et surmenées (uniquement des sujets de sexe féminin).

Si le geste est reproduit de la main droite… Étranglée entre la volonté d'aboutir et une ambition démesurée (arrivisme), la motivation s'épuise, poussant l'individu droit dans le mur.

Si le geste est reproduit de la main gauche, vous pouvez prévoir que votre interlocutrice se conduira de manière immature, voire infantile, jusqu'à ce que vous, vous soyez à bout.

La pulpe des doigts

La pulpe des doigts est le siège de l'intuition. Elle se caractérise par une très grande sensibilité puisque c'est à travers elle que s'exerce le toucher. La figure gestuelle formée par la pulpe des doigts est le clocher, signe que votre interlocuteur ne tient pas à ce que vous prolongiez le face-à-face.

Un seuil d'insensibilité hors norme

La sensibilité de la pulpe des doigts ne vous a certainement pas échappé. Symboliquement, les pulpes s'identifient initialement à l'empathie, cette sensibilité intuitive de vos sentiments qui vous permet de ressentir ce que ressent l'autre, comme si les ego individuels étaient interconnectés. L'empathie du bout des doigts est bien utile dans plusieurs domaines dont les techniques de palpation ou de massage ne sont pas les moindres. Le développement et le succès considérable de l'ostéopathie et de toutes les techniques liées au toucher confortent l'idée que les pulpes ne sont pas uniquement destinées à permettre à la police scientifique de classer vos empreintes digitales dans leur sommier.

Le clocher

Les pulpes sont associées à très peu de gestes aussi significatifs que le clocher, un grand classique de la gestuelle télévisuelle. Un geste qui trahit, *a contrario*, le peu d'empathie du personnage qui le reproduit. Séquence gestuelle à la mode chez les politiciens, les pulpes des doigts se touchent comme l'ossature d'un clocher virtuel (voir Figure 10-19).

Figure 10-19 : Quand les pulpes font des pointes !

Ce geste symbolise l'aspect désossé de son discours. Les locuteurs qui le reproduisent très souvent jouent parfois à rompre le contact entre les pulpes. Une espèce de sautillement des doigts, coudes en appui. On dirait qu'ils sont impatients d'en finir. Vous l'avez certainement compris. Ils le sont effectivement, s'il y a rupture de contact entre les pulpes des doigts. Certains animateurs de *talk-show* assis sont abonnés à cette manie des doigts qui sautillent. Elle signifie que l'invité leur fait de l'ombre et qu'ils aimeraient bien s'en débarrasser au prochain passage du camion poubelle.

J'ai donné autrefois la définition suivante de ce geste particulier : « Révisionnisme et langue de bois, tel pourrait être le sens synthétique de ce geste particulier et surtout très politique. » Quand votre interlocuteur écarte les paumes pulpes jointes, cela signifie qu'il parle sans filet d'un sujet qu'il ne maîtrise pas ou qu'il tente de noyer le poisson.

Aujourd'hui, elle rencontre un éminent professeur généticien. Elle a perdu son bébé à la naissance. Les médecins ignorent les causes du décès. Cela fait des mois que les spécialistes la baladent d'un service à l'autre, que les examens s'enchaînent sans l'ombre d'une explication plausible. Le néant. Elle espère beaucoup de cet entretien.

Assis derrière son bureau, le regard fuyant, la mine taciturne, le médecin plonge le nez dans le dossier de l'enfant. Un pesant silence s'ensuit. Puis, il se redresse, se colle au fond de son fauteuil et se lance. Un inventaire d'hypothèses alambiquées, plus rébarbatives les unes que les autres, criblées de termes scientifiques totalement sibyllins pour elle. Elle l'interrompt, pose des questions, réclame des éclaircissements. Il se braque. Elle n'est pas là pour incriminer qui que ce soit, elle veut des réponses. Et s'il n'y en a pas, qu'on le lui dise. C'est tout. C'est alors qu'il pose ses coudes sur les accoudoirs du fauteuil et presse les pulpes de ses doigts les unes contre les autres en forme de toit immobile. Il noie le poisson. Déception. Il ne sait rien. Pas plus que les autres. Pire, il préfère passer pour un charlot que d'avouer son ignorance.

Les ongles

Longs et soignés, ils sont un signe de féminité et d'oisiveté. Coupés ras ou en deuil, certains cassés, d'autres longs et pire, le vernis écaillé, ils trahissent la paresse. Mal taillés, ils révèlent un état dépressif. Corrigez leurs imperfections.

Masculin/féminin

Si vous êtes du genre masculin, ne négligez pas vos ongles ! Si vous en avez les moyens, fréquentez les ongleries pour booster votre degré d'autodiscipline, votre sens de l'ordre et de la méthode et surtout votre sens des priorités. Cette dernière qualité est le substrat de la capacité de choisir ! La manière dont vous prenez soin de vos ongles influence favorablement l'émergence de ces qualités.

Si vous êtes du genre féminin, les ongles au vernis écaillé ne sont pas un atout séducteur, à proprement parler. Ils laissent supposer que la demoiselle qui les affiche, sans fausse honte, ne se respecte pas et ne respecte pas plus son territoire. Le vernis écaillé est un signe de négligence, d'inconséquence, d'irresponsabilité mais aussi et surtout un signe d'imprudence, ce qui est bien plus grave. Or, les personnes imprudentes sont aussi à l'origine d'incidents bénins ou d'accidents graves dont elles ne se sentent jamais vraiment responsables. Les ongles longs mal taillés trahissent un état dépressif ponctuel ou chronique. Les ongles rongés, un nervosisme ou un état de stress permanent. Quand aux ongles négligés, je vous laisse seul juge.

Le menu des ongles

Vous êtes-vous déjà retrouvé devant un interlocuteur qui se curait les ongles tout en vous prêtant une oreille distraite ? Non ? Vous faisiez face à un bluffeur capable de vous mener en bateau de bout en bout de l'entretien. À quoi reconnaît-on ce genre de bluffeur, entre autres refrains verbaux ? À une petite manie qu'il a de toujours s'y mettre sans jamais passer à l'acte. C'est un fana, un inconditionnel du verbe « aller », conjugué à tous les temps. Jamais, au grand jamais, il ne conjuguera le moindre verbe sans l'accoler religieusement au verbe « aller ». « Ne vous inquiétez pas ! Je vais m'en occuper ! » Et c'est à ce niveau que le buzzer devrait résonner dans votre conscience subjuguée par le ton sûr de soi du bonhomme. C'est un homme en mouvement théorique perpétuel.

La confusion

Plus que cinq minutes. Juste le temps de terminer son café. Le directeur la convoque pour un bilan « on va dire ». En fait, elle ne sait pas vraiment pourquoi il veut la voir. Ça la stresse. Pourvu que ce ne soit pas pour lui annoncer qu'elle est virée. Ce serait le pompon. Il l'a fait entrer, lui propose un fauteuil, il s'assoit de guingois sur le bord de son bureau. Elle fait mine de se ronger les ongles. Où veut-il en venir sous ses allures décontractées ?

Votre hôte fait mine de se ronger les ongles, ce qui est un signe d'une perturbation passagère ou chronique. Ou votre présence le met mal à l'aise ou son climat mental anarchique est en concurrence avec ses humeurs chaotiques. La confusion la plus totale règne entre ses neurones. Dans les deux cas, il vaut mieux reporter l'entretien.

La méfiance

Elle s'assoit à la terrasse du bistrot, commande un petit crème. Un grand type tout désemparé vient la rejoindre. « Il faut qu'on se parle ! Tu ne peux pas tout plaquer comme ça… ça fait combien de temps nous deux ?… Dis, tu m'écoutes ? » Pas un mot, pas un regard pour ce garçon qui ne sait pas comment la retenir. Rien. Accoudée à la table ronde, elle s'abîme dans la contemplation de ses ongles.

Lorsque l'on se préoccupe de ses ongles hors de propos, il s'agit d'un mécanisme de défense doublé d'une conduite de défiance. Le geste est évidemment réducteur. C'est aussi une façon de fuir la confrontation.

L'indifférence

Il se mordille les peaux mortes des doigts.

Autre variante de la peau morte ! Peu intéressé par votre discours, votre interlocuteur se concentre sur une peau morte de son pouce. Il prend de la distance et s'enferme dans sa bulle, trahissant ainsi le peu d'intérêt qu'il vous prête.

Quatrième partie

Des épaules au pubis

Dans cette partie…

Nous abordons la partie centrale du corps qui comprend des zones très sensibles de notre anatomie, puisqu'il sera question des seins, du sexe et des fesses. Mais en dehors de ces parties extrêmement commentées, vous apprendrez aussi que les douleurs dorsales sont en rapport avec le degré d'affection reçu et que vos aisselles peuvent dire aux autres si vous êtes plutôt un pessimiste ou un optimiste.

Chapitre 11

Le buste

Dans ce chapitre :

- Le buste
- Les épaules
- Le ventre
- Le dos
- La colonne vertébrale

Ce chapitre présente la partie centrale du corps, du buste au bas-ventre et du dos à la colonne vertébrale, le centre donc, côté pile et côté face.

Le buste

Le buste est le siège du stress. Il se comporte comme une girouette face au vent social du stress. Quand le buste s'efface vers la droite, cette rotation subtile signale une préparation à l'attaque verbale ou physique. Le corps se ramasse à droite avant de bondir (virtuellement) sur l'adversaire. Imaginez un coup de poing ! Il a besoin du recul de l'épaule pour être asséné avec violence.

L'effacement vers la gauche trahit une velléité de fuite, même si votre adversaire vous donne l'impression du contraire. Écoutez attentivement son discours ! La rotation à gauche du buste du droitier indique toujours un désengagement prédictif tandis que la rotation vers la droite confirme une implication ou une adhésion.

Quand votre interlocuteur a tendance à projeter son buste en avant, il a peur d'être récusé ou censuré. Il se met en position d'infériorité. Le buste en retrait, dos collé au dossier de la chaise trahit un besoin de prendre du champ ou la peur de perdre son libre arbitre. S'il vous arrive de reproduire cette posture involontairement dans le feu d'une négociation, vous saurez dès à présent que votre hôte tente de vous enfermer dans son argumentation ou qu'il vous manipule pour vous persuader d'approuver son point de vue.

Si le buste de votre nouvelle stagiaire est souvent penché vers la droite quand elle s'assoit face à vous, vous pourrez en déduire qu'elle fait le maximum pour s'investir dans le job qui lui a été confié.

En revanche, si son buste penche souvent à gauche quand elle est assise en face de vous, ses émotions sont déstabilisées, soit parce que la fonction qu'elle occupe ne lui plaît qu'à moitié, soit parce que vous lui plaisez trop pour qu'elle puisse se concentrer efficacement sur son job. Dans les deux cas de figure, elle tente de fuir symboliquement les opportunités qui se présentent à elles.

Toute personne assise de trois quarts sur son siège est prête à vous quitter séance tenante même si elle vient de poser son postérieur sur cette chaise. Il s'agit là d'une attitude caractéristique, voire caricaturale, de pseudo-fuite. Elle vous fait l'aumône d'un instant de sa vie, vous accorde trois sous d'inattention avant de vous laisser choir comme une vieille chaussette pour aller sévir auprès d'interlocuteurs plus rentables ou plus gratifiants pour son image.

Le tour de reins

Le buste est une partie corporelle globale qui ne s'exprime que par ses contorsions, ses orientations ou ses décorations (ses tatouages très en vogue). Sachez tout de même qu'un tour de reins intervient souvent quand on a foulé aux pieds des traditions qu'on respectait par la force de l'éducation. C'est le prix à payer. Les ceintures lombaires en cuir que portent certains hommes forts (les déménageurs, notamment) peuvent être justifiées par la pénibilité d'un métier mais elles sont aussi liées à une fragilité des muscles lombaires. J'ai aussi remarqué que les individus sujets à des tours de reins à répétition sont souvent plus têtus que la moyenne des gens. Les reins sont le siège symbolique de l'obstination mais aussi de la versatilité qui est son image miroir.

Le buste tatoué

Le buste est un lieu de tatouage privilégié par les hommes et les femmes (voir Figure 11-1).

Figure 11-1 : Un buste tatoué est une façon d'exister aux yeux des autres.

Cette pratique désigne un individu qui rêve sa vie à l'abri d'un corps « œuvre d'art » mais dont le Moi est sacrifié au profit de l'apparence du Soi. Le Soi est le reflet idéal du Moi. Une image publique (ce que Jung nomme la *persona*) qui lui permet d'exister aux yeux des autres.

Le tatouage est essentiel car il représente l'imagerie des rêves qu'il ne vivra jamais ou croit avoir vécus. Il existe sans doute une autre raison à cette obsession du buste tatoué : plein à l'extérieur, vide à l'intérieur ! dit le dicton populaire. Qu'on admire ou qu'on rejette mon corps, j'attire les regards. Le tatouage est une succursale « externalisée » d'une blessure narcissique profonde qui a anéanti le Moi rejeté.

Les épaules

Prises dans leur ensemble, les épaules sont, pour l'homme, le symbole de la virilité, de la force. L'homme porte le globe terrestre sur ses épaules. Il est fort. Pour la femme, les épaules représentent la féminité. Mais chaque épaule est aussi identifiée à un critère psycho-anatomique particulier. L'épaule droite correspond aux ambitions, l'épaule gauche à l'investissement affectif.

On porte toujours son ambition sur l'épaule qui commande au bras moteur. Le sac sur l'épaule droite est celui d'une femme déterminée, impliquée dans sa vie professionnelle, une femme d'action par opposition à la femme cocon de l'épaule gauche. Le sac sur l'épaule gauche est celui d'une femme investie dans sa vie affective, familiale, amoureuse, sociale, *a priori*.

La symbolique des épaules

Comme je l'ai déjà évoqué, votre épaule gauche est le siège symbolique de vos affects, en d'autres termes de votre capacité à vous investir dans une action ou un projet. Ce qui signifie qu'une carence affective pourrait être à l'origine d'une arthrose à l'articulation de votre épaule gauche, un beau matin. Cette affirmation n'est bien évidemment qu'une hypothèse fondée sur de multiples observations. L'affect est une énergie qui vous pousse à vous identifier à un sujet ou un objet et pas seulement un sentiment amoureux. Une incapacité chronique à prendre une décision est souvent à la racine d'une arthrose.

L'épaule droite est le siège symbolique de l'ambition (chez les droitiers). Une ambition réfrénée, pénalisée ou castrée pourrait entraîner des douleurs atypiques de type rhumatismal à l'épaule droite ou dans le deltoïde correspondant, voire une tendance aux torticolis. Mais les douleurs rémanentes des trapèzes peuvent aussi être dues au shopping ou à la nécessité de porter de jeunes enfants sur de longues distances. On y accroche aussi sa main gauche pour protéger l'ego d'un échec toujours possible ou d'une démotivation brutale. Il faut avoir les moyens de sa politique. Si vos ambitions dépassent vos moyens, vous aurez tendance à reproduire ce code gestuel plus souvent qu'il ne le faudrait. Soyez-y attentif(ve) !

Le menu des épaules

De nombreuses postures qui mettent en jeu les épaules sont en relation avec la séduction, sauf le haussement qui témoigne plutôt d'un désengagement de l'individu.

La main suspendue

Les épaules sont aussi les racines de toute sensualité. L'épaule droite est également le siège du désir amoureux. En situation de séduction, le geste qui consiste à suspendre sa main droite à l'épaule gauche dans le contexte d'une rencontre est un message non verbal aussi limpide qu'une déclaration d'intention sexuelle. La main gauche suspendue à l'épaule droite est un micromessage plus sentimental que sexuel.

Le haussement d'épaules

Un sujet qui hausse souvent les épaules confirme son manque de combativité. Il affirme aussi son incapacité congénitale de prendre une décision quelconque dans la mesure où il a souvent recours au haussement d'épaules. Le haussement d'épaules est parfois moins théâtralisé, donc plus subtil et plus difficile à observer. En général, nous faisons mine de hausser les épaules pour amoindrir l'importance d'un événement ou pour effacer l'amertume d'une désillusion. Hors contexte de séduction, il faut savoir que le haussement d'épaules est une réaction gestuelle de perdant. Celui qui en abuse se solde mieux qu'il ne se vend.

Les bras du pharaon

Les deux bras sont croisés sur la poitrine et suspendus aux épaules. On dirait que la personne assise face à vous attend d'être prise dans vos bras.

Très influençable, si elle prête foi à votre discours, elle vous appuiera sans réserve et sans en mesurer les conséquences éventuelles. Attention ! Ce même geste change totalement de signification si on le sort du contexte professionnel. Dans le registre de la séduction, ce geste hyperféminin exprime – en principe – une invitation sans détour adressée à l'homme qui lui fait face. Les bras préfigurent ceux de son interlocuteur.

La varappe

La main délicatement accrochée à l'épaule correspondante ou alterne, elle me présente son beau visage orienté de trois quarts dans ma direction (voir Figure 11-2). Encouragé par sa posture, je lui propose une balade pour faire connaissance. Elle me renvoie un air interloqué, voire choqué assez inattendu. Selon toute vraisemblance, je n'étais qu'un miroir dans lequel elle admirait sa beauté.

Figure 11-2 : Cette posture est un geste de séduction fort.

Il s'agit d'une attitude que privilégient les séductrices tout-terrain. Charmeuse et charmante, la femme qui reproduit ce type de geste cherche à mettre en valeur son buste bien plus qu'à véhiculer un message de séduction active.

L'épaule amoureuse

EXEMPLE

Son épaule gauche remonte contre son menton offrant à son visage un air aguichant. Je me gratte pour savoir si le message m'est adressé. Allez ! À la grâce de Dieu, je fonce.

Attitude puérile reprise par une jeune femme qui joue les adolescentes amoureuses en situation de séduction active.

Les mains en toge

Le bras droit est replié sur l'épaule correspondante, la main gauche vient recouvrir le dos de sa main droite. Sa joue penchée s'appuie sur le dos de sa main droite. Ce sont les bras en toge (voir Figure 11-3).

Figure 11-3 : Les mains en toge sont le signe d'une volonté amoureuse ou professionnelle.

La contorsion du bras droit renforce soit le désir amoureux, soit l'ambition affichée, suivant le contexte.

Se tapoter l'épaule

Ce geste imite la tape de félicitations qu'on peut attendre d'un tiers. Il signifie la fierté d'avoir réussi.

Se brosser l'épaule

En Amérique du Sud, ce code signifie que quelqu'un se comporte de manière servile et obséquieuse afin d'obtenir une faveur. Le geste mime l'attitude flagorneuse de celui qui est prêt à ôter le moindre grain de poussière de l'épaule de la personne qu'il sollicite.

Frapper l'épaule

Saluer en venant frapper l'épaule est devenu une forme de salutation formelle. Comme tous les signes faussement agressifs, il indique l'intimité mais sans tendresse, montrant que les deux personnes se font suffisamment confiance pour que cet acte ne soit pas pris pour une véritable agression.

Le tatouage de l'épaule

Un tatouage à l'arrière de l'épaule droite trahit une femme en quête d'affection, voire un traumatisme affectif (séparation récente, vide sentimental) que le tatouage est censé exorciser. D'un strict point de vue ethnologique, toute décoration inamovible incrustée dans le corps : boucles, piercings, tatouages, os, etc. sont des objets initiatiques destinés à conjurer le sort et à se purifier pour entrer dans un avenir aussi incertain que redouté.

Les aisselles

Les aisselles sont le siège de l'optimisme opposé à celui du pessimisme. Et tout cela à cause d'un tic gestuel très courant qui consiste à coincer la main sous l'épaule – main droite sous l'épaule gauche et vice versa, surtout en fumant (voir Figure 11-4).

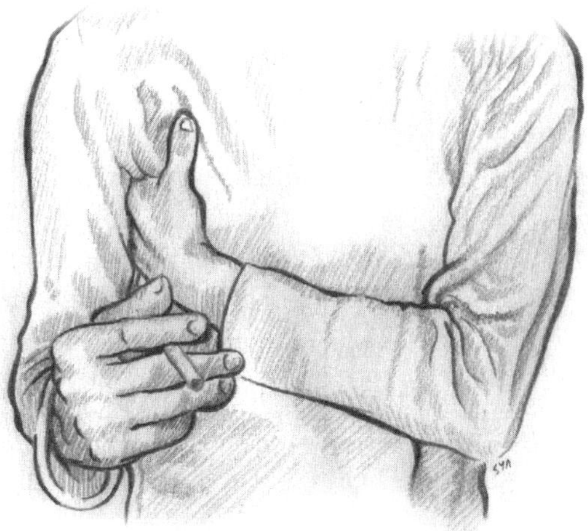

Figure 11-4 : Posture typique du stress.

Quand la main droite se réfugie régulièrement sous l'épaule gauche, paume plaquée sous l'aisselle gauche et pouce en érection à la pliure, cette attitude est prédictive d'une réaction tonique de revendication et/ou de révolte face à une situation frustrante. Le geste est rassurant car la paume entre en contact avec les battements du cœur. L'aisselle gauche est le siège symbolique de l'optimisme. Tant que le cœur bat, tout va.

A contrario, la main gauche qui se réfugie sous l'épaule droite, paume coincée sous l'aisselle droite et pouce en érection à la pliure est une réaction qui annonce un personnage stressé. Le sujet a le sentiment d'être mal perçu par son entourage. Un sentiment de rejet peut également entraîner la répétition de ce geste particulier. La course à la reconnaissance est essentielle dans le vécu de l'« aisselle droite ». Justement pour se défaire d'un sentiment de frustration qui l'épuise. Les deux plus gros problèmes du pessimiste, ce sont son incapacité de se focaliser dans une direction et une seule (il est versatile) et/ou de faire un choix.

Les seins

Pourquoi n'avons-nous que deux seins ? Parce que ce nombre est corrélé à celui des nouveau-nés d'une portée. Il est donc réduit au minimum pour notre espèce où les grossesses multiples sont rares.

Le symbolisme des seins

L'impact hypnotique de la naissance des seins ne date pas de l'invention du soutien-gorge à balconnets. Les tissus vaporeux qui dévoilent en épousant les formes langoureuses ne sont pas une invention de couturier en vogue. La puissance des pectoraux ou la forme avantageuse d'un cache-sexe masculin sont autant de signaux vieux comme Hérode pour éveiller le désir. Ce sont des dispositifs hypnotiseurs ! (voir Figure 11-5).

On a beaucoup plus fréquemment mis les seins en valeur que les fesses. Cette démarche a consisté presque toujours non pas à les grossir, mais à les redresser. En d'autres termes, il s'agissait d'améliorer l'apparence hémisphérique qui les fait ressembler à des fesses.

La beauté d'une poitrine bien mise en valeur peut faire oublier bien des disgrâces physiques. La mode des seins lourds revient en force en ces temps de vaches maigres, sans vilain jeu de mots. Car les poitrines opulentes rassurent les esprits masculins par le simple plaisir des yeux. La poitrine maternelle gonflée du premier lait demeure un symbole de sécurité depuis la naissance jusqu'à la mort, bien avant d'être considérée comme un objet érotique.

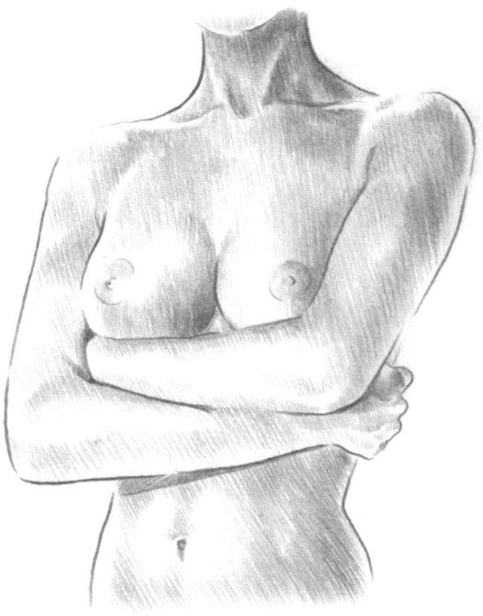

Figure 11-5 : Les seins ont toujours fasciné le regard et contribué à l'éveil du désir.

Règle de base : plus les seins sont encadrés et mis en scène, moins la dame de vos pensées est ouverte à une entreprise de séduction active.

Les seins démoniaques

On note qu'à certaines époques, il fallait que la sexualité de la femme demeurât dissimulée. Les puritains obligeaient les jeunes femmes à porter des corsets très serrés pour comprimer leur poitrine et présenter ainsi une silhouette neutre et innocente. Au XVIIe siècle, les jeunes dames espagnoles connaissaient un sort bien pire ; en effet, pour empêcher la nature de suivre son cours, on leur écrasait la poitrine avec des plaques de plomb collées au thorax. Ces méthodes soulignent la profonde signification sexuelle de la forme hémisphérique des seins. Pour en arriver à de tels extrêmes, il faut en effet que leur signal soit puissant. La répression des signaux sexuels de la femme dans les sociétés d'autrefois a toujours correspondu à un regain d'attirance homosexuelle compensatoire, comme cela se passe dans le milieu carcéral de nos jours.

Le menu des seins

La poitrine est une zone érogène, aussi bien chez la femme que chez son compagnon. Aucun homme sur terre n'est insensible à un décolleté pigeonnant. Certains décolletés deviennent tellement célèbres que les spectateurs ne voient plus le reste du personnage.

Comment les femmes cachent-elles leurs seins en public pour mieux les montrer ? Quelle est la part de séduction ? Quelle est la part de narcissisme ?

La cambrure

Elle tire son pull vers le bas à plusieurs reprises pour avoir l'occasion de se cambrer et faire admirer son décolleté.

Le besoin de séduire ou de se séduire dans le regard de ses admirateurs me paraît évident.

Sans soutien-gorge

Elle ne porte pas de soutien-gorge et s'arrange pour que cela se devine (voir Figure 11-6).

Figure 11-6 : Mettre en valeur l'absence d'un soutien-gorge est un signe d'orgueil.

L'orgueil se place souvent là où il peut mais pas forcément là où il veut.

Les seins écrasés

Elle écrase sa poitrine sous plusieurs couches de vêtements serrés. Est-ce là le signe d'une identité sexuelle mal acceptée ?

Le décolleté

Elle porte toujours un décolleté, même en hiver. Certaines femmes placent leur orgueil en ce lieu anatomique au détriment de leurs autres atouts plastiques. Pour quelle raison ? Ce n'est pas fatalement lié à un besoin de séduire les inconnus mais plus à celui de se plaire dans le regard de l'autre.

Les pointes

Elle s'arrange pour porter des vêtements dont les textures laissent pointer les aréoles de ses seins. Toute sa communication passe par sa poitrine. C'est une manière d'exhibitionnisme liée au besoin d'allumer le désir mais sans consommation à la clef.

Les tétons

Les tétons érectiles ont toujours eu un succès franc et massif auprès de ces messieurs. Et pour cause, ils leur rappellent les tétons maternels et la forme des tétines de biberons qui calmaient leurs angoisses de petits bouts d'hommes.

Pourquoi montrer des seins au grand jour quand il suffit de les cacher intelligemment ? On ne montre bien que ce qu'on cache mal, telle est la loi essentielle de l'érotisme de bon ton. Et pour ce qui est des tétons, plus ils sont suggérés, plus ils sont séduisants.

Une femme peut être modérément attirante, avoir un visage peu gracieux, être plate comme une planche à pain, mal pourvue au point de vue des fessiers et sans des jambes à vous faire frémir de plaisir ; si elle a des tétons érectiles, elle vous fascinera. Les tétons sont des dispositifs hypnotiseurs biologiques d'une rare efficacité sur le plan de l'érotisme. Aucun homme ne peut y résister, même le plus vertueux d'entre eux.

Le piercing des tétons

Le piercing du téton était considéré autrefois comme un signe de force, de virilité et d'endurance. Les tribus d'Amérique centrale utilisaient le piercing du téton comme une marque de la transition à la virilité (passage de l'adolescence à l'âge adulte). La garde d'honneur de César se perçait également les tétons pour prouver leur force et se rappeler leur devoir de protéger leur empereur. On dit que leur bijou leur servait à tenir leur toge en place ! En 1890, toutes les femmes de la cour de la reine Victoria se faisaient percer le téton et portaient des bijoux vendus par les bijoutiers les plus célèbres de Paris. Certaines dames de la haute société avaient même les deux mamelons percés et les reliaient l'un à l'autre avec des chaînes d'or ou d'argent, comme des arbres de Noël.

Les mamelons

Je crois que les mamelons sont le siège primordial de l'érotisme, même s'ils ne sont pas les seules parties du corps destinées à aider la race humaine à se reproduire. Les yeux jouent un rôle éminent dans l'attraction entre les sexes (homo ou hétéro), les humains sont, avant tout, des voyeurs patentés. Il est évident que l'arrondi des globes mammaires exerce une attraction incontournable sur le regard des hommes. Cependant, quand l'amant libère les seins de sa conquête pour la première fois, il plongera comme un nourrisson sur les tétons, si ceux-ci pointent avec arrogance.

Peu de femmes réalisent à quel point leurs mamelons sont un véritable atout gagnant dans la course à la séduction. Il est rare qu'un homme avoue son attirance pour les tétons, comme si cet aveu dénaturait son sens esthétique.

Bref, à choisir entre des tétons arrogants sur de petits seins et une forte poitrine aux tétons peu proéminents, les premiers l'emporteront sur les seconds dans tous les cas de figure.

Le ventre

A priori, le ventre est le siège de la motivation, des désirs et de l'espoir que les désirs suralimentent, un siège situé légèrement au-dessous du nombril appelé aussi plexus abdominal. Un chakra ! Les mains que l'on croise sur son ventre ne sont pas toujours destinées à conforter une motivation déficiente mais à se plonger dans la satisfaction d'une digestion profitable.

Ventre creux, ventre plat, ventre rondelet ou panse prête à exploser comme une pastèque trop mûre, toutes les ceintures abdominales trahissent la capacité ou l'incapacité de se motiver.

En position assise, le ventru a souvent les jambes tendues en parallèle, ses pieds reposent sur les talons, ses doigts sont croisés sur son ventre.

Une fausse attitude de désinvolture marquant plus un état de bonne et saine fatigue que de détente. Vous lui donnez envie de temporiser au lieu d'agir. Réaliste mais plutôt désabusé, il ne mord manifestement pas à l'hameçon. En tout état de cause, cette séquence gestuelle trahit une fatigue intellectuelle ou un besoin de décrocher.

Les gestes quotidiens en rapport avec le ventre sont en général très rares. Il nous arrive de temps en temps de nous tenir le ventre quand nous nous sentons légèrement menacés. Les bras s'interposent comme une barrière ventrale… C'est une variante de la croix sur le corps qui est plus fréquente et consiste à se croiser les bras sur la poitrine. Tous ces mouvements de barrière corporelle indiquent une disposition sociale inconfortable avec la présence d'un certain malaise dans les relations de personne à personne.

En outre, symboliquement, un sujet se gratte le ventre quand il ressent l'aiguillon de la faim. Mais il s'agit surtout d'une fringale de réussite qui ne lui est pas accessible, s'il reproduit régulièrement ce geste.

Mon invité se gratte le ventre à plusieurs reprises en me vantant les succès professionnels récents de son cabinet de recrutement. Je connais le sens de ce comportement, une trahison gestuelle de ses affirmations verbales. Soudain, je me mets en demeure de le piéger. Trois quarts d'heure plus tard, il m'avoue que les succès dont il m'a parlé ne sont pas encore affichés au tableau d'honneur de son cabinet tout neuf.

Le bas-ventre

Très sensible aux pensées parasites, le bas-ventre s'agite quand votre climat mental est en désordre.

La symbolique du bas-ventre

Le bas-ventre est le siège des pensées parasites, qui prennent la forme d'une spéculation, d'une appréhension, d'une catastrophe fantasmée, d'une impression d'inutilité, d'un sentiment d'échec, d'une crainte irrationnelle, d'un sentiment de culpabilité sans fondement, etc. La plupart des pensées qui ne sont pas des réflexions structurées sont des pensées parasites. Le bas-ventre est le siège de l'angoisse de castration, sur le plan symbolique. J'y ajoute aussi celui des pensées parasites et polluantes. Plus vous les cultiverez, plus votre transit intestinal subira des remous désagréables. Mieux vous éradiquerez vos pensées obsessionnelles, appréhensives, compulsives, etc., moins vous serez dérangé par ces ballonnements.

Les pensées parasites agissent comme des virus qui déstructurent l'organisation mentale. Elles sont non seulement une entrave à la mémoire, à l'intelligence mais aussi une contrainte pour le corps qui en subit les assauts sous la forme de troubles psychosomatiques ou de dysfonctionnements variés et divers. Existe-t-il un antidote qui permettrait d'évacuer cette pollution mentale ? Il en existe plusieurs mais le premier de tous s'appelle le sport. À défaut d'en pratiquer un assidûment, vous pouvez aussi vous jeter des défis en vous regardant dans le miroir de votre salle de bains, ou encore, apprendre à dépasser vos limites pour alimenter votre endurance. Combien de mètres carrés de votre jardin seriez-vous capable de retourner à la bêche ? Dix ? Mettez-vous au défi d'en faire le double. Vous défier en toute occasion est une manière idéale d'évacuer les pensées parasites. Pourquoi ? Parce que chaque petite victoire est la preuve de votre valeur ajoutée, comme une TVA que vous percevez sur vos actions les plus banales. Contre les pensées parasites, le seul remède efficace qu'on ne trouve pas en pharmacie s'appelle le défi.

Le menu du bas-ventre

La gestuelle du bas-ventre donne des indications sur le climat mental de votre interlocuteur.

Les doigts croisés

Assis, il croise ses doigts sur son bas-ventre comme s'il avait besoin d'un suspensoir pour protéger son sexe. Il faut dire qu'il vient de subir une engueulade canon de son chef. Il s'agit d'un geste inconscient coutumier chez les individus enrobés. Il révèle effectivement un besoin de protéger le bas-ventre d'une agression éventuelle, fût-elle verbale.

Les mains nouées

Je marche les mains nouées sur mon bas-ventre. Je viens d'apprendre que la banque me refuse un crédit de caisse dont j'ai un urgent besoin. J'imagine déjà le dépôt de bilan car ma boîte est dans une situation critique. Il faut que j'en parle à mon épouse mais j'ai peur de ses réactions. Elle m'a déjà laissé entendre que si je me déballonne, elle me quittera pour de bon.

Cette démarche est un grand classique des attitudes d'échec. Les mains nouées sur le ventre ou plus bas (tout dépend de la longueur des bras) représentent symboliquement une entrave à la marche. Attitude corporelle courante chez les retraités ou les personnes désœuvrées, elle devient un véritable virus de l'échec, si vous fréquentez un individu qui la privilégie quand il marche.

L'appui

Le patron, debout devant mon bureau, appuie régulièrement son bas-ventre contre le bord de la table qui nous sépare. Ce type d'attitude trahit une motivation frauduleuse.

Le nombril

Les femmes s'étant majoritairement (80 %) mises au pantalon, elles ont dévoilé leur ventre en toutes saisons, suscitant une fascination particulière. Et par là même un marché en plein essor, celui de l'abdominoplastie.
Au centre de ce ventre (et du monde des adolescentes), le nombril a pris une telle valeur esthétique qu'il est entré au catalogue des organes modifiables par la chirurgie esthétique. L'ombilicoplastie peut même le rendre parfait, c'est-à-dire à la fois bien positionné, petit et vertical.

La symbolique du nombril

Lieu symbolique de l'ego, le nombril percé peut s'interpréter de diverses manières :

- Le besoin de se revaloriser ;
- Le besoin de couper le cordon ombilical une bonne fois pour toutes.

Les jeunes femmes au nombril percé ne sont manifestement pas à l'aise dans leur peau et donc pas toujours aussi sensuelles qu'elles le voudraient. Le piercing est peut-être perçu comme l'épreuve initiatique qui les libérera du conflit latent qu'elles entretiennent avec une sexualité qui n'a pas encore effeuillé tous les pétales de la marguerite.

Cette mode récente révèle un malaise général lié à une situation économique défavorable. Je m'explique. Le nombril est le siège symbolique de l'ego. L'égocentrisme est un moyen de protection parfaitement naturel et légitime contre le sentiment d'insécurité qui plane sur la société actuelle. « Dieu pour tous et chacun pour Moi ! » est le message du nombril dénudé et de sa propriétaire.

En outre, un piercing du nombril est une ceinture de chasteté symbolique qui n'exprime pas la fidélité de la demoiselle percée mais plutôt sa difficulté à profiter pleinement et librement de sa sexualité.

Aujourd'hui, la règle est aux ventres plats pour les membres des deux sexes et à tout âge. Ce changement de mode a eu un effet secondaire insolite : il a modifié la forme du nombril. Chez les silhouettes potelées, le nombril est à peu près circulaire, mais chez les individus plus minces, c'est plutôt une fente verticale. Un examen des œuvres d'art représentant les femmes aux proportions plus généreuses des époques précédentes nous confirme que dans leur grande majorité, elles avaient bien un nombril circulaire, rapporte Desmond Morris. Une étude similaire des photos des modèles d'aujourd'hui nous apprend que ce chiffre tombe à 54 %. Les femmes actuelles ont donc six fois plus de chances d'avoir un nombril vertical que leurs plus voluptueuses ancêtres.

Le nombril originel

Le nombril a provoqué quelques remous dans les cercles religieux. Pour ceux qui croient à la vérité littérale des textes anciens, se pose en effet l'épineux problème de savoir si le premier homme possédait ou non un nombril. Si Adam (ou son équivalent dans les autres religions) a été créé par un dieu et non issu d'une femme, il était censé ne pas avoir de cordon ombilical, donc pas de nombril. Les premiers artistes eurent à décider s'il fallait ou non inclure un nombril dans leurs représentations du corps d'Adam. La plupart optèrent pour l'affirmative et inventèrent sans doute leurs propres raisons quant à l'existence du nombril d'Adam, mais leur décision amena un problème encore plus ardu. En effet, puisque Dieu a créé l'homme à son image, Lui aussi devait avoir un nombril. Et naturellement, cela entraîna une autre interrogation : qui était alors la mère de Dieu ?

Le dos

Le dos est le siège de l'énergie la plus fondamentale pour la survie de l'humanité : l'amour. Celui qui tue son ennemi en lui plantant un couteau dans le dos exprime sa haine. Le dos, pris dans sa globalité, est le siège anatomique de toute sensibilité affective (voir Figure 11-7).

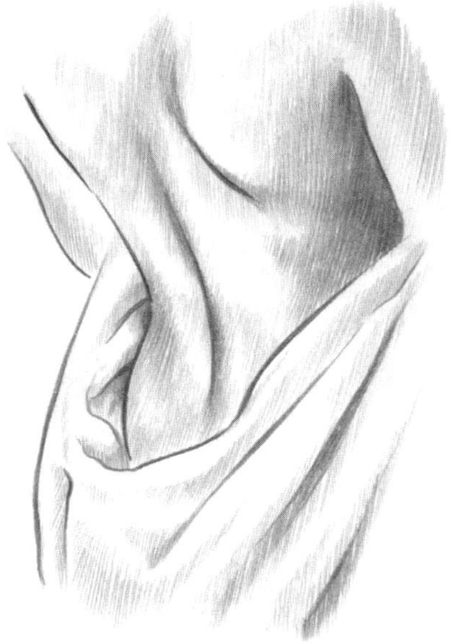

Figure 11-7 : Le dos, siège de l'amour.

Vous avez déjà remarqué qu'une jolie femme dénudera son dos en public quand elle n'est pas pourvue d'une poitrine opulente. Il y a des dos séducteurs et d'autres qu'il vaut mieux cacher sous un voile translucide. Les vertèbres proéminentes ne sont pas des atouts séducteurs. En revanche, les omoplates bien découpées peuvent avoir un effet très attractif. Si elles se complètent d'une ravine au creux du dos, vous avez tout intérêt à dévoiler ce dos. Celui des femmes bien en chair présente des fossettes dites sacrées juste au-dessus des fesses. Elles étaient considérées jadis comme un critère de grande beauté féminine.

La symbolique du dos

Le dos est le siège de l'équilibre affectif.

Une mère tapote rythmiquement le bébé de l'une de ses mains.
Ce tapotement se limite pour l'essentiel à une seule partie du corps du bébé : le dos. Il se fait à une vitesse et une force caractéristique. Inférer qu'il s'agit là d'une aide au petit rot ne rend pas un compte exact de la réalité, selon Desmond Morris. C'est une réaction maternelle plus fondamentale et plus répandue qui ne se limite pas à une seule manifestation d'inconfort infantile. Chaque fois que le bébé semble avoir besoin d'un peu de réconfort, la mère complète son étreinte de quelques petites tapes dans le dos. À l'origine, la petite tape dans le dos est ce que les spécialistes de la gestuelle nomment un code d'intention. C'est un mouvement qui est censé simuler un sentiment de réassurance ou d'apaisement du bébé. Sa généralisation planétaire en a fait un geste anxiolytique universel. Le dos est la première partie corporelle sur laquelle la main de l'ami vient se poser quand il faut consoler ou montrer sa compassion, le bras autour de l'épaule vient en second. Les petites tapes répétées contribuent à calmer le bébé ou l'enfant qui s'est fait un petit bobo ou qui éponge un gros chagrin.

David Servan-Schreiber rapporte les faits suivants dans son best-seller intitulé *Guérir* : « Malgré toutes les conditions requises pour maintenir en vie des prématurés, ces derniers ne prenaient pas de poids et ne grandissaient pas, ce que les scientifiques considéraient comme un mystère. En revanche, une fois sorti de la couveuse, les nourrissons survivants rattrapaient leur poids rapidement. Un jour, dans une unité de néonatalogie américaine, les médecins remarquèrent que certains bébés en couveuse grandissaient normalement. Pourtant, rien n'avait changé dans les protocoles de soins. Sauf que… une infirmière de nuit avait bravé l'interdiction de toucher les prématurés, incapable qu'elle était de résister à leurs pleurs de détresse. Elle avait entrepris de caresser le dos des bébés pour les calmer. »

De cet incident, les chercheurs ont pu déduire que le contact affectif tactile est bel et bien un facteur indispensable à la croissance. Et la portée de ce constat est incommensurable car elle confirme que le dos est bien le siège anatomique de l'amour.

L'expérience des orphelinats roumains de l'époque Ceausescu, dont les images sont encore dans toutes les mémoires, a démontré de manière éclatante que la plupart des enfants qui ne reçoivent pas leur dose de nourriture affective en meurent. D'où il ressort que la principale source de régulation biologique est l'amour de la mère ou d'un substitut de celle-ci. David Servan-Schreiber rajoute un principe fondamental en ces termes : « Chez les humains, on a établi que la qualité de la relation entre les parents et leur enfant, définie par le degré d'empathie des parents et leur réponse à ses besoins émotionnels, détermine dans le temps la tonicité de son système parasympathique, c'est-à-dire le facteur précis qui favorise la cohérence du rythme cardiaque, ce facteur essentiel qui lui permettra de mieux résister au stress et à la dépression. » Ce qui est vrai pour les tout-petits dont l'équilibre physiologique dépend de l'affection qu'on leur porte est aussi vrai pour les adultes.

Un dos dont on souffre est un signal qu'il ne faut jamais négliger. Il signifie que « vous en avez plein le dos » d'un imbroglio, d'une situation professionnelle ou d'un partenaire dont vous vous détachez insensiblement. Mais les douleurs dorsales peuvent également indiquer une carence affective installée depuis l'enfance. Les tensions s'installent un peu comme des couches sédimentaires qui se superposent. Ce n'est qu'une image mais elle est parlante. Seul un retour en force de l'estime de soi peut contrecarrer cette sédimentation. Un coiffeur en plus, des caprices vestimentaires, un petit bijou de fantaisie, une paire de chaussures superflues mais si mignonnes, quelques séances de massage, crèmes et parfums, les occasions ne manquent pas de se faire plaisir.

Les dorsalgies chroniques

Mal au dos rime souvent avec découragement, démotivation ou désinvestissement. Le dos voûté est toujours significatif d'un passé difficile. Il porte le poids du monde sur ses épaules. Le dos est aussi le siège de toutes les tensions musculaires qui ne sont que les déclinaisons subjectives de troubles ou de traumatismes affectifs anciens et non résolus. Si vous souffrez régulièrement du dos, sans origine pathologique précise, il est évidemment facile d'accuser la posture au travail ou l'incapacité de se détendre, le stress quotidien ou les angoisses du lendemain qu'on vous fait subir en vous mettant la pression au boulot. Les dorsalgies chroniques ne sont pas négligeables, elles ont clairement une origine affective qu'aucun kinésithérapeute ne peut effacer, même si son travail de fond vous soulagera toujours. Soulager n'est pas guérir ! Toute douleur atypique de cette région du corps est associée aux affects, à un investissement de soi qui n'a pas abouti ou à un investissement professionnel pris en otage par votre employeur. J'ai observé certains étudiants qui avaient fourni un effort réel pour se remettre à niveau. Ils ont été victimes de douleurs dorsales « compensatoires » parce que malgré leurs efforts, ils avaient échoué à leurs examens.

Un VRP du secteur éditorial a été transféré dans une nouvelle région pour élargir le potentiel de clientèle de la société de diffusion. Malgré les avantages qui ont accompagné cette mutation, il a commencé à souffrir du dos, mettant cette gêne sur le compte des kilomètres de routes départementales mal entretenues qu'il devait emprunter quotidiennement. En réalité, il s'est retrouvé confronté à des libraires démotivés avec pour conséquence un chiffre d'affaires inférieur à la moitié de celui qu'il obtenait dans son secteur précédent.

Certains chercheurs prétendent que l'une des causes majeures des douleurs dorsales serait liée à la frustration sexuelle. Le simple fait de refaire l'amour régulièrement les chasserait automatiquement. Si vous avez mal au dos et si vous oubliez vos devoirs conjugaux, vous savez ce qui vous reste à faire. Mais on peut aussi privilégier les massages ou les caresses mutuelles sans connotation sexuelle. Le succès considérable des stages de massages orientaux n'est pas le prolongement unique de leur efficacité. Une majorité de stagiaires s'inscrivent à ces formations pour recevoir cette compensation affective de la caresse qui leur fait cruellement défaut dans leur vie quotidienne. J'ai eu l'occasion d'en discuter avec plusieurs thérapeutes qui enseignaient le shiatsu ou le reiki. Ils ont admis ma suggestion du bout des lèvres. Il n'empêche que la partie anatomique la plus fréquentée dans ces formations demeure le dos des stagiaires.

Le menu du dos

Les postures liées au dos sont riches de sens.

La main dans le dos

Votre interlocuteur appuie souvent l'une de ses mains dans le bas de son dos. Soit il souffre de douleurs lombaires, soit il fait semblant de vous écouter pour vous donner le change tandis qu'il vous mitonne une petite arnaque très peu amicale. Fils d'un mariage de raison entre ses préjugés et ses idées préconçues, il ne vous suivra jamais au-delà de ses convictions. Immobile par vocation, la nouveauté lui flanque de l'urticaire, raison pour laquelle il se montrera toujours réticent dès qu'il faut collaborer à un projet qui dérange son petit confort intellectuel. Introverti, sédentaire, votre interlocuteur se montre peu coopératif dès qu'il faut collaborer à un nouveau projet. Il a souvent l'impression (justifiée) d'être un incapable. Pour se venger de ce sentiment indélébile, il agace ses interlocuteurs en dévaluant d'office tous les projets qu'on lui soumet.

Les deux mains dans le dos

Les deux mains prennent appui dans le bas du dos.

Cette posture témoigne souvent d'une douleur ou d'une gêne lombaire qui apparaît quand le mental plonge dans une atmosphère de déprime ponctuelle.

Le dos tourné

Votre patron vous parle en vous tournant le dos. Il refuse de vous voir mais accepte de vous parler, comme si vous n'étiez que le dernier des larbins. Cette attitude est fortement prisée par les hommes d'influence qui ne sont pas forcément des décisionnaires. Souvenez-vous de la nuance ! Le véritable leader n'a pas besoin de vous tourner le dos pour vous suggérer la voie à suivre ou la direction de la porte. Le pseudo-leader n'a qu'un pouvoir consultatif, d'où son besoin de mise en scène pour faire passer les ordres qu'il ne fait souvent que répercuter.

La tape dans le dos

Il envoie une tape d'encouragement dans le dos de son interlocuteur. Dans un autre contexte, vous vous souviendrez certainement de cette réplique célèbre extraite du roman de Paul Féval : « Touchez ma bosse, Monseigneur ! Ça porte bonheur ! » (*Le Bossu*). Taper dans le dos de quelqu'un pour l'encourager n'est que le sens premier du geste. Il provient probablement de la superstition évoquée dans la réplique célèbre de Jean Marais. Ce contact amical n'est pas désintéressé puisqu'il permet à celui qui en fait usage de subtiliser un peu de bonne fortune à celui qui est censé la recevoir du destin. Par voie d'extension, tous les gestes de contact associés à un esprit d'encouragement procèdent du même intérêt, même s'il est inconscient. La superstition a la vie dure !

À l'origine, la petite tape dans le dos est ce que les spécialistes de l'étude du comportement animal appellent un mouvement d'intention.

La même attitude peut s'observer, mais avec beaucoup plus de vigueur, quand un sportif vient de réaliser une performance qui lui vaut un triomphe. Quand il reviendra joyeux du terrain ou du stade, ses admirateurs vont rivaliser d'ardeur pour l'approcher d'assez près et à son passage lui taper chaleureusement dans le dos. Alors ? Geste d'affection ou de superstition ? Ou peut-être les deux ?

Le creux entre les omoplates

Les omoplates sont le siège de l'intuition et également les ailes de l'ange déchu. Il a été chassé du paradis parce qu'il a osé croquer la pomme qui est le symbole de la séduction. Le creux entre les omoplates est le triangle des Bermudes du corps. L'un des lieux du mystère de la vie dont le plaisir n'est que la partie immergée. Lieu difficile d'accès de manière autonome, il est en revanche très accessible par le compagnon ou la compagne qui vous prend dans ses bras. Le creux entre les omoplates est très innervé, donc ultrasensible. Quand on ressent un frisson dans le dos, c'est à ce niveau que se situe son point de départ… de peur ou de plaisir.

Elle se grattouille souvent les omoplates tandis que son compagnon fait semblant d'être ailleurs. Il regarde passer les gens dans la rue. Le message ne passe pas. Il est pourtant d'une banalité à pleurer. Le geste reproduit par sa compagne est suffisamment explicite : « Viens me gratter le dos, j'ai besoin d'amour ! » Ces deux-là ne resteront pas longtemps ensemble, la rupture est virtuellement consommée mais ils ne le savent pas encore. Si votre coup de cœur reproduit ce geste devant vos yeux ébahis, ne la laissez pas mariner dans son jus pendant cent sept ans. Ce réflexe gestuel est une demande de sensualité pure et dure.

Les frissons

Réaction thermodynamique à l'origine, le frisson se manifeste en cas de fébrilité. Il sert notamment à diminuer la température corporelle. La surprise d'une rencontre inattendue avec un vieil ami du lycée peut également déclencher ce genre de réponse. L'effet de surprise joue un rôle éminent dans la production du frisson, la caresse érotique aussi. Reste l'expression : « Ça me donne froid dans le dos » qui signale clairement une angoisse soudaine ou l'expression verbale de la peur. Mais le circuit neuronal de la peur (l'amygdale du cerveau) est aussi celui du plaisir. Ce qui me permet de conclure que le frisson est surtout une expression de la surprise, bonne ou mauvaise. L'amygdale du cerveau, en tant que système d'alarme central, se manifeste par le truchement de diverses réactions comportementales (les postures de fuite) ou biomécaniques, tel le frisson.

Le triangle des Bermudes

Il arrive qu'on se gratte les omoplates quand elles démangent, la démangeaison à ce niveau est un signal très particulier que je vous conseille de mémoriser. Il s'agit d'un appel en PCV du futur. De votre futur. Il existe une catégorie d'individus passionnés de futurologie, dont les prémonitions tombent généralement au bon endroit. Ce sont aussi des sujets impressionnables dotés d'une imagination fertile et d'un sens aigu de l'anticipation. Il s'agit de ces collègues que vous fréquentez jour après jour, constamment assaillis par ces chatouillements et qui passent souvent leur temps à se gratter le haut du dos tandis que vous discutez avec eux. On dit d'eux qu'ils ont de l'intuition, de l'inspiration ou du flair. La plupart se dirigent vers des métiers ou des secteurs d'activité excentriques : mode, métiers de la beauté, divination, publicité, show-biz mais aussi la Bourse et toutes les activités humaines qui exigent d'avoir une lucarne ouverte sur l'avenir. Si vous vous reconnaissez dans ce portrait, vous constaterez aussi que le triangle des Bermudes ou les omoplates qui le cernent sont plus sensibles que le reste du dos.

Le tatouage des omoplates

On les remarque souvent sous les épaules dénudées de naïades en bikini ou en petit haut largement échancré dans le dos. Sous l'épaule droite ou sous la gauche ? Statistiquement, l'épaule droite l'emporte largement. On aime ou pas ! Un peu vulgaire, je vous l'accorde, mais le tatouage est aussi une manière de se marquer pour se démarquer. La peau est un vêtement nu et mal décoré. Le bronzage peut y pallier mais il est de plus en plus déconseillé. Les rayons du soleil peuvent être cancérigènes. Alors, omoplate gauche ou droite ? C'est le « suivez-moi jeune homme ! ». Le tatouage aguicheur par excellence.

Les reins

Les reins sont le siège symbolique de l'exaspération, de l'obstination, et de la versatilité.

Les gens irritables sont souvent des individus obstinés, surtout quand ils ont tort et que vous avez raison mais qu'ils espèrent envers et contre tout vous persuader du contraire. Le sentiment d'exaspération et l'entêtement sont presque synonymes et se marient souvent contre leur gré. Le mépris pourrait aussi trouver son siège symbolique dans le bas du dos.

Les reins, c'est le bas du dos sur lequel les mains se posent régulièrement quand le sort vous est contraire. D'où l'expression : « J'en ai plein le dos. » Les doigts sont dirigés vers l'arrière et les paumes couvrent les reins comme des cataplasmes. La posture doit vous être familière. Elle est typique des femmes d'ouvrage ou des ménagères submergées par des tâches répétitives et aussi passionnantes qu'une énième rediffusion du téléachat. Si vous êtes coutumière de la posture sans pour autant vous situer dans la catégorie que je viens de citer, je vous conseille d'analyser sérieusement vos conditions de travail, de vie commune, etc. et de comparer la récompense ou le retour que vous en attendez par rapport au degré d'investissement qu'on exige de vous.

Si vous souffrez de douleurs lombaires nocturnes, votre subconscient tente de vous faire passer un signal fort. Ce sont les douleurs de la passion qui s'est trop investie dans une entreprise ou un projet qui n'en valait pas la dépense. Trouvez le coupable et fusillez-le contre le mur de votre esprit ! Les lombalgies disparaîtront presque aussitôt. N'oubliez jamais que les reins sont le siège symbolique de l'obstination et de l'exaspération. Il faut parfois lâcher prise avant qu'il ne soit trop tard.

La colonne vertébrale

Si vous êtes souvent sujet à des douleurs de type vertébral ou paravertébral, il est important de situer le siège de ces douleurs, d'une part, de vérifier qu'elles ne sont pas d'origine pathologique avant de statuer sur une possible origine psychogène, d'autre part.

Les douleurs cervicales

Si vous cessiez de faire du rase-mottes sous votre ligne d'horizon, vous seriez déjà beaucoup moins complexé(e). Les douleurs cervicales sont souvent consécutives à une blessure narcissique qui vise à déstabiliser la confiance en soi. Ces douleurs peuvent apparaître soudainement et disparaître tout aussi vite quand le sentiment d'infériorité s'efface. D'ailleurs, si ce n'est pas le cas, une méfiance en soi installée risque de se transformer en torticolis pour bien marquer la conscience. Si vous êtes victime de douleurs cervicales atypiques, ne courez pas bille en tête chez le kinésithérapeute avant d'avoir effectué un tour d'horizon de vos pensées parasites. Le coupable n'est jamais très loin. Si c'est un proche qui vous veut du mal, fusillez-le mentalement avant de prendre vos distances physiquement. Si c'est un sentiment délétère, nettoyez votre champ psychologique. Il faut retourner la terre de la conscience pour lui donner de l'air. Les cervicales baptisées « les 7 piliers de la sagesse » sont d'abord et avant tout le siège symbolique de la foi (en Dieu ou en soi). Sachez tout de même que la foi est le premier de ces piliers.

Les douleurs dorsales

Si les douleurs dorsales ne sont pas liées à une scoliose ou une cyphose ou à toute autre cause structurale, elles peuvent être la conséquence du « dos rond psychique ». La peur des retombées ou d'une volée de bois vert qui vous attend pour une faute que vous avez commise ou parce que vous aimez vous sentir coupable par pur plaisir masochiste. La peur de la punition peut parfaitement vous sembler excitante, attendue et espérée pour vous délivrer de ce sentiment psychotoxique qu'est la culpabilité. Un plaisir trouble et pervers qui ne fera de tort qu'à votre dos. Les vertèbres dorsales sont justement le siège symbolique de la culpabilité. Certaines douleurs dorsales proviennent d'un sentiment de culpabilité réel dont la souffrance représente la punition obligée de manière totalement inconsciente.

Les douleurs lombaires

Elles sont à mettre en corrélation avec un entêtement ou une obstination fondée ou non (voir la section consacrée aux reins dans ce même chapitre).

C'est la douleur des têtes de mule. Elles foncent dans le mur en klaxonnant mais ne feront jamais le détour pour l'esquiver. On pourrait leur donner tort alors qu'elles ont tellement besoin d'avoir raison surtout quand elles ont tort.

Les douleurs au sacrum

On retrouve l'instinct de survie à différents endroits du corps, dont le sacrum qui en est l'un des sièges symboliques. Contrairement à ce que professent certains ésotéristes, l'instinct de survie n'a rien à voir avec la réincarnation ou la métempsychose (réincarnation de l'homme en animal). Cet instinct particulier est un talent hérité d'une longue lignée d'ancêtres qui ont survécu aux pires brimades, aux plus grandes difficultés d'existence, aux conflits meurtriers ou aux catastrophes naturelles et qui vous ont transmis cette fabuleuse prédisposition à survivre envers et contre tout.

Un amour immodéré de la vie, voilà ce qu'est l'instinct de survie. Des douleurs atypiques au sacrum vous informent que votre instinct de survie est malmené et qu'il vous faut réagir. Votre santé est en péril ou vos chances de réussite risquent d'être exterminées. Réagissez !

Les douleurs coccygiennes

Vous connaissez le gag stupide de la chaise que l'on retire au moment *ad hoc*. Pour le plaisir de votre douleur ! Est-ce parce que le jaloux de service sent confusément que votre coccyx est le siège symbolique de votre enthousiasme qu'il vous a choisi comme victime de sa mauvaise blague ? Si vous êtes sujet à des douleurs atypiques du coccyx (sans qu'il soit question de chute, évidemment), rendez donc une petite visite de courtoisie à votre enthousiasme. Est-il au chômage technique depuis votre séparation ou l'absence de l'autre ? En deuil depuis que vous dépendez des Assedic ? Rien que de très normal. Cependant, si vous souhaitez que les choses changent, il faudra remotiver votre enthousiasme pour que les douleurs coccygiennes disparaissent. Et puis, cessez de vous asseoir en toute occasion. Les douleurs au coccyx peuvent aussi provenir de cette manie.

Chapitre 12

Des hanches aux fessiers

Dans ce chapitre :

- La taille et les hanches
- Le sexe
- Les fessiers

J'ai réservé un chapitre particulier à quelques-uns des accessoires anatomiques évocateurs de la quête du paradis sur terre. Chacun voit midi à sa porte. Une sorte de sous-continent du buste que l'on cache souvent très mal pour mieux en exposer les détails. Mis à part les hanches qui servent d'écrin valorisant à la finesse de la taille et le nombril qui est surexposé à la vue de tous, les autres parties anatomiques fesses et sexe font l'objet d'une littérature érotico-sexuelle colossale au point qu'on pourrait se demander ce qu'il reste à en dire. Tout n'a pas été dit, comme vous le constaterez par vous-même.

La taille et les hanches

Les hanches et la taille ont une signification variée.

Le symbolisme de la taille

Siège du fatalisme, de la soumission et symbole de l'abandon, la taille de la femme est l'intersection du sablier par où s'écoule le temps qui passe (voir Figure 12-1). Plus le temps passe, plus la taille s'efface, victime des grossesses successives ou du relâchement des muscles abdominaux. Le besoin de plaire a vécu, la dynamique de la séduction aussi. Tant qu'elle est marquée, la taille demeure un lieu érogène.

Figure 12-1 : La taille de guêpe est particulièrement. érotique.

Même dans les dessins animés, la taille des personnages féminins est d'une finesse plus que suggestive en comparaison de la largeur des hanches. Les femmes ont des yeux immenses, une taille de guêpe et un bassin d'une largeur qui se démarque encore mieux de la taille. Cette hyperféminité des « toons » est un message très polluant à destination des petites filles. Elles intègrent ce format hors norme comme s'il s'agissait d'un objectif à atteindre pour plaire à autrui et nul ne peut dire si ce message n'est pas l'un des facteurs à l'origine de certaines anorexies chez les adolescentes un peu rondes.

Dans plusieurs danses folkloriques de diverses régions du globe, le danseur pose ses mains sur les hanches de sa partenaire et enserre sa taille de ses doigts. Cette attitude est un véritable aveu de domination amoureuse. Et comme je le signale, la taille est le siège symbolique de la soumission librement consentie (ou non). Ce qui sous-entend que la femme dont la taille s'est épaissie est une femme insoumise car elle a changé de statut : elle est devenue mère ou n'a plus besoin de plaire. Certaines prises de poids sont d'ailleurs liées à ce refus conscient ou non de plaire aux hommes. La taille s'efface et le regard masculin s'évade, mais la soumission demeure et le fatalisme s'accentue encore. Les jolies filles d'antan ont grossi, sont devenues des matrones qui posent souvent leurs mains sur les hanches, presque sous le souvenir d'une taille à jamais enfouie.

Les mains sur les hanches

Les hanches sont à la séduction ce que la pluie est à la terre : elles fertilisent l'imaginaire du père en puissance qui se cache dans la conscience de l'homme.

Pour marquer leur taille, les individus narcissiques posent régulièrement les mains sur les hanches (voir Figure 12-2).

Figure 12-2 : Les mains sur les hanches est une posture narcissique.

La posture est tellement courante qu'on ne la remarque plus. Tous les gestes qui mettent la taille en valeur se retrouvent dans la section consacrée aux hanches. Quel est le rapport entre le narcissisme et la fatalité ? La beauté ! Celui qui en hérite se trouve dans l'obligation d'y investir des sentiments. La beauté est une fatalité car elle focalise les énergies de celui ou celle qui en bénéficie sur son image publique. Et cette beauté n'est pas toujours récompensée à sa juste valeur. La vie n'est pas un conte de fées pour tous ceux qui ne peuvent compter que sur leur image.

C'est précisément en raison de cette évolution qu'une taille très mince a toujours symbolisé la virginité et l'innocence. Il est important de comprendre qu'une taille fine ne veut pas seulement dire : « Je suis une femme » mais aussi « Je ne suis pas enceinte ». En d'autres termes elle proclame : « On peut me mettre enceinte. » La poitrine plantureuse rappelle trop les formes rebondies de la future mère pour transmettre des signaux d'invite clairs et c'est pourquoi une silhouette à la taille élancée produit un impact si puissant sur les hommes.

La somme des gestes ou des postures dans lesquels interviennent les hanches donne à penser qu'elles sont un bûcher des vanités plus que l'autel de la fécondité.

La position des mains sur les hanches marque, en principe, un sentiment d'exaspération et d'irritation, et on la retrouve dans plusieurs occasions de ce genre. Les personnes interloquées reproduisent aussi une posture que les Britanniques ont baptisée « le pot à deux anses ».

Le pot à deux anses est le geste typique d'un individu qui abuse de cette attitude pour rehausser son image publique. Un peu comme on redresse son nœud de cravate ! De manière ponctuelle, il signifie aussi que le sujet se sent diminué. Les personnes interloquées reproduisent ce geste particulier. L'interprétation de cette attitude récurrente est aux antipodes de la séduction. Elle signifie que le sujet est victime d'un complexe d'infériorité coriace. Il cherche à tout prix à s'affirmer. On peut être beau comme un camion et se croire aussi médiocre qu'une voiture d'occasion.

La main gauche posée sur la hanche correspondante témoigne d'un individu possessif, exclusif. La possessivité est un sentiment très féminin, mais qui touche aussi pas mal d'hommes. La hanche gauche dépend du cerveau droit, le cerveau yin, pour mémoire. *A priori*, elle est symbolique de futilité.

La main droite posée sur la hanche correspondante signale une ambition mitigée de vanité ou d'orgueil. La hanche droite est aussi le siège symbolique de l'impatience.

Le menu des hanches

La ou les mains posées sur une ou deux hanches expriment couramment des sentiments de colère, de fierté ou d'orgueil. Associées à des positionnements précis des doigts, ces postures prennent une autre signification.

La colère

« Je suis verte de rage. Tu as vu ton bulletin ? C'est un scandale. Et dire que ton père et moi voulions t'offrir une console de jeux pour Noël ».

On imagine très bien cette sortie, le chiffon de cuisine dans une main et les poings sur les hanches face à l'accusé boutonneux jusqu'à la racine des cheveux (voir Figure 12-3).

Figure 12-3 : Cette posture est synonyme de colère.

L'orgueil

« C'est moi qui ai remporté le rôle et pas cette idiote de Jeanne, cette mocheté, cette pseudo-actrice qui a autant de culture théâtrale qu'une barquette de pommes de terre... »

L'épaule droite est projetée en avant, les mains sont posées, doigts en éventail, sur les hanches marquant ainsi l'orgueil de la personne.

La fierté

« J'ai été sélectionné pour représenter l'école à la garden-party du Président, tu réalises la staaaaar ? » Là, l'épaule gauche est en proue contrairement à la réaction d'orgueil. Les individus qui cherchent à s'affirmer en usent aussi. « Je suis le seul qui comprend ce qui se passe ici ! »

Le menton relevé, un zeste de mépris, les lèvres pincées comme celles d'une vierge effarouchée sont le signe de la fierté.

Les poings sur les hanches

Les poings sur les hanches sont ce qu'on appelle un geste litote. C'est l'attitude pseudo-hostile de la mamie qui fait semblant de gronder son petit-fils. Les poings sur les hanches peuvent aussi marquer l'ironie ou une impatience simulée.

Le roulement de hanches

Cette posture des danseuses hawaiiennes de hula et des houris, danseuses du ventre des pays musulmans, est la première image qui vient à l'esprit quand on s'intéresse aux hanches. Mais que se passe-t-il dans la conscience individuelle quand les mains ou les poings viennent se poser dessus ?

Un sentiment d'infériorité pointe le bout de sa truffe humide.

La main sur la hanche

Il se tient debout sur le perron et pose une main sur la hanche correspondante tandis que je franchis la distance qui nous sépare pour arriver à sa hauteur.

Posture typique des tempéraments arrivistes ou des parvenus qui abusent de cette attitude au lieu d'en user avec modération.

Les deux mains sur les hanches

Elle pose ses deux mains en appui sur ses hanches, histoire de rehausser les épaules et ses seins menus. Elle trouve qu'ils sont plantés trop bas.

Mise en avant de l'image sociale, associée à un sentiment d'infériorité ou un manque d'assurance, pour autant que ce geste revienne couramment dans le vocabulaire corporel de votre interlocuteur.

Les mains à plat sur les hanches

Elle pose ses mains sur ses hanches face à son compagnon. Elle le met clairement au défi de l'enlacer. Hélas, il est très timide et encore plus gauche. Pour bien faire, c'est elle qui devrait prendre l'initiative.

Elle le confronte à un challenge : « Si tu es capable de me séduire, je te suivrai, sinon, je te fuirai ! »

Le dos des mains posé sur les hanches

Cette attitude est la caricature de la mégère, reprise par de nombreux humoristes.

Le sexe

Féminin ou masculin, le sexe est le symbole de l'équilibre de la libido. Vous vous en doutiez ! Un terme qui recouvre globalement la recherche de la satisfaction sexuelle, c'est-à-dire l'orgasme. Jung le considère comme une énergie psychique quel que soit son objet. Pour Freud, c'est un peu plus compliqué : la libido est l'énergie instinctuelle de la vie qui se répartit entre le Moi et les objets ou les personnes. La libido passe par un certain nombre de stades au cours du développement individuel (stade oral, sadique-anal, stade phallique, en gros). Freud définit les stades libidinaux, moteurs des stades d'organisation de la relation d'un sujet avec la notion d'amour. Pour ma part, je rejoins la définition de Jung, celle de l'énergie psychique associée à la sexualité ou à un autre objet de satisfaction : projet, carrière, amitié, succès divers et variés. Une libido qui fonctionne sans accroc ne détermine pas seulement les performances sexuelles de l'individu mais aussi le degré de gratification qu'il retire de son vécu.

L'entrecuisse

L'entrecuisse est une zone taboue. L'exposer directement au regard comme une invitation à la gaudriole constituerait un signal sexuel beaucoup trop fort pour servir de préliminaires. Cette partie du corps présente néanmoins un intérêt aussi considérable qu'incontournable. Aussi, l'exposition directe des parties génitales n'étant pas possible, reste-t-il à lui trouver des substituts.

Le premier est de porter des vêtements qui mettent en valeur la nature des organes qu'ils cachent. Pour la femme, ce sera les jeans moulants, les shorts ou les maillots de bain, d'une taille inférieure à ce qu'exigerait le confort, si étroits qu'ils épousent les formes de l'excavation pelvienne et les révèlent à l'œil attentif.

Le vagin

Le pubis féminin est le siège symbolique du mystère. Le pubis n'est qu'un lieu anatomique sans particularité sinon qu'il est voisin du sexe. Ce qui en fait un lieu magique, propre à faire délirer tous les imaginaires. Il suffit d'un cliché qui laisse deviner le pubis pour que l'imagination plonge à pieds joints dans le continent perdu.

Le pénis

Le pénis est le siège symbolique de l'orgueil. C'est pourquoi l'impuissance est un tel drame psychologique. Dans certaines sociétés primitives, un homme qui perd sa fierté n'est plus un homme. Dans notre société « évoluée », un homme qui n'arrive plus à obtenir une érection digne de ce nom subit une blessure narcissique profonde : son amour-propre est laminé.

Les fesses

Les fesses rondes, carrées, callipyges ou stéatopyges sont un lieu anatomique qui a toujours donné lieu à des quolibets. Leur forme et leur esthétique en ont souvent fait l'objet de moqueries. En revanche, on sait moins qu'elles furent considérées comme une arme efficace pour éloigner le diable.

LE SAVIEZ-VOUS ?

Les fesses et le diable

Historiquement, les fesses rondes distinguaient l'homme de la bête, les monstres des ténèbres devaient en être dépourvus. C'est ainsi que le diable gagna sa réputation de ne pas avoir de fesses. Les populations du Moyen Âge étaient en effet convaincues que le démon, même s'il pouvait prendre forme humaine, ne parvenait jamais à parachever sa transformation car il était incapable d'imiter le derrière arrondi de l'homme. C'était le seul détail anatomique échappant à ses pouvoirs maléfiques. Le diable, disait-on, était fort rebuté par cet échec et on tenait là une occasion en or de le tourmenter. Pour exciter sa jalousie, il suffisait de lui montrer ses fesses et comme c'était ainsi lui rappeler sa faiblesse, il était contraint de détourner le regard. L'homme qui exhibait ses fesses était donc protégé contre le Malin et ce moyen servit beaucoup à repousser les forces du mal. Les historiens rapportent que ce geste n'était considéré jadis ni comme vulgaire ni comme libertin. Luther lui-même raconte qu'il l'employait quand il était tourmenté par des visions nocturnes du démon. Les fortifications et les églises primitives étaient souvent décorées de sculptures représentant des personnages montrant leurs fesses rebondies pour chasser les mauvais esprits, les derrières nus toujours dirigés vers les entrées principales. Dans l'Allemagne du XVe siècle, quand un orage particulièrement violent éclatait en pleine nuit, les hommes comme les femmes passaient leurs fesses nues par la porte d'entrée dans l'espoir d'écarter ainsi les puissances du mal et d'éloigner la foudre. D'acte religieux, ce geste est devenu l'étalage obscène d'une partie taboue du corps humain.

La symbolique des fesses

Les fesses sont le siège symbolique de la provocation, de la violence avec son cortège de déclinaisons comme la cruauté, le sadisme, la méchanceté, la persécution, la tyrannie. Nous sommes loin de l'érotisme pervers que dégage cette partie anatomique très particulière. Mais je retiendrai uniquement le sens de la provocation insidieuse ou franche du collier. On a déjà écrit des mots au kilomètre, des chapitres entiers sur l'effet érotique de la fesse féminine ou masculine.

Durant l'Antiquité, l'érotisme des fesses féminines était tel que les Grecs avaient un mot pour le désigner : callipyge. Ils avaient même érigé un temple à la « déesse aux belles fesses » : Aphrodite Callipyge. Sa statue ne laissait rien ignorer de ses charmes. On peut la voir de nos jours au Musée de Naples. Depuis cette époque, les artistes n'ont jamais cessé de faire poser leurs modèles de façon à mettre en valeur la partie postérieure de leur anatomie. Ils ont attiré l'attention sur la courbe particulièrement esthétique de la région pelvienne de la femme, réduisant sa sexualité à un rôle plutôt esthétique. Néanmoins, la forme des fesses véhicule un puissant signal érotique.

Les fesses au masculin

Quand un homme pose ses mains à plat sur son fessier, il trahit sans le savoir sa sensibilité anale, ce qui ne veut pas dire qu'il est attiré par d'autres hommes. Dans le climat actuel, les femmes admettent qu'elles sont attirées par les fesses masculines. Leur préférence va généralement aux fesses dures, petites et musclées (voir Figure 12-4).

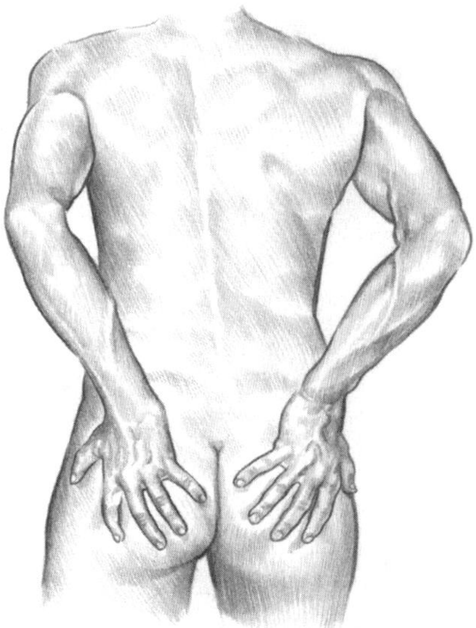

Figure 12-4 : Les fesses carrées ont la préférence des femmes d'aujourd'hui.

Certaines femmes aiment caresser le plus naturellement du monde les fesses de leur compagnon, en privé ou en public. Le geste n'est pas choquant dans la mesure où il est reproduit sur le jean ou le pantalon. C'est un geste de provocation et un appel du pied qui exprime une demande non verbale de sexe à un partenaire qui fait la sourde oreille. Les femmes admettent qu'elles aussi peuvent être attirées par des fesses masculines. Des enquêtes ont montré que les jeunes femmes du XXIe siècle accordaient beaucoup plus d'importance aux fesses des hommes qu'à d'autres détails anatomiques plus visibles. Un homme qui a des fesses au carré a plus de chances de séduire de nos jours qu'un autre à la belle figure mais aux fesses tristounettes.

Les fesses au féminin

Une jeune femme qui vous laisse rêveur marche en se déhanchant de manière appuyée : l'attitude est caricaturale, évidemment ! Elle se croit irrésistible, insubmersible, irréfragable et vit pour, par, dans et à travers la galerie de ses admirateurs. Le déhanchement parfait est une question d'apprentissage avec un professeur de danse ou de maintien. Ça ne s'improvise pas. Une démarche séductrice est un atout considérable qui fait oublier bien des petits défauts physiques. Qui plus est, le balancement bien rythmé du bassin est un dispositif hypnotiseur qui subjugue tous les hommes. Le principal moyen d'attirer l'attention sur les fesses féminines a été le port des chaussures à hauts talons qui déforment la façon de marcher de sorte que les fesses se tortillent plus que d'habitude. Encore faut-il savoir tenir en équilibre car, en cas de pépin, les limites du ridicule sont vite franchies.

Les fesses stéatopyges

Quand un artiste contemporain transforme les fesses féminines en « superfesses », il ne fait qu'accentuer un phénomène qui existait déjà. Au cours des premiers âges, les énormes fesses semblaient être la règle chez les femmes, et l'homme d'aujourd'hui pourrait très bien y réagir encore de façon inconsciente. Les paléontologues nous rapportent que durant la période de chasse de notre préhistoire, les fesses stéatopyges étaient la norme chez les femmes de cette époque lointaine. Selon les ethnologues, presque toutes les figurines de l'âge de pierre représentent des femmes atteintes de stéatopygie (littéralement : grosses fesses) et l'on retrouve encore cette silhouette chez les Boschimans et les Hottentots d'Afrique, sans oublier les innombrables statuettes africaines qui se vendent sur les marchés matinaux.

Le phénomène de stéatopygie se poursuit plus près de nous, à l'époque victorienne, où le derrière des femmes était étonnamment mis en valeur par la mode de la tournure, un rembourrage qui se portait sous les robes, au bas du dos. Réalité ou caricature exagérée d'un site anatomique tellement évocateur et stimulant sur le plan érotique que sa représentation statuaire a pu enflammer l'imaginaire des sculpteurs antiques. Dans les danses rituelles de l'Afrique noire, les femmes creusent les reins pour faire ressortir la rotondité de leurs fesses. Il faut savoir que les Africains ne considèrent pas la poitrine de la femme comme un objet d'érotisme, au contraire des Occidentaux ou des Asiatiques. Pour eux, seules les fesses ont ce pouvoir de suggestion et une femme au fessier proéminent a plus de valeur à leurs yeux qu'une belle paire de seins dont la fonction est essentiellement nourricière.

Le menu des fesses

Posées, touchées ou grattées, les fesses sont parfois une invite explicite ou expriment une certaine angoisse.

Le bord de la table

Votre interlocuteur, debout, pose souvent ses fesses sur le bord d'une table.

Attitude courante mais souvent mal interprétée comme étant familière. Il s'agit, en fait, d'une posture destinée à écraser l'adversaire en l'infériorisant.

La gratte

Votre interlocuteur se gratte souvent l'entre-fesses.

La répétition de cette séquence est un signal anxiogène par excellence. Bien entendu, ce comportement peu ragoûtant pourrait tout aussi bien provenir d'une situation de stress.

La caresse

Elle se caresse le haut des fesses sans fausse pudeur (voir Figure 12-5).

Figure 12-5 : La caresse de la fesse n'a absolument rien d'innocent.

Attitude provocatrice et, par voie de conséquence, calculatrice.

La main aux fesses

Quand une femme met la main aux fesses de son homme (voir Figure 12-6), elle exprime, parfois sans le vouloir expressément, son envie de sexe, voire même sa frustration sexuelle. Quand un homme s'empare du fessier de sa compagne, le message est très différent, il affirme son droit de possession ou de cuissage sans demande de passage à l'acte. Le fessier est souvent plus sensible au toucher que les seins. Si l'on considère que la Nature a prévu que l'homme et la femme passeraient à l'acte en face à face, cette sensibilité me semble logique.

Figure 12-6 : La main aux fesses ne signifie pas la même chose selon qu'elle vient de l'homme ou de la femme.

Cinquième partie

Des cuisses aux orteils

Dans cette partie…

Vous apprendrez que le croisement des jambes, des cuisses et des chevilles, en plus d'être alternatif, est un mouvement réflexe, difficilement maîtrisable. Vous découvrirez également le sens de la génuflexion, selon le genou mis à terre. Le chapitre consacré aux pieds et aux orteils vous expliquera pourquoi l'ancrage des pieds au sol est bénéfique et ce que signifie une marche rythmée par le martèlement des talons.

Chapitre 13

Les jambes

Dans ce chapitre :

- Les jambes
- Les cuisses
- Les genoux
- Les mollets
- Les chevilles

Des jambes, en passant par les cuisses, les genoux et les chevilles, ce chapitre décrit un certain nombre de refrains gestuels variables. En effet, nos membres inférieurs ont la particularité de se croiser de façon alternative (contrairement aux membres supérieurs) reflétant notre climat mental. Selon la posture adoptée, le sens tend vers le positif (combativité, motivation, ouverture d'esprit) ou vers l'inverse.

Les jambes

La principale posture des jambes est celle de leur croisement : gauche sur droite et inversement. La façon dont ce croisement s'effectue et selon qu'il s'agit d'un homme ou d'une femme produit des significations différentes.

La symbolique des jambes

Prises en couple, les jambes sont le siège symbolique de la maîtrise de soi qui est synonyme de liberté d'action. Maîtrise du mouvement, de la distance, de l'orientation de l'attaque ou de la fuite, de la course ou de la marche, bref de la liberté des mouvements. La maîtrise du mouvement est le substrat logique de la maîtrise de soi et de la capacité de protéger son territoire corporel ou mental contre l'invasion des autres.

La maîtrise proclamée par le geste n'est qu'un effet d'annonce, une trahison de l'inconscient avide de vérité. Tout individu qui croise les jambes en position répulsive atrophie automatiquement sa maîtrise de soi et se coupe de l'efficacité de ses atouts intellectuels ou créatifs, dans un contexte où il doit pouvoir y faire appel, ce qui est un non-sens. Voilà pourquoi je vous conseille vivement de décroiser systématiquement les jambes quand vous êtes en situation d'exception, d'examen, de pression professionnelle, etc. Ce ne sera pas facile car vos jambes vous désobéiront, dès que vous n'y penserez plus. Et c'est à ce niveau que vous constaterez à quel point le contrôle conscient de ce mouvement vous échappe. En le posant comme un calque sur la situation que vous vivrez alors, vous comprendrez aussi que le croisement des jambes est tout sauf insignifiant. En revanche, si vous parvenez à éradiquer cet automatisme polluant pour votre mental, vous constaterez rapidement un changement essentiel dans vos conduites relationnelles : régression de la peur d'agir, regain d'autorité, de charisme, d'affirmation de soi, d'estime et de confiance en soi. Rien que ce petit bénéfice-là, ça donne déjà envie, non ?

Le croisement des jambes démarre donc d'une angoisse primitive : la peur de la castration. Le fait de partager son espace vital avec un conjoint, un étranger ou des interlocuteurs de passage entraîne toujours une réaction primaire inconsciente de protection du sexe. Mais il ne suffit pas d'être seul pour se sentir en sécurité. Tant que vous conservez vos vêtements, l'attitude de vos jambes en privé ne sera pas différente de celle qu'elles adoptent en public. L'habillement est avant tout une protection sociale destinée à cacher le corps aux yeux d'autrui. Ce qui revient à dire que le croisement des jambes fait partie de la garde-robe posturale et, par voie de conséquence, des refrains gestuels de base sur lesquels s'appuie la grammaire des gestes.

Les règles du déconditionnement

Le premier réflexe à installer consiste à décroiser systématiquement les jambes dès qu'elles ont tendance à se croiser.

Le fait de réagir dans ce sens n'entraîne pas automatiquement une annulation du stress mais installe un embryon de maîtrise de soi. Le RGA ou refrain gestuel alternatif est une réponse naturelle à un stimulus donné, il peut donc être contrôlé par la conscience. Libérer les jambes du croisement, c'est décontaminer le climat mental ! L'intervention intempestive de ce moyen de défense particulier découle de toute une série de sentiments ou d'impressions fugaces ou tenaces : frustration, exaspération, agacement, sentiment d'infériorité, perte de contrôle, méfiance, etc. Chaque fois que vous ressentez l'ébauche de ce mouvement, soyez certain qu'il est commandé par l'un des sentiments évoqués.

Le travail d'autoscopie gestuelle, qui consiste à vous obliger à décroiser les jambes, vous paraîtra aussi fastidieux qu'un sevrage. Il l'est effectivement au point qu'il vous arrivera de vous interroger sur son utilité. Vous perdrez de vue l'objectif que vous êtes censé poursuivre : la maîtrise de soi. Se défaire d'un automatisme gestuel ou postural nocif ressort du déconditionnement. Enraciner la plante des pieds pour combattre l'obligation du croisement occasionnera une gêne jusqu'à ce que l'obligation se transforme en posture confortable et réflexe. Mais jusque-là, vous souffrirez de petites douleurs profuses au niveau des mollets ou des chevilles. Des maux supportables ! Bien sûr, quand vous croisez les jambes en mode attractif, vous maîtrisez vos réactions et vous vous sentez en harmonie avec votre interlocuteur mais vous ne maîtrisez pas la situation dans son ensemble. L'énergie que vous puisez dans la terre ne passe que par un canal. Vous perdez 50 % du capital énergétique disponible. La plante du pied est un conducteur. Elle vous permet d'absorber la force du sol. Si vous posez un seul pied sur le sol, vous ne puiserez que la moitié du carburant énergétique renouvelable que vous dispense gratuitement la terre.

Des postures répulsives

Quand la frustration, l'insatisfaction, un sentiment d'infériorité, etc. sont au menu du jour, l'homme droitier croisera la jambe gauche sur la droite et la femme droitière, la droite sur la gauche. Deux postures répulsives très confortables, s'il faut en croire les personnes interrogées. Se dissimulent-elles derrière un mensonge de circonstance pour ne pas admettre en public leur sentiment de malaise ou de mal-être ? Peut-être qu'elles n'y pensent même pas. La réaction est évidemment naturelle. Personne n'aime se remettre en question. Et en public, encore moins ! L'alternance des croisements de jambes traduit les fluctuations du climat mental, quel que soit le contexte de la reproduction de ces croisements. Il en va du décryptage des gestes comme de l'apprentissage de la lecture ou de l'écriture : il faut du temps pour s'approprier les automatismes de lecture gestuelle, les siens propres et ceux des autres. Il faut gaspiller du temps pour échapper à la tyrannie de l'esprit.

Pourquoi croise-t-on les jambes ?

Pourquoi pas, puisqu'elles sont opposées de telle manière sur le plan morphologique qu'il est possible de les croiser sans effort (voir Figure 13-1) !

L'hypothèse que je vous propose de démontrer est la suivante : si vous êtes droitier de sexe masculin et que vous croisez la jambe droite sur la gauche, votre climat mental est en harmonie avec votre environnement. En revanche, si vous croisez la jambe gauche sur la droite, il y a fort à parier que la situation que vous vivez vous stresse, vous contrarie ou vous échappe.

Figure 13-1 : Le croisement des jambes est une attitude réflexe.

Le croisement des jambes est un véritable baromètre des fluctuations du climat mental.

Une femme droitière qui croise continuellement la jambe droite sur la jambe gauche vit une situation de contrainte qui handicape sa maîtrise des événements. Elle subit des circonstances qui l'indisposent et exprime ce sentiment par un croisement de jambes décalé (donc répulsif). Par exemple, le simple fait d'être obligé de déguiser la vérité pour ne pas égratigner la fierté d'un interlocuteur est une contrainte qui se traduit automatiquement par un croisement de jambes ou de chevilles décalé même si l'on semble à l'aise dans le contexte du débat.

La journaliste interroge Alanis Morissette, une chanteuse canadienne. Elle croise la jambe droite sur la gauche, manifestement émue d'approcher une star de cette dimension. La star en question croise la jambe gauche sur la droite, manifestement très à l'aise pour répondre aux questions de la journaliste.

Autre aspect prédictif du croisement de jambes décalé : il indique que les mécanismes de refus ou de déni du sujet sont susceptibles de s'interposer pour le protéger d'une manipulation ou d'une influence à laquelle il s'oppose implicitement. La subtilité du langage des croisements ne permet pas toujours de situer la source du malaise.

Les codes gestuels réflexes alternatifs tel le croisement de jambes sont des indicateurs parfaitement fiables de l'atmosphère du climat mental individuel.

Les énergies attractives et répulsives sont les traductions gestuelles des sentiments de sympathie ou d'antipathie que nous ressentons *a priori* face à des inconnus. Je pose l'hypothèse que ce croisement est donc la résultante d'un phénomène empathique, qu'il soit conscient ou non.

Il faut comprendre que l'Homme est, à la fois, émetteur et récepteur de phénomènes vibratoires. Les vibrations en question sont de deux ordres : attractives ou répulsives. Le carburant ou le support de chacune de ces vibrations sont, respectivement, l'angoisse, la dépression, la motivation et la recherche du plaisir. Des émissions attractives trop puissantes submergent les cibles qu'elles sont censées atteindre, exactement comme le commercial qui use d'arguments redondants pour convaincre son client de plus en plus réticent. L'émission attractive aspire au double de ce qu'elle souhaite, mais ne récolte guère que la moitié de ce qu'elle espère. *A contrario*, l'émission répulsive est mieux acceptée et mieux récompensée de son manque d'empressement. Il ne faut pas prendre ici le terme répulsif dans son sens premier. Il ne s'agit pas d'un refus mais d'un frein opposé à l'énergie contraire lorsque cette dernière s'emballe un peu trop. Ce jeu vibratoire pourrait se résumer en une seule phrase : « Suis-moi, je te fuis ! Fuis-moi, je te suis ! »

Une vibration doit entrer en résonance affective avec la cible qu'elle souhaite pénétrer. L'adéquation de cette résonance est essentielle. C'est la loi fondamentale du succès de toute communication visant à créer un climat d'offre et de demande équilibré. Et la dimension gestuelle en représente la pierre angulaire.

Les polarités émotionnelles

Une femme droitière intègre ses énergies positives dans la partie gauche de son corps et ses énergies négatives dans la partie droite. Pourquoi ? Tout simplement parce que la femme est identifiée sexuellement à l'anima, ou élément féminin, dont la modélisation est inscrite dans l'aire cérébrale droite. Et cette aire commanderait la partie gauche du corps. Un homme droitier intègre ses énergies positives dans la partie droite de son corps et ses énergies négatives dans la partie gauche. Il est fatalement identifié sexuellement à l'animus, ou élément masculin, qui est inscrit dans l'aire cérébrale gauche. Quand un homme droitier croise la jambe gauche sur la droite, il exprime sa répulsivité. Quand il croise la droite sur la gauche, il passe en mode attractif. Une femme qui croise la jambe gauche sur la droite est donc attractive. Droite sur gauche, elle est répulsive et n'est plus du tout à l'aise, même et surtout si elle donne l'impression du contraire. Observez le jeu de jambes de votre interlocuteur et réagissez immédiatement s'il passe en mode répulsif. Interrogez-le sur un sujet qui le concerne et vous constaterez qu'il décroisera les jambes pour adopter le mode attractif ! Le but du jeu est de conserver votre interlocuteur dans la position attractive pour pouvoir conclure ou le convaincre de rejoindre votre camp. La posture neutre qui correspond aux jambes non croisées est la plus favorable.

Les jambes autonomes

En situation de communication verbale, les jambes sont incontrôlables, elles voyagent en permanence. Elles se réfugient sous le siège, se croisent, se décroisent, s'étendent, se retendent, s'agitent, elles sont sans repos. En superposant le contexte qui justifie cette agitation des jambes, vous vous apercevrez très vite qu'elle dépend étroitement d'un paramètre essentiel : l'atmosphère du débat.

J'ai observé des centaines de personnages dans des débats télévisuels, des patients dans mon ancien cabinet (durant une bonne quinzaine d'années d'exercice), je me suis également auto-observé face à des adversaires ou des contempteurs, face à des alliés ou des ennemis, face à des gens honnêtes ou des faux-jetons, et j'ai bien dû admettre que mes croisements attractifs ou répulsifs variaient effectivement suivant l'atmosphère de la situation. Le mouvement des jambes était plus fort que ma détermination, j'avais beau croiser la droite sur la gauche volontairement, mes jambes reprenaient leur liberté de croisement à mon insu. Et croyez-moi, contrairement à ce que vous pourriez imaginer, le croisement des jambes n'est pas un effet gesticulatoire gratuit et insignifiant.

En situation d'examen

Comme nous l'avons déjà évoqué, le croisement des jambes appartient à la famille des codes gestuels réflexes alternatifs. Il traduit clairement les variations barométriques du climat mental. Il est assez facile de s'en rendre compte en situation de recrutement, par exemple. Suivant l'évolution de l'entretien, le candidat passera d'un croisement à l'autre en fonction de son ressenti ou de l'attitude du recruteur. Mis sur la touche, il adoptera presque toujours un croisement répulsif. La focalisation sur ce type de réaction posturale est une source d'information essentielle. Le négociateur qui en tiendra compte pourra adapter son argumentation en fonction des fluctuations du climat mental de son hôte. Attention, cependant, aux contraintes d'espace, notamment dans les transports publics !

Coachez vos croisements !

Peut-on contrôler cette production intempestive ? Ne vaut-il pas mieux laisser la nature suivre son cours ?

J'y reviens une dernière fois pour enfoncer le clou. Le premier réflexe mental à installer consiste à détricoter systématiquement les jambes ou les chevilles dès qu'elles ont tendance à se croiser. D'accord, il est difficile de contrarier ce mouvement et de conserver sereinement les pieds sur le sol en toute occasion. Ce travail d'autoscopie est fastidieux. Comme n'importe quel effort physique destiné à maîtriser la dynamique des énergies corporelles. Réussit-on mieux quand on évite de croiser les jambes ? Pour perdre du ventre, les spécialistes conseillent du footing ou du vélo. Disons, une heure par jour ! Quel rapport ? Il n'y a pas de résultat visible ou palpable sans un effort constant.

Sous vos pieds, se trouve la terre. Cette terre qui vous porte sans faillir, jour après jour, cette terre que vous quittez d'un pied ou de l'autre quand le succès ne vous sourit pas. Et s'il fallait d'abord songer à poser les deux pieds à terre pour commencer à réussir ?

Le menu des croisements

Revoyons en résumé le sens des différents modes de croisement des jambes en fonction des sexes !

Jambe droite sur gauche

Votre interlocuteur (masculin et droitier) croise les jambes. La jambe droite couvre la gauche. La jambe droite est commandée par l'aire cérébrale gauche, c'est-à-dire le cerveau cognitif. La posture est attractive. La sympathie est au menu de l'entretien.

Jambe gauche sur droite

Votre interlocuteur (masculin et droitier) croise les jambes. La jambe gauche couvre la droite. La jambe gauche est commandée par l'aire cérébrale droite, le cerveau affectif qui, par définition, est plus vulnérable dans un contexte de négociation. Il contrôle la situation. La posture est répulsive. Celui qui se contrôle ne maîtrise pas la situation. Celui qui maîtrise la situation n'a pas besoin de se contrôler.

Jambe droite sur gauche (bis)

Votre interlocutrice (droitière) croise les jambes à hauteur de la cuisse. La jambe droite couvre la gauche. Le sujet féminin ne peut se sentir à l'aise dans un rôle qui n'est pas le sien. Elle exprimera instinctivement son désaccord ou son anxiété de cette manière. La posture est répulsive. Le message ne passe pas.

Jambe gauche sur droite (bis)

Votre interlocutrice (droitière) croise les jambes à hauteur de la cuisse, en position assise. La jambe gauche couvre la droite. Une superposition de la jambe gauche sur la droite chez une femme est une manière de mettre en avant son statut de femme et de signaler qu'elle est à l'aise et/ou ouverte mentalement. La posture est attractive.

Battre la cadence

Cette réaction corporelle est assez remarquable pour ne pas passer inaperçue. L'impatience marque une conduite agressive de la part d'un personnage impatient d'aboutir sans prendre le temps de faire les choses. Beaucoup d'ados passent par cette phase « magique ». Pourquoi magique ? Parce qu'il est tellement plus simple d'avoir la réponse au problème posé que de se torturer les neurones à développer les moyens d'y parvenir. Un adulte qui reproduit ce genre de réaction impatiente au niveau des jambes ou des doigts de la main mesurera toujours la distance avant de l'avoir franchie. Conclusion : il ne prendra jamais le départ ou abandonnera en chemin si le vent lui est contraire. C'est un peu le lièvre de la fable. C'est aussi un geste compulsif traduisant un refoulement.

Les jambes invisibles

Les tables en verre, en exposant les jambes, offrent un sentiment d'insécurité et génèrent davantage de stress que les tables opaques. Pourquoi ? Parce que la table opaque donne l'impression d'une protection contre le regard de l'autre. C'est une sorte de vêtement bis qui dissimule le mouvement des jambes.

Une orientation réfractaire

Selon certains spécialistes, une femme qui n'éprouve pas d'attirance pour un homme va croiser les bras sur sa poitrine et croiser les jambes dans la direction opposée de son interlocuteur, indiquant par là une fin de non-recevoir.

Une orientation obligatoire

Il est un cas de figure dans lequel la théorie présentée ne s'applique pas : quand deux personnages sont assis dans des fauteuils face aux caméras de télé et qu'ils doivent donner l'impression d'une entente cordiale.
Le personnage assis à droite de l'écran croisera la jambe gauche sur la droite, qu'il soit un homme ou une femme importe peu. Le personnage assis à gauche de l'écran croisera automatiquement la jambe droite sur la gauche, qu'il s'agisse d'une femme ou d'un homme. Dans ce cas précis, un respect de la règle serait une forme de désaveu.

Les cuisses

Généralement croisées l'une sur l'autre, par souci de convenance, les cuisses témoignent également d'une fermeture du dialogue et d'un manque de tolérance pour votre discours.

La symbolique des cuisses

Les cuisses représentent symboliquement la tolérance ou son contraire : l'intolérance. Mais elles sont également une zone érogène puissante et très érotisée par les modes vestimentaires successives et surtout estivales. J'ai longtemps cru que les cuisses représentaient le désir amoureux au sens le plus charnel du terme. Je me fiais à la logique et j'avais tort. L'ouverture des cuisses (donc de l'entrecuisse) est un symbole de tolérance ou d'intolérance. Et comme vous l'avez sûrement remarqué, les jambes croisées sont la norme dans tous les groupes sociaux et les cuisses sont forcément enracinées dans la position « intolérance », la plupart du temps.

Plus les cuisses se croisent, plus l'intolérance et la méfiance prennent le pas sur leur contraire. Si le sujet vous interpelle, observez les débats polémiques télévisuels en comparaison d'une rencontre amicale sur un plateau de télé et vous serez édifié. Comptez les cuisses (ou les jambes) croisées dans les deux cas ! Plus les cuisses se croisent, plus l'intolérance tient le haut du pavé.

Le besoin d'exhiber ses cuisses en portant une jupe coupée au ras des fesses est une réaction de provocation typique et une révolte de la femme contre des siècles de dictature masculine (voir Figure 13-2).

Figure 13-2 : Le port de la minijupe est une forme de révolte.

La mode du string procède du même besoin de briser les chaînes de la soumission face à l'ambiguïté du message machiste. La minijupe qui dévoile la rondeur des cuisses est une agression permanente pour les principes hypocrites qui ont permis aux hommes de considérer les femmes comme des objets de plaisir (non comme des sujets de désir) depuis des siècles, voire des millénaires.

Le menu des cuisses

Les postures associées aux cuisses, notamment lorsqu'elles sont combinées avec les mains, sont connotées négativement, qu'elles signalent une rupture du dialogue, un changement d'avis soudain ou un manque de confiance en soi.

La gratte

L'éditeur est assis en face de moi, ses deux mains garrottent ses cuisses. Manifestement, la discussion s'engage mal. L'attitude décrite est typique d'un refus de dialoguer. En affichant cette séquence gestuelle, l'éditeur me signale que nos points de vue sont inconciliables. Il s'agit bien d'une attitude prédictive, la communication vers une démarche de progrès, symbolisée par les jambes, est coupée par les mains qui se conduisent en disjoncteurs.

La balancelle

Votre interlocutrice a croisé les jambes (attractive ou répulsive, importe peu) et croise les doigts sous la cuisse dominante.

Si les doigts sont généralement croisés sous la cuisse gauche, cela indique une difficulté d'adaptation au monde réel et la volonté de vivre dans son monde intérieur en prétextant qu'elle est heureuse comme ça. Elle est clairement en crise, si elle reproduit fréquemment ce type de posture.

Si les doigts sont généralement croisés sous la cuisse droite, cela signale une personne malveillante et sans scrupule, gagnée par l'amertume, adepte de la médisance.

Les mains en sandwich

Votre interlocutrice croise les jambes en glissant l'une de ses mains entre ses cuisses avant de me répondre. En fait, elle vient de retourner sa veste sans avertissement. L'insertion de la main entre les cuisses est un signe de versatilité. Venant d'un homme adulte, cette posture trahit un tempérament immature ou une incapacité de maîtriser la situation.

En principe, la recherche du plaisir est privilégiée par l'individu qui entretient une relation gestuelle privilégiée avec cette partie de son corps. Les enfants non pubères affectionnent cette zone corporelle. Ils s'endorment volontiers en insérant leurs mains pressées l'une contre l'autre entre les cuisses serrées. C'est un geste de réassurance chez un enfant craintif ou mal aimé. Cette pénétration représente aussi un geste de protection et de réassurance dans un contexte déstabilisant, la main coincée ainsi est toujours la même. Mais il arrive parfois que certains individus éprouvent le besoin d'insérer les deux mains entre leurs cuisses pour mieux se protéger de l'agressivité qu'ils perçoivent à tort ou à raison. Il s'agit d'un geste relique. Le sujet l'adopte quand sa confiance ou sa maîtrise de soi est ébranlée ponctuellement ou durablement. La main gauche insérée comme refrain gestuel trahit un individu hyperémotif. La main droite insérée révèle un individu soumis. Cette interprétation vaut aussi pour l'enfant qui reproduit ce geste de manière récurrente.

Les genoux

La génuflexion est certainement la posture la plus connue et indique, selon le genou à terre, une forme de soumission ou d'impatience. Les autres postures mettent davantage en jeu la nécessité de se protéger face au stress.

La symbolique des genoux

Le genou droit est le siège symbolique de la mobilité, du progrès et de l'impatience. Le genou gauche est le siège symbolique de la soumission.

S'agenouiller est un acte de soumission mais procède aussi d'un besoin de transformation ou de recréation, notamment dans un contexte religieux. La génuflexion était et est encore une marque de « pseudo » révérence à l'égard d'un personnage de haut rang, au point qu'on fléchit les genoux par déférence envers un interlocuteur, sans même s'en rendre compte. Le fléchissement des genoux est associé à une attitude de soumission (impossibilité de fuir), pour la révérence ou l'agenouillement devant les hauts personnages. Mais soyez attentif ! Le fléchissement du genou droit est un acte de soumission consentie, celui du genou gauche, un acte de soumission frauduleuse. La prochaine fois que vous visionnerez un film historique, vous pourrez noter les erreurs de scénario. Observez les génuflexions des acteurs ! Vous décoderez immédiatement les courants de sympathie ou d'antipathie qui les associent ou les dissocient les uns des autres par-delà les nécessités du scénario.

Le genou droit est le siège symbolique de l'impatience, le gauche celui de la soumission. Le genou gauche à terre (la soumission), genou droit en l'air (l'impatience), marque le refus larvé de faire allégeance. Ce refus peut parfaitement s'exprimer inconsciemment. Le genou droit à terre, avec le genou gauche en l'air, marque la soumission (voir Figure 13-3).

Figure 13-3 : Selon le genou « à terre », la génuflexion est un signe de soumission ou d'impatience.

Dans un tout autre registre, les jeunes femmes contestataires des années vingt exhibaient parfois leurs genoux, mais cette audace-là était considérée comme un outrage à la pudeur. Les tenants du puritanisme de l'époque considéraient ces femmes comme des délurées. Certaines études ont démontré que le genou se découvrait ou se recouvrait en fonction des fluctuations économiques : visible en cas de prospérité et invisible en cas de récession économique. Voilà un bon baromètre pour envisager l'avenir. Si les genoux de la femme se dévoilent, vous pouvez dépenser vos économies, sinon il faudra songer à regarnir votre plan épargne-logement.

Le menu des genoux

Les postures liées au genou signalent généralement des attitudes négatives : votre interlocuteur s'ennuie, ressent le besoin d'ériger une barrière entre lui et vous.

Jambe droite sur gauche

Votre interlocuteur, assis, croise la jambe droite sur la gauche et retient son genou droit de sa main gauche (voir Figure 13-4).

Figure 13-4 : Cette posture marque une attitude hostile.

Il dissimule son hostilité (genou droit). La main gauche est la main de l'espace, il se sent à l'étroit. Vous lui volez son espace vital ou de parole.

Jambe gauche sur droite

Votre interlocuteur croise la jambe gauche sur la droite et enveloppe son genou gauche de sa main droite.

Il se sent obligé de se soumettre aux événements et/ou estime qu'il est en train de perdre son temps. La main droite est la main du temps. Il a l'impression de le perdre en votre compagnie.

L'équerre

La position de la jambe en équerre est une séquence gestuelle défensive en situation de négociation, elle augmente le territoire corporel de l'homme assis et lui sert en quelque sorte de barrière. La barrière est encore renforcée par le croisement des doigts sur le genou. Ce croisement est l'équivalent du gilet en Kevlar destiné à protéger le reproducteur du geste contre un coup de pied virtuel à cet endroit névralgique pour son équilibre psychique.

Selon Allan Pease, non seulement cette personne a l'esprit de rivalité, mais elle verrouille aussi sa position à l'aide d'une main, voire des deux. C'est le signe d'un caractère obstiné, inflexible, qui rejette toute opinion différente de la sienne.

La gratte

Vous vous grattez le genou droit ? Votre subconscient vous signale implicitement que votre enthousiasme est en congé maladie.

Vous vous grattez le genou gauche ? Votre envie de fuir le débat est annoncée sans être effective. Cette manie est courante chez les individus qui cherchent une porte de sortie dans un débat qui s'enlise.

Les genoux cachés

En position assise, votre interlocuteur tend les bras dans le prolongement de ses cuisses et ses mains cachent ses genoux (voir Figure 13-5).

Figure 13-5 : Cette posture signale une personne qui craint de recevoir un coup de pied imaginaire.

Attitude de stress associée à une crainte physique de recevoir un coup de pied imaginaire. Le recours à cette posture se double souvent d'un visage crispé ou constipé. C'est la posture récurrente de celui dont l'amour-propre est aussi visible que sa cravate.

Les mains en couverture

La main gauche recouvre la droite (et vice versa) en appui sur l'un des genoux. Ce code gestuel est plus courant qu'on ne se l'imagine. Je l'ai souvent aperçu dans des reportages d'actualités sur certains hommes politiques qui étaient en mauvaise posture pendant les périodes électorales.

L'accroche

Votre interlocutrice s'accroche des deux mains, doigts croisés, à son genou gauche ou droit en se balançant d'avant en arrière sur son siège. Le signal est prédictif, les doigts croisés sur le genou gauche ou droit vous encouragent à trouver le premier prétexte venu pour vous défiler.

Les mollets

Les mollets sont révélateurs du sens de l'effort à fournir. Ces muscles fondent rapidement quand le corps se sédentarise. Lieu privilégié de tensions et de crampes nocturnes souvent douloureuses, la structure neuromusculaire des mollets évolue ou involue suivant votre niveau de combativité. Les mollets fondent avec l'âge en cas de démission face à la vie, ils continuent à se restructurer jusqu'à un âge avancé, si vous demeurez actif ou sportif. Les crampes nocturnes, par exemple, sont des rappels à l'ordre de votre subconscient. Elles vous signalent que votre combativité manque de ressort. Vous ne fournissez pas assez d'efforts pour progresser dans la voie que vous vous êtes tracée ou vous vous laissez submerger par le découragement.

Soyez toujours attentif ou attentive à vos mollets ! Ils sont le seul thermomètre de votre combativité. Si vous ressentez des douleurs musculaires, même discrètes, lorsque vous faites l'effort de monter un escalier ou quand vous pédalez sur votre vélo d'appartement, c'est un signal à ne pas négliger. Il indique que votre combativité est précaire ou que vous êtes légèrement dépressif(ve). La combativité prend sa source dans l'investissement affectif. Si vous êtes peu ou mal investi dans votre activité professionnelle ou votre vie privée, votre combativité perdra des points, malgré vos efforts de sportif à domicile ou à l'extérieur. Mais par-dessus tout, si vous mesurez constamment la distance à parcourir pour chacune de vos initiatives, vous prenez le risque de solder la valeur de tous les efforts que vous accomplissez pour maintenir votre combativité à un bon niveau. Le courage n'est pas une énergie inépuisable. Comme l'argent, il faut en être économe ou l'investir à bon escient.

Si vous vous caressez (ou vous vous grattez) le mollet, jambes croisées, en circuit fermé, vous saurez dorénavant que ce message signifie que votre combativité s'étiole face à l'effort à fournir. Geste discret et récurrent qui trahit un mauvais pronostic, un tempérament pessimiste et qui passe souvent inaperçu.

De même, si votre coup de cœur se caresse le mollet, les jambes croisées à travers le tissu du pantalon ou sur son bas nylon, cela signifie que vous ne l'enthousiasmez pas plus que ça et qu'il ou elle a besoin de temps pour réfléchir.

Les chevilles

Les postures adoptées par nos chevilles sont le reflet des impressions que nous renvoie le monde extérieur. Parfois, alors même que nous pensons être dans une position favorable, au cours d'un entretien par exemple, le croisement répulsif des chevilles apparaît comme un geste prédictif qui montre que l'inconscient enregistre une impression inverse. Un conseil donc : « écoutez » vos chevilles.

La symbolique des chevilles

Les refrains gestuels alternatifs, comme le croisement des chevilles, sont toujours barométriques. Le croisement des chevilles sous le siège est le refrain par excellence auquel nul ne veut croire dans l'instant de sa reproduction. Il est impossible de conserver la cheville gauche sur la droite, si l'atmosphère qui vous entoure vous conduit implicitement dans le mur. La cheville droite reviendra systématiquement couvrir la gauche. Rappelez-vous ce que cela signifie : rigidité du rapport et échec prédictif en vue ! Je vous recommande d'y être particulièrement attentif quand vous êtes au téléphone, assis derrière votre bureau ou à une table de bistrot. Il vous faudra du temps, beaucoup de temps pour admettre le bien-fondé de mon observation car elle vous oblige à demeurer objectif. Quand la cheville gauche retient la droite, le baromètre est au beau fixe, quand c'est la cheville droite qui retient la gauche, le ciel de vos projets se couvre de nimbus menaçants.

Je suis dans cette librairie depuis une demi-heure et aucun chaland ne s'approche de la table où trônent mes livres. Peu de monde pour un samedi après-midi ! Soudain, je réalise que ma cheville droite retient la gauche (voir Figure 13-6).

Échec et mat ! Je recroise dans l'autre sens, mais mes chevilles échappent à mon attention dès que je les oublie et reviennent se poser droite sur gauche. La dédicace prévue sera médiocre. Elle l'a été effectivement malgré les assurances du libraire.

La cheville droite est le siège de l'échec. On la protège en croisant les doigts dessus ou en croisant systématiquement la cheville gauche sur la droite, en position assise. La cheville gauche est l'un des sièges symboliques de la frustration. J'ai interrogé de nombreux athlètes qui s'étaient fait une entorse ou s'étaient foulé ou cassé la cheville. Ils réalisaient tous que cet accident était une forme de fuite face à la peur d'échouer dans les compétitions sportives qui les attendaient. Des actes manqués qui leur permettaient d'échapper à la pression qu'exerçaient sur eux leurs entraîneurs ou leurs proches.

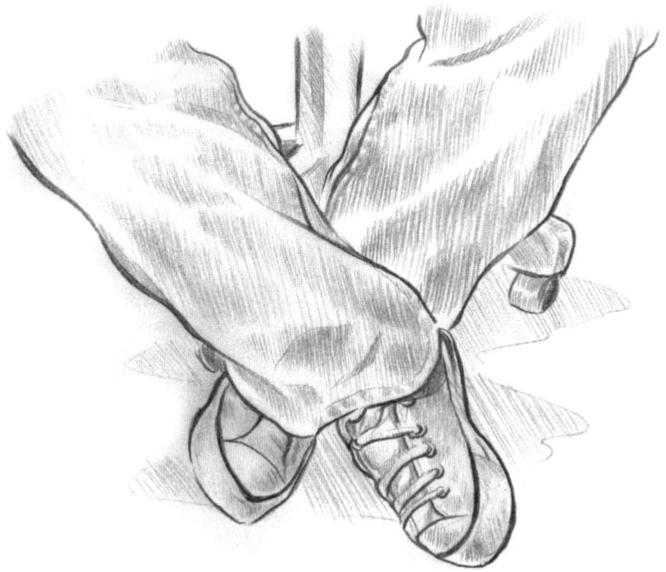

Figure 13-6 : Cette posture présage d'un échec.

Prises dans leur ensemble, les chevilles symbolisent la motivation, dont la frustration et l'échec sont les moteurs originels et les attitudes de rigidité ou de flexibilité, les barrières comportementales.

Si vous avez mal aux chevilles, il y a fort à parier que votre motivation a subi quelques revers récemment ou que, tout simplement, vous êtes en période d'instabilité. Si on vous fait remarquer que vous avez les chevilles enflées, vous pourrez considérer que votre contempteur juge que votre motivation dépasse largement vos possibilités. À vous de confirmer ou d'infirmer son diagnostic ! Soyez, néanmoins, attentif à vos chevilles et à leur mode d'expression somatique.

J'étais plongé dans un ravissement quasi religieux. Elle était si lumineuse que j'étais à deux doigts de tomber fou amoureux. Elle devait se rendre compte de mon état car elle minaudait tout en buvant mes paroles. La tension entre nous était à son comble. Mes chevilles étaient croisées sous mon siège, la droite sur la gauche. J'avais bien remarqué l'incongruité de cette réaction corporelle mais je la mettais sur le compte du stress amoureux. Tous les signaux étaient au vert. Enfin, c'est que je croyais en toute innocence. Je tenais sa main abandonnée entre mes grosses pattes fiévreuses mais mes chevilles étaient toujours croisées en position psychorigide. Quand je me suis penché vers elle pour déposer un chaste baiser au coin de ses lèvres, elle a esquivé mon initiative avec une moue de reproche. Et puis, elle s'est levée. J'ai attendu, attendu, comme dans la chanson de Joe Dassin, elle n'est jamais revenue. Mes chevilles m'avaient alerté mais j'ai refusé le message qui ne cadrait pas avec mes fantasmes.

Il faut savoir que le croisement des chevilles indique une attitude réactionnelle psychoflexible (gauche sur droite) ou psychorigide (droite sur gauche) qui dépend de votre subconscient. La partie inférieure du corps est réceptrice. Elle traduit instinctivement les impressions venues de l'extérieur ou issues de l'inconscient de votre interlocuteur. En réalité, le climat mental digère ces impressions et réagit par la reproduction de codes gestuels variables *via* les membres inférieurs. *A contrario*, les codes gestuels impliquant la partie supérieure du corps sont émetteurs de vos propres sentiments.

Si vous croisez la cheville gauche sur la droite sous votre siège, vous exprimez votre intelligence interpersonnelle qui vous rend sensible aux autres, tolérant et fatalement doué d'empathie. Votre émotivité est libérée et adaptative. Vous êtes en phase psychoflexible. En revanche, si vous croisez la cheville droite sur la gauche, vous passez en mode rationnel et la connaissance intuitive des autres n'est plus au programme. Votre approche ponctuelle est rationnelle, contrôlée, moins tolérante et surtout teintée de méfiance. Vous êtes en phase psychorigide.

« La cheville ouvrière » désigne une personne indispensable au sein d'une structure. « Il ne vous arrive pas à la cheville » est une expression qui consacre votre supériorité sur votre adversaire. Deux locutions idiomatiques qui traduisent bien le rôle essentiel des chevilles au niveau corporel.

Peur d'échouer ou sentiment d'instabilité sont des manifestations psychologiques banales et contre lesquelles nul n'est immunisé. Le croisement des chevilles peut se comparer à une sorte de conduite irrépressible identique à l'expression d'un TOC. Empêcher sa production dans certaines circonstances oblige à faire un véritable effort de volonté. La posture est ressentie comme étant rassurante, à l'instar de tous les croisements corporels, d'ailleurs.

Le menu des chevilles

Le croisement des chevilles sous le siège et non devant est alternatif et exprime le ressenti qui anime le climat mental de l'individu. Attention ! Il existe une différence fondamentale entre le croisement des chevilles sous le siège et celui qui se produit quand les jambes sont en extension. Le premier est un code gestuel réflexe, le second est un code d'intention signalant un besoin de se détendre.

L'alternance du croisement de la cheville gauche ou droite… peut aussi trahir un sentiment d'incapacité à trouver une solution ou à adopter une position claire face à un dilemme.

Chevilles croisées et pieds sur les tranches

Si vos chevilles sont croisées, pieds posés sur les tranches, en position assise, vous risquez de ressentir très vite un fort sentiment d'insécurité. Pourquoi ? Parce que vous avez toujours peur de paraître ridicule aux yeux de votre entourage. Vous préférez vous laisser marcher sur les pieds plutôt que d'affirmer votre autorité. Comme ça, nul ne pourra prétendre que vous n'aimez pas votre prochain. Cette peur du ridicule est votre plus grave handicap, elle vous oblige à faire beaucoup de détours pour ne pas avoir à opposer un refus frontal.

Chevilles croisées et pied en pointe

Vous croisez vos chevilles sous votre chaise, l'un de vos pieds est posé sur la pointe des orteils. Vous n'êtes pas un chorégraphe refoulé mais un excellent vendeur qui fait des pointes – ou le gros dos – en attendant que votre client ou votre interlocuteur vous laisse l'occasion de le persuader que vous avez raison et qu'il a tort de croire qu'il a raison.

Chevilles croisées et lieu public

Il vous arrivera de croiser aussi vos chevilles sous votre siège en solitaire dans un endroit public.

Cette attitude indique un sentiment de malaise ou une attitude de retrait par rapport aux inconnus qui vous entourent.

LE SAVIEZ-VOUS ?

Sur 319 patients observés chez le dentiste, 88 % verrouillaient les chevilles dès qu'ils s'installaient dans le fauteuil du dentiste. Ceux qui venaient pour un contrôle de routine adoptaient cette position à 68 %, contre 98 % pour ceux à qui le dentiste devait administrer une piqûre de produit anesthésiant.

J'ai demandé à mon dentiste d'observer ce détail. Il m'a confirmé que la cheville droite bloquait la gauche dans la majorité des cas. Réaction psychorigide logique quand il faut s'apprêter à souffrir !

Chapitre 14

Les pieds

Dans ce chapitre :

- Les pieds
- La plante des pieds
- La cambrure du pied
- Les talons
- Les orteils

Nos pieds sont en prise directe avec la terre et c'est donc d'abord sur eux que repose notre équilibre. Pourtant, tous les moyens sont bons pour les éloigner du sol, comme si nous voulions fuir la réalité. Ce réflexe est dommageable car poser directement les pieds sur le sol apporte beaucoup de soulagement, que ce soit à travers la voûte plantaire (très sensible) ou en scandant notre marche avec nos talons pour retrouver un supplément d'énergie et affirmer notre réussite.

Les pieds

Durant l'Antiquité, les chaussures personnifiaient la liberté car les esclaves n'avaient pas le droit d'en porter.

Bien des femmes ont enduré le martyre pour empêcher leurs pieds de grandir. Byron résume bien l'attitude traditionnelle des hommes. Il évoque des petits pieds comme des sylphides, « qui laissent deviner la beauté des formes de la plus parfaite symétrie, qu'ils terminent aussi bien ». Comme le pied bandé des Chinoises d'autrefois, ou « lis d'or », qui avait l'air si joli dans sa minuscule pantoufle décorée. Il ressemblait à un pied de porc. Littéralement !

Le langage se sert des pieds pour qualifier deux situations courantes : « prendre son pied » et « faire du pied » sont deux expressions qui consacrent le pouvoir occulte du pied en matière de séduction. « C'est le pied » correspond au bonheur absolu !

La sensibilité de la plante du pied indique une vascularisation importante de cette partie anatomique de notre corps. Or, qui dit vascularisation dit aussi sensibilité érotique! Vous connaissez la formule : « Être bête comme ses pieds! » Les pieds n'ont pas de cerveau dont ils puissent s'enorgueillir, en revanche, ils ont un rapport avec le sexe, comme nous le verrons. Tous les bébés qui sucent leur gros orteil avec délice éprouvent un plaisir infini à « prendre leur pied ».

Anatomie du pied

Le pied possède une structure étonnamment complexe. Il se compose de 26 os, 114 ligaments et 20 muscles destinés à assurer le fonctionnement mécanique de chaque pied. Léonard de Vinci a qualifié le pied humain de « chef-d'œuvre de mécanique ». Nous sommes tellement habitués à marcher dessus que nous ne réalisons plus qu'une si petite surface, même multipliée par deux, parvient à assurer l'équilibre du tout. Pour un homme qui chausse du 42, ce sont deux fois 234 cm^2 environ qui soutiennent un corps de 70 kilos environ et d'une hauteur moyenne de 1,70 mètre, soit 18 000 cm^2 de surface chez un adulte (2 500 cm^2 pour un nouveau-né). Comment s'étonner dès lors que l'on trouve une correspondance de tous les organes du corps sur les plantes de nos pieds, s'il faut en croire les spécialistes de la réflexologie plantaire.

Le symbolisme du pied

Le pied est le siège symbolique de l'autonomie. Cependant, il est très souvent mis en relation avec le sexe.

Selon une croyance largement répandue, un grand pied d'homme annonce un pénis hors norme. Un pied de petite taille chez une femme trahit un petit vagin. Extrapolation simpliste, peut-être, mais la chaussure a souvent été considérée comme symbolique des organes génitaux de la femme.

Autrefois, le pied droit était considéré comme bon et gentil alors que le pied gauche était mauvais et hostile. Dieu était supposé œuvrer par l'intermédiaire du pied droit et le diable par celui du pied gauche. Desmond Morris rapporte la raison fondamentale pour laquelle tous les militaires démarrent du pied gauche dans les défilés. Selon lui, le pied hostile serait volontairement mis en avant pour montrer l'agressivité des hommes de troupe.

Je propose une autre interprétation de ce choix pédestre. Un droitier s'enfuit toujours par la gauche et agresse son adversaire par la droite. En privilégiant le départ du pied gauche, les officiers empêchent les soldats de fuir face au danger. Deux hypothèses concurrentes qui méritent d'être confirmées ou infirmées.

Le menu des pieds

Qu'ils soient écrasés ou cachés sous votre chaise, les pieds adoptent de nombreuses postures.

Les pieds en retrait

Votre interlocuteur, assis, croise sa jambe gauche sur sa cuisse droite ou l'inverse, tandis que l'un de ses pieds se réfugie en retrait sous sa chaise. Cette posture a deux significations.

- **Attitude d'indisponibilité et/ou de refus du dialogue.** Les pieds en retrait indiquent toujours un besoin de prendre du champ ou de fuir le débat.
- **Attitude couramment reproduite par des subalternes face à leur supérieur hiérarchique.** Dans une réunion de travail, il est facile de situer les fortes personnalités et autres individus dominants en fonction de ce critère particulier. Les individus qui obéissent chassent leurs pieds sous la table, croisent les chevilles ou les jambes. Idem à la terrasse des brasseries à l'heure du déjeuner. Les pieds des solliciteurs se réfugient toujours sous leur siège tant ils craignent d'être rabroués. J'ai réalisé que je me comportais exactement de la même manière quand j'avais besoin de convaincre mon éditeur, sans succès. Fort de ce constat, j'ai appris à ancrer mes pieds dans le sol pour proposer mes projets et je dois dire que le rapport de force s'est inversé, dès le premier essai. Qu'on vienne encore me soutenir, après ça, que le corps n'a aucune influence sur le discours et le pouvoir de persuasion !

Le retrait des pieds sous le siège est également une manière de faire marche arrière ou de se dissimuler pour ne pas devoir affronter la réalité.

Le pied écrasé

Le sujet écrase son pied gauche du pied droit. Il refuse d'exprimer ses émotions, qu'il réprime de cette manière.

Le sujet écrase son pied droit du pied gauche. Cette séquence trahit un personnage impulsif. Il refuse de rationaliser sa situation ou de faire face à la réalité qui fait offense à ses rêves.

La plante des pieds

La peau striée des plantes (comme celle de la paume des mains) a pour particularité de ne jamais bronzer. Il n'existe aucune explication à cette curiosité aujourd'hui, du moins en ce qui concerne les plantes des pieds. La sensibilité des plantes vaut celle des paumes mais que penser de ces marcheurs du feu des îles Fidji ? Ils marchent sur des braises et des pierres plates chauffées à blanc sans se brûler, sans la moindre cloque et sans que la peau des pieds ne sente le roussi. Une énigme fascinante qui reste sans explication à ce jour. Enfin, pas vraiment ! Un individu induit en hypnose peut sortir un plat de Pyrex dans un four chauffé à 180 °C sans se brûler. Il faut croire qu'il existe des états de conscience dont la science ne maîtrise pas encore le mode de fonctionnement.

Je viens de fêter mes 65 ans et j'ai eu l'impression désagréable d'avancer à reculons vers la mort. Cette réalité me glace le sang. Quand j'y pense, j'ai la sensation que ma vie s'est effacée comme un trait de crayon. Un fantasme d'existence, et pas un instant de sérénité dont je me souvienne. Tout est allé trop vite, j'ai vieilli sans vraiment m'en rendre compte, seul comptait ma carrière, la fierté d'assumer ma famille, de voir grandir mes gosses. Et puis, j'ai été mis au rebut comme une batterie épuisée, jeté à la poubelle comme une vidange perdue. La réalité m'a frappé en plein visage. Un vent de tornade et le fantasme de mon existence me sont apparus dans la lumière crue du petit matin, une évidence qui m'a blessé profondément.

J'ai posé mes pieds à terre, comme un marin qui débarque de son rafiot. Pour la première fois, j'ai réalisé que la terre était sous mes pieds et que cette terre était la source de toute sérénité. Celle qui nous porte, dans laquelle je dormirai pour l'éternité. Cette terre est la seule réalité qui me fait prendre conscience de mon humanité retrouvée. J'ai soudain envie de vivre une autre vie, de changer le scénario pour que la route s'allonge au lieu de s'arrêter brusquement. J'ai envie d'affronter ma réalité et de goûter à la sérénité pour ne pas mourir idiot.

La plante des pieds est le siège anatomique de l'équilibre corporel et le siège psycho-anatomique de l'équilibre psychosomatique. Ce qui justifie l'utilité de la réflexologie plantaire qui vise à rééquilibrer les énergies et les fluides corporels en passant par la plante des pieds. Le siège du sens des réalités associé à la sérénité, quel curieux mariage ! Aussi sensibles que les paumes sinon plus, les voûtes plantaires sont souvent sevrées du plancher des vaches à cause de notre manie de croiser les pieds, les chevilles ou les jambes. Or, ces voûtes sont le siège symbolique de la sérénité que tous recherchent par monts et par vaux et qu'ils foulent aux pieds sans le savoir.

La transpiration des pieds

L'odeur des pieds est une signature. La plante du pied est la partie la plus riche en glandes sudoripares, avec la paume des mains. Ces glandes sont très sensibles au stress et leur sécrétion augmente considérablement quand nous sommes sous tension. L'odeur produite est si forte qu'elle traverse les chaussettes, les semelles, laissant une piste que n'importe quel chien pourra suivre jusqu'à deux semaines après votre passage. Il semble probable que dans notre lointain passé, les odeurs laissées par les pieds nus des hommes les aidaient à localiser les amis comme les ennemis.

La cambrure du pied

La cambrure du pied est le siège symbolique de la sensualité, sensualité que les belles de jour ou de nuit mettent en valeur en chaussant des escarpins ou des sandales aux talons aiguilles vertigineux. Les fétichistes du pied féminin se délectent de cette cambrure convexe encadrée par les voussures de malléoles bien marquées. Mais ils sont en nombre restreint, ces amateurs éclairés. Il est vrai que de nos jours les esthètes du corps féminin sont hypnotisés par les seins gonflés à l'hélium. Jambes interminables, décolleté antigravitationnel, sourire « Ultra Brite » et haleine « Hollywood chewing-gum » ! Le critère plastique de la cambrure du pied est aujourd'hui très ringard. Un joli minois efface des pieds un peu maigres ou raccourcit d'autorité une pointure 43 « fillette ». Ce que je trouve curieux, c'est la désolation de la mise en scène publicitaire du pied chaussé, comparativement à la masse des réclames vantant les mérites inégalables de la lingerie féminine. Comme si le pied n'avait plus la cote.

Contrairement à la chaussure fermée, la sandale féminine est un entrelacement de lanières entre la plante du pied et la jambe qu'elle a pour devoir de mettre en valeur. Elle est un outil majeur de séduction pour toutes celles qui se plaignent de passer inaperçues dans les soirées. Fuyez les chaussures qui incarcèrent vos jolis pieds, même à très hauts talons. Adoptez toujours les sandales ! Même les bottes ou les cuissardes n'ont pas cet impact sensuel sur l'esprit masculin.

Les femmes qui ont la chance de bénéficier de jolis doigts de pied ont tout intérêt à les mettre en vitrine. Les orteils, comme les doigts de la main d'ailleurs, représentent un atout esthétique majeur pour une partie importante de la gent masculine. Et puis, ces sandales mettent aussi en valeur la cambrure du pied, ce continent perdu de l'érotisme.

Toute cette histoire pour vous signaler qu'une cambrure du pied proéminente est un vrai passeport pour le paradis de la sensualité féminine (et de son compagnon qui en bénéficie). Peut-être y serez-vous plus attentif à partir de maintenant. Car les gambettes craquantes, les seins aérodynamiques et les sourires irréprochables ne sont pas toujours garants d'une libido atomique. La cambrure du pied, en revanche, si !

Les talons

Les talons sont les ressorts de votre corps. La réussite se cache sous vos talons. Ils sont le siège de vos succès ou de vos échecs les plus cuisants. Par exemple, un talon douloureux peut être révélateur d'une situation d'échec annoncée. Il faut y être attentif.

« Je me souviens, m'avoue Jean-Marie, d'un dépôt de bilan dont j'ai été l'initiateur en tant qu'administrateur d'une petite société prise dans une escroquerie au contrat léonin. J'étais bien sûr responsable d'avoir accepté de signer ce contrat au nom de la société. Les douleurs de talons qui ont suivi cette péripétie étaient atroces. J'ai consulté un médecin qui m'a prescrit des radios. Négatif sur toute la ligne ! Les douleurs ont disparu assez rapidement. »

J'ai observé la démarche de nombreuses personnes en situation d'échec. Elles traînent les pieds et évitent de poser les talons en premier sur le sol. Les pieds glissent, comme sur des coussins d'air, on dirait qu'elles marchent sur des œufs. Plus les talons marquent le pas, plus la réussite du marcheur est évidente. Les femmes sûres de leur beauté ou de l'effet qu'elles font sur les hommes ont tendance à marteler le sol de leurs talons aiguilles. Vous n'aviez jamais remarqué ce détail ?

Par ailleurs, le politicien qui rebondit sur ses talons, comme s'il était monté sur ressorts, s'indignant ou exigeant le changement s'il est élu, ne fait rien d'autre que reproduire l'attitude de l'enfant capricieux qui saute sur ses pieds pour imposer son caprice à ses parents. La démagogie commence très tôt dans la vie du futur homme politique.

Les orteils

Les orteils d'un bébé sont vingt fois plus habiles à se saisir d'un objet que ceux d'un adulte. Chez la majorité des adultes, les orteils sont des parties corporelles inactives. Chez un danseur, en revanche, la force originelle des orteils conditionnera sa carrière.

La symbolique des orteils

Les orteils sont le siège symbolique de la frustration. Ce sont aussi des zones érogènes explosives peu fréquentées bien que tout à fait fréquentables. Ce n'est pas sans raison que les fabricants de chaussures offrent un choix énorme de sandales à hauts talons chaque été mettant en valeur les orteils, la cambrure et l'allure générale du pied de la femme. Les pieds parfaits sont bien plus rares que les visages zéro défaut, sans parler des orteils.

Le menu des orteils

Faites respirer vos pieds, adoptez les doigts de pied en éventail pour vous détendre. Les autres postures sont plutôt le signe d'une défaillance affective ou sexuelle.

Les démangeaisons

Si vous êtes victime de démangeaisons entre les doigts de pied et que votre hygiène pédestre soit sans reproche, sachez que ces chatouillements révèlent une insatisfaction sexuelle.

La bague au doigt

Une bague glissée au gros orteil droit est un aveu de frustration sexuelle. La même bague glissée à l'orteil gauche devrait indiquer le même genre de carence.

Les pointes

Si les orteils ont une importance essentielle dans le maintien de notre équilibre corporel, ils en ont nettement moins sur le plan gestuel. Cependant, il existe une position des orteils que l'on peut observer chez la femme qui a ôté ses souliers : il arrive qu'elle fasse des pointes en recroquevillant ses doigts de pied dans certaines circonstances (voir Figure 14-1).

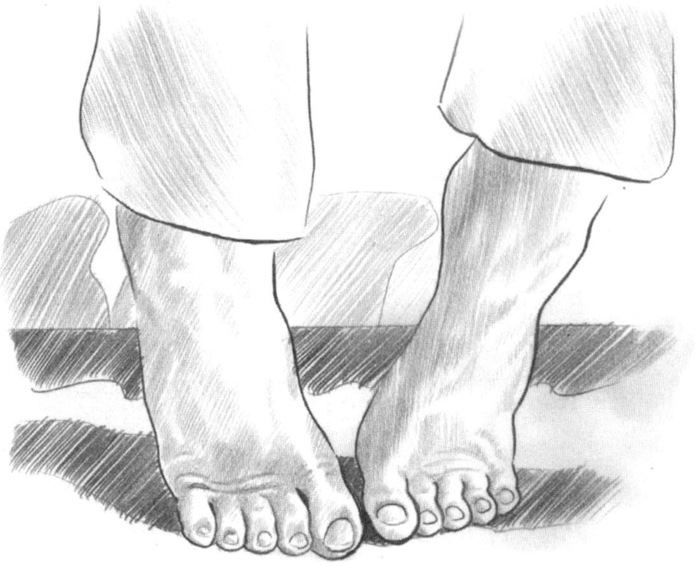

Figure 14-1 : Se mettre sur l'extrémité des orteils est un signe de frustration important.

Cette attitude particulière est un symbole de frustration pure et dure.

La peinture des ongles

Peindre les ongles de ses orteils trahit une recherche de sensualité et non un besoin de mettre ses doigts de pied en vitrine. Les femmes qui se peignent ainsi les ongles des orteils affirment leur besoin de volupté et de siestes améliorées quand l'occasion se présente. Elles sont très *carpe diem*, investies dans le présent de leur plaisir et non dans l'avenir de désirs hypothétiques. Elles abandonnent l'ambition aux hommes toujours aisés qu'elles épousent par souci de sécurité et se contentent de jouir du confort qu'ils assurent.

Les doigts de pied en éventail

Vous connaissez certainement l'expression « les doigts de pied en éventail » ? Retirez toujours vos chaussettes quand vous rentrez chez vous et écartez vos doigts de pied en éventail pendant quelques dizaines de secondes, voire jusqu'à une minute, avant de vous consacrer à la lecture du journal ou à la préparation du dîner. Vous constaterez très rapidement que le sentiment de satisfaction dépassera celui de frustration. Libre à vous de ne pas me croire. Mais si vous voulez tester l'exercice, vous réaliserez qu'il suffit parfois de peu de chose pour se libérer d'un sentiment parasite comme la frustration. Êtes-vous satisfait de votre journée ? Posez-vous cette question régulièrement, vous finirez par refuser la frustration gratuite que vous endurez en empêchant vos pieds de respirer à l'air libre.

Sixième partie

Les postures thématiques

Dans cette partie...

Vous trouverez des descriptions et des analyses concernant la façon de s'asseoir et de se tenir debout, un examen des gestes du lien et des gestes de l'émotion, et une présentation de quelques attitudes de proxémie.

La lecture de ces chapitres vous apprendra à décoder des attitudes qui signifient parfois l'opposé de ce qu'elles montrent, à pratiquer l'autoscopie pour mieux vous comprendre, et vous permettra de découvrir que notre positionnement dans l'espace ne doit rien au hasard.

Chapitre 15

Les postures assises

Dans ce chapitre :

- L'homme, un animal assis
- Les principales postures assises

Le corps est un lieu de confort (et de réconfort) ou non suivant le degré de conscience que l'on a de son fonctionnement. Mais ce corps précède, escorte ou protège le discours contre ses propres abus. Les gestes en décalage alternent avec les attitudes ergonomiques en fonction du contexte auquel vous êtes confronté. La recherche d'ergonomie gestuelle ou posturale est une manière originale d'influencer positivement votre psychisme ou de restructurer votre personnalité fragilisée. C'est aussi un moyen créatif d'apprendre à communiquer plus efficacement avec soi ou avec autrui.

Il ne faut pas vous asseoir n'importe comment sous prétexte que le corps se pliera à toutes les fantaisies de votre esprit.

L'Homme, cet animal assis qui se lève de temps à autre, aurait-il été improprement baptisé *Homo erectus* par les anthropologues ? On remarque cependant, en nous comparant aux tribus primitives qui subsistaient encore au début du siècle, que la position assise de l'Homme est historiquement récente. En outre, le fait de s'asseoir est généralement lié au travail intellectuel bien plus qu'au travail manuel. Ce qui donne à penser que plus le cerveau est sollicité, plus le corps a besoin d'une assise confortable. Plus l'Homme réfléchit, plus la gravité terrestre alourdit ses fesses.

La manière dont vous vous asseyez est un indicateur fiable de votre climat mental. Quel temps fait-il sous votre couronne de cheveux ?

Les pieds et les jambes étant de moins en moins mis à contribution, l'envergure du fessier a tendance à croître en parallèle du durillon de comptoir. Pour bien faire, il faudrait passer autant de temps assis que debout, histoire de raffermir la musculature des jambes et de faire circuler le sang. Mais le temps manque, comme toujours, et il n'est pas sûr que l'entreprise pour laquelle vous travaillez verrait ces escapades au profit de la santé de vos jambes d'un bon œil. L'idéal serait donc de venir à pied au travail et d'en repartir en usant du même mode de locomotion.

Les ailes

Votre interlocuteur pose systématiquement ses bras sur les dossiers des fauteuils voisins, comme s'il déployait ses ailes.

Il a besoin d'agrandir son territoire, il est certainement en manque d'espace vital. Sachez que si cette posture se répète fréquemment, elle provient d'un individu carriériste. Ceux qui ressentent toujours le besoin de poser un bras en appui sur une chaise à leur gauche ou à leur droite, ne font pas exception à la règle. Leur degré d'ambition est le même, sauf qu'il leur manque une chaise pour l'afficher à cent pour cent. Il se peut que votre interlocuteur ait besoin d'agrandir son territoire ou de le protéger contre une invasion. Il vous avertit très visiblement de sa volonté d'aboutir. Dans tous les cas, soyez sûr qu'il est très vaniteux. Montrez-lui votre admiration et il vous mangera dans la main!

L'amazone

Si votre invitée pose ses fesses sur l'accoudoir du fauteuil au lieu de s'y asseoir confortablement, cela signifie qu'elle n'est pas tout à fait sûre de souscrire à la suite du programme. Elle joue les amazones qui, par définition, sont des fugueuses émérites.

L'ancrage

Votre interlocuteur accroche ses mains aux accoudoirs de son siège dès que vous le contrariez.

Aussitôt que les mains s'accrochent aux accoudoirs, le climat mental se vide de toute sympathie envers l'interlocuteur. Il s'agit d'un signe de contrariété évident, le geste marque un désinvestissement immédiat pour cause subite d'incompatibilité d'humeur. On s'accroche involontairement à son siège, aux accoudoirs, à ses poignets, à son bon droit mais pas à ses devoirs ; on se raccroche à ses prérogatives, on se suspend à ses avantages sociaux, on se cramponne à la vie quand la mort se présente, etc. L'accrochage est un ancrage du mental à son domaine de compétences ou à ses prérogatives. C'est un signe de contrôle de soi et non de maîtrise de soi. Dois-je de nouveau préciser que celui qui se contrôle ne maîtrise pas la situation et que celui qui maîtrise la situation n'a pas besoin de se contrôler ?

Assis de guingois

Assis de guingois dans son fauteuil, la jambe droite du sujet repose sur l'accoudoir tandis que le bras droit est suspendu derrière le dossier.

Les adolescents ont recours à cette position pour tenter d'imposer leurs vues quand ils ne sont sûrs de rien et doutent de tout. Toute posture assise qui ne respecte pas l'ergonomie du siège révèle toujours un malaise. Votre interlocuteur essaye de vous donner le change car en vérité il a plutôt envie de s'enterrer à six pieds sous terre. Votre présence paralyse ses audaces. Il se sent pris au piège comme au temps de son adolescence.

Les bras tordus

Pieds à plat sur le sol, bras en torsion en appui sur les cuisses, les mains enserrent les cuisses, les doigts tournés vers l'intérieur, les pouces à l'extérieur (voir Figure 15-1).

Figure 15-1 : Cette posture signale une personne prête à sauter sur son interlocuteur.

Le geste évoque une posture de détente soudaine, comme si la personne n'attendait qu'une occasion pour bondir sur son adversaire. L'attitude est aussi oppositionnelle qu'envieuse.

La bascule

Votre interlocuteur ne peut s'empêcher de faire basculer sa chaise en arrière.

Les gamins se balancent sur leur chaise dès qu'ils ressentent l'aiguillon de la récré ou celui de l'ennui. Le basculement de la chaise désigne un climat mental dérouté ou déstabilisé. Votre interlocuteur cherche à prendre inconsciemment du recul mais il ne s'autorise pas à interrompre brutalement votre entrevue. C'est une attitude d'échec typique ! Dans l'exemple évoqué ci-dessus, le balancement devient un simulacre de fuite.

La forteresse

Assise sur une chaise, la personne remonte une jambe à la hauteur de sa poitrine et pose le talon sur le plateau de la chaise (voir Figure 15-2).

Figure 15-2 : Cette posture indique un manque de maturité.

C'est une posture peu courante en dehors d'un contexte amical ou amoureux. Votre interlocutrice serre sa jambe dans ses bras comme l'enfant pourrait le faire d'une poupée ou d'un doudou. Posture fœtale qui trahit un personnage immature et agressif. C'est la séquence de la forteresse !

Les disjoncteurs

Assis sur une chaise de la cuisine, votre mari garrotte ses aines de ses deux mains. Que voilà une belle attitude typique de refus d'un dialogue! On la remarque souvent chez des subalternes qui entretiennent avec leurs supérieurs hiérarchiques des rapports pseudo-amicaux. En affichant cette séquence gestuelle, votre interlocuteur signale que vos points de vue sont inconciliables. La communication vers une démarche de progrès, symbolisée par les jambes, est coupée par les mains qui se conduisent en disjoncteurs.

À califourchon

La posture à califourchon est typique d'une attitude passive, le climat mental est contemplatif et le sujet qui reproduit cette posture ne se sent pas concerné par les propos de son interlocuteur. En revanche, quand un interlocuteur adopte cette posture au cours d'une discussion, le dossier de la chaise le protège préventivement contre les critiques éventuelles dont il pourrait faire l'objet. Vous avez alors affaire à un personnage à l'esprit aventureux, voire immature. Un *day-dreamer*! Un rêveur de jour, littéralement. Il oubliera très vite les promesses qu'il vous aura faites dans un bel élan d'enthousiasme.

En apesanteur

La femme s'assoit, ôte ses ballerines et ramène ses pieds sous ses fesses. C'est une attitude peu courante dans un cadre formel, qui exprime un manque total d'emprise sur la réalité. Le sujet est en apesanteur, le sol qui représente la réalité n'est pas au programme des festivités. En situation de séduction, la posture est en soi une invitation inconsciente à un rapprochement des corps. Mais il est rare qu'elle se reproduise dans un entretien professionnel.

La girouette des sentiments

La manière dont nous nous asseyons reflète notre climat mental. Comment se sent-on ici et maintenant ? Observez le buste de vos interlocuteurs en position assise. S'il est projeté en avant, cela évoque la peur d'être récusé ou censuré. S'il est rejeté en arrière, cela exprime un besoin de liberté ; incliné à droite en permanence, le mouvement trahit la volonté d'aboutir à un résultat concret ; incliné à gauche en permanence, l'instabilité des humeurs est au menu.

Penchée alternativement à gauche ou à droite, la personne tente de vous séduire, au sens large du terme. Le buste est la girouette des sentiments.

Les jambes tendues

Le directeur assis dans son fauteuil étend ses jambes devant lui et croise les chevilles. Le contexte est rassurant. L'interlocuteur se sent le bienvenu et exprime ce sentiment en se mettant à l'aise. Si la cheville droite domine la gauche, ce croisement marque une certaine lassitude à la fin d'une réunion. Il est fatigué et veut se détendre. Si la cheville gauche domine la droite, je dirais que le sujet est plus enclin à la rêverie.

La montgolfière

Vos pieds s'accrochent aux barreaux de votre chaise quand votre esprit a tendance à flotter au-dessus du niveau de la mer (voir Figure 15-3).

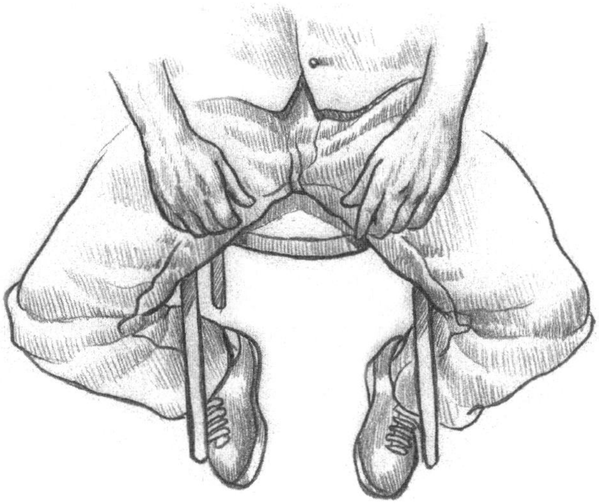

Figure 15-3 : La situation vous déplaît et vous vous accrochez pour ne pas fuir immédiatement.

C'est une façon de jeter l'ancre ou de lester votre ego en orbite autour de votre nombril. Dans tous les cas de figure, ce n'est pas bon signe. Vous vous sentez pris au piège. Il faut conclure ou prendre congé dans les meilleurs délais. Cette attitude est héritée de l'enfance. Indécision et anxiété se poussent du coude mutuellement. Sciez mentalement les barreaux de votre chaise (on ne sait jamais) ou renvoyez votre entretien à plus tard, si vous en attendez un résultat concret. Il est aussi possible que le ton trop pédagogique de votre interlocuteur induise une relation de maître à élève qui influence vos émotions et provoque cette séquence gestuelle particulière.

La ballerine

Vos pieds font des pointes sous votre chaise (voir Figure 15-4).

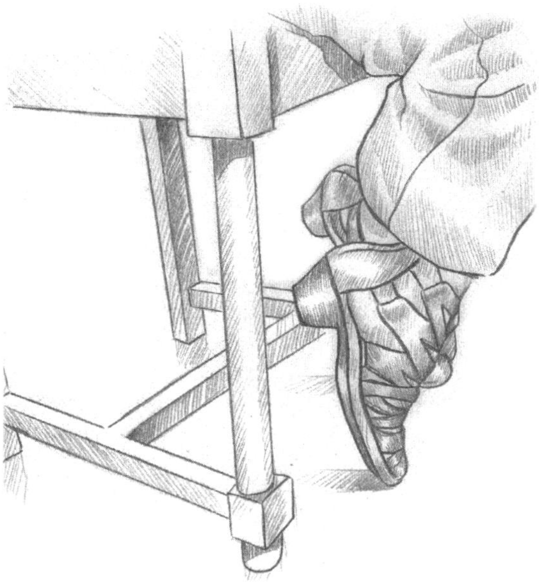

Figure 15-4 : Les pieds en position ballerine signalent que la situation est délicate. Regardez à deux fois où vous les posez.

Quand vos pieds font des pointes sous la chaise, votre corps vous signale que vous marchez sur des œufs et par définition les coquilles d'œuf sont fragiles. Prenez du recul avant de vous engager ! Votre interlocuteur n'est pas aussi sympathique qu'il le prétend ou que vous l'imaginez.

Sur le bord

L'assise sur le bord du siège est une posture que les personnes de condition modeste ou les individus timides adoptent souvent en présence d'interlocuteurs détenant une parcelle de pouvoir. Cependant, cette attitude pourrait aussi signifier que vous vous donnez beaucoup de mal pour rien. Son petit côté réfractaire ne devrait pas vous échapper, si vous prêtez une attention un peu plus soutenue au discours de votre interlocuteur qu'au vôtre.

Les pieds en retrait

Pourquoi la plupart des individus que vous pouvez observer dans un lieu public réfugient-ils leurs pieds sous leur chaise, dès qu'ils sont assis ?

Les pieds se réfugient sous la chaise quand le défi a déjà rendu son tablier avant d'avoir été relevé. Les pieds prennent souvent la fuite avant que la conscience ne soit avertie de l'option choisie par l'inconscient. On chasse ses pieds sous son siège quand la vie est dure et que la chance ne frappe pas souvent à la porte.

Les poches assises

Durant toute l'entrevue, le patron est resté assis dans son fauteuil, les mains enfoncées dans ses poches.

Le fait de plonger les mains dans ses poches dépend de la position du corps. Si cette attitude est recevable en position verticale, elle ne l'est plus du tout en position assise. Un individu qui plonge systématiquement la ou les mains dans ses poches en position assise n'est pas droit dans ses bottes. Il a forcément quelque chose à cacher ou à se reprocher. Le besoin d'emprisonner une ou deux mains de cette manière est toujours un signal prédictif de manipulation. Les gourous privilégient cette attitude dans la mesure où ils se déguisent pour asseoir leur crédibilité. Or, les mains, quand elles sont libres de s'exprimer, trahissent une sincérité qui n'est pas de mise. Dans ce cas de figure particulier, dissimulation rime avec simulation, au propre comme au figuré. Même si l'individu face à vous détient l'autorité, ne vous faites pas trop d'illusions sur l'étendue de ses pouvoirs. Il joue un rôle destiné à vous attirer dans son jardin des Hespérides.

Le premier de classe

L'individu s'assoit, pose sagement ses mains sur ses cuisses et se prépare à répondre aux questions du recruteur.

On rencontre souvent cette attitude chez les anciens premiers de la classe qui ont mal grandi et chez les personnes exerçant des postes d'exécutant. Le sujet n'est pas très sûr de lui et se soumettra facilement pour autant que vous déteniez le pouvoir.

Le sandwich

Assise derrière son bureau, la personne croise les jambes en glissant l'une de ses mains entre ses cuisses (voir Figure 15-5).

Figure 15-5 : Qu'il s'agisse d'une femme ou d'un homme, cette posture signale toujours un individu dépassé par les événements.

C'est une attitude fondée sur un sentiment d'instabilité ou sur une impossibilité de maîtriser la situation dans laquelle le sujet se trouve. La volonté ou les espoirs de la personne sont peut-être tendus vers un objectif complètement utopique. Elle attend de votre part une potion magique qui lui permettrait de rassurer ses rêves. S'il s'agit d'un sujet masculin, cette posture trahit un tempérament immature ou une incapacité de maîtriser une situation du type examen. Il se peut également que votre interlocuteur confirme sa peur d'échouer en tentant de conjurer ce sentiment à l'aide de ce geste purement rituel, geste typique de l'enfance au demeurant.

Le télésiège

La personne est assise avec les mains calées sous ses cuisses (voir Figure 15-6).

Figure 15-6 : Chez l'adulte, cette assise est un signe d'immaturité.

Cette attitude est une relique de l'enfance, la position assise en télésiège est un signe d'immaturité pure et dure. Les enfants hyperactifs ont souvent recours à cette posture, à l'instar de ceux qui ont envie de grandir vite. Les grands qui la reproduisent sont des enfants de chœur et des adultes malgré eux.

Le tailleur

Pourquoi les anciens tailleurs adoptaient-ils cette position jambes croisées ? Sans doute pour une raison stratégique liée à leur profession. Ils disposaient tous les accessoires utiles et nécessaires autour d'eux afin de ne pas avoir à se lever pour les attraper. En outre, croiser les jambes sous le corps leur permettait de reposer dans le creux de leurs cuisses la partie du vêtement à coudre, de telle manière que l'étoffe ne glisse pas sur un support lisse.

Mis à part le tailleur qui use de cette posture pour des raisons professionnelles, les individus qui l'imitent dès qu'ils se trouvent en face ou au sein d'un groupe sont des êtres virtuels qui se prennent pour des figures, des apprentis gourous. Pompeurs d'énergie, vexants et très susceptibles, parodiques jusqu'à la caricature, ce sont souvent des conseilleurs dont les leçons sont loin d'être gratuites et dont les avis peuvent coûter très cher à la collectivité. Ils savent en général mettre du beurre dans leurs épinards sans trop se préoccuper de la faim dans le monde. Méfiez-vous de ces pseudo-gourous, ils n'adoptent que les lettres, jamais l'esprit !

Une femme qui s'assoit en tailleur sur un sofa face à un homme est une séductrice active. La posture ouvre largement les cuisses : une invitation déguisée mais non consciente de la part de la femme.

La tour de Pise

Appuyé sur l'accoudoir de son fauteuil, votre interlocuteur ne dit pas un mot, son corps penche vers la gauche, il vous écoute religieusement.

S'il penche à droite, le poids de son indécision ou de sa réflexion empêche toute vision claire de la situation. S'il penche à gauche, il est motivé à agir mais ne réalise pas vraiment à quoi il s'engage.

Le trois quarts

Le bras gauche de votre interlocuteur banquier est posé sur le bord du bureau, sa jambe droite est en équerre sur la gauche et son bras droit est posé en équilibre sur son genou droit.

Un hôte assis de trois quarts sur son siège est prêt à vous quitter ou à vous renvoyer séance tenante. Il s'agit là d'une attitude caractéristique, voire caricaturale, de pseudo-fuite. Et si vous êtes l'hôte, cette posture vous invite à ne pas vous attarder.

La violeuse

La personne appuie sur ses coudes sur la table, le corps penché en avant dans votre direction.

Viol du territoire de l'autre pour la bonne cause en cas de parade amoureuse, et pour la mauvaise quand il faut persuader à tout prix un client récalcitrant. La posture accentue la cambrure, les fesses sont collées au dossier de la chaise mais le reste du buste est projeté en avant, coudes en appui.

Les appuis en position assise

Le nouveau ministre, debout, prend appui sur ses mains à plat sur la table d'apparat. Il est impressionné par le lieu d'accueil des hautes personnalités. Son voisin et collègue allemand est, semble-t-il, plus habitué à ce genre de cérémonies, il a posé des coudes en appui sur la table.

Ce refrain gestuel permet de deviner si vous êtes un gestionnaire, un entrepreneur ou un penseur.

- **Les mains en appui : vous êtes gestionnaire.** Cette attitude révèle un tempérament soumis aux règlements ou à la hiérarchie.
- **Les avant-bras en appui : vous êtes entrepreneur.** Les avant-bras en appui sur l'arête de la table signalent un individu plutôt précieux qui prend ses distances. En revanche, quand les avant-bras reposent carrément sur la table, cette attitude dévoile un profil entreprenant dit aussi « rentre-dedans » ou sportif.
- **Les coudes en appui : vous êtes un penseur.** C'est une manie propre à tous ceux qui pensent plus souvent qu'ils n'agissent. Et la catégorie de « ceux qui pensent » est bien utile à tous « ceux qui agissent » et aux autres qui gèrent.

En autoscopie

Soyez toujours très attentif à votre manière de prendre un appui avec les bras dans diverses situations. Si vous ne vous sentez pas concerné ou si vous devez suivre le meneur, il vous arrivera souvent de poser vos mains à plat sur la table. Si vous posez vos coudes sur la table, vous êtes intéressé en théorie, mais certainement pas en pratique. Les coudes en appui sont aussi la position privilégiée des créatifs dont chacun sait qu'ils doivent supporter la lourdeur des idées vagabondes qui se réfugient sous leur calotte crânienne. En revanche, si la proposition de votre interlocuteur vous motive, vous poserez vos avant-bras en appui sur la table, ce qui témoigne de votre curiosité : « Je veux en savoir plus. » Ce qui vaut pour vous, vaut également pour autrui si vous êtes le porteur du projet à vendre.

Chapitre 16

Les postures debout

Dans ce chapitre :

- Les principales postures
- Les jambes en X

Il est difficile d'imaginer à quel point le simple fait de se tenir en équilibre sur ses pieds est un exploit en soi. Avez-vous jamais comparé la surface qui supporte le corps par rapport à son volume total ? Je vous renvoie au chapitre 14 pour plus d'information.

Il existe nettement moins de manières de rester en équilibre sur ses deux pieds que de s'asseoir, tant il est vrai que la position assise tend à prendre l'avantage sur la position verticale d'une part. D'autre part, le registre professionnel favorise la position assise au détriment de l'effort sportif que représente de nos jours la station verticale. Le bébé qui se tient debout sur ses jambes, pour la première fois et sans appui, doit éprouver un sentiment fabuleux : un sentiment de puissance, de domination, de maîtrise de soi. Être debout sur ses deux jambes, c'est maîtriser l'univers.

La jambe cariatide

La jambe droite avance reportant le poids du corps sur la gauche ou l'inverse (voir Figure 16-1).

La jambe droite doit pouvoir compter sur la gauche ou l'inverse pour pouvoir répondre aux questions que se pose le propriétaire des deux jambes. Debout, il est rare que le poids du corps repose sur les deux jambes en même temps. La droite ou la gauche s'avance sur le devant de la scène et le poids se reporte sur la jambe qui demeure en coulisse. Pourquoi cette alternance entre les deux jambes ? Parce qu'elles sont les piliers du climat mental.

Figure 16-1 : Quand la jambe droite supporte le poids du corps, cela indique un certain désordre des émotions.

L'équilibre pondéral porté sur les deux jambes est un signe de dynamisme, que les pieds soient écartés ou non. Pourtant, la majorité des gens que vous observez dans la rue, à l'arrêt du bus, à la sortie des écoles ou faisant la queue déportent ce poids sur l'une des deux jambes.

Si vos émotions battent la campagne, la jambe gauche fait un pas en avant. Elle est commandée par le cerveau affectif (le cerveau droit). La perturbation des émotions entraîne automatiquement une chute réactionnelle du tonus musculaire de la jambe gauche commandée par le cerveau affectif et la jambe droite prend automatiquement le relais, elle supporte le poids du corps en attendant que vous vous remettiez de vos émotions.

Si l'esprit logique est perturbé, c'est la jambe droite qui s'avance, celle qui est commandée par le cerveau cognitif (gauche). La chute de tonus s'inscrit dans la masse musculaire de la jambe droite. Ces phénomènes ne sont pas conscients mais « gestualisés », donc proprioceptifs. Évidemment, quand les deux cerveaux sont pris à partie, les jambes sont coupées par l'émotion, il est impossible de réagir rationnellement et il faut donc impérativement trouver un siège pour s'asseoir.

En autoscopie

De manière prédictive, si votre jambe gauche supporte instinctivement le poids de votre corps face à votre interlocuteur, cela laisse supposer que vous êtes sous son influence : vous ne maîtrisez plus la partie. Dans le cas contraire, votre esprit critique reste éveillé, ce qui signifie que vous tentez de contrôler la situation mais que vous demeurez sur la défensive. Pour être en mesure de contre-attaquer, vous devez vous camper sur vos deux jambes et donc répartir le poids de votre maîtrise de soi.

Le pilier

Cette posture consiste à appuyer son pied contre une cloison située derrière, et à replier l'autre jambe, pied à plat contre le mur (voir Figure 16-2).

Figure 16-2 : Votre interlocuteur vous fatigue et vous ressentez le besoin de vous soutenir.

Cette attitude implique un fond de fatalisme ou de passivité face à l'événement, si le sujet observé recherche souvent un point d'appui quand il est debout face à autrui. Nous avons tous des périodes « point d'appui » qui traduisent un état ponctuel de fatigue nerveuse ou mentale. Attention, cependant, si la posture se reproduit face à certains collègues et pas à d'autres. La posture du pilier intervient toujours face à des chronophages qui consomment votre énergie.

En solitaire, la prise d'appui indique un climat mental pessimiste.

Les pieds perpendiculaires

La personne est plantée devant une autre, le pied droit positionné perpendiculairement au pied gauche (voir Figure 16-3).

Figure 16-3 : La posture de la disponibilité amoureuse.

Se tenir debout, les pieds en position perpendiculaire est une posture assez fréquente, adoptée par les adolescentes qui se veulent – inconsciemment ou non – disponibles sur le plan amoureux. Cette posture est un fort signal de séduction. La posture oriente le corps de trois quarts, mettant le buste en valeur. Ce n'est pas une attitude fondamentale, bien que très fréquente et très présente chez les jeunes femmes, branchées ou pas. Les gestes ont l'avantage d'être toujours à la mode sans que les intéressés ne connaissent les messages clairs et nets qu'ils délivrent à la cantonade. Tout le monde est déjà au courant, sauf celui qui reproduit la posture.

Le pied gauche perpendiculaire au droit trahit une personne hypersensible, très susceptible et très narcissique.

Le pied droit perpendiculaire révèle un caractère plus audacieux et plus directif en matière de sentiments. Il est commandé par le cerveau gauche, un cerveau plus calculateur et plus opportuniste que le cerveau droit davantage impulsif.

Le pas équestre

Les femmes qui portent des hauts talons séduisent autrement. Elles cassent la hauteur d'un talon en pliant légèrement la cheville pour que le talon forme un angle aigu avec le sol ou adoptent le pas équestre : jambe gauche ou droite légèrement repliée au niveau du genou, talons décollés du sol (voir Figure 16-4).

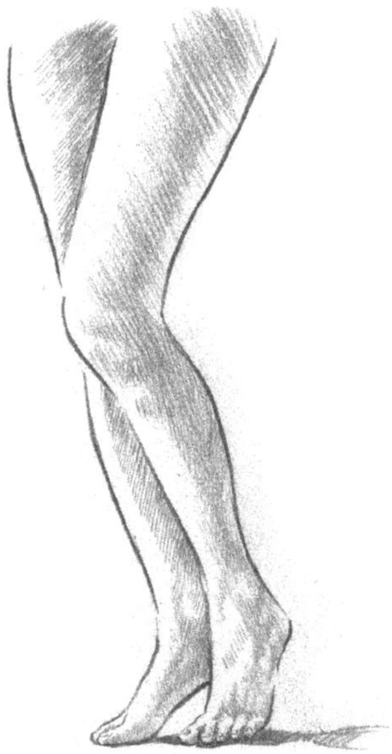

Figure 16-4 : Le pas équestre est un geste de séduction.

Ces deux postures témoignent d'une disponibilité amoureuse.

Les jambes en X

Une femme croise les jambes debout, tout en riant. La jambe gauche domine la droite (voir Figure 16-5).

Figure 16-5 : Si la jambe gauche croise la droite, vous témoignez de votre caractère instable.

On peut remarquer des jeunes filles ou des (jeunes) femmes en pantalon ou en jeans qui croisent les jambes en position verticale. Il s'agit évidemment d'un refrain gestuel invariable et relativement courant.

L'action de croiser les doigts, les jambes et les bras traduit un besoin de se protéger contre ses propres angoisses ou constitue une manière de les fuir. J'ai souvent observé que les adolescentes en pantalon ou en jeans croisent les jambes en X, en position verticale. Les adultes adulescents aussi. Il s'agit évidemment d'un refrain gestuel courant et parfaitement alternatif. Le choix de la jambe qui domine dépend du contexte. Les adultes qui reproduisent ce genre de posture souffrent d'une carence affective. Comme une fixation définitive au niveau d'une adolescence dont la porte s'est mal refermée. J'ai déjà observé de vénérables dames d'un âge, disons plus que mûr, reproduire cette posture en discutant avec une amie de la même tribu ou du même quartier avec les jambes en X.

Si la jambe droite croise habituellement la gauche par-devant, il s'agit d'une (jeune) femme qui s'investit dans ses relations amicales. Elle protège sa sensibilité en les plaçant sur un plan plus cérébral et pose ses relations amoureuses sur un mode plus plat que tonique. Elle tentera toujours de conserver une distance par rapport à toute entreprise de séduction dont elle serait la cible. Elle aura besoin de se sentir appréciée sans pour autant devoir se soumettre à n'importe quelle entreprise de séduction.

Si la jambe gauche prend généralement le pas sur la droite, vous avez affaire à une personne fugueuse, parfaitement versatile, donc d'humeur changeante comme la météo de ses sentiments.

Il peut arriver que votre sujet d'observation passe d'un croisement à l'autre. En tout état de cause, si cette alternance se présente, votre interlocutrice ne sait pas sur quel pied danser (littéralement !).

Les sujets masculins adultes reproduisent rarement cette posture. Les enfants mâles, en revanche, y ont recours systématiquement. C'est alors l'équivalent du croisement de jambes assis dont le symbolisme fondamental est subordonné à la peur de la castration ou à celle d'être pris en faute. Un homme qui privilégie cette posture se comporte comme un adulescent. C'est aussi un signe de timidité constitutionnelle de la personnalité.

Chapitre 17

La marche

Dans ce chapitre :

- La position des mains
- La position des bras
- La démarche

Je distingue ici la démarche de la station verticale. Votre façon de marcher est étroitement liée à votre personnalité de base. Elle peut être influencée par le contexte, mais la variation n'intervient que sur la cadence et le port. Il vous est certainement arrivé de reconnaître un ami de dos rien qu'à sa démarche particulière. La démarche d'un individu est unique dans la mesure où elle demeure libre de toute entrave, de toute uniformisation ou de toute contrainte. Elle appartient à la personnalité corporelle au même titre que les qualités ou les défauts définissent chaque profil psychologique. Montrez-moi votre façon de marcher et je vous dirai qui vous êtes !

La position des mains

Les marcheurs à poings fermés expriment leur sentiment d'agressivité refoulée face à un entourage qu'ils considèrent comme hostile. Les poings se desserrent toujours quand le marcheur rencontre un ami au coin de la rue. En revanche, les marcheurs mains ouvertes sont plutôt avenants et beaucoup plus sociables que les premiers. Si vous devez demander un renseignement à un inconnu dans la rue, choisissez un marcheur aux mains ouvertes, vous serez mieux accueilli.

Vous marchez dans la rue et votre corps exprime plus de choses dans sa manière de se mouvoir que vous ne pourriez le soupçonner. Il y a mille et une façons de marcher mais ce qui me paraît essentiel, c'est l'ouverture des mains. Mains ouvertes ou poings fermés ! Les envieux marchent avec les mains refermées, les agressifs avec les poings fermés. Les personnes compassionnelles avancent avec les mains ouvertes, paumes orientées vers les hanches. Les narcissiques marchent avec les mains ouvertes, paumes projetées en avant. Les dépressifs (et/ou les fatalistes) progressent dans la vie avec les mains ouvertes, paumes dirigées vers l'arrière.

La position des bras

Les hommes marchent les bras écartés, les femmes gardent les bras au corps, les avant-bras se décollant à partir du coude. L'homme qui colle ses bras au corps est efféminé (rappelez-vous la démarche de Michel Serrault dans *La Cage aux folles*), la femme qui écarte les bras de son corps aura une attitude réductrice et virilisante.

En observant la démarche des gens, on remarque très vite que coexistent plusieurs styles d'allure, de port ou de cadence auxquels il faut bien ajouter la participation obligée de certaines parties du corps, les mains enfoncées dans les poches du pantalon, par exemple.

Le menu de la démarche

Il existe de multiples façons de marcher, mais toutes sont le reflet de nos humeurs. Observez bien comment marchent ceux qui vous accompagnent : vous saurez alors si vous perdez votre temps et à quel genre d'individu vous avez affaire.

De même, pensez à regarder avec quel pied vous démarrez : vous serez peut-être surpris.

Le pendule

L'homme marche en se balançant de gauche à droite, les bras légèrement écartés du corps, comme s'il allait dégainer. Les bras sont souvent rigides, voire collés au corps.

Il se sent tellement mal à l'aise qu'il essaye de se persuader qu'il est le plus fort au cas où, par exemple, votre entretien se terminerait en pugilat. Ce type d'attitude réactionnelle ne se rencontre que chez certains individus un peu frustes.

Le petit soldat

Le sujet marche en balançant exagérément les bras, le geste indique qu'il règne sur un territoire mental exigu, il rêve de sortir du lot. Cette attitude devrait vous rappeler les gamins qui marchent au pas en imitant les soldats lors des défilés militaires.

Les quatre fers

Vous avez l'impression que le corps de votre interlocuteur va tomber en arrière lorsqu'il marche. Il progresse dans la vie à contre-courant. Il affichera toujours son pessimisme à la boutonnière.

Le coupe-vent

Vous avez l'impression que le corps de votre interlocuteur va tomber en avant, quand il marche. Superstitieux et féru de solutions magiques, enragé, infatigable et fatigant, incapable de respecter le territoire des autres et affichant un mépris total pour les règles, il est toujours pressé d'en finir et rate toutes les opportunités par excès d'impatience.

La laisse

Il arpente les trottoirs humides de sa banlieue grise, une main dans la poche, l'autre agrippée dans son dos à la ceinture de son pantalon (voir Figure 17-1).

Figure 17-1 : En marchant ainsi, la personne tente de maîtriser ses émotions.

Il se retient de peur de se laisser entraîner par son enthousiasme.

Le psychotique

Votre interlocuteur marche avec les bras collés au corps.

On colle généralement ses bras au corps quand on court. D'où le besoin de fuir la réalité qui tenaille le marcheur. Les enfants de Vukovar qui ont vécu les atrocités du conflit entre Serbes et Kosovars ont réagi gestuellement au drame qu'ils ont vécu. Les observations ont permis de constater qu'ils se déplaçaient notamment sans le balancement typique des bras, le regard figé sans le moindre clignement de paupières. Quand la locomotion est entravée sur le plan mental, les bras restent figés contre le corps. La liberté d'agir et de penser est réprimée. Quant aux paupières fixes, elles sont un signe d'absence d'images de référence (paternelle ou maternelle).

Boris Cyrulnik analyse cette attitude réactionnelle de la manière suivante : « Le déni poussé jusqu'à provoquer une sensation de vide leur permet de ne pas souffrir, mais les empêche de créer une vie psychique. Ils déambulent de manière stéréotypée pour créer quand même un ersatz de vie. Le vide psychique est une défense pour eux. »

Le refus

L'individu conserve les bras croisés en marchant. Il se protège contre toute initiative hasardeuse et croise les bras parce qu'il est incapable de dire non. Son corps prend le relais mais son esprit n'est pas encore branché.

L'indifférence

Le bonhomme marche à vos côtés les mains accrochées dans le dos, sans piper mot. Il se contente de vous écouter d'une oreille distraite. Les bras démobilisés trahissent un esprit indifférent, voire une indifférence affective. Ne vous fiez jamais aux airs entendus ou connivents qu'affichent les individus qui réfugient leurs bras dans leur dos. Ils n'en ont strictement rien à faire de ce que vous leur dites.

M'as-tu vu ?

Du haut de ses talons effilés, la femme marche en se déhanchant de manière exagérée. Il ou elle vit pour, par, dans et à travers la galerie.

Le cow-boy

L'homme remonte la rue à pied, les deux pouces coincés dans la ceinture de son pantalon. Les pouces sont le siège du désir (droite) et du plaisir (gauche). L'entrave des pouces signifie que ces deux fonctions émotionnelles sont pénalisées.

La honte

Votre interlocuteur marche à vos côtés en baissant les yeux sur ses chaussures. La démarche trahit un tempérament peu affirmé, voire pusillanime et dénote une tendance à vivre par procuration.

Le craintif

Le sujet marche toujours dans la rue en jetant des regards inquiets autour de lui. C'est un style de démarche qui découle d'un tempérament méfiant ou soucieux de plaire. Tout dépend de l'âge et de l'allure de la personne. Les individus victimes de névroses d'angoisse adoptent souvent ce style de démarche.

La déprime

Votre interlocuteur marche à vos côtés en regardant droit devant lui. Cette rigidité trahit un climat mental dépressif. Il se pourrait qu'il s'agisse d'un individu en proie à des difficultés personnelles pour autant qu'il ne tourne jamais la tête dans votre direction quand vous lui parlez.

Le marsupilami

La personne avance sur le trottoir comme si elle était montée sur des ressorts. Ce type de démarche trahit un besoin de retrouver une confiance en soi globalement perturbée.

La cigale

L'homme remonte la rue la main dans la poche de son pantalon, il fait tinter la petite monnaie. C'est l'indication d'une angoisse liée à la peur d'une perte financière. Les individus prodigues reproduisent souvent ce tic gestuel.

Le suspensoir

Votre interlocuteur marche les mains nouées sur son bas-ventre. Cette démarche est un grand classique des attitudes d'échec. Les mains nouées sur le ventre ou plus bas (tout dépend de la longueur des bras) représentent symboliquement une entrave à la marche. Attitude corporelle courante chez les retraités ou les personnes désœuvrées, elle devient un véritable virus si vous fréquentez un individu qui la privilégie quand il marche à vos côtés. Il porte la poisse.

La caractérielle

La femme marche à côté de lui les poings serrés, et durant la centaine de mètres qui les séparent du café, l'assomme de récriminations et doléances en tout genre.

Revendicatrice, contradictoire, dialectique et forcément polémique! Le taux d'agressivité est refoulé au profit d'une verbalisation outrancière et d'une hostilité à peine déguisée. Les femmes du style « moulin à paroles » ont tendance à serrer les poings quand elles s'expriment, comme si elles voulaient empêcher leurs mains de sous-titrer leur discours. Ce sont les mêmes qui s'expriment mains scotchées sur la table quand elles sont assises. En revanche, leurs têtes sifflent comme des cocottes-minute.

La poupée Barbie

La jeune femme marche les bras cassés en angle droit, mains en supination et poignets ouverts (voir Figure 17-2).

C'est la démarche typique des adolescentes en train de frimer devant leurs petits amis, ou celle des adultes qui ont oublié de grandir. L'adolescente qui se promène ainsi avec ses copines, les bras cassés à angle droit exprime son malaise de femme en devenir. Elle est prisonnière de cette révolution physiologique qui la dépasse.

Figure 17-2 : Les bras cassés à angle droit est une posture ado.

Perdu de vue

L'individu marche en retenant son poignet gauche de sa main droite ou l'inverse. Il se tient par la main, pour ainsi dire. Insécurisé, il a besoin de se rassurer en mimant une scène de son enfance : sa maman ou son papa l'attrape par le poignet pour lui éviter de faire une bêtise.

Les bras figés

Le mouvement adopté par les bras d'un sujet ou d'une population de référence est une observation essentielle qui vous permet d'estimer le niveau de liberté mentale ou effective de ceux qui vous entourent.

La démarche qui génère une immobilisation du bras droit (en tant que bras moteur) se remarque surtout chez les personnes désœuvrées, les SDF et certains chômeurs de longue durée. Leur liberté d'agir est incarcérée dans l'incapacité d'entreprendre.

Certains individus marchent en collant le bras gauche contre le corps tandis que le droit se balance au rythme de la marche. Cette attitude est visible au sein des groupes religieux sectaires. On peut également l'apercevoir chez des populations soumises à des dictatures d'État, à un régime policier ou encore dans des entreprises dirigées par un patron autocrate, comme si la capacité d'exprimer ses affects était embrigadée.

Les mains dans les poches

Les deux mains dans les poches trahissent le procrastinateur (voir Figure 17-3). Il remettra toujours toute action au lendemain. Quand un sujet marche avec les deux mains enfouies dans les poches, il désactive ses deux aires cérébrales. C'est l'attitude de démobilisation totale, de non-implication par excellence. Je suis là mais ma tête est ailleurs, vous voyez !

Figure 17-3 : Les deux mains dans les poches signalent un individu que vous laissez complètement indifférent.

Les deux mains enfouies indiquent que tous les fusibles sont débranchés et que le courant ne passe plus : elles sont un parfait antistress. Votre interlocuteur est entièrement disponible à lui-même et en personne, même s'il vous donne l'impression d'être à votre écoute. Cela dit, la posture est profitable quand il est nécessaire de prendre du champ. Un quart d'heure de balade avec les deux mains à l'abri dans vos poches vaut certainement une séance de relaxation. Vous remarquerez très vite que cette attitude handicape sérieusement toute réflexion structurée, mais encourage vivement la rêverie en circuit fermé.

Deux heures moins dix

L'homme marche avec les pieds à deux heures moins dix. Ou à dix heures dix ! Tout dépend de la petite aiguille (voir Figure 17-4).

Figure 17-4 : Cette démarche est le signe d'une volonté de fer.

Ce type de démarche est typique des individus tenaces comme des pitbulls qui ont souvent dû se faire rabrouer par ceux dont ils briguaient le poste ou la fonction.

De quel pied démarrez-vous dans la vie ?

Si c'est du droit, vous êtes plutôt actif et entreprenant. Si c'est principalement du gauche, vous êtes plutôt respectueux des règles et influençable.

Observez les gens autour de vous ! Ils discutent avec un voisin ou un collègue puis se séparent. De quel pied se quittent-ils ? Si vous êtes commerçant, observez vos clients ! Quel est le pied qui ouvre la marche quand ils quittent votre boutique ? Le client du pied droit est peu influençable. Le client du pied gauche, en revanche, est plus impulsif et pourrait être séduit par une petite remise exceptionnelle lors de sa prochaine visite à la boutique.

Ce type d'observation est captivant dans la mesure où le choix du pied est presque toujours en rapport avec le comportement général du sujet observé. Quand vous descendez du bus, sortez de la rame de métro ou d'un tram, quel est le pied que vous posez en premier sur le sol ? Si vous avez l'esprit libre, vous poserez automatiquement le droit en priorité. Si vous êtes préoccupé ou soucieux, vous poserez d'abord le pied gauche.

La latéralité du pied n'intervient pas. De quel pied commencez-vous à monter l'escalier ? Soucieux, vous entamerez votre ascension du pied gauche ; l'esprit dégagé vous retrouverez votre pied droit. Il n'est pas aisé de fixer son attention sur le pied de démarrage sans influencer le déroulement naturel de l'opération. Conserver une neutralité face au déclenchement de ce mouvement est le premier objectif à atteindre.

En tout état de cause, le pied de démarrage dépend aussi du contexte ou du climat mental. Quand je suis satisfait de mon travail, quand je me sens tonique, je me surprends souvent à démarrer du pied droit. Si je doute, si je suis frustré, si tout va de travers, j'avance le pied gauche en premier.

Cette information banale en soi est essentielle si vous pratiquez l'autoscopie gestuelle. Elle vous avertira des embûches qui vous attendent dans un contexte de recrutement ou de négociation, par exemple. Si l'entretien s'est bien passé, selon toutes les apparences, mais que vous repartez du pied gauche, votre subconscient vous envoie un avertissement : « Méfiance. » Si vous repartez du pied droit, malgré un sentiment de malaise, le résultat est peut-être meilleur que vous ne le craigniez consciemment.

Chapitre 18

Les gestes du lien

Dans ce chapitre :

- L'accolade
- L'étreinte
- Le baiser
- La poignée de main

A *priori* dotés d'un capital positif, puisqu'ils servent à établir la communication, les gestes du lien sont pourtant moins lisses qu'il n'y paraît. La part de réelle sympathie ou d'empathie n'est pas toujours la norme et ce, d'autant moins que les conventions sociales sont parfois venues pervertir leur objectif premier : créer du lien.

L'accolade

Lors d'une accolade très protocolaire entre deux personnes, l'un des deux pose l'une de ses mains sur l'épaule de l'autre. Cette manière d'accueil, souvent conviviale en apparence, est un héritage de l'adoubement des chevaliers du Moyen Âge par leur suzerain. Celui qui pose sa main sur l'épaule de son interlocuteur est celui qui détient le pouvoir ou souhaite faire passer le message à son vassal supposé. Si votre interlocuteur ne détient pas vraiment le pouvoir et pose cette main sur une de vos épaules ou les deux, il tente de vous inférioriser ou de vous inféoder.

La main qui vient se poser sur l'épaule droite est la gauche (chez un droitier). Or, l'épaule droite est le siège de l'ambition. Une main qui s'y cramponne est une manière de tempérer l'ambition de celui qui reçoit l'accolade.

Quand c'est la main droite qui vient se poser sur l'épaule gauche, le geste indique un besoin de marquer sa vraie fausse sympathie de manière plus tactile. Les deux mains posées sur les épaules sont une manière de rabaisser les prétentions éventuelles du receveur.

L'étreinte

L'étreinte est une conduite destinée à rassurer ou à consoler bien plus qu'à transmettre un sentiment d'affection. Le contact du corps de l'autre est roboratif. Les footballeurs qui s'enlacent spontanément pour se féliciter d'un but marqué dans le camp adverse se rassurent mutuellement dans la perspective d'une victoire.

Les étreintes politiques sont des conduites destinées aux caméras, censées exprimer une amitié qui n'existe que sur le papier. Plus les corps sont proches, plus les protagonistes se détestent.

Les courbettes

Les courbettes sont une des formes les plus anciennes et les plus répandues de soumission face au pouvoir, qui s'accompagne des yeux baissés et du visage caché à la vue. « Faire le dos rond » est une manière de laisser passer l'orage. La courbette est la conduite typique de l'esclave qui doit toujours s'attendre à recevoir une volée de coups pour une faute qu'il n'a pas forcément commise. Mais il faut bien que la frustration du maître trouve un exutoire (voir aussi la génuflexion, chapitre 13).

Les relations de supérieur à subordonné sont toujours accompagnées de postures d'autorité (se dresser de toute sa taille) ou au contraire de soumission (se rapetisser). On appelle d'ailleurs le membre d'une famille royale Votre Altesse, alors que le mépris s'exprime souvent au moyen des adjectifs tels que « bas », « petit », « nul », etc. (« Mon petit Martin ! »). Personne ne veut être taxé d'individu à « courte vue », ni être « regardé de haut ». L'orateur populaire s'élève au-dessus de la foule pour la haranguer, le bureau du juge est juché sur une estrade, le numéro un d'une discipline olympique a droit à la plus haute marche du podium, et le dernier étage d'un immeuble est toujours occupé par la direction. Enfin, ce n'est pas pour rien que l'on parle des classes « supérieures » et des classes « inférieures » ou de la France d'en Haut (avec une majuscule, s'il vous plaît) et de celle d'en bas. On n'imagine pas non plus un dieu, dans quelque religion que ce soit, vivant dans un village perdu ou une vallée encaissée. Il ne peut habiter que l'Olympe, ou le ciel, en tout cas dans les hauteurs. Et tout le monde comprend pourquoi l'orateur doit se lever quand il s'adresse à une assemblée : il doit affirmer son emprise sur le public.

Le baiser

Le baiser sur la bouche (lèvres contre lèvres) est, en principe, un baiser intime qui ne s'adresse qu'au conjoint ou aux petits enfants du couple. Ce type de baiser est un pacte affectif tacite qui sous-entend que les individus d'un même clan se possèdent en exclusivité. Ce type de baiser disparaît entre parents et enfants quand ces derniers abordent l'âge de la puberté. Si ce n'était pas le cas, cela indiquerait un refus des parents de leur accorder le droit de grandir et de devenir adultes. Les parents jaloux ou possessifs adoptent ce genre de conduite et reprochent même à leurs enfants de refuser le baiser sur la bouche quand ils deviennent ados. Le pacte est brisé.

Le baiser social

L'homme avance ses lèvres vers la joue tendue de la jeune femme qu'un ami vient de lui présenter. Elle tend la joue gauche (voir Figure 18-1). Pourquoi pas la droite ? Est-elle gauchère ?

Figure 18-1 : Une femme tend la joue gauche quand elle est séduite ou amoureuse.

Lors d'un premier contact entre deux personnes qui ne se connaissent pas, le baiser social est un préambule qui dépend du contexte ou de l'âge des protagonistes. Les adolescents et les jeunes adultes embrassent spontanément les inconnus qu'ils rencontrent pour la première fois.

Un adulte plus mûr tend la main mais finit par embrasser la femme dont il vient de faire la connaissance en la quittant, si le courant est passé entre eux. La femme présentera soit sa joue gauche, soit la droite. L'homme avancera toujours ses lèvres pour poser sur cette joue un baiser furtif, presque distrait. L'effusion est tellement fugitive que le message, joue droite ou joue gauche, échappe généralement à l'attention de l'embrasseur. La latéralité du baiser social est pourtant essentielle pour la suite des événements.

On peut d'ailleurs se demander pourquoi les femmes tendent leurs joues en règle générale et pourquoi les hommes se sentent obligés de les embrasser ? Avant de répondre, précisons qu'elles ne tendent leurs joues qu'aux messieurs. Quand deux femmes s'embrassent, elles émettent un « smack » sonore à l'air libre. Les joues se posent l'une sur l'autre mais pas les lèvres.

Le baiser fait partie de la panoplie des conventions sociales de notre époque. On embrasse ses amis, les amis de ses amis quand on les rencontre ou quand on les retrouve, et on finit, dans la foulée, par embrasser tout le monde quand on se quitte. Le sens primaire du baiser social ou amical indique, en théorie, un élan de sympathie d'une personne envers une autre, qu'elle soit de même sexe ou de sexe opposé. Vous remarquerez que vous n'embrasserez pas, en principe, une personne avec laquelle vous venez de passer la soirée, si celle-ci ne vous a témoigné aucun intérêt ou si elle vous est antipathique. Le baiser social est avant tout une marque de sympathie adressée à une relation de passage. Hiérarchiquement, ce baiser représente le degré au-dessus de la poignée de main. Cependant, certains baisers sociaux, dont on peut considérer qu'ils font partie de contraintes professionnelles ou familiales, sont des signaux de rejet. D'autres, en revanche, sont à ce point ambigus qu'on peut s'interroger quant aux intentions effectives de l'embrasseur ou de celui qui reçoit cet hommage charnel : le bisou dans le vide, par exemple, ou le bisou avec rétractation du corps. Ce dernier réflexe pourrait être une réaction liée à un rejet olfactif. Mauvaise haleine, maquillage suret, odeur corporelle désagréable, etc.

La mode des quatre bisous

Pourquoi quatre bisous et pas un, deux ou trois ou dix ? La mode franco-française des quatre en un est assez récente. Elle serait une réaction sociale à la montée de l'insécurité. Embrasser l'autre, c'est créer les conditions d'un pacte de non-agression. D'où la manie d'embrasser tout le monde, y compris les inconnus au bataillon ! Solliciter un pack de quatre bisous est une manière d'enterrer la hache de guerre avant l'ouverture éventuelle des hostilités. Cette coutume est d'ailleurs très urbaine. On embrasse beaucoup moins à la campagne où la poignée de main reste en vigueur, voire le bonjour à distance.

Joue droite

La joue droite dépend du cerveau gauche, le cerveau cognitif et masculin. Le simple fait de tendre la joue droite à l'embrasseur est une manière de dresser une barrière. La personne exprime sa méfiance de l'inconnu dont la mine ne lui revient pas de prime abord. Dans certaines circonstances, la femme ne peut éviter ce baiser social, elle adoptera donc le mode joue droite pour marquer une distance virtuelle face à ce rapprochement subi et non désiré. Certaines femmes sont des habituées de la joue droite avec toutes les personnes qu'elles rencontrent, connues ou inconnues. La joue droite dépend du cerveau gauche, le cerveau masculin : calculateur, opportuniste mais peu chaleureux.

Joue gauche

La joue gauche dépend du cerveau droit, le cerveau affectif et féminin. La joue gauche est une invitation, un visa affectif, un laissez-passer qui ouvre la première porte entre deux individus qui se connaissent déjà ou viennent de flasher l'un sur l'autre. La femme tend instinctivement cette joue gauche à un homme qui lui plaît immédiatement. Si une complicité s'établit dans un couple sans attache sentimentale, la joue gauche sera tendue impulsivement par la femme. De même, l'homme posera son baiser social sur la joue gauche non tendue, si la femme ne fait pas le premier pas. L'élan de sympathie irrationnelle entraîne d'office cette latéralité de la joue gauche de la part de la femme.

La joue gauche de la délicieuse inconnue qu'on vient de vous présenter se situe sur votre droite tandis que la joue droite qu'elle vous a tendue subrepticement se situe sur votre gauche. Si vous voulez créer les conditions favorables à une meilleure connivence d'entrée de jeu, arrangez-vous toujours pour vous situer légèrement sur la gauche de votre nouvelle rencontre et embrassez-la sur la joue gauche en décalant gentiment son menton du bout des doigts, même si elle vous tend la joue droite. Instinctivement, elle comprendra qu'elle ne vous est pas indifférente, même si vous ne lui plaisez pas spécialement. Il suffit parfois d'un geste innocent pour enflammer le cœur d'une belle inconnue.

À l'inverse, si vous êtes une femme, tenez compte de cette latéralité pour cerner vos pulsions inconscientes. Laissez-le venir à vous et surtout laissez-le choisir la joue sur laquelle il posera son premier baiser ! Vous serez tout de suite fixée sur le sens à donner à la suite du programme. Pour autant qu'il vous plaise, évidemment.

L'œillade

Fermer un œil ou les deux est une façon de sympathiser avec le diable (voir Figure 18-2).

Figure 18-2 : Le clin d'œil est le signe de connivence par excellence.

Le clin d'œil droit révèle un comportement séducteur. Le sens de cette œillade signifie « tu me plais » au sens large du terme, mais « je n'ose pas te l'avouer ou je n'en suis pas vraiment conscient ». Il est vrai que la production d'un clin d'œil est très rapide et totalement irréfléchie. On peut en contrôler le mécanisme, cependant, l'information la plus intéressante provient évidemment du clin d'œil en retour. Celui de votre cible !

Le clin d'œil gauche est plus émotif, plus complice, il traduit une connivence amicale ou affectueuse sans connotation séductrice. L'action dynamique du clin d'œil entraîne un relèvement subtil de la joue et de la commissure des lèvres correspondante, ce qui explique que ce geste de connivence ne s'exprime que dans un contexte de sympathie ou d'empathie. Évidemment, si un individu du même sexe que vous vous adresse un clin œil séducteur, n'allez pas imaginer que vous avez affaire d'office à un (ou une) homosexuel(le). Le clin d'œil droit est séducteur au sens large du terme.

Les poignées de main

Nous ne sommes jamais assez attentifs à la poignée de main qu'on serre en guise de bienvenue. La main fuyante et molle, la poigne du bûcheron ou la poignée de main interminable, pour n'en citer que trois parmi tant d'autres, déterminent toujours le genre d'individu auquel vous avez affaire. Bienvenu ou non ! Il faut trancher avant d'abaisser la barrière.

Qui tend la main le premier ?

Si c'est lui, vous avez carte blanche. Si c'est vous, il faudra ramer pour le convaincre de l'utilité de votre visite.

Vous est-il déjà arrivé de tendre la main à un individu qui n'a pas répondu à votre marque de sympathie gestuelle ? Sans doute que oui ! Cette réaction est un aveu d'antipathie pure et dure de la part de votre interlocuteur. Si cela vous arrive encore, prenez la porte sans même vous excuser ! Vous aurez gagné un bénéfice largement plus estimable que celui que vous espériez. Quand on refuse de serrer une main, le rejet est évident et l'aboutissement d'un accord est impossible. Le refus de cet échange vaut le message que vous laissez sur sa boîte vocale et auquel il ne répondra jamais.

Des origines inconnues

On connaît aussi mal les origines de la poignée de main que celle du *namasté* (salut indien les mains jointes devant le bas du visage). Les Romains se saluaient en se serrant mutuellement l'avant-bras, le siège symbolique des moyens de défense. Certains anthropologues estiment que notre poignée de main contemporaine est relativement récente. Comme l'écrit Desmond Morris dans *Le Couple nu*, l'usage de la poignée de main s'est généralisé au milieu du XIXe siècle. Son ancêtre, la réunion des mains, s'employait bien avant cela. Dans la Rome antique, elle servait d'engagement sur l'honneur et son rôle devait fondamentalement rester le même pendant près de deux mille ans. Elle n'a commencé à servir aux salutations quotidiennes qu'au début du XIXe siècle. Le fait de se serrer la main est un geste d'ouverture ou d'apaisement. Les protagonistes qui s'approchent ainsi l'un de l'autre se signalent mutuellement qu'ils renoncent symboliquement à un affrontement physique. Comme si l'accroissement des populations urbaines avait modifié le mode relationnel des campagnes. Plus de proximité sous-entend plus d'agressivité. La poignée de main s'est donc imposée comme un pacte de non-agression.

Le transfert énergétique

La poignée de main en dit long sur le type d'individu auquel vous aurez affaire. En tout état de cause, soyez-y toujours très attentif. Aussi bref qu'il soit, l'encastrement des mains doit être parfait et surtout confortable, sinon vous avez intérêt à prendre de la distance. La poignée de main est un test fabuleux pour savoir immédiatement si un entretien va déboucher sur un résultat positif ou si vous allez ramer pour obtenir le résultat recherché. Une partie massive de vos sentiments et de ceux de votre interlocuteur(trice) s'expriment en un clin d'œil au contact des paumes. L'intelligence sociale de vos mains est un signal puissant des sympathies ou des antipathies subconscientes que votre conscience occulte.

Les orientations

Il existe trois orientations manuelles dans le registre de la poignée de mains :

- La paume horizontale orientée vers le ciel (supinatrice) ;
- La paume horizontale orientée vers le sol (pronatrice) ;
- Les paumes verticales en parallèle.

La majorité des poignées de main se produisent verticalement et en parallèle, mais il arrive que la poignée de main soit une première prise de contact doublée d'un jeu de pouvoir. Celui qui tend sa main, paume orientée vers le sol est dominé, celui dont la paume est orientée vers le ciel est dominant, aussi curieux que cela vous paraisse. La main est une mâchoire qui se referme sur celle de son interlocuteur, la main « supinatrice », orientée vers le ciel, dispose de plus de poigne que la main « pronatrice », orientée vers le sol. En observant ce détail, vous pouvez immédiatement définir le niveau de pouvoir des deux personnes en présence. L'individu qui tend sa main pronatrice est sous l'influence immédiate de son interlocuteur dont la main est supinatrice.

Reste un cas de figure : la main au tranchant vertical. Ni dominante, ni dominée mais égalitaire. Le sujet ne recherche pas la confrontation d'entrée de jeu. Tel est le sens de cette préhension.

Le menu des poignées de main

La poignée de main est particulièrement parlante pour savoir comment vous êtes accueilli. Méfiez-vous cependant : certaines qui paraissent très chaleureuses signifient exactement le contraire. Voici quelques clés pour décoder un mode d'échange courant.

Les mains carnivores

Ma copine m'emmène chez ses parents ce week-end. Première rencontre, j'appréhende. Je ne lui dis rien, elle serait fichue de se moquer de moi. Ah, voilà, nous arrivons. Je respire à fond, histoire de me détendre un peu. À première vue, ils ont l'air plutôt sympathiques. Je sors de la voiture, sa mère me prend par les épaules et me colle deux bises sur chaque joue, son père me serre chaleureusement la main dans ses deux mains réunies (voir Figure 18-3). On dirait que les choses ne se présentent pas trop mal…

Figure 18-3 : Cette poignée de main a tout du faux ami.

Il simule une attitude amicale qu'il est loin de ressentir. Prenez toujours le contre-pied de ce qu'il vous raconte et descendez impérativement à la prochaine station de métro ! Au registre des poignées de main, j'ai intitulé cette attitude « les mains carnivores », c'est tout dire. Ce type de poignée révèle une conduite prédatrice. Il fait semblant de vous accueillir comme si vous étiez le rédempteur ou la star qu'il attendait de toutes ses espérances. Le geste a l'air chaleureux et on peut l'apercevoir régulièrement dans les reportages télévisuels ou sur les clichés des magazines. Les politiques en abusent pour donner l'illusion d'une entente cordiale. Si votre patron vous serre la main de cette manière, vous pouvez vous attendre à un retour de bâton ou à des exigences névrotiques de sa part. S'il s'agit d'un commercial qui vous rend visite, méfiez-vous de ses propositions, il a besoin de faire du chiffre et vous êtes la proie rêvée pour lui permettre de refaire son handicap. Pourquoi a-t-il besoin de ses deux mains pour se saisir de la vôtre ? Peut-être pour incarcérer d'emblée vos mécanismes de décision ?

L'ersatz

Nous avions rendez-vous à 10 heures, il a déjà vingt minutes de retard. Il sort de son bureau avec une escorte de collègues dans son sillage, tend le bras dans ma direction mais détourne immédiatement la tête. Il s'adresse à quelqu'un d'autre. Je m'apprête tout de même à lui serrer la main, il ne me présente que l'index et le majeur en guise de poignée de main. Mon enthousiasme retombe plus vite qu'un soufflé au fromage.

Le mépris qu'il affiche ne devrait pas vous échapper. Vous n'êtes à ses yeux qu'une image virtuelle qu'il oubliera dans les dix secondes qui suivront votre départ. Il s'apprête symboliquement à vous quitter avant même de vous avoir rencontré. Cette séquence appartient au registre des poignées de main, même si elle n'en représente qu'un ersatz. Elle traduit une démotivation souvent teintée de mépris pour celui auquel on offre ses doigts en guise de bienvenue ou d'adieu. Elle est aussi le fait d'un individu qui ne s'engage que superficiellement dans ses entreprises et ne tient généralement pas ses promesses. En tout état de cause, je vous déconseille d'avoir affaire à ou de faire affaire avec un interlocuteur qui vous serre la main de cette manière.

La grappe

Il me tend le bout des doigts rassemblés en guise de poignée de main. Je ne le connais pas mais on vient de me le présenter. Je baisse les yeux sur sa main tendue sans lui tendre la mienne.

Cette attitude est le tempérament fugueur d'un individu qui ne s'engage jamais autrement qu'en paroles. Cette poignée de main est hautement significative, vous vous en doutez. L'ennui, c'est que le personnage adopte souvent une attitude conviviale qui vous fait oublier le couac d'introduction. Or, la poignée en question est un véritable aveu de simulation ou de dissimulation. Il fait semblant de vous recevoir, fera semblant de vous écouter et vous promettra d'y réfléchir en faisant semblant de vous congédier. Tout est virtuel, vous y compris ! Comment fait-on semblant de congédier un invité ? En lui affirmant qu'il peut revenir quand il le souhaite ou qu'il sera toujours le bienvenu.

L'envahisseur

Le grand patron descend de son bureau pour faire le tour de tous les services de l'entreprise et saluer l'ensemble des salariés. En tant que nouvelle recrue, j'ai droit à un petit mot d'encouragement supplémentaire, tandis qu'il me serre la main en accrochant mon coude droit de sa main gauche (voir Figure 18-4).

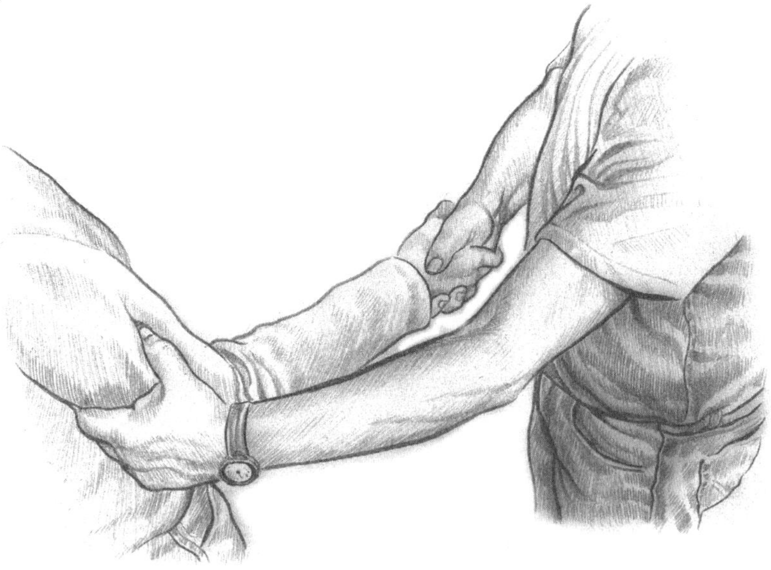

Figure 18-4 : Cette poignée de main indique que la personne attend beaucoup de vous, quitte à empiéter sur votre espace.

L'envahisseur est aussi un vilain tricheur. Il vous invite de force dans son camp, il vous incarcère dans ses désirs. Sa poignée de main est un message qui exprime son objectif aussi clairement que le nez qui trône au milieu de son visage jovial. Il compte sur vous bien avant que vous n'ayez donné votre accord sur quoi que ce soit. Si cette poignée de main émane d'un ami, il n'y a en principe rien à y redire. En revanche, si elle provient d'une relation d'affaires, il y aurait lieu de prendre du recul d'urgence. Votre interlocuteur compte vous en demander bien plus que vous ne seriez disposé à lui en offrir.

La distance

Quand vous rencontrez un nouveau client, observez la manière dont il vous tend la main. Son bras reste-t-il collé au corps vous obligeant à allonger le vôtre pour saisir sa main ? Vous avez affaire à un personnage peu enclin à vous accorder d'emblée sa sympathie. Il s'agit d'un acheteur difficile à convaincre. Tend-il le bras sans retenue dans votre direction ? Votre acheteur est extraverti et tente de vous mettre à l'aise d'entrée de jeu. Il est décidé à acheter le produit/service que vous vendez, pour autant que vous saurez lui servir les arguments au moment *ad hoc*.

Quelle que soit la façon dont votre hôte vous tend la main, la distance qui vous sépare est plus essentielle que la manière. Savoir qu'une poignée courte est prédictive d'un entretien stérile est, à mon sens, une information précieuse. Aussi précieuse que la poignée longue qui vous avertit que vous êtes très (ou presque trop) bienvenu. Elle est un indicateur fiable du niveau de disponibilité de votre hôte.

Soyez attentif, voire extrêmement vigilant à cet instant crucial qu'est la rencontre avec un interlocuteur dans un contexte professionnel. L'extension du bras passe tellement vite qu'on oublie généralement d'y être attentif. La poignée longue est l'exception, la poignée moyenne (le bras cassé) est la norme, quant à la poignée courte, elle se manifeste surtout avec les hommes de pouvoir ou supposés tels. Depuis que j'ai posé cette hypothèse de travail, j'ai serré des milliers de mains et les conclusions n'ont souffert d'aucune exception. La poignée de main est un geste traître auquel personne n'est attentif.

L'absence de poignée

Si une personne refuse de vous serrer la main ou fait semblant d'ignorer votre main tendue, rompez sans un mot et partez sans vous retourner, si vous désirez conserver votre amour-propre.

La main gauche

Si la personne qui vous reçoit tend sa main gauche, vous êtes la cible d'un acte de mépris pur et dur. On ne serre jamais la main du diable ! C'est aussi la main d'un bonhomme envieux, avide et/ou cupide (voir ci-après).

La main sensuelle

Chaque année à l'occasion d'un salon de livres, nous nous retrouvons à huit ou dix auteurs autour d'une bonne table, pour enterrer la vie qui galope à nos côtés. Naturellement, elle s'assoit à côté de moi. Qu'est-ce qu'elle me fait rire. Le feeling est tout de suite passé entre nous deux. Alors que la tablée rit à gorge déployée sous l'avalanche de blagues et autres anecdotes truculentes, elle abandonne langoureusement sa main dans la mienne durant une dizaine de secondes. L'instant est électrique.

C'est la main fondante de la séductrice en action. Attention ! Il se pourrait que votre interlocutrice tente de vous mener en bateau. Elle simule une attitude destinée à vous tromper sur ses intentions réelles. Sans pour autant devenir paranoïaque, ne plongez pas dans le piège sans un parachute de secours. Prenez de la distance et attendez d'autres signaux avant de triompher. S'il s'agit d'une relation d'affaires, ne vous trompez jamais de registre avec ce genre de séductrice ! Elle est là pour vous arracher votre accord ou le meilleur prix… avec le sourire en prime.

La pieuvre

Le conseiller en placements financiers me reçoit dans un superbe bureau avec vue sur le vieux port. Le sourire fendu d'une oreille à l'autre, il me serre la main et l'avant-bras de ses deux mains aux petits doigts boudinés. Je viens de toucher un héritage rondelet. Il doit m'aiguiller afin que je puisse le faire fructifier en bon père de famille. Nous nous sommes maintes fois croisés dans les locaux de la banque, jamais il ne m'avait serré la main avec autant d'empressement.

Ce mode d'accueil très prisé outre-Atlantique est une déclinaison des mains carnivores. Les individus qui utilisent ce mode de salutation investissent leur intelligence dans leur malice et sont dépourvus de chaleur humaine élémentaire. Ils envahissent et neutralisent d'entrée de jeu vos mécanismes d'attaque ou de défense. Ce type de poignée de main trahit un tempérament de prédateur.

Le broyeur

Le patron inaugure un nouveau magasin de chaussures de luxe. Sur le terrain, six vendeurs, une gérante. Premier jour : avant l'ouverture des portes, il vient saluer son personnel. Des grimaces à peine réprimées se dessinent sur le visage des salariés. Le jeune patron broie systématiquement les phalanges de ses employés chaque fois qu'il leur serre la main.

Il manque manifestement d'assurance, sinon il n'aurait pas besoin de broyer les mains de ses interlocuteurs. Poignée de main fréquente chez des sujets en recherche de confrontation pour échapper à un sentiment d'infériorité délétère, c'est une manière comme une autre de s'affirmer quand on se sent en position de faiblesse. « Je suis fort, donc je suis faible », est le message véhiculé par l'inconscient du broyeur. Le patron qui broie la main de son employé expose son tempérament soi-disant volontaire. Les individus déprimés ont aussi recours au « broyeur » pour s'affirmer, sans doute.

Le moldu

Comme tous les trimestres, il vient présenter ses nouvelles gammes de produits. Comme à chacune de leurs entrevues, le patron du salon de coiffure lui serre la main avec une mollesse affectée. Toujours très désagréable. Depuis le temps qu'il le visite, un détail pour le moins étrange a retenu son attention. Le patron du salon ne fait pas preuve de cette mollesse dégoulinante avec tout le monde. Il l'a bien vu lorsqu'il serre la main de certains de ses clients. À quoi rime ce traitement de faveur ?

Cette poignée particulière indique un refus de s'engager ou de vous reconnaître en tant qu'interlocuteur valable. La poignée de main molle appartient normalement à un individu dont le tempérament est plutôt obséquieux, même s'il dispose de certains pouvoirs. Ne vous fiez jamais à son envergure ou à sa réputation, elle est surfaite ; fiez-vous à sa poigne, elle le trahit mieux que son sourire en toc.

Le coussin d'air

Interview. Le journaliste me serre la main. Nos mains entrent en contact mais les paumes restent écartées. Cette poignée atypique attire mon attention. Le bonhomme passe en revue les questions qu'il a préparées pour l'occasion. Il n'a pas lu le livre, ça se voit tout de suite. Manifestement, le sujet ne l'intéresse pas. L'interview expédiée, il me remercie et me serre la main en évitant soigneusement le contact des paumes. L'article qui suivra sera totalement insipide.

Pas d'échange d'énergie, les paumes sont rétractées, vous n'êtes pas le bienvenu. Cette prise est subtile et il faut y être très attentif pour la déceler du premier coup. Si elle se reproduit à la fin de l'entretien, vous aurez la confirmation de votre première impression. Vous avez fait chou blanc ou votre première impression favorable s'est muée en rejet larvé.

L'esquive

Il accompagne sa femme à un cocktail mondain organisé par la maison d'édition où elle exerce ses talents de directrice éditoriale. Tout sourire dehors, le grand patron vient baiser la main de son épouse, il la trouve particulièrement séduisante ce soir. Elle présente son mari, le dirigeant lui serre machinalement la main en regardant par-dessus son épaule. Il n'a d'yeux que pour elle.

La poignée de main est mécanique et indique un manque d'estime pour le propriétaire de la main tendue considéré comme un être transparent. Le regard s'échappe en direction de l'horizon. Fascinant à observer dans la mesure où l'attitude offre au manipulateur un air quasi biblique. « Je vois plus loin que le bout de votre nez » est le sens supposé de cette poignée de main. Certains hommes politiques en abusent sans se rendre compte qu'ils déprécient leur image. Soyez attentif aux petits chefs que vous croiserez et qui usent et abusent de l'esquive ! Ce sont des poids plume.

La main fantôme

C'est avec enthousiasme qu'il se rend à sa conférence. Lorsqu'ils se sont rencontrés à la librairie, au cours d'une séance de dédicace, ils ont véritablement sympathisé. Il s'est découvert nombre de points communs avec l'auteur philosophe. L'amphithéâtre où se déroule la conférence est aux trois quarts rempli. Déjà cent cinquante personnes, au moins. Il s'approche de l'auteur, lui adresse un large sourire accompagné d'un petit signe de la main. L'écrivain philosophe semble ne pas le voir. Il bouscule le cercle d'inconditionnels pour arriver jusqu'à lui et lui tend la main. Notre homme l'ignore dans les grandes largeurs. Il oublie de lui tendre la sienne, carrément !

Comment se fait-il que cet homme charismatique, tellement accueillant lors de votre première visite dans son ashram ou son entreprise, oublie soudain de vous saluer ? Auriez-vous démérité à ses yeux ? Ce mode de salutation a pour seul but de vous déstabiliser sur le plan émotionnel. Il veut vous frustrer d'un accueil qui serait normal en d'autres circonstances mais qui, en l'occurrence, vise à augmenter votre désir de lui plaire. La poignée de main virtuelle est soit un manque de respect, soit une marque de mépris. On ne serre pas la main d'un ennemi, pas plus que d'un malotru. Certains grands timides éprouvent aussi des difficultés à franchir le pas et à serrer la main de leurs collègues.

Le savon de Marseille

Vivien S., un chanteur, a rendez-vous avec un nouveau producteur. Ce n'est jamais que le troisième. Enregistrer ses douze titres et les promouvoir sur scène, voilà son objectif à court terme. Le bonhomme le reçoit, les murs de son bureau sont tapissés de disques d'or et de platine, il lui serre la main, l'invite à s'asseoir. Jamais personne ne lui avait encore serré la main d'une manière si fuyante. Une véritable anguille, la main de ce producteur.

Imaginez-vous en train de saisir un savon ! À peine vous serrez une main que la vôtre se retrouve toute seule à s'agiter dans le vide. Si votre interlocuteur vous serre la main de cette manière, fuyez ! L'ambiguïté du personnage vaut le tempérament fourbe ou la mauvaise foi que vous découvrirez bien assez vite. Il faudrait être aveugle, sourd et muet pour lui accorder votre confiance. Qui plus est, le personnage est aussi avare qu'Harpagon. Si vous espériez lui vendre quelque chose, vous êtes un fichu naïf.

La poigne interminable

Plus une poignée de main s'éternise, plus l'entente supposée entre les deux individus en présence est tout sauf cordiale. Ce type de poignée de salutation est un acte de manipulation, une sorte d'affrontement travesti sous une apparence conviviale. La main que l'on serre est logiquement la droite, celle qui symbolise l'aire cérébrale gauche, le cerveau rationnel. La durée anormale de cette poignée est un véritable processus d'absorption et de destruction calculé de votre esprit logique ainsi que de vos mécanismes de défense. Ce refrain gestuel est l'une des conduites privilégiées du gourou. Il n'a pas besoin de vous mais de votre adhésion sans condition à sa doctrine ou à ses désirs.

S'il s'agit d'un ami, je vous conseille de prendre vos distances car l'amitié qu'il vous porte est entièrement subordonnée au profit qu'il en retire. La poignée en question est souvent doublée de ce que je nomme, par ailleurs, les mains carnivores : votre main est prisonnière des mâchoires constituées par les deux mains rassemblées de votre interlocuteur.

Il existe un autre contexte dans lequel la poignée de main peut s'éterniser : la situation de séduction ! L'initiateur de la poignée tente de faire passer un message de type amoureux à une personne qui lui plaît infiniment mais à laquelle il ne peut ou ne veut décemment déclarer sa flamme « en direct ». Il retient la main prisonnière aussi longtemps que possible, guettant dans les mimiques du visage de sa « victime » une ébauche d'abandon ou de complicité implicite. Il arrive, dans ce cas précis, que le doublement de la prise se situe au niveau du poignet, siège du sentiment de sécurité ou d'insécurité. Un moyen inconscient de chercher à rassurer l'autre tout en élargissant le passage du flux émotionnel.

Le suzerain

Un chef d'entreprise serre la main droite de son interlocuteur et pose sa main gauche sur son épaule droite (voir Figure 18-5). Tout ça a l'air d'une sorte de conciliabule entre deux complices. Ce n'est qu'apparence. Ces deux-là se haïssent, surtout celui qui est vassalisé.

Figure 18-5 : Malgré les apparences, cette poignée de main n'est pas chaleureuse et exprime une certaine condescendance.

Cette manière d'étreinte symbolise le besoin de rabaisser celui auquel on donne ainsi l'accolade, comme si on acceptait de l'adouber à condition qu'il accepte de conserver un rôle subalterne. L'épaule droite est l'un des sièges de l'ambition rabaissée par votre interlocuteur. La poignée du suzerain débouche souvent *in fine* sur un désaccord.

L'épaule droite est l'un des sièges de l'ambition. Manifestement, il vous apprécie mais il vous considère comme son vassal et ne vous l'envoie pas dire. Vous lui devez obéissance et respect. Celui qui adoube s'arroge évidemment le rôle du chef. Les personnages adeptes du harcèlement sont coutumiers de ce type de séquence gestuelle et des douches écossaises comprises dans le menu.

La tape sur le bras

Quand un collègue vous tape sur le bras pour vous quitter dans l'urgence, cela signifie que vous ne valez même pas l'effort d'une poignée de main, même s'il y a urgence.

Le mépris

La journaliste de cette radio FM me reçoit assise. Elle me serre la main sans se lever de son siège (voir Figure 18-6).

Figure 18-6 : Rester assis lorsqu'on serre la main montre que l'on considère son interlocuteur comme un subalterne.

Je prends bonne note. L'émission démarre et j'embraye immédiatement en la mettant mal à l'aise. Il faut qu'elle regrette de m'avoir invité autant que je regrette d'avoir accepté son invitation.

On se lève pour marquer son respect vis-à-vis d'un supérieur ou d'un invité de marque. On reste assis quand il s'agit d'un subalterne ou d'un personnage pour lequel on n'éprouve pas de sympathie particulière. Rester assis quand on reçoit un hôte est une manière d'affirmer son pouvoir.

Chapitre 19

Les gestes de l'émotion

Dans ce chapitre :

- Pleurer
- Rire
- Sourire

Pleurer, rire et sourire sont des exercices de haute voltige pour les gagnants de notre société. Les amateurs n'en ont pas besoin et les perdants en ont oublié le mode d'emploi. Ce sont là les expressions fondamentales de vos émotions qui servent de conducteurs à vos futurs succès. Mieux comprendre le sens du rire, des larmes ou du sourire, c'est déjà fourbir ses armes avant d'entrer dans la bataille. En libérer la production, c'est s'offrir des munitions pour gagner la guerre.

Les larmes

Les larmes ne servent pas seulement à lubrifier la surface de l'œil mais contiennent aussi un enzyme (le lysozyme) qui protège l'œil des infections oculaires. La sécrétion abondante de larmes n'est pas toujours liée au chagrin ou à un débordement émotionnel inopiné, il s'agit aussi d'un moyen astucieux qui débarrasserait l'organisme des produits chimiques produits par l'excès de stress. Les larmes, comme l'urine, auraient pour principale fonction l'excrétion des déchets corporels. L'analyse chimique des larmes engendrées par le chagrin et celle faite sur des larmes dues à l'irritation de l'œil montrent qu'elles contiennent des protéines différentes. Voilà pourquoi pleurer un bon coup est un excellent antistress. Un comportement oublié par l'adulte mais auquel les enfants ont recours sans se poser de questions existentielles. Ils ne pleurent pas à volonté pour exercer un chantage à la compassion mais pour éliminer le stress que leurs parents leur font endurer. Et je suis très sérieux. Les parents sont bien les facteurs de stress principaux de leurs enfants : « Touche à ça, fais attention à ci, mais, combien de fois dois-je te répéter la même chose, etc. »

Le coup de foudre, en tant qu'émotion amoureuse, est un stress violent. Les larmes qui peuvent en découler ne sont donc pas uniquement l'expression d'un bonheur trop fort, mais aussi un besoin d'éliminer le stress occasionné par ce tsunami sentimental. Les pleureuses ne sont pas toujours des amoureuses transies, mais parfois des femmes un peu trop hystériques chez lesquelles le coup de foudre est un antistress salutaire à peu de frais.

La production lacrymale compte aussi d'autres avantages en relation indirecte avec les conduites de succès. Quelques larmes deux ou trois fois par semaine ont un effet bénéfique pour la tension et, par voie de conséquence, pour le système cardio-vasculaire. C'est pour le volet somatique ! Psychologiquement, accepter de pleurer, surtout en ce qui concerne les hommes, est une forme de lâcher prise qui offre un recul face au stress d'une situation difficile ou d'un parcours du combattant.

Les larmes sont produites par les glandes lacrymales, commandées par le système nerveux parasympathique qui a en charge les fonctions de préservation de l'espèce ou du corps, comme la fonction sexuelle ou la digestion.

Elles servent à assurer une protection des yeux et à amortir les effets sur les globes oculaires d'une surpression lorsque celles-ci se produisent au cours de certains efforts, comme les vomissements ou la toux. Si les larmes ont une telle importance chez l'homme, c'est surtout en raison de leur fonction de communication. Celle-ci justifie leur place dans toutes les cultures.

Comme le sperme, les pleurs sont une sécrétion qui se répand à l'extérieur du corps à destination d'un autre individu. Ce rapprochement conduit le philosophe Roland Barthes (1915-1980) à parler du « pouvoir germinant des larmes ». Moins subtiles que les phéromones, moins privatives que la semence masculine, les larmes sont éminemment visibles, véritables fusées de détresse, elles signalent un besoin d'aide et demandent une intervention immédiate des secours : un appel à la compassion.

Le rire

De quoi rit-on au juste ? Deux théories tentent de l'expliquer. La première développée il y a longtemps par Aristote et reprise plus tard par Emmanuel Kant (1724-1804) est celle de l'incongruité. Pour simplifier, une plaisanterie déclenche le rire lorsque sa chute compte un élément inattendu, en contradiction apparente avec la logique de ce qui précède.

Le rire est extrêmement contagieux et c'est un excellent remède contre le stress. Il dilate les veines et permet au sang de mieux circuler. Ainsi, rien ne vaut une bonne dose de rire chaque jour pour améliorer son flux sanguin.

Un parfait antistress

L'étude nous vient des États-Unis, université du centre médical de Maryland. Michael Miller, directeur de l'unité de cardiologie préventive qui a conduit l'étude, montre que la majorité des personnes ayant visionné des séquences comiques d'un film (*Kingpin*, MGM, 1996) voient leur flux sanguin augmenter de plus de 20 %. En revanche, trois quarts de celles ayant regardé des séquences éprouvantes (*Il faut sauver le soldat Ryan*, Dream Works, 1998) observent une diminution de leur flux sanguin de 35 %. Pour le médecin, l'effet bénéfique du rire suffit à compenser les effets du stress et doit participer à réduire les affections cardio-vasculaires. Il recommande 15 minutes de rire chaque jour et une bonne demi-heure trois fois par semaine. Un conseil facile à dispenser mais difficile à appliquer dans les faits car le rire n'est pas toujours le bienvenu quand les fins de mois sont difficiles.

ANECDOTE

Un homme est dans le coma depuis un certain temps. Son épouse est à son chevet jour et nuit. Il finit par sortir de son coma, fait signe à sa femme de s'approcher et, d'une voix chuintante, il lui murmure : « Durant tous ces malheurs, tu étais à mes côtés ; lorsque j'ai été licencié tu m'as soutenu moralement ; lorsque j'ai dû déposer le bilan de ma nouvelle entreprise, tu étais là pour me remonter le moral ; lorsque nous avons perdu la maison, tu es restée près de moi ; et lors de mes problèmes de santé, tu étais encore et toujours à mes côtés. Tu sais quoi ? » Les yeux de sa femme s'embuent de larmes d'émotion. « Oui, mon chéri ? » chuchote-t-elle la gorge nouée par l'évocation de son dévouement à son mari malchanceux. « Tu me portes la poisse. »

Cette anecdote, rapportée par Ulrich Kraft dans un article consacré à la psychologie du rire, est exemplaire en ce qu'elle compte les ingrédients émotionnels suffisants et nécessaires pour déclencher le rire : la malchance, les échecs successifs, le dévouement sans faille d'une femme amoureuse et le phénomène paradoxal inattendu sur lequel repose l'humour en règle générale : un déplacement de sens ou de contexte qui provoque le rire.
Il faut savoir que le secret d'une bonne histoire est soumis à la rapidité d'une alternance ; plus l'inversion de polarité est rapide, plus l'auditeur est surpris.

Un remède miracle

Le rire libère les neuromédiateurs biochimiques du plaisir. Ils agissent sur nos humeurs comme des substances euphorisantes et désarment l'agressivité. Les seuls effets secondaires du rire sont uniquement bénéfiques. On peut mourir de rire mais cette mort-là est toujours suivie d'une résurrection.

Le rire désarme et c'est bien une réalité biologique. Il désamorce les réactions de fuite automatiquement déclenchées par les situations vécues comme des menaces. Il abaisse la concentration d'adrénaline et la tension artérielle. Il est d'ailleurs regrettable que les effets positifs du rire ne soient pas utilisés en psychothérapie dans le traitement de la dépression.

De plus, s'il est un mode d'expression qu'on ne peut contrefaire, c'est bien notre manière de rire. Elle est évidemment innée. Et malgré cela, le rire trahit un aspect essentiel de la personnalité. Devinez lequel ? Votre manière de rire est la traduction cachée de la manière dont fonctionne votre esprit de décision ! Que vous soyez indécis ou déterminé dans la vie, votre manière de prendre vos décisions est déjà inscrite dans l'infrastructure héréditaire de votre personnalité. Les choix que vous faites dans l'existence, votre façon de les esquiver, de procrastiner (reporter au lendemain) ou de les affronter est révélée par votre façon de rire.

Pour que l'esprit de décision puisse être opérationnel et échapper aux entraves du doute, il doit être libéré de ce dernier.

Enfin, nul n'ignore que l'humour est un puissant argument libératoire. « Vous l'avez fait rire ? C'est gagné ! » Ce qui signifie en fait : « Vous l'avez libéré, il peut se défaire de ses doutes et prendre une décision souvent favorable. »

Le muscle abdominal participe à toutes les joies du corps, à tous les éclats de rire. Il est le premier à souffrir du fou rire qui est un excellent exercice d'amincissement. Le rire vient des tripes, il est la racine du vrai courage, la terreur de la peur qui trouve également sa source dans le ventre, comme dans l'expression : « la peur au ventre ». Le vrai rire, celui qui fait du bien, part des profondeurs abdominales et irradie tout le corps. Il est la source de l'espoir dans les situations les plus dramatiques, voire les plus désespérées.

Une personne qui rit souvent s'attire des amis, soigne sa forme physique et prolonge son espérance de vie. Le rire agit positivement sur tous les organes du corps. La respiration s'accélère, stimulant le diaphragme, le cou, l'estomac, le visage et les épaules. Le taux d'oxygène dans le sang grimpe, activant la circulation et dilatant les capillaires – ce qui explique pourquoi on rougit. Le rire ralentit également le rythme cardiaque, il tonifie les artères, stimule l'appétit et brûle des calories.

Enfin, le rire stimule les endorphines, ces analgésiques et euphorisants naturels qui soulagent le stress et soignent le corps.

EXEMPLE

Quand le journaliste américain Norman Cousins a appris qu'il était atteint d'une spondylarthrite ankylosante – une maladie chronique dégénérative incurable qui le condamnait à d'atroces souffrances –, il a pris une chambre d'hôtel et a loué tous les films comiques qu'il a pu trouver. Il les a regardés en boucle, en riant aussi fort qu'il le pouvait. Après six mois de cette automédication hilarante, les médecins ont découvert avec stupéfaction qu'il était totalement guéri – la maladie avait disparu ! Le livre publié par ce miraculé du rire, *Comment je me suis guéri par le rire*, a marqué le point de départ de recherches à grande échelle sur les endorphines – les substances libérées par le cerveau sous l'effet du rire – dont l'action analgésique est proche de celle de la morphine et de l'héroïne, et qui renforcent également les défenses immunitaires. On comprend pourquoi les personnes d'humeur joyeuse sont rarement malades.

L'alcool libère les inhibitions, on rit plus facilement, et le cerveau produit des endorphines. Ce qui explique pourquoi les gens bien dans leur peau ont l'alcool gai, et les autres, les grincheux, ont l'alcool triste ou violent.

Le menu du rire

Les manières de rire, auxquelles je vous propose de vous attacher ici, ne concernent pas le ton mais la forme, dans la mesure où le premier est héréditaire tandis que la seconde s'adapte au contexte. Si le rire est, comme on le dit, le propre de l'Homme, il n'est pas toujours aussi naturel qu'on voudrait bien le laisser supposer. Car le rire, à l'instar du sourire, est soit un moyen d'apaisement de l'angoisse ressentie face à l'autre, soit une manière de neutraliser l'agressivité d'une relation conflictuelle.

Le rire de l'adolescente

Les signaux barrières sont multiples, aussi évanescents que constants. Ainsi que le note Desmond Morris, on en retrouve des traces dans le comportement de l'adolescente qui glousse en se mettant la main devant la bouche. Dans ce cas, les mains et les bras se croisent devant le corps, formant une « barre » temporaire en travers du buste, comme le pare-chocs d'une voiture.

Le rire agrippé

« Si je suis venue, c'est pour faire plaisir à mon mari. Je ne connais personne ici. Qu'elle riche idée d'avoir placé les convives, je ne suis même pas assise à côté de lui. Mortel ennui. Ce que racontent ces gens m'assomme. Rien en commun. Le niveau de conversation est tel que les pâquerettes ont été rasées depuis des lunes. Pfff ! Pour tout arranger, mon voisin de droite m'agrippe le bras chaque fois qu'il éclate de rire. Je vais finir par avoir des bleus. La moindre blague même pas drôle le fait hurler de rire. C'est bien ma chance. »

Certains individus agrippent instinctivement leur voisin de table (rire du joueur) quand ils éclatent de rire, comme s'ils allaient tomber à la renverse. Ils aiment partager leur joie. Ils ne se décident vite que dans un cas de figure : quand leur crédibilité est mise en jeu. Ce sont des joueurs-nés et des parieurs fous. Cette manière de rire est plutôt masculine et ne devient féminine que chez les femmes seniors entre elles.

Le rire caché

Sidonie cache systématiquement le bas de son visage de la main gauche quand elle se met à rire (voir Figure 19-1).

Figure 19-1 : Rire en cachant le bas du visage indique que la personne ne sait pas faire de choix.

Je ne crois pas qu'elle porte un dentier ni qu'elle craigne de le perdre en riant. Ça arrive chez les personnes âgées. Sidonie est indécise jusqu'à la racine des quenottes.

Il s'agit d'un refrain gestuel invariable. Ce geste de gêne révèle un tempérament indécis. Comme tous les indécis, elle prendra toujours la plus mauvaise décision au plus mauvais moment. Que ce soit oui ou que ce soit non, ce sera toujours peut-être. Si elle portait la main droite à sa bouche en riant (rire masqué), elle exprimerait un sentiment de honte ou de gêne. Le fait de cacher sa bouche de la main gauche en riant révèle une vulnérabilité et une incapacité de faire un choix sans l'aide de l'entourage.

Si la bouche est contrainte d'adopter une mimique qui, dans une certaine mesure, rappelle une réaction sexuelle, elle se dissimule alors souvent derrière la main. Certaines sortes de rires et de grimaces sont caractéristiques de la phase de cour, et quand elles se produisent en public, on peut fréquemment voir la main se lever aussitôt pour couvrir la région de la bouche.

Le rire claqué

Martial est un bon vivant et surtout bon public. Il rit toujours en assénant de grandes claques sur ses cuisses (rire du renard) et parfois sur la cuisse de sa voisine. Macho patenté mais rusé comme un renard, Martial ne prend jamais aucune décision à la légère avant d'avoir tourné le problème dans tous les sens.

Bourvil, dont le souvenir est encore dans toutes les mémoires, riait de cette manière. Céline Dion aussi. Mais ce mode est plus masculin que féminin.

Le rire contraint

Le rire de votre interlocuteur est contraint. On dirait qu'il fait semblant de rire. Il se méfie de tout et de tous. N'essayez jamais de lui soumettre vos idées (géniales par définition), déjà qu'il se méfie de ses propres intuitions, alors celles des autres, vous pensez…

Le rire excessif

Votre interlocuteur se force à rire bruyamment. Un rire qui trahit un ou une virtuose de la méchanceté gratuite et perverse, déguisé(e) en carpette pour les supérieurs hiérarchiques et prêt(e) à faire pleurer toutes les larmes de leur corps à ses subalternes.

Le rire du faux témoin

Certains individus se tournent toujours vers leurs voisins pour leur faire partager leur bonne humeur (rire du faux témoin). Ce sont des personnes qui ont un besoin fondamental d'approbation, comme tous les bons élèves. Ce sont aussi des indécis qui cultivent le doute dans leur jardin secret.

Le rire du fourbe

Votre interlocuteur exprime souvent un rire poli d'approbation, un rire très politique bien entendu. Il fait partie du grand club de ceux qui à force de grimaces sont devenus des figures. Ils ne prennent jamais aucune décision.

Le gloussement

Quand André rit, on dirait une poule qui glousse. Il garde la bouche fermée tandis que son corps est secoué de spasmes (rire de la poule). Cette façon de rire signale un individu qui ne prend jamais une décision sans consulter les oracles ou la somme de ses amis et connaissances.

Le rire à gorge déployée

Claudine rejette toujours la tête en arrière quand elle rit. Un rire à gorge déployée, sans contrainte. Claudine sait prendre une décision sans une virgule d'hésitation. Elle est P-DG de sa boîte. Le rire à gorge déployé est typique des individus qui possèdent une grande confiance en eux (voir Figure 19-2).

Figure 19-2 : Le rire à gorge déployée appartient aux personnes sûres d'elles-mêmes.

Le rire moustache

C'est un refrain gestuel invariable ! Elle pose son index droit en moustache sous son nez pour faire semblant de rire de sa plaisanterie. Ce geste évoque d'une certaine manière le rire du fourbe de comédie, confirmant aussi un manque d'humour de la part du rieur.

Le rire penché

Ariane penche toujours sa tête sur le côté quand elle rit. C'est un rire émotif. Ses choix dépendent surtout de ses coups de cœur.

Le rire penché est un refrain gestuel invariable. On penche toujours la tête du même côté quand on rit de cette manière.

Le rire pince-nez

Avez-vous déjà observé autour de vous des personnes qui rient en se pinçant les narines entre le pouce et l'index (voir Figure 19-3) ?

Figure 19-3 : Cette posture témoigne d'un intérêt certain pour le sexe.

Ce mode d'hilarité est très courant dans notre société occidentale où le sexe voisine avec la quête d'amour idéal. Ceux qui rient ainsi sont de grands amateurs de blagues salaces. Ils sont très branchés sexe, même si parfois leur attitude le dément de pied en cap.

Se boucher le nez en riant est aussi un code gestuel traître qui désigne un homme de pouvoir dont les décisions sont généralement assorties de conditions, de garde-fous et d'une nuance d'hypocrisie qui lui permet de retourner sa veste avec la plus parfaite mauvaise foi, en cas de besoin.

Le rire du plaisantin

EXEMPLE

Le directeur émet un certain nombre de critiques acerbes à son endroit. Il faut dire que ce mois-ci, les résultats des équipes commerciales sont catastrophiques. L'atmosphère est tendue, le débriefing suscite un malaise au sein des équipes de vente. Afin de dédramatiser le débat, le responsable commercial lance une plaisanterie plutôt grassouillette. Son rire se fracasse contre un mur de silence. C'est bien le seul à la trouver drôle !

Votre interlocuteur ne rit que de ses propres plaisanteries. Son rire a pour unique but de rechercher votre approbation. Il est surtout abonné au magazine « pas de chance ». L'autodérision ou l'humour en circuit fermé sont du même genre que la phrase suivante : « Mieux vaut en rire qu'en pleurer ! » C'est tout dire ! C'est le rire du porte-poisse.

Le rire de ponctuation

La personne ponctue son intervention d'un rire gêné. Le rire est une des clefs universelles de la communication. Il désarçonne l'agressivité inhérente à toute relation interindividuelle. Quand il devient une ponctuation du discours verbal, il peut représenter un symptôme de névrose sociale, souvent liée à une timidité mal contrôlée. Le rieur (ou la rieuse) a toujours l'impression qu'il ou elle est resté(e) un(e) enfant s'adressant à un adulte omnipotent. En soulignant ainsi ses propos (par un rire hors de propos), il/elle révèle un sentiment d'infériorité qu'il/elle tente de combattre inconsciemment. Le phénomène est très courant dans certaines structures très hiérarchisées où les petits chefs sont légion. Dans ce contexte particulier, le rire de ponctuation devient un des éléments du langage de la soumission à l'autorité.

Le rire sarcastique

Le rire de votre nouvel ami est franchement sarcastique. Le climat mental est frauduleux et le bonhomme ironique. Bien sûr qu'il se paye votre tête, même et surtout si son rire s'adresse à votre voisin tandis qu'il vous prend à témoin ! Ne lui faites jamais confiance, il vit aux dépens de ceux qui l'écoutent.

Le rire en visière

Son ami vient de lui installer tout son matériel informatique. Il travaille pour une grosse enseigne de multimédia. Évidemment, il a des prix et en plus, il s'y connaît. Enfin, c'est ce que tout le monde dit. Après l'effort, le réconfort, ils trinquent entre amis. Satisfait, il lui fait part de ses projets, dans la joie et la bonne humeur, sans remarquer que son ami pose systématiquement la main en visière chaque fois qu'il rigole.

Votre interlocuteur rit sous cape, la main posée en visière sur le front. Il rabat le son vers le sol. Observez son regard, ce dernier ne devrait pas être à la même température que le rire. Si vous comptez sur lui, attendez-vous à des déconvenues de taille ! Rire gêné ou rire de complaisance, c'est le rire typique de l'imposteur.

Rire yeux ouverts ou yeux fermés

Une autre façon de rire pourrait vous intéresser chez les personnes que vous observez : certaines rient les yeux fermés (rire de l'égocentrique), d'autres les gardent grands ouverts (rire vigile ou méfiant).

Les rieurs qui ferment les yeux sont des individus dont le plaisir est égocentrique. Leurs décisions dépendent essentiellement de leurs coups de cœur.

Ceux qui conservent les yeux ouverts demeurent vigilants car le rieur qui baisse sa garde peut être surpris comme le dormeur dans son sommeil. Ils sont trop méfiants pour se décider à l'emporte-pièce.

Le rire de l'abandonnique

Votre interlocuteur rit en désignant son nez de son index gauche ou droit (voir Figure 19-4).

Figure 19-4 : Ne vous fiez pas à une personne qui rit ainsi ; elle change d'avis sans arrêt.

Il s'agit d'un mode rieur très rare. Quand l'index, le nez et le rire ont rendez-vous, la versatilité des décisions est au programme.

Le sourire

A priori, le sourire est un signal de bien-être, voire de sérénité, en même temps qu'un signal de bienvenue. Il est devenu une grimace sociale avec la progression de l'animosité et de la violence qui ont dénaturé les relations sociales. Le sens profond du sourire s'est perdu pour ne plus représenter qu'une manière de se protéger de la peur des autres. Un acte de soumission en quelque sorte. Si vous êtes attentif au sourire de vos proches, vous remarquerez très vite que chacun sourit à sa manière et que ce sourire ne varie jamais. Soit il dévoilera les dents du haut, soit les dents du bas. Soit il vous offrira un pauvre sourire zippé, lèvres verrouillées comme le coffre d'une banque suisse. Soit il écartera les lèvres en un sourire total du haut et du bas, soit il vous décernera un demi-sourire en solde. Chacun de ces sourires est une programmation mimique irréfragable qui s'inscrit dans la somme des refrains gestuels invariables. Chacun dévoile un aspect particulier de son caractère.

La valeur ajoutée du sourire

Seconde arme fatale de la séduction au sens large du terme (le regard demeure le champion toutes catégories confondues), le sourire tisse instantanément un lien de complicité ou de connivence entre deux inconnus qui se croisent l'espace d'un instant et qui ne se reverront peut-être jamais plus. Cet échange empathique leur a permis de partager un bref moment de sérénité. Ils sont passés en un clin d'œil d'un niveau de conscience introspectif, c'est-à-dire centré sur l'ego, à un niveau de conscience extratensif, c'est-à-dire délivré de l'ego. Tout sourire oblitère la prédominance de l'ego au profit d'un bref échange d'énergie entre deux individus. Nous entrons pour ainsi dire en congruence vibratoire avec autrui. La sérénité que nous percevons brièvement est l'antonyme de l'agressivité naturelle du genre humain. On peut donc considérer le sourire comme un dispositif hypnotiseur biologique destiné à paralyser les pulsions agressives que n'importe qui ressent naturellement face à un intrus qui pénètre dans son territoire.

Le sourire correspond à la vitesse de la lumière sociale qui nous rapproche les uns des autres, il est le seul moyen de raccourcir les distances qui nous séparent. Il est l'antichambre de la sérénité et un indice de bonne santé sociale des individus qui composent une population. On peut considérer qu'il sert notamment à rendre les rapports plus homogènes entre les différentes communautés qui articulent cette population.

Le sourire garant de la civilisation

En outre, le sourire est un code universel dont la programmation est intégrée dans les marqueurs de l'hérédité humaine. Le processus biochimique, complexe à l'origine, et qui aboutit au sourire par l'activation de nombreux muscles buccaux et oculaires de la branche zygomatique, ne peut avoir une origine récente dans l'évolution du genre humain. Il est certain que le sourire existait déjà chez les plus proches hominidés de nos ancêtres. On peut d'ailleurs inférer que si le sourire n'avait pas existé, nous n'aurions peut-être jamais développé la civilisation que nous connaissons aujourd'hui. L'évolution de la parole a aussi été fondatrice de la civilisation humaine, bien évidemment. Mais la quote-part du sourire a, je le crois volontiers, été déterminante dans l'émergence d'un sentiment essentiel et antidote de la cruauté humaine : la compassion.

Le sourire des menteurs

Les recherches de Paul Ekman ont montré que plus on ment, moins on sourit et c'est surtout vrai pour les hommes. Un sourire menteur vient plus facilement qu'un véritable sourire de plaisir, il dure en général plus longtemps, faisant l'effet d'un masque de théâtre. De plus, le faux sourire est souvent asymétrique (voir Figure 19-5).

Figure 19-5 : Un sourire asymétrique signale un personnage qui ment.

En effet, le cortex droit, spécialisé dans les expressions faciales, transmet essentiellement ses signaux au côté gauche du corps, ce qui explique que les émotions feintes sont plus prononcées sur la gauche du visage. En revanche, lors d'un sourire spontané, les muscles faciaux sont symétriquement sollicités par les deux moitiés du cerveau.

P. Eckman rapporte que les individus auxquels il demandait de sourire lorsqu'ils mentaient souriaient peu, voire pas du tout. À l'inverse, ceux qui disaient la vérité souriaient plus fréquemment. Le signal du sourire étant profondément lié à l'expression de la soumission, les « innocents » tentaient d'apaiser leurs accusateurs, tandis que les menteurs professionnels réduisaient tous les signaux de leur langage corporel.

Physiologie du sourire

Dans son livre intitulé *Guérir*, David Servan-Schreiber évoque le sourire en précisant qu'il existe un sourire chaleureux, un sourire vrai qui nous donne à comprendre intuitivement que notre interlocuteur se trouve, à cet instant précis, dans un état d'harmonie entre ce qu'il pense et ce qu'il ressent, entre cognition et émotion. Le cerveau possède une capacité innée à atteindre l'état dit de flux (harmonie). Son symbole le plus universel est le sourire sur le visage du Bouddha.

C'est Voltaire, peut-être, qui dans la préface de *L'Écossaise* donne la meilleure analyse du vrai et du faux dans le sourire : « Le sourire de l'âme est préférable au sourire de la bouche. » Le sourire est un produit de l'évolution, il n'y a aucune raison pour qu'il se soit posé sur le visage de l'homme comme l'oiseau sur la branche. Malraux le pressentait quand il écrivait : « Lorsque l'art grec, encore lié à l'Égypte, avait découvert le sourire, il avait découvert aussi un nouvel équilibre du corps. »

Le menu du sourire

Il existe globalement deux manières de sourire : lèvres serrées ou dents apparentes. Réflexe gestuel invariable, le mode souriant peut dépendre de l'atmosphère des sentiments, du contexte ou du tempérament de l'individu. Certains sujets ne desserrent jamais les lèvres quand ils sourient, d'autres les entrouvrent systématiquement.

Les lèvres serrées

Les sujets qui ne desserrent pratiquement jamais les lèvres quand ils sourient appartiennent à la très grande famille des individus sous contrôle. Ils expriment peu ou pas leurs émotions, les inhibent ou les répriment. Leurs sourires ressemblent plus à des grimaces de mépris qu'à des signaux de sympathie. Beaucoup d'hommes de pouvoir usent de ce type de sourire ! La spontanéité est une conduite dont ils ignorent le fonctionnement. Tout est calculé, mesuré opportunément en fonction du but à atteindre. Ils ne font jamais rien pour rien, il ne faut donc jamais leur faire confiance. La plupart des hommes et des femmes d'influence qui sourient les lèvres serrées sont des prometteurs de beaux jours, c'est d'ailleurs la raison de leur ascension professionnelle.

Les dents apparentes

Les émotifs ouvrent la bouche pour détendre leurs zygomatiques. Ce sont généralement des individus ouverts, accessibles et disponibles. On peut leur faire confiance *a priori*, quitte à réviser son jugement ensuite. Bien entendu, il existe aussi de faux sourires aux dents apparentes et d'une blancheur immaculée et il est indispensable de pouvoir juger de la différence entre un sourire sincère et un sourire commercial ou très show-biz, sans oublier d'observer le plissement des muscles orbiculaires des yeux.

Le sourire carnassier

Le sourire qui dévoile uniquement les dents du dessous est un sourire du carnassier qui mord à belles dents dans les infinis plaisirs de l'existence. C'est aussi le sourire de l'épicurien.

Le sourire crispé

Le sourire crispé (voir Figure 19-6) appartient à la famille des sourires stéréotypés.

Figure 19-6 : Ce type de sourire n'est qu'un sourire de circonstance ; il n'exprime rien de réel.

Il est une traduction du degré de scepticisme de celui qui en use.

Le sourire triomphant

Dans la gamme des sourires, le sourire triomphant s'accompagne souvent d'un gonflement du torse et d'un air de fierté non dissimulée. C'est un sourire à éviter, même s'il est justifié, car il dérange.

C'est le sourire de la vanité!

Le sourire amer

Avec les lèvres dessinant une assiette de potage renversée.

C'est le sourire de l'amertume.

Le sourire mystérieux

C'est le sourire qu'on dit aussi malin et qu'on ne peut afficher qu'en ayant toutes les cartes dans son jeu. Les joueurs de poker en abusent quand ils ont une mauvaise main.

Le faux sourire

Il est difficile de décrire un faux sourire. On observe cependant que le regard n'est pas à l'unisson de la mimique des lèvres. Mais les choses ne sont pas aussi simples. Michel Serrault excellait dans la production sur commande de ce genre de sourire. Il l'utilisait dans tous les personnages machiavéliques qu'il incarnait dans ses films.

C'est le sourire de Machiavel !

Le sourire glacial

La lueur glaciale du regard ressemble à celle du vide que l'on peut percevoir dans le regard du fou sanguinaire. Le visage est animé, souriant mais le regard est éteint. Il ne participe pas à la fête du visage. Ce type de regard trahit un ensemble de conduites qui accompagnent souvent la folie du pouvoir, le vrai : celui que procure la fortune ou la gloire.

Le sourire évanescent

Le sourire disparaît aussi soudainement qu'il est apparu. L'effet est souvent saisissant pour une personne non avertie. Cela provoque un stress immédiat, susceptible de déstabiliser n'importe qui. Les sourires à peine ébauchés et vite réprimés indiquent que vous avez raté votre panier. Il faut, bien sûr, y être attentif. C'est la raison pour laquelle il ne faut jamais perdre le visage de votre interlocuteur de vue quand vous abattez vos cartes. Chacune de ses mimiques s'inscrit dans votre mémoire, tels les détails d'un paysage que vous pourrez retrouver après l'entretien, si vous vous en donnez la peine et le temps.

Le sourire stéréotypé

Tous les sourires ne sont pas des expressions de détente ou d'apaisement. L'obligation sociale qui est faite d'accueillir un étranger avec un sourire a transformé cette manifestation d'hospitalité en un sentiment de contrainte, d'où la grimace stéréotypée qui cède la place au sourire. Certains sont passés maîtres dans l'art de jouer du sourire. Pour pouvoir faire la différence entre un vrai sourire et un sourire-grimace, il suffit d'observer la luminosité du regard de votre interlocuteur. Cette dernière doit obligatoirement être en phase avec le masque. Les yeux sourient en même temps que la bouche.

Le sourire complice

Le sourire complice exprime l'appartenance à une même histoire. Il révèle une entente étroite, une connivence.

Le sourire séducteur

L'éthologue allemand Irenäus Eibl-Eibesfeldt a montré que le sourire est partagé dans la plupart des rites de séduction à travers le monde. En France, le sourire est toujours ce que les femmes apprécient le plus chez un homme (37 %), avant le regard (13 %). Le sourire assure et rassure à la fois.

Le sourire défensif

Face à l'inconnu, le sourire est notre première arme, une forme de lâcher prise destiné à paralyser nos pulsions agressives et à neutraliser celles que l'autre peut ressentir à notre égard. C'est un signe d'apaisement que nous partageons avec toutes les civilisations du monde. Quand vous souriez à un inconnu, mais ce que ce dernier ne vous rend pas la pareille, une angoisse immédiate s'insinue en vous. Votre moyen de défense n'a pas fonctionné.

Le sourire gêné

Loin de toujours exprimer le plaisir, le sourire peut aussi marquer notre volonté de prendre de la distance : un sourire gêné peut nous monter aux lèvres lorsque nous venons de commettre un impair et que la honte nous submerge.

Chapitre 20

Éléments de proxémie

Dans ce chapitre :

- Bâbord ou tribord
- De quel côté vous situez-vous ?

La proxémie est l'étude des distances interindividuelles et de la situation topographique des individus dans un espace donné. Ce chapitre explique quels bénéfices vous pouvez tirer de la connaissance de quelques éléments de proxémie, notamment dans des situations professionnelles.

Bâbord ou tribord

Ma femme marche généralement à ma droite et agrippe forcément ma main droite de sa main gauche. Quand il m'arrive de lui proposer de marcher à ma gauche, elle refuse en prétendant qu'elle est plus à l'aise de l'autre côté.

A contrario, une femme qui marche à gauche de son compagnon trahit une relation de couple dans laquelle le pouvoir lui appartient. Je me suis souvent amusé à observer ces latéralités de couple, assis à la terrasse d'un bistrot à la belle saison, de deviner qui est la locomotive et qui est le wagon du couple.

Vous avez certainement remarqué que votre position dans le couple est majoritairement invariable. Votre épouse marche presque toujours à votre droite ou à votre gauche.

Quand vous prenez place côte à côte, cette latéralité demeure. Supposons que votre compagne se situe toujours à votre droite, cela entraîne donc le schéma suivant : vous êtes à bâbord (à gauche) et votre épouse à tribord (à droite). Vous êtes un couple bâbord H/tribord F, si le premier est masculin et le second élément du couple est féminin. Un couple d'amis avec lequel vous allez régulièrement au restaurant est de latéralité inverse : le mari se situe à tribord (à droite) et sa femme à bâbord (à gauche). Ils sont un couple tribord H/bâbord F.

Quand vous prenez place à table, les hommes se font face et les femmes aussi. Il n'y a pas de diagonale des sexes comme ce serait le cas si les deux couples adoptaient la même latéralité.

Ce dispositif relationnel est la raison fondamentale de votre entente, voire de l'amitié qui vous lie à l'autre couple. Pourquoi ? Parce que l'homme bâbord est un cognitif et l'homme tribord est un affectif. De même en ce qui concerne leurs compagnes. Les deux hommes et les deux femmes se complètent et ne peuvent en aucun cas s'affronter. Chaque sexe représente l'intégralité du fonctionnement psychique individuel. Les couples clones ne s'assoient pas selon le même dispositif puisqu'ils appartiennent tous deux à la même latéralité. La communication de ces couples est beaucoup plus problématique et les affrontements ne sont pas rares. Ils peuvent aussi ressentir une difficulté à communiquer ou un ennui qui ne leur donnera pas envie de se revoir. Leur manque de complémentarité en est la cause. Les hommes doivent s'adresser la parole en diagonale, coupant du même coup, le flot de paroles de leurs compagnes. De plus, étant tous deux tribord, ils ne sont pas complémentaires. Pourquoi ne pas changer de place, dans ce cas ? C'est parfaitement possible mais hautement inconfortable pour l'un des couples. La qualité de leur relation avec l'autre couple en souffrira obligatoirement.

Gauche ou droite ? Il ne faut pas être dyslexique pour intégrer ce qui va suivre. Situez bien votre droite et votre gauche avant de vous lancer !

Quand vous marchez dans la rue, dans les couloirs de votre entreprise aux côtés d'un collègue qui tente de vous manipuler, d'un harceleur ou de votre chef de service, choisissez votre côté privilégié et imposez-le à votre interlocuteur. N'acceptez pas la latéralité qui lui convient en toute innocence ! Placez-vous à sa gauche d'autorité si vous êtes bâbord ! S'il parvient à vous reléguer à sa droite, le côté tribord (droite) vous défavorisera automatiquement. Vos systèmes de défense opérationnels sont situés dans l'hémisphère gauche de votre cerveau en tant qu'individu bâbord.

Pour mémoire, la partie droite du corps dépend de la zone corticale gauche et la partie corporelle gauche dépend de la zone corticale droite. En vous plaçant à sa droite, il vous tient sous l'influence, logique, cartésienne et verbale de son cerveau gauche cognitif et votre propre zone cognitive débouche sur le vide. En outre, cet hémisphère cérébral ne gère pas uniquement le territoire corporel opposé (droite) mais aussi toute la partie latérale externe qui représente ce que B.-F. Skinner (1904-1990) nomme la bulle ou biosphère individuelle. Le champ d'action d'un individu est fonction de la longueur de ses bras. Tout ce que ses doigts peuvent atteindre dans un angle de 90° à gauche et de 90° à droite est englobé dans les deux hémisphères cérébraux. C'est le cerveau gauche qui raisonne, argumente et persuade l'interlocuteur qui se situe à droite du locuteur. À l'inverse, le cerveau droit peut également gérer ou manipuler une situation relationnelle mais dans un registre plus affectif d'une personne se situant à gauche du locuteur.

Si vous persistez à demeurer à droite du manipulateur, la zone cognitive de votre territoire corporel droit sera désactivée, elle s'ouvrira sur le vide tandis que la zone affective non protégée (gauche) sera au contact direct du discours manipulateur. Pour se défendre de l'influence de celui qui détient le pouvoir et si vous êtes bâbord, positionnez-vous toujours à gauche de votre interlocuteur de manière à le conserver bien au chaud dans votre champ cognitif.

Quand vous vous retrouvez assis à la table des invités d'un colloque, observez vos voisins avant de vous décider à rester ou à changer de place.

Dès que vous êtes accompagné ou en présence de collègues, d'amis ou d'inconnus, situez immédiatement les sources de pollution en gardant en mémoire votre latéralité naturelle ! Si vous êtes un homme ou une femme tribord (droite), cela signifie que la source de pollution identifiée doit se situer impérativement à votre gauche pour être absorbée et détruite par les mécanismes de défense opérationnels du cerveau droit. Cette identification ne pose aucun problème, par ailleurs. Soit vous connaissez les courants de sympathie ou d'antipathie qui vous lient ou vous éloignent les uns des autres, soit vous êtes en présence d'inconnus et vous ressentirez immédiatement le degré d'attraction ou de répulsion pour chacun d'entre eux. Fiez-vous à votre instinct, c'est votre meilleur baromètre !

Déterminer sa latéralité

Pour connaître votre latéralité préférentielle, vous pouvez la confirmer en reproduisant un exercice élémentaire. Tournez la tête à droite le plus loin possible ! Refaites la même opération vers la gauche ! Quelle est la rotation la plus confortable ? Quel est le côté le plus raide ? Si vous ne ressentez pas de différence, il est possible que vous n'ayez pas de topographie spécifique. Vous êtes donc adaptatif(ve) de deux côtés. Quelle chance !

Dans le même ordre d'idées, quand vous êtes au restaurant avec un collègue assis en face de vous à une table de quatre, arrangez-vous toujours pour que la chaise vide se situe dans votre champ relationnel protégé : chaise vide à droite si vous êtes bâbord, à gauche si vous êtes tribord. Si d'aventure, un autre collègue arrive, il n'aura d'autre choix que de s'asseoir à la place vacante. Il n'est plus question, à ce stade, de pollution ou de stress mais d'une gestion préventive de votre territoire et de l'aire cérébrale qui détient les mécanismes de défense les plus performants pour vous protéger.

Quand vous vous retrouvez dans les transports publics, le problème se pose de manière identique. Si vous êtes bâbord, choisissez un siège couloir central du côté droit de la rame et laissez le passager tribord s'asseoir à votre droite près de la fenêtre. Côté gauche de la rame, il vous faudra choisir la place près de la fenêtre. Vous constaterez très vite que le respect de cette petite règle vous offrira un voyage moins stressant, donc moins fatigant.

Paradoxe ! Plus un individu est autonome sur le plan de ses activités professionnelles, plus il est dépendant sur le plan affectif ou amoureux. C'est sans doute ce qui explique pourquoi les individus « tribord » (ceux qui se placent souvent à droite de leur conjoint) sont des personnes attentives et sensibles dans l'intimité et très indépendantes, voire autoritaires sur le plan professionnel. La grande majorité des leaders sont des individus tribord.

Selon Allan Pease, l'essentiel de la coopération viendra de la personne assise à votre droite. Celle de droite sera en général plus coopérative que celle de gauche. Il y a des raisons historiques à ce comportement. En effet, votre voisin de droite, s'il tente de vous poignarder de la main gauche, risque fort d'échouer. C'est donc votre voisin de droite qui sera favorisé. Cette vision de l'agressivité explique aussi pourquoi les individus tribord sont perçus comme plus sentimentaux dans leurs transports amoureux.

Les observations du couple A. et B. Pease confirment que les tractations commerciales réussissent mieux quand un vendeur est assis à la gauche de son client. Je rajouterai : pour autant que le vendeur soit un sujet bâbord.

Ils affirment que si vous avez des enfants d'âge scolaire, conseillez-leur de se placer à la gauche de leur professeur (à sa gauche à lui), mais s'ils sont adultes et qu'ils assistent à des réunions, conseillez-leur de s'asseoir à la droite de leur patron pour bénéficier du supplément de prestige que cette position confère. Cette profession de foi n'engage que leurs auteurs. Je pense pour ma part que la latéralité la plus efficace est celle que vous adoptez en règle générale.

Enseignement et proxémie

Le docteur John Kershner a étudié le comportement des enseignants dans une salle de classe et enregistré les points où leurs regards se posaient. Il a découvert que ceux-ci ignoraient les élèves assis à leur droite. Son analyse montre que les professeurs regardent droit devant eux 44 % du temps, sur la gauche 39 % du temps et à droite seulement 17 %. Il a également découvert que les élèves qui sont assis à gauche, les élèves à bâbord, influencés par le cerveau droit du professeur, donc dans son champ affectif, obtiennent de meilleurs résultats en lecture que ceux qui sont assis à droite et qu'ils étaient moins souvent réprimandés.

Septième partie

La partie des Dix

Dans cette partie…

Vous trouverez une sélection de trente gestes, dix par chapitre. Nous avons d'abord retenu dix gestes particulièrement courants, puis dix gestes propres à une situation de séduction et enfin dix gestes qui marquent l'autorité. Vous remarquerez d'ailleurs que, de la séduction à l'autorité, il y a parfois un petit pas que certains s'autorisent à franchir. Aussi trouverez-vous quelques postures communes dans les chapitres consacrés à ces deux thèmes.

Chapitre 21

Les dix gestes à retenir

Dans ce chapitre :

- Dix gestes les plus courants
- Les mains en tenaille
- La jambe boa

Les gestes décrits dans ce chapitre se rencontrent très fréquemment. Soyez-y attentif, notamment dans le cadre professionnel. Vous saurez rapidement si la conclusion de votre entretien sera positive, à quel genre de personne vous risquez d'être confronté, ce qui vous épargnera des déconvenues parfois désastreuses.

Le jésuite

Coudes en appui, les mains de votre interlocuteur sont jointes à hauteur de son nez, comme s'il priait (voir Figure 21-1).

Le refrain des mains jointes que certains personnages semblent affectionner n'a de supplication que l'apparence. Selon les règles de la sémiotique gestuelle, les mains jointes de cette manière trahissent une attitude mentale intolérante. Ce code d'intention indique plutôt que le locuteur se prépare à contrer son adversaire. Ses mains en prière n'implorent pas, elles annoncent clairement un climat mental oppositionnel.

En règle générale, les mains jointes comme à la prière est une attitude de pseudo-bigot. La fatuité du reproducteur de ce code gestuel n'a d'égale que son imprudence verbale. Réfractaire à l'ambition des autres, leur succès éventuel lui provoquera des aigreurs d'estomac. Il s'agit bien d'un code gestuel relique dont le sens premier est une supplique adressée à l'autre. J'ai cependant constaté un glissement de sens de ce geste trahissant un climat mental plus oppositionnel que consensuel.

Figure 21-1 : En joignant ses mains, votre interlocuteur interdit symboliquement tout échange.

« Les mains en prière » est une des postures sociales les plus courues dans un certain monde. Quand les mains se rejoignent, les aires cérébrales se mobilisent pour barrer la route aux émotions.

Si votre supérieur hiérarchique use souvent de ce geste, vous saurez désormais que la confiance que vous lui accordez est mal placée et qu'il vous faut d'urgence prendre vos distances pour ne pas jouer les marionnettes de service. Dois-je aussi vous rappeler que manipulation rime avec oppression, subversion, extorsion, interdiction de dire la vérité (ou langue de bois), etc.

Quand ce geste de supplication devient un tic, il entérine la vérité à sens unique comme dernier terrain vague. Tous les reproducteurs des mains jointes en prière sont des intégristes, des autocrates qui usent de ce geste comme d'un réflexe pseudo-religieux. Ne l'oubliez jamais plus et soyez toujours sur vos gardes.

Il existe des variantes de ce geste.

- **Les mains de votre interlocuteur, coudes en appui, sont jointes mais les doigts sont écartés deux à deux.** Cette séquence gestuelle assez rare signale une attitude inflexible ou la rigidité des sentiments qu'il est susceptible d'éprouver.
- **Votre interlocuteur joint les mains en prière, pouces cassés à angle droit.** Les pouces cassés sont une marque de fabrique qui trahit le côté exalté de l'auditeur.

- **Mains en prière, les majeurs sont repliés.** Ce geste est aussi rare qu'atypique chez un adulte. Il s'agit, en effet, d'un jeu digital essentiellement infantile et plutôt inattendu de la part d'un responsable.
- **Votre interlocuteur joint ses mains, paume contre paume, et pince son nez entre ses pouces, coudes en appui.** Il s'agit là encore d'une séquence gestuelle assez rare provenant d'individus vissés à leur fauteuil et dont la carrière ressemble à ces fusibles automatiques qu'on rebranche quand ils sautent.
- **Les mains sont jointes et votre interlocuteur appuie ses lèvres contre ses pouces.** Les mains pressées trahissent un vide qu'il va falloir combler avec des mots. Les lèvres posées contre les pouces sont une façon de préparer une réponse politiquement correcte.

Les mains en couverture

Les mains sont superposées comme des tranches de jambon, qu'elles reposent sur un support ou qu'elles terminent les coudes en appui (voir Figure 21-2).

Figure 21-2 : En fonction de la main couverte, vous saurez si vous êtes face à un personnage versatile ou au contraire si vous avez affaire à un décideur.

La superposition des mains, coudes en appui ou mains à plat sur un support, avec la main gauche dominant la droite, implique un personnage qui prend rarement une décision sans consulter ses oracles. C'est le genre de décideur versatile qui vous dira oui sous la pression avant de vous dire non après avoir pris conseil à tous les étages. Il n'a pas une vue d'ensemble de son entreprise ou de son service, et toute proposition destinée à améliorer les performances, par exemple, est perçue comme une révolution de palais. Ne vous fiez pas à son tempérament dominateur ou autoritaire, ce n'est qu'une façade. Si vous êtes dans ce cas, apprenez à dire « non » avant de changer d'avis le cas échéant.

En revanche, si la main droite domine la gauche, son mode de raisonnement est synthétique. Il fonctionne par association d'idées et par comparaison. La synthèse est l'opération inverse de l'analyse, elle va des causes aux effets ou des principes aux conséquences. L'analyse consiste à observer les conséquences pour essayer d'en tirer des principes. Le décideur court-circuite les lenteurs de l'analyse. Dans ce cas, votre interlocuteur est parfaitement capable de prendre sa décision sans en référer. Si votre projet lui plaît, vous aurez la réponse avant le dessert. S'il ne lui plaît pas, il vous l'annoncera sans prendre de gants.

Il dispose du flair utile et nécessaire au succès de son entreprise.

Un sujet qui passe alternativement de la couverture droite à la couverture gauche est en situation de remise en question ou d'instabilité émotionnelle ponctuelle. Il sera évidemment versatile.

En situation de négociation, nombre de gens posent les avant-bras en parallèle du corps et superposent leurs mains sur la table, face à leur plexus solaire. Cet autre mode de superposition des mains rejoint celui des coudes en appui.

Les mains en tenaille

Il vous accueille les mains plaquées en tenaille l'une sur l'autre (voir Figure 21-3).

On dirait qu'il compatit à votre douleur, même si votre démarche ne nécessite aucune sorte de compassion. Les lèvres sont pincées et les commissures ont tendance à s'affaisser dans le même temps qu'il vous écoute avec une certaine contrition. Pour ce genre de quidam, toute rencontre est soumise à un cérémonial rigide, voire une étiquette dont il applique les règles invariantes à chaque reprise. Il tient le sort du monde entre ses mains.

Code gestuel réflexe synonyme de savoir/devoir ou de pouvoir, deux voies antagonistes qui définissent les profils instinctifs des hommes de devoir ou les profils des hommes de pouvoir.

Figure 21-3 : Selon la main qui domine, le geste signale un individu de pouvoir ou de devoir.

Le mode d'achèvement du pouvoir est proactif et instinctif. Le pouvoir est considéré ici dans le sens des potentiels de l'individu. Il se détermine par une préhension des mains en tenaille. La main gauche domine la droite. Généralement, les individus qui croisent les doigts sur le mode affectif font partie de cette catégorie, mais il y a des exceptions, comme nous le verrons par la suite.

Être un homme ou une femme de pouvoir, c'est avant tout être capable de s'engager ou de faire les choses avant de les maîtriser. Praticien plus que théoricien, plus autodidacte qu'académique, le sens de l'improvisation, l'esprit d'entreprise, l'esprit d'initiative sont les qualités qui dominent chez l'homme ou la femme de pouvoir.

Le mode d'achèvement du devoir est réactif, pragmatique et se révèle par une préhension inverse, la main droite domine la gauche. Les individus qui croisent les doigts sur le mode cognitif appartiennent au profil des hommes de devoir. L'homme de devoir est discipliné et fonde son action sur le savoir, l'ordre et la méthode. Le savoir passe d'abord par le devoir. L'homme de devoir ressent le besoin de se soumettre à ses obligations pour se rassurer ou assurer sa sécurité au sein du groupe. Les individus qui fonctionnent selon le mode du devoir sont fidèles à leurs options, à leurs croyances et tendus vers des objectifs clairement définis dans leur esprit. Il faut se soumettre à la sanction de l'audimat pour devenir célèbre, se conformer à l'image du héros pour être distingué.

Vous remarquerez que ce code réflexe apparaît souvent à la fin d'un entretien ou quand l'un des protagonistes souhaite conclure. Ce qui pourrait sous-entendre qu'un individu qui plaque ses mains en tenaille au cours d'un entretien trahit son besoin d'en finir alors que vous êtes encore en train de lui décrire votre projet le plus naïvement du monde. Ce refrain gestuel devient donc prédictif, s'il intervient avant la conclusion logique de l'entretien.

Il entre dans son bureau avec les mains en tenaille de l'homme de devoir. Je l'attends depuis un bon quart d'heure, assis inconfortablement sur ce qu'on pourrait appeler un fauteuil pour intrus. Avant que j'aie la possibilité de lui expliquer la raison de ma présence, il me prévient qu'il a très peu de temps à m'accorder. J'avais compris sans qu'il ait besoin de me le préciser. Je me lève, je le salue et je m'en vais avec un sourire en coin. Le bonhomme a l'air d'une carpe en train de se noyer. De toutes les manières, je perdais mon temps. Les mains en tenaille en guise de bonjour sont rédhibitoires.

La combinaison entre la posture des doigts croisés et celle des mains en tenaille débouche sur quatre profils particuliers qu'il est aisé de repérer dans le contexte d'une conversation ou d'une interview. Le passage des doigts croisés à la posture des mains en tenaille est une séquence gestuelle classique, dès qu'un individu se sent mis en examen ou en situation d'exception.

- **L'autodidacte.** Mode de croisement affectif avec le pouce gauche dominant/mode de préhension du pouvoir avec le pouce gauche dominant, donc pouce gauche dominant dans les deux cas de figure.

  Plus analogique que logique, donc plus créatif que rigoureux ; qu'il vise l'intérêt du groupe ou le sien, le sujet ne connaît que les chemins tortueux de l'empirisme et de l'intuition pour parvenir à ses fins. Il est en recherche d'efficacité des actions mais ses initiatives ne sont pas toujours aussi rentables qu'il le souhaite.

- **Le dominant.** Pouces dominants en alternance entre la posture des doigts croisés dont le pouce dominant droit indique un mode cognitif, et celle des mains en tenaille dont le pouce dominant gauche trahit l'homme de pouvoir.

  Tempérament dominant et charismatique d'un homme de pouvoir ou de talent. Individu en recherche de notoriété dans son domaine électif. Doté d'un sens quasi inné des ressources humaines, il sait choisir ses alliés ou ses collaborateurs en fonction de son objectif. La qualité primordiale d'un dominant tient à son énergie fédératrice. Il séduit et rassemble naturellement sous sa bannière ceux qui adhèrent à son projet. Il sait d'instinct comment souder le groupe autour d'une idée ou d'un devenir commun.

- **Le pragmatique.** Les pouces droits sont dominants dans les deux cas de figure. Donc, mode cognitif des doigts croisés et homme de devoir pour le code des mains en tenaille.

  Le pragmatique se fonde sur un tempérament résolu et persévérant. Il a une bonne capacité d'achèvement, s'il adhère à une vocation ou un métier qui correspond à ses compétences ou à ses talents innés. Son sens pratique le protège contre tous les gros poissons qu'on essayerait de lui faire avaler.

- **Le provocateur.** Mode de croisement affectif avec le pouce gauche dominant/mode de préhension du devoir/savoir avec le pouce droit dominant, donc inversion des dominances.

  Le provocateur est doué d'une prédisposition acquise ou non de la comédie au sens le plus large du terme. C'est un trublion qui se veut anticonformiste, individualiste, original, contestataire et hétérodoxe. Attiré par des vocations artistiques ou qui sortent de l'ordinaire, il n'existera à ses propres yeux qu'en se démarquant du commun des mortels.

Les doigts comptables

Tandis que vous lui exposez votre projet, si votre interlocuteur se met à énumérer ses conditions à partir de l'auriculaire droit en se servant du pouce ou de l'index, vous aurez la preuve par neuf qu'il s'agit d'un révisionniste plus vrai que nature (voir Figure 21-4).

Figure 21-4 : Une personne qui se sert de ses doigts pour énumérer ses arguments a besoin de mettre de l'ordre dans son esprit.

Pourquoi ? Parce qu'il fonctionne à l'inverse de la marche du temps. Temps qui démarre dans l'avenir et s'en retourne vers le passé. Le mode normal d'énumération consiste à démarrer du pouce droit vers l'auriculaire de la même main. Celui adopté par le personnage décrit trahit un besoin d'anéantir le projet pour repartir sur des bases de discussion qui lui conviennent, mais pas forcément à vous.

J'ai observé que les tribuns se servent généralement de la même main pour effectuer ce genre de gymnastique comptable. J'en ai donc déduit qu'il s'agissait d'un refrain gestuel invariable. Les abonnés aux doigts comptables sont des individus très calculateurs qui ont souvent besoin de remettre de l'ordre dans le désordre de leurs pensées. Auraient-ils la vue trop courte pour envisager une stratégie d'ensemble ? Seraient-ils obligés de se rabattre sur une tactique digitale primaire pour enfermer les solutions dans des bocaux de confiture ? Les individus implicites et manipulateurs font souvent appel à ce stratagème pour canaliser le débat et incarcérer leurs adversaires dans une direction à sens unique. L'énumération digitale est également une manie propre aux tribuns qui se retrouvent confrontés à des adversaires un peu trop coriaces. Elle appartient à la gestuelle de l'argumentation. Chaque tribun privilégie sa main « boulier ».

Le simple fait d'énumérer ses arguments avec l'aide de ses doigts est déjà un aveu de faiblesse en soi. Les primo, secundo, tertio qui ont besoin d'un appui gestuel sont des arguments auxquels il manque toute la conviction suffisante et nécessaire pour persuader l'adversaire. Par-delà les mains gauche ou droite, l'énumération s'opère à partir d'un doigt alternatif. Ce qui enrichit encore l'interprétation gestuelle et la rend prédictive.

La plupart du temps, c'est la pulpe de l'index qui sert de doigt comptable, partant du pouce vers les autres doigts pour énumérer les arguments ou les conditions. La main qui sert de boulier est la main passive.

L'utilisation de l'index pour énumérer ses arguments est un code gestuel réflexe invariable. Instinctivement, le locuteur fait toujours appel au même index pour appuyer son argumentation. Si votre main droite vous sert de boulier et votre index gauche de doigt comptable, votre discours reposera sur le besoin de faire autorité ou d'évacuer les arguments de votre adversaire.

Si vous vous servez de l'index droit comme doigt comptable et de la main gauche comme boulier, votre mode d'argumentation se fonde sur le besoin de manipuler l'autre, vous serez implicite et pas toujours facile à comprendre.

Ce refrain particulier peut aussi sembler révéler une approche pédagogique progressive de la part de celui qui y fait appel. Il faut bien qu'il se ménage des appuis gestuels pour prendre du recul face à ses détracteurs ou ses auditeurs. L'énumération est un moyen idéal pour remettre les choses en perspective ou canaliser le débat avant de conclure. C'est la raison pour laquelle les enseignants y ont souvent recours. L'observation de ces derniers sur le terrain permet tout de suite de situer le genre d'enseignant auquel les élèves auront affaire.

Le pouce peut aussi servir de doigt comptable, ce qui désigne généralement un individu plus pragmatique ou, parfois, un interlocuteur en colère. Le pouce droit révèle un sujet implicite et au raisonnement analogique. Le pouce gauche trahit un sujet plus offensif (et, parfois, aussi plus despotique).

Il est surtout important d'observer à partir de quel doigt l'énumération prend son envol. Ce second élément peut varier, ce qui n'est pas le cas de la main passive ou du doigt comptable. Si vous en faites l'expérience, testez les deux pouces et vos deux index pour ressentir le mode d'énumération qui vous paraîtra le plus confortable. Vous êtes index ou pouce!

Il peut arriver à tout le monde d'avoir recours aux doigts comptables sans pour autant se retrouver avec une étiquette de manipulateur collée sur le front. On y a généralement recours quand on n'est pas très sûr de soi.

- **Le majeur gauche.** Le tribun se met à énumérer ses arguments à partir du majeur gauche vers le pouce en se servant de l'index de l'autre main, ce qui en langage gestuel signifie que vous mettez en péril sa crédibilité ou son image publique. Son estime de soi est en chute libre.
- **Le majeur droit.** S'il énumère ses arguments à partir du majeur droit vers le pouce, il tente de vous embrigader dans ses préjugés sans lesquels sa confiance en soi ne serait qu'un vaste terrain vague.
- **L'auriculaire droit.** Il énumère ses conditions à partir de l'auriculaire droit en se servant du pouce ou de l'index. Littéralement, il part du futur pour retourner vers le passé.
- **L'auriculaire gauche.** Il énumère à partir de l'auriculaire gauche. Il aime replacer les choses dans leur contexte historique.
- **Le pouce gauche.** Il énumère à partir du pouce gauche. Ce mode d'énumération trahit un personnage épidermique, brouillon, illogique et un sophiste distingué, bref un interlocuteur poids plume.
- **Le pouce droit.** Il énumère à partir du pouce droit. Le sujet affiche son ambition. Il est prêt à tout ou presque pour atteindre son objectif, ce qui ne signifie pas automatiquement qu'il a les moyens de sa politique.

L'index moustache

L'index de votre interlocuteur forme une moustache au-dessus de sa lèvre supérieure, le pouce en appui sur le menton ou sous l'oreille ; les autres doigts sont repliés sur eux-mêmes, coude en appui (voir Figure 21-5).

Figure 21-5 : Cette posture signale un individu pervers.

L'index moustache colle au profil de celui qui sait être affirmatif, surtout quand il n'est sûr de rien, et craint les ravages du qu'en-dira-t-on. Il est bourré de préjugés et d'idées préconçues. Il tire en général sa crédibilité du scepticisme qu'il affiche comme si le doute était un acte religieux. Exigeant avec lui-même, despote avec ses proches collaborateurs, rapace dans le cadre de ses négociations, il sait mettre ses interlocuteurs dans leurs petits souliers. Il prend d'ailleurs un malin plaisir à harceler ses collaborateurs pour leur redonner du cœur à l'ouvrage.

Mais ce geste peut aussi être reproduit par un personnage qui fait mine de rire de ses propres plaisanteries, se comportant dès lors comme un fourbe de comédie. Il est évidemment dépourvu d'humour puisqu'il ne rit que de ses propres traits d'esprit. C'est sans doute le seul moment où il est sincère, inconsciemment.

Il est facile de discréditer son voisin ou son adversaire quand on est un manipulateur pervers. Le discrédit et la rumeur aussi sont ses armes favorites. Le pervers n'a aucun scrupule mais se dissimulera toujours derrière sa très grande probité intellectuelle, de la même manière qu'il dissimulera ses lèvres sous un index en forme de moustache tout en vous écoutant attentivement. Vous écoute-t-il ou fait-il semblant ? Selon mes observations, le vide qu'on peut lire dans son regard quand il reproduit ce refrain gestuel particulier me persuade qu'il fait « comme si » mais il réfléchit déjà à la manière dont il arrivera à vous piéger. L'index moustache est le geste favori du pervers narcissique.

Faux à tous les niveaux, le pervers narcissique se recrée une image d'authenticité en se présentant comme l'apôtre d'une doctrine qui lui permet de conserver au chaud son pouvoir d'influence. Il sacrifiera ses plus fidèles supporters sur l'autel de ses intérêts personnels : tout événement est instrumentalisé en sa faveur.

Les index amoureux

Votre interlocuteur, coudes en appui, croise les doigts, les index sont collés l'un contre l'autre perpendiculairement à sa bouche et pointent vers le plafond (voir Figure 21-6).

Figure 21-6 : En fonction du contexte, ce geste indique que votre interlocuteur cherche des arguments ou qu'il s'agit d'une invitation amoureuse.

Voilà une attitude gestuelle récurrente qui cerne une attitude mentale qui ne l'est pas moins. Votre interlocuteur est coincé ou à court d'arguments. Il se demande comment il va s'en sortir pour se dégager tout simplement d'une situation embarrassante.

Cette même attitude change de signification quand elle est reproduite par une femme guettant un homme qui lui plaît. Elle signifie alors que le désir est de la partie. D'où la dénomination choisie pour désigner ce refrain gestuel particulier. Le geste en question est alors prédictif et représente une véritable invitation inconsciente à la parade amoureuse. Tout dépend de la manière dont le receveur du message va s'y prendre. La porte n'est qu'entrouverte et peut se refermer de manière intempestive.

Reste un troisième cas de figure, celui de l'opportuniste qui se demande comment il va tirer profit de votre immense naïveté et se débrouiller pour faire sa pelote avec votre concours.

Les pouces marionnettes

Les pouces s'écartent régulièrement pour ponctuer le discours (voir Figure 21-7).

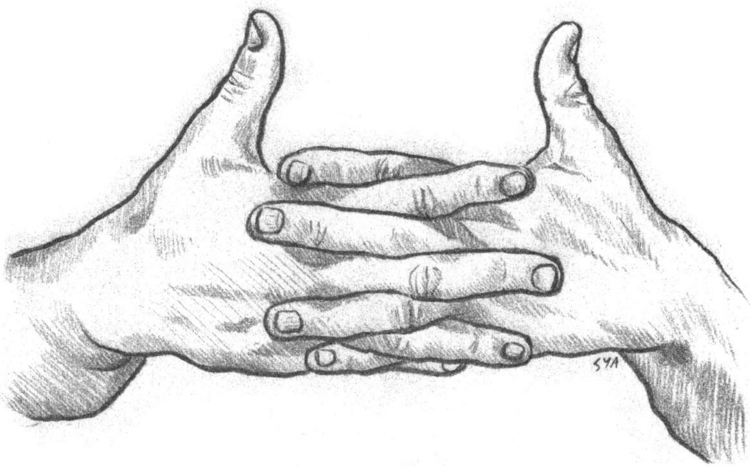

Figure 21-7 : Ce geste appar tient aux charlatans qui tentent de paraître plus savants qu'ils ne le sont.

Les bras sont prisonniers du croisement des doigts. Le locuteur use souvent d'un discours réducteur tout en promettant la lune à son interlocuteur. La contradiction entre le discours verbal et la reproduction de ce geste ne devrait plus vous échapper. Aussi malins qu'ils puissent être, les individus qui reproduisent ce code gestuel refusent d'accorder tout crédit au langage du corps. Sans doute parce qu'ils sentent confusément que leur corps les trahit.

Votre interlocuteur a les doigts croisés, ses pouces s'écartent régulièrement tandis qu'il tente de vous convaincre. Ce geste-là, vous devez le connaître comme le loup blanc. On le peut le voir tous les jours à la télé, dans tous les débats, dans toutes les émissions grand public où chacun a droit à son quart d'heure de célébrité. C'est le code gestuel typique du docteur ès fumisteries, celui qui explique dans un vocabulaire très hermétique un phénomène dont tout le monde se fiche mais qu'on fait semblant de trouver fabuleusement intéressant. Geste pare-chocs, destiné à l'origine à protéger son producteur contre toute attaque qui viendrait le déstabiliser, l'écartement régulier des pouces trahit le peu de conviction que le locuteur investit dans ses propos ou le peu de connaissance qu'il possède sur le sujet qu'il prétend maîtriser.

C'est aussi un code très fréquenté par les traqueurs. Les individus submergés par le trac reproduisent parfois ce code gestuel pour se protéger de l'agressivité qu'ils ressentent chez l'animateur ou le journaliste qui les interroge sur le pouce.

Les jambes croisées en équerre

Refrain gestuel barométrique, le croisement des jambes en équerre est un classique du genre, visible dans toutes les réunions d'affaires, les transports en commun, au cinéma, etc. Il est aussi très fréquent chez les politiques mis en examen, face caméra (voir Figure 21-8).

Quelle que soit la jambe en appui, l'interprétation va dans le même sens : invasion du territoire, physique (proxémie) ou mentale (débat contradictoire). Que vous soyez le reproducteur de la séquence ou que ce soit votre interlocuteur, tout contexte dévalorisant provoque ce type de réaction posturale, même et surtout si vous n'avez pas l'impression d'être la tête de Turc de votre interlocuteur.

Vous êtes concentré sur un dossier particulièrement ardu et votre collègue vient vous déranger pour vous tenir… la jambe. Une petite récré, ça ne peut pas faire de tort, n'est-ce pas ? Sauf que vous n'osez pas le renvoyer dans ses filets par politesse ou par esprit de corps. Vous dressez votre barrière (jambes croisées en équerre) et vous perdez de vue vos graphiques pour quelques instants. Vous savez déjà que vous devrez tout reprendre à zéro mais vous ne pouvez pas décemment refuser de discuter le bout de gras avec votre envahisseur (territorial ou mental) qui ne s'inquiète pas de savoir s'il vous retarde dans votre travail.

Figure 21-8 : En mettant la jambe en équerre, vous érigez une barrière destinée à protéger votre territoire mental ou physique.

Le territoire mental est ouvert à tous les vents contraires et pourtant il est censé protéger deux dispositifs essentiels à l'équilibre psychique : la confiance en soi et l'estime de soi. Quand votre patron adopte la posture des jambes en équerre alors que vous vous évertuez à le convaincre, la partie engagée est perdue d'avance, même si tout semble se dérouler sous les meilleurs auspices.

Posture hautement inconfortable, la jambe gauche en équerre trahit une attitude mentale tragique chez un tribun malmené par ses adversaires politiques. En règle générale, cette posture est révélatrice d'un niveau de stress peu propice à un entretien équilibré et profitable.

La jambe droite en équerre révèle une situation de stress, comme la précédente. Aucun refus *a priori* mais un intérêt du bout des lèvres pour votre proposition ou votre visite. Pour les femmes, il suffit d'inverser les interprétations.

EXEMPLE

« Vous êtes sans contestation possible le meilleur de nos candidats mais vous êtes trop qualifié pour le poste. »

« Dommage que nous ayons déjà commandé ce produit chez votre concurrent… »

« Je me verrais bien à sa place ! » dit-il en croisant la jambe droite en équerre. (Oui, mais voilà, c'est lui qui est à sa place et pas toi !)

En quelques mots, dans ces exemples, la jambe en équerre se traduit par une attitude plutôt rigide et un accueil pseudo-hospitalier. Vous n'êtes manifestement pas ou plus le bienvenu. Et surtout, ne vous fiez pas aux mines réjouies des individus qui palabrent en se faisant des mignardises. Ils ne s'apprécient pas pour autant. Pour ma part, je n'ai jamais croisé la jambe en équerre face à un interlocuteur avec lequel je me sentais en harmonie. Et vous ?

La jambe boa

Votre interlocutrice, en position assise, entortille sa jambe droite de sa jambe gauche ou l'inverse (voir Figure 21-9).

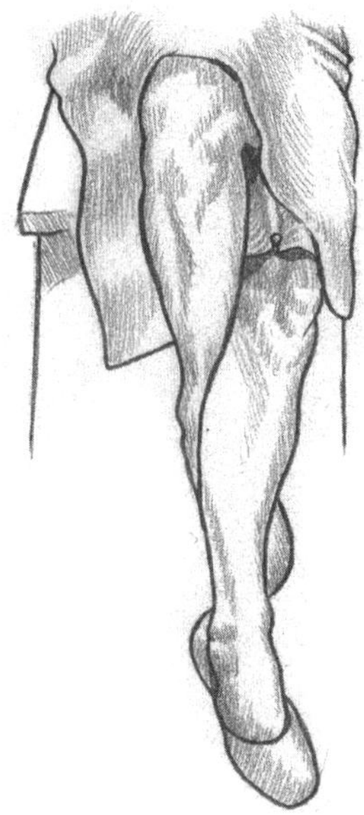

Figure 21-9 : Selon la jambe qui emprisonne, cette posture signale un tempérament jaloux.

La jambe qui est emprisonnée est possédée par l'autre jambe. Cette posture préfigure une prise de pouvoir symbolique ou trahit un tempérament jaloux, doublé d'une frustration virtuelle ou réelle. Cette attitude particulière révèle aussi un sentiment d'angoisse que la jambe qui entortille est censée contrôler. Selon mes observations, cette posture aurait tendance à être invariable. La jambe emprisonnée est toujours la même suivant le sujet observé.

Jeanne est sage-femme dans une maternité de province. Elle est follement amoureuse de l'interne qui remplace régulièrement l'obstétricien de la clinique. Il s'appelle Arthur. Physiquement, il plaît à toutes les femmes qui le croisent. Il est d'ailleurs un peu volage et ne s'attache à aucune de ses conquêtes. Arthur a cédé aux avances de toutes celles qui lui plaisaient sauf à celles de Jeanne. Il m'a expliqué que l'un de mes livres lui était tombé entre les mains un soir de garde et qu'il y avait lu que les femmes qui reproduisaient systématiquement la jambe boa en s'asseyant étaient possessives et fusionnelles. Insupportable pour Arthur, fils adulé d'une mère abusive qui lui a pourri son enfance et son adolescence. Voilà pourquoi il n'a jamais cédé aux avances de Jeanne qui a fini par le haïr, comme il se doit.

La jambe boa droite révèle une femme directive qui sublime sa jalousie par une prise de pouvoir sur son entourage. Une femme autoritaire, cheftaine aux mollets d'acier qu'il ne fait pas bon contredire par temps d'orage.

La jambe boa gauche trahit la femme fusionnelle et gémissante. La jambe qui est emprisonnée est possédée par l'autre jambe. Cette posture préfigure une possession symbolique de type amoureux. La jalousie est une prison affective dont la femme qui en est la gardienne a perdu la clef.

La danseuse

Votre interlocuteur est debout en danseuse, l'une de ses jambes croise le muscle jambier de l'autre, le pied de la jambe croisée est posé sur la pointe (voir Figure 21-10).

Figure 21-10 : Cette attitude faussement décontractée trahit un malaise.

Ce genre de posture n'étonne plus personne dans la mesure où nous la reproduisons tous ou presque plusieurs fois par jour.

Quand la plante du pied quitte le sol, c'est qu'il y a un problème au sommet de l'immeuble. Votre interlocuteur est anxieux de vous plaire ou peut-être que vous l'intimidez. Allez savoir ! Le besoin de déséquilibrer le corps n'est pas un geste gratuit qui s'exprime pour faire joli. Cette posture est fréquente chez des individus qui passent leur temps à dissocier l'être du paraître ou à fausser les règles du jeu, c'est-à-dire, beaucoup de monde ! C'est une attitude corporelle typique des consommateurs de bistrot qui s'appuient sur le comptoir pour assurer leur équilibre « château branlant ». Par voie d'extension, elle se reproduit couramment entre deux individus qui échangent quelques banalités et confirme bien que chacun vit dans sa tête sans se préoccuper de ce qui se passe dans celle du voisin. Nous adoptons tous ce genre de posture et vous remarquerez qu'elle s'impose plus facilement quand nous sommes intimidés, comme si nous recherchions, paradoxalement, une assurance corporelle qui nous manque momentanément sur le plan mental.

- **La jambe droite en support du poids du corps et le pied gauche sur la pointe.** Le bas du corps est stimulé par l'entourage et rend sa copie sans passer par la censure de la conscience. Quand un individu repose régulièrement son pied gauche sur la pointe, il se sent dévalorisé ou coupable, il est tourmenté, vit sous la contrainte d'une situation dont il se sent la victime malgré lui. Bref, il se retire du jeu pour ne pas devoir affronter ses insuffisances. Cette attitude n'est pas un refrain invariable, elle peut changer de polarité en fonction des circonstances. En résumé, le sujet est victime d'un coup de blues discret ou d'un sentiment d'incomplétude.

  Vous devez savoir que votre interlocuteur qui reproduit régulièrement cette séquence dès qu'il se trouve en votre présence fait semblant de vous écouter mais rêve d'un ailleurs dont vous seriez le grand absent.

  Si vous êtes l'auteur du code gestuel en question, jambe droite en support du corps, votre subconscient vous avertit que vous gaspillez votre temps avec le monsieur ou la dame qui « vous tient la jambe ». Littéralement.

- **La jambe gauche en support du poids du corps et le pied droit sur la pointe.** Anxieux, nerveux, vous êtes inquiet de la tournure des événements ou des résultats d'une rencontre mal annoncée. Pour vous protéger des remous qui se manifestent dans votre conscience, vous vous montrez loquace mais vous ne dites pas ce que vous pensez et ne pensez pas plus ce que vous dites. Vous parlez pour échapper à la tempête qui vous poursuit ou à vos inconséquences. Vous avez peur de vous tromper et vous avez tout à fait raison.

> Il faudra songer alors à prendre congé au plus vite où à dresser vos antennes car si vous avez besoin de la personne avec laquelle vous vous entretenez, l'échec de votre projet ou de votre attente est au coin de la rue.

Ces observations vous paraîtront du plus haut tragique dans la mesure où la conversation des sujets observés se poursuit sur un ton aussi zen que possible. Mais le cerveau droit est en alerte maximum et il recherche désespérément une porte de sortie. Nous sommes tous d'excellents comédiens quand il s'agit de dissimuler nos peurs de l'échec ou nos coups de blues.

Les pieds en danseuse n'expriment que l'ennui quand un consommateur de bistrot est seul face à lui-même. Vous pouvez aussi y faire appel ponctuellement quand l'autre vous importune avec ses confidences ou ses brèves de comptoir stupides. Le sentiment d'infériorité, ou l'anxiété soudaine, s'exprime en sourdine dans diverses circonstances sans être ostentatoire. Les pieds en danseuse suffisent, dans un premier temps, à dévier ces sentiments perturbateurs vers la terre. Les jambes en appui agissent comme des prises de terre. La jambe droite va évacuer le sentiment d'infériorité, un complexe qui dépend entièrement du cerveau cognitif. La jambe gauche tentera d'éliminer l'anxiété irrationnelle dont le cerveau droit est le fournisseur exclusif.

Chapitre 22

Les dix gestes de la séduction

Dans ce chapitre :

- Transmettre le bon message
- Décrypter les messages des autres

Ce chapitre est consacré aux gestes ou aux postures qui révèlent un pouvoir de séduction au sens large du terme. Certaines attitudes sont d'ailleurs trompeuses au point de dire l'inverse de ce qu'elles montrent. Grâce à ce guide express, vous décoderez ce que l'on vous donne à voir et éviterez quelques pièges.

L'homme papillon

L'homme papillon est un individu aussi imbu de sa personne qu'infidèle, et qui collectionne les conquêtes. Vous pourriez toujours imaginer que les mains collées dans la nuque préfigurent celle de la femme qui lui fait face et dont il attend une initiative romantique ou érotisante avant de conclure. Eh bien, vous avez tout faux! La nuque est le siège symbolique de la confiance en soi et cet homme qui s'étire (voir Figure 22-1) est totalement en manque de cette merveilleuse énergie qu'est la foi en soi.

Ce code d'intention est aussi un geste de fugueur. Et même si vous avez des biceps en béton, je vous déconseille la posture face à la belle que vous désirez séduire. Le micromessage risque de vous trahir.

Figure 22-1 : Malgré les apparences, cette posture signale un personnage peu sûr de lui.

Les lunettes baissées

Le truc des lunettes est d'un classique éculé à mourir d'ennui. En situation de séduction, il signale un homme qui joue à séduire plutôt qu'un séducteur réel, un aguicheur, en somme. Pourquoi doit-il baisser ses verres, sinon pour voir moins bien ce qu'il avait vu en mieux quand il les avait sur son nez (voir Figure 22-2) ?

Figure 22-2 : Celui qui baisse ses lunettes ne s'intéresse pas vraiment à son interlocuteur.

Il fait semblant de s'intéresser alors qu'en vérité, il délivre le message inverse. Un gros soupçon de mépris fait partie du menu. Pareil pour la femme qui transmet ce genre de micromessage ! Elle ne vaut même pas le sourire que vous lui adressez par politesse.

La valse des pupilles

On ne peut pas dire qu'il joue dans la cour des séducteurs consacrés. Petit, pas vraiment beau. Cependant une chose a pu faire craquer sa charmante femme : un regard pointu comme celui d'un poignard. Un regard aigu comme un contre-ut qui est la première chose qu'on constate chez lui. Et ce regard exprime tout ce qui se passe dans sa tête : le bonheur d'exister (voir Figure 22-3).

Figure 22-3 : Un regard pétillant est une arme de séduction très efficace.

Observez vos yeux dans un miroir ! Que vous racontent-ils ? Et surtout vos pupilles ? Sont-elles plus dilatées que d'habitude ? Tout dépend des pensées qui vous traversent l'esprit, de la météo de vos humeurs. Elles ont été rétractées trop longtemps pour se dilater soudainement. Le mental est un jardin en friche dans lequel il faut cultiver des pensées réconfortantes et dont il faut surtout arracher vos pensées parasites (spéculation, angoisses, déprime, jalousie, etc.). Ce n'est pas une question de réussite professionnelle, mais un problème à résoudre entre vous et vous. Bien sûr que votre meilleur ami est beau comme un dieu et vous, vous êtes gris muraille comme du parpaing. Mais son physique ne lui offrira jamais le bonheur que l'on ressent quand on a réussi à exister aux yeux de celle qu'on aime. Et ce bonheur-là s'inscrit dans la dilatation des pupilles.

Le déhanchement d'Elvis

Pour la petite histoire, on surnommait le chanteur « Elvis the Pelvis » au début de sa carrière. Son déhanchement était d'ailleurs interdit d'image à la télé des années cinquante (voir Figure 22-4).

Figure 22-4 : Le déhanchement retient l'attention des femmes.

Les hommes « bassin » ont un succès souvent étonnant auprès des femmes qui sont les seules à remarquer ce détail plutôt discret en temps normal. Les acteurs de cinéma le reproduisent en général quand ils posent leur main gauche ou droite sur la hanche. Facile à reproduire si vous êtes mince. À éviter si vous êtes un peu enrobé mais à promouvoir si vous possédez des tablettes de chocolat.

Le message du poignet

L'ancrage du poignet gauche par la main droite (voir Figure 22-5) est ce que je nomme un refrain gestuel invariable.

Figure 22-5 : Selon le poignet ancré, vous êtes du type dépendant ou autonome.

Si vous ancrez le poignet gauche de la main droite, vous êtes une femme soumise et dépendante de l'amour de votre partenaire. Si vous ancrez le poignet droit de la main gauche, vous êtes une femme impulsive et autonome. Cette interprétation vaut pour l'ancrage dorsal. L'ancrage ventral est alternatif et, dans certains cas, il réagit à la situation de séduction dans laquelle vous baignez : réfractaire et réducteur quand le poignet gauche est menotté par la main droite, et ouvert et disponible sensuellement quand le poignet droit est menotté par la main gauche, en principe. En pratique, c'est un tout petit peu plus complexe. Une femme impulsive (poignet droit menotté) sera disponible si elle est libre de toute attache sentimentale ou si elle envisage de se libérer dans les meilleurs délais.

La main en toge

La main droite repose sur l'épaule gauche et la joue gauche prend appui sur cette dernière. Le message devrait être reçu cinq sur cinq (voir Figure 22-6).

Figure 22-6 : La main en toge est un message très clair d'invite amoureuse.

La main droite est commandée par le cerveau gauche dit cerveau cognitif masculin, et elle repose sur l'épaule gauche qui symbolise les affects reliés au cerveau droit, le cerveau féminin affectif. La demande d'asile amoureux est lumineuse sauf pour les séducteurs aveugles qui croient que leur coup de cœur souffre d'une arthrose de l'épaule gauche.

Les index amoureux

Les index sont collés à la verticale devant la bouche (voir Figure 22-7).

Figure 22-7 : Cette position des index indique que l'on attend une issue heureuse de la situation, du point de vue amoureux.

En situation de séduction, le message est parfaitement clair mais personne n'y prête attention ou ne le comprend. Et même quand on connaît la teneur du message, il est périlleux d'y accorder du crédit sans craindre de se tromper. Ce geste signifie : « J'ai envie de toi. » Mais ce même geste peut être annulé par un croisement de jambes répulsif (jambe droite croisée sur la gauche pour une femme droitière) ou tout autre refrain gestuel alternatif réducteur qui démentira le message initial. Ce code gestuel peut aussi indiquer une supplication amoureuse dans l'intimité du couple. En tout état de cause, si vous vous surprenez à le reproduire involontairement face à votre coup de cœur, vous saurez dorénavant ce qu'il signifie. Évidemment, s'il s'agit de votre supérieur hiérarchique ou d'un client, le sens de la posture change du tout au tout. Votre désir est davantage orienté vers un bénéfice professionnel.

Le fruit défendu

Elle vous évalue entre l'index et le majeur droit (voir Figure 22-8).

Figure 22-8 : Cette posture appartient à une personne qui évalue votre intellect.

Le majeur droit est l'un des sièges symboliques de l'organisation intellectuelle et l'index droit symbolise la maîtrise de soi ou des autres. En outre, les doigts concernés sont plantés dans la joue droite, celle qui dépend du cerveau cognitif, donc rationnel.

Si votre coup de cœur reproduit souvent ce type de posture et usant des mêmes doigts, vous êtes la proie d'une cérébrale qui soupèse la masse de vos neurones avant de s'engager dans une aventure intello-sensuelle ou érotico-intellectuelle.

Le message des chevilles

Quand la cheville droite retient la gauche (voir Figure 22-9), la fermeture de la boutique aux sentiments est confirmée.

Figure 22-9 : Ce croisement indique que la communication est bloquée.

Soyez toujours attentive à ce genre de réaction face à l'inconnu (ou le connu) qui tente de vous séduire. Chaque fois que j'ai surpris mes coups de cœur en position psychorigide ou chaque fois que mes propres chevilles réagissaient de cette manière, j'ai perdu mon temps et mon énergie.

Les pieds en danseuse

Les pieds en danseuse ne sont pas, à proprement parler, une attitude séduisante (voir Figure 22-10).

Figure 22-10 : Attention, ce geste transmet un message démotivant.

Coup de blues (pied gauche sur la pointe) ou peur de rater (pied droit sur la pointe) sont les traductions en clair des deux latéralités. Je vous déconseille donc d'y avoir recours face à votre coup de cœur. Le message non verbal peut vous dévaloriser à ses yeux sans qu'elle en ait conscience.

Le danseur, pointe du pied gauche en équilibre, trahit son manque de motivation ou de désir. À éviter dans tous les cas de figure ! C'est une posture si fréquente dans les situations de parade amoureuse que j'ai jugé utile de vous avertir du message négatif qu'elle délivre.

Chapitre 23

Les dix gestes de l'autorité

Dans ce chapitre :

- Le défi
- Les pans du veston
- L'angle d'attaque
- Le gourou

Votre interlocuteur est *a priori* un homme ou une femme de pouvoir. D'ailleurs les postures adoptées le confirment. Gardez l'œil ouvert car même si les gestes semblent vouloir vous en imposer, vous allez voir dans ce chapitre que l'autorité affectée n'est pas forcément le reflet de la réalité.

Les griffes rentrées

Elle replie les doigts et rentre ses griffes symboliquement, reposant son menton sur la paume de sa main droite, coude en appui (voir Figure 23-1).

Figure 23-1 : En rentrant ses griffes, la personne signale qu'elle ne se sent pas agressée et qu'elle ne craint rien.

La posture adoptée est un code charismatique qui souligne les mimiques du visage. Elle signifie : « Vous ne me faites pas peur ; la preuve, je rentre mes griffes. » Dans un contexte de séduction, cette même posture sera plutôt favorable à l'intention du coup de cœur qui s'impatiente pour passer aux choses sérieuses.

Le défi

Le couple pouce-index qui pinçote le menton est une posture classique qu'adoptent principalement ceux qui détiennent un pouvoir absolu (voir Figure 23-2).

Figure 23-2 : Cette posture est typique des individus qui détiennent le pouvoir.

Le menton est le siège du défi, ce qui donne au message non dit une couleur très particulière et un sens facile à décrypter : « Je vous mets au défi de me surprendre », disent les doigts qui pincent le menton. La condescendance de cette posture est toujours intimidante pour le subalterne ou le visiteur. Elle laisse filtrer un fond d'ironie amicale mitigée d'une menace à peine voilée : « Prenez garde de ne pas me décevoir, sinon… » Si comme moi, vous êtes une personne sans pouvoir, reproduisez donc ce geste particulier et vous constaterez qu'il ne vous est pas naturel. Seuls les gens de pouvoir et les manipulateurs sont susceptibles de l'adopter ordinairement.

Les bras croisés

Si l'individu est offensif, son bras droit domine le gauche, ce qui signifie en gros qu'il privilégie sa foi en lui-même au détriment de la reconnaissance ou de l'estime qu'il attend des autres. En revanche, quand une personne croise les bras en mode défensif, le bras gauche domine le droit. Dans ce cas, elle privilégie l'estime de soi et la reconnaissance des autres pour alimenter sa confiance en soi (voir Figure 23-3).

Figure 23-3 : Selon le bras dominant, la personne exprime un profil offensif ou défensif.

Les avant-bras en appui

Il existe différentes façons de poser vos avant-bras sur une table : en appui sur le tranchant de la table, les bras en parallèle pointés vers votre interlocuteur, les bras en parallèle ramenés vers le corps avec les mains en couverture (voir Figure 23-4).

Figure 23-4 : Les avant-bras en appui avec les mains en parallèle appartiennent au vocabulaire gestuel des entrepreneurs.

Les avant-bras en appui, contrairement aux coudes en équilibre, aux poings ou aux mains à plat sur la table, indiquent que nous avons affaire à un individu doué d'un esprit d'entreprise, un homme qui ne craint pas de s'engager. Seul petit bémol, tout de même, la main gauche en couverture sur la droite trahit un décideur consultatif, c'est-à-dire une personne plus influençable qu'on ne se l'imagine. Ceci bien sûr, pour autant qu'elle reproduise toujours les mains en couverture dans le même sens : gauche sur droite.

Les pans du veston

Le rejet des pans du veston vers l'arrière quand les mains viennent se réfugier dans les poches est une posture très zen et tout à fait charismatique. La plupart des hommes glissent leurs mains dans les poches de leur pantalon en relevant les pans de leur veston (voir Figure 23-5).

Figure 23-5 : Posture de la détente ou de l'indifférence selon le contexte.

Mauvaise pioche! Cette attitude indique un personnage stressé qui tente d'échapper à la pression qu'on lui fait subir. Il glisse sa (ou ses) main(s) sous le pan du veston pour y trouver un refuge factice. Le simple fait de chasser les pans du veston vers l'arrière est un signal d'indifférence et de dandysme évident, un geste d'impertinence pure et dure.

Les poches sont des lieux de détente ou d'hébergement d'un cerveau surmené ou stressé. Je vous rappelle que nos mains sont les représentations extérieures de nos cerveaux gauche et droit. Un homme qui cache l'une de ses mains ou les deux au fond de ses poches signale qu'il a enterré sa hache de guerre. Il renonce à être agressif. Il se sent en sécurité. La posture des deux mains dans les poches traduit toujours une écoute passive et peu attentive.

Les individus qui enfouissent systématiquement les deux mains dans leurs poches sont en vacances, au sens large de l'expression. J'ai souvent observé une plus grande fréquence des mains en congé en période estivale. C'est une posture de détente.

Les bras télescopiques

Les hommes de pouvoir prennent appui sur leur bras comme ils s'appuient sur leur autorité naturelle ou statutaire. Ils se lèvent pour marteler leurs arguments ou pour signifier que la réunion est terminée. Ce faisant, ils posent toujours leurs mains en appui sur la table pour consolider leur pouvoir (voir Figure 23-6).

Figure 23-6 : L'homme de pouvoir s'appuie sur son bureau pour imposer ses vues.

Les « bras télescopiques » sont une posture agressive de la part d'un individu qui craint de perdre son pouvoir d'influence. Il cherche à en imposer gestuellement en prenant de la hauteur.

L'angle d'attaque

Les index amoureux sont une posture classique dans les cercles du pouvoir (voir Figure 23-7) ; de tous les pouvoirs.

Elle indique tout d'abord que le reproducteur du geste réfléchit à la manière dont il va vous rouler dans sa farine et vous amener à accepter les conditions inacceptables qu'il vous imposera d'autorité.

Figure 23-7 : Attention, ce geste indique une personne prête à vous berner.

Geste redoutable du débatteur ironique qui cherche l'ouverture pour abattre son adversaire en le ridiculisant. À l'origine, les index amoureux proviennent du langage gestuel de la séduction. Dans ce contexte, ils représentent une invitation implicite à un partage charnel sans préalable.

Littéralement, cette séquence gestuelle est le prélude à une trahison. Il n'y a pas d'exception à la règle, à ma connaissance.

Je n'ai jamais assisté à un débat politique à la télévision sans que l'un des intervenants en plateau ne reproduise ce code. Curieusement, celui auquel s'adressait le geste était toujours, et sans exception, un adversaire politique ou un débatteur du camp adverse.

Si un interlocuteur reproduit les index amoureux sous vos yeux, que faire, quelle attitude adopter pour ne pas vous trahir ? Vous pouvez bien évidemment vous dire que la traduction que je vous livre ici est exagérée, libre à vous. Mais si vous m'accordez un zeste de votre confiance, prenez immédiatement du recul et, surtout, reportez la conclusion ou la négociation à une date ultérieure sous n'importe quel prétexte. Votre interlocuteur essaiera de vous déstabiliser, de vous pousser à signer ou à donner votre accord. Exigez un délai de réflexion, quels que soient les gages qu'il dépose à vos pieds.

L'index écouteur

L'index droit est le doigt qui symbolise l'affirmation de soi et la maîtrise ou le contrôle, au choix. En antenne le long de la joue gauche, il devient le récepteur du flair ou de l'intuition (voir Figure 23-8).

Figure 23-8 : Ce geste révèle une personne sûre d'elle-même et qui maîtrise la situation.

Le long de la joue droite, il se branche sur le cerveau cognitif. Analyse et sens critique sont au programme. La connotation d'autorité provient de l'index lui-même. Ce doigt est fortement sollicité par les tribuns politiques et les patrons qui haranguent leurs troupes.

La posture assise

Il existe de multiples manières de s'asseoir mais peu d'entre elles donnent l'impression de pouvoir ou d'autorité. Rien qu'une impression, cependant. Car le simple fait de croiser la jambe droite sur la gauche (voir Figure 23-9) indique déjà que le sujet contrôle la situation mais qu'il n'est pas aussi à l'aise qu'il y paraît.

En effet, le simple fait de croiser les jambes est déjà un signe de stress. Le personnage fait autorité parce qu'il est l'autorité investie de par son statut au sein de l'entreprise ou du groupe. L'attitude du haut du corps, notamment la posture des bras, le confirme amplement : la manière de tenir le cigare, la main gauche pendante, le buste bien calé contre le dossier du fauteuil. En revanche, le bas du corps contredit cette apparence d'autorité. Le subconscient trahit sous la ceinture. Les jambes croisées émettent un signal autoscopique, on dit aussi un marqueur somatique, en provenance du subconscient (pour faire simple). On croise toujours pour se protéger. Le croisement des doigts, des bras, des jambes, etc. est une armure virtuelle. Plus spécialement, le croisement des jambes indique une mise en scène de l'autorité, donc une autorité factice. Chaque fois que vous croisez les jambes, vous affaiblissez votre position et vous soldez votre image d'homme ou de femme de pouvoir. Les jambes sont le siège de la maîtrise de soi. Et cette maîtrise-là est l'ingrédient primordial du pouvoir. Elle nécessite que les deux pieds demeurent en contact avec le sol.

Figure 23-9 : Ce personnage est moins sûr de lui qu'il n'y paraît.

Le gourou

Les index amoureux en travers de la bouche, assis en tailleur à même le sol (voir Figure 23-10), l'animateur de cet atelier attend que ses adeptes se taisent.

Figure 23-10 : Assis en tailleur, il joue les gourous.

Dans les séminaires de type « New Age » ou de thérapie de groupe, cette posture est ce qu'on nomme un geste relique. Elle provient en droite ligne de l'enfance et vise à infantiliser le groupe, donc à rendre les participants plus suggestibles qu'ils ne le seraient s'ils étaient tout simplement assis sur un siège. L'animateur se comporte en gourou du groupe dont il a la charge et joue à être la source de la connaissance ou le dépositaire du secret des dieux. Tout est toujours une question de contexte. Cette disposition logique pour des enfants devient un moyen de manipuler un groupe d'adultes, donc d'abaisser les barrières de défense ou le sens critique pour les influencer.

Repères bibliographiques

Christophe André, *L'Estime de soi*, Odile Jacob, 1999.

Christophe André, *Vivre heureux – Psychologie du bonheur*, Odile Jacob, 2004.

Maurice Auroux, *L'Ambiguïté humaine*, Buchet/Chastel, 1994.

Léon Chertok, *Hypnose et suggestion*, PUF, 1993.

Noam Chomsky, *Le Langage et la Pensée*, Payot, 1968.

Robert Cialdini, *Influence et manipulation*, First, 2004.

Boris Cyrulnik, *Un merveilleux malheur*, Odile Jacob, 2002.

Erich Fromm, *Le Cœur de l'homme*, Payot, 1998.

Daniel Goleman, *L'Intelligence émotionnelle*, Robert Laffont, 1997.

Carl G. Jung, *L'Homme à la découverte de son âme*, Albin Michel, 1987.

Henri Laborit, *L'Inhibition de l'action*, Masson, 1986.

Daniel Lacotte, *Le Pourquoi du comment*, Albin Michel, 2004.

Jean Lerède, *Qu'est-ce que la suggestologie ?*, Privat, 1980.

Jean Lerède, *Les Troupeaux de l'aurore*, de Mortagne, 1990.

Joseph Messinger, *Ces gestes qui manipulent, ces mots qui influencent*, First, 2003.

Joseph Messinger, *Ces gestes qui vous séduisent*, First, 2004.

Joseph Messinger, *Ces gestes qui vous trahissent*, First, 2005.

Joseph Messinger, *Le Langage psy du corps*, First, 2004.

Joseph Messinger, *Le Langage secret des gestes*, First, 2002.

Joseph Messinger, *Les Étonnants Pouvoirs de l'énergie positive*, First, 1993.

Caroline et Joseph Messinger, *Ne leur dites jamais – Savoir parler à ses enfants, ça s'apprend*, Flammarion, 2005.

Caroline et Joseph Messinger, *Les mots qui polluent, les mots qui guérissent*, Flammarion, 2005.

Desmond Morris, *La Clé des gestes*, Grasset, 1979.

Desmond Morris, *La Magie du corps*, Grasset, 1987.

Desmond Morris, *Le Singe nu*, Livre de Poche, 1971.

Vance Packard, *La Persuasion clandestine*, Calmann-Lévy, 1958.

David Servan-Schreiber, *Guérir*, Robert Laffont, 2003.

Adam Smith, *Les Cosmonautes de l'inconscient*, Robert Laffont, 1992.

Société internationale de recherche interdisciplinaire sur la maladie (Sirim), *Alors survient la maladie*, Empirika, 1983.

Jean-Didier Vincent, *Le Cœur des autres*, Plon, 2003.

Index

B

C

D

E

F

G

H

I

K

L

M

N

O

P

S

T

V

Y

Z

Disponibles dans la collection « Pour les Nuls »

Culture générale

Histoire

Titre	*Auteur*	*Prix*	*ISBN*
Les Années 60	Stéphane Benhamou	22,90 €	978-2-7540-0610-1
La Mythologie illustrée	Collectif	29,90 €	978-2-7540-0989-8
Les Grandes Civilisations	Florence Braunstein, Jean-François Pépin	22,90 €	978-2-7540-0605-7
La Première Guerre mondiale	Jean-Yves Le Naour	22,90 €	978-2-7540-0616-3
La Vᵉ République	Nicolas Charbonneau, Laurent Guimier	24,90 €	978-2-7540-0620-0
Le Moyen Âge	Pierre Langevin	22,90 €	978-2-7540-0563-0
La Culture générale illustrée	Florence Braunstein, Jean-François Pépin	29,90 €	978-2-7540-0503-6
L'Histoire de la Suisse	Georges Andrey	22,90 €	978-2-7540-0489-3
La Culture générale	Florence Braunstein, Jean-François Pépin	22,90 €	978-2-7540-0277-6
Paris	Danielle Chadych, Dominique Leborgne	22,90 €	978-2-7540-0168-7
L'Égypte ancienne	Florence Maruéjol	22,90 €	978-2-7540-0256-1
La Mythologie	Christopher W. Blackwell, Amy Hackney Blackwell	22,90 €	978-2-7540-0257-8
L'Histoire de France illustrée	Jean-Joseph Julaud	29,90 €	978-2-7540-0110-6
Léonard de Vinci	Jessica Teisch, Tracy Barr	22,90 €	978-2-7540-0037-6
L'Histoire de France	Jean-Joseph Julaud	22,90 €	978-2-8769-1941-9

Religion / Spiritualité

Titre	*Auteur*	*Prix*	*ISBN*
Le Christianisme	Richard Wagner, Père Denis Metzinger	22,90 €	978-2-7540-0991-1
Le Livre des religions	Collectif	39,90 €	978-2-7540-0987-4
L'Islam	Malcolm Clark, Malek Chebel	22,90 €	978-2-7540-0531-9
Le Judaïsme	Josy Eisenberg	22,90 €	978-2-7540-0596-8
La Bible illustrée	Éric Denimal	29,90 €	978-2-7540-0274-5
Le Catholicisme	John Trigilio, Père Pierre Lartigue	22,90 €	978-2-7540-0182-3
La Franc-Maçonnerie	Christopher Hodapp, Philippe Benhamou	22,90 €	978-2-7540-0150-2
Le Bouddhisme	Jonathan Landaw, Stephan Bodian	22,90 €	978-2-7540-0062-8

Titre	*Auteur*	*Prix*	*ISBN*
La Bible	Éric Denimal	21,90 €	978-2-8769-1800-9
Sagesse et Spiritualité	Sharon Janis	21,90 €	978-2-8769-1769-9

Société

Titre	*Auteur*	*Prix*	*ISBN*
L'Europe (2e édition)	Sylvie Goulard	22,90€	978-2-7540-1213-3
L'Écologie	Franck Courchamp	22,90 €	978-2-7540-0554-8
Le Socialisme	Alain Bergounioux, Denis Lefebvre	22,90 €	978-2-7540-0817-4
La Géopolitique	Philippe Moreau Defarges	22,90 €	978-2-7540-0623-1
La Justice	Emmanuel Pierrat	22,90 €	978-2-7540-0553-1
La Philosophie (2e édition)	Christian Godin	22,90 €	978-2-7540-0460-2
L'Économie	Michel Musolino	22,90 €	978-2-7540-0351-3
La Politique	Philippe Reinhard	22,90 €	978-2-7540-0335-3
La Géographie française	Jean-Joseph Julaud	22,90 €	978-2-7540-0245-5

Sciences

Titre	*Auteur*	*Prix*	*ISBN*
Le Corps humain	Dr Patrick Gepner	22,90 €	978-2-7540-1121-1
Les Maths	Jean-Louis Boursin	22,90 €	978-2-7540-0093-2
L'Astronomie	Stephen Maran, Pascal Bordé	21,90 €	978-2-8769-1634-0

Beaux-arts

Titre	*Auteur*	*Prix*	*ISBN*
L'Histoire du cinéma	Vincent Mirabel	22,90 €	978-2-7540-0609-5
L'Histoire de l'art illustrée	Jean-Jacques Breton, Philippe Cachau, Dominique Williatte	29,90 €	978-2-7540-0493-0
L'Histoire de l'art	Jean-Jacques Breton, Philippe Cachau, Dominique Wialatte	22,90 €	978-2-7540-0229-5

Musique

Titre	*Auteur*	*Prix*	*ISBN*
Le Jazz	Dirk Sutro, Stéphane Koechlin	22,90 €	978-2-7540-0779-5
La Musique classique	David Pogue, Claire Delamarche	22,90 €	978-2-7540-0151-9

Titre	*Auteur*	*Prix*	*ISBN*
L'Opéra	David Pogue, Claire Delamarche	22,90 €	978-2-7540-0244-8

Langue française

Titre	*Auteur*	*Prix*	*ISBN*
La Littérature française illustrée	Jean-Joseph Julaud	29,90 €	978-2-7540-0258-5
La Littérature française	Jean-Joseph Julaud	22,90 €	978-2-7540-0061-1
Le Français correct	Jean-Joseph Julaud	21,90 €	978-2-8769-1640-1

… en Poche

Titre	*Auteur*	*Prix*	*ISBN*
L'Histoire de France – tome 1 Des origines à 1789	Jean-Joseph Julaud	11,90 €	978-2-7540-0180-9
L'Histoire de France – tome 2 De 1789 à nos jours	Jean-Joseph Julaud	11,90 €	978-2-7540-0181-6
Paris Rive droite	Danielle Chadych, Dominique Leborgne	11,90 €	978-2-7540-0694-1
Paris Rive gauche	Danielle Chadych, Dominique Leborgne	11,90 €	978-2-7540-0695-8
La Culture générale – tome 1 Histoire, géographie, art et littérature	Florence Braunstein, Jean-François Pépin	11,90 €	978-2-7540-0798-6
La Culture générale – tome 2 Sciences, sports, loisirs et spiritualité	Florence Braunstein, Jean-François Pépin	11,90 €	978-2-7540-0799-3
La Franc-Maçonnerie	Philippe Benhamou	11,90 €	978-2-7540-0696-5
Le Bouddhisme	Jonathan Landraw, Stephan Bodian	11,90 €	978-2-7540-03148
La Philosophie – tome 1 Antiquité, Moyen Âge et Renaissance	Christian Godin	11,90 €	978-2-7540-0796-2
La Philosophie – tome 2 Du XVIIe siècle à nos jours	Christian Godin	11,90 €	978-2-7540-0797-9
L'Astrologie	Rae Orion	11,90 €	978-2-8769-1999-0
La Littérature française – tome 1 Du Moyen Âge au XVIIIe siècle	Jean-Joseph Julaud	11,90 €	978-2-7540-0611-8
La Littérature française – tome 2 Du XVIIIe siècle à nos jours	Jean-Joseph Julaud	11,90 €	978-2-7540-0612-5
Le Français correct	Jean-Joseph Julaud	11,90 €	978-2-8769-1924-2

Vie pratique

Cuisine

Titre	*Auteur*	*Prix*	*ISBN*
Les Cuisines du monde	Philippe Chavanne	22,90 €	978-2-7540-0103-8
Le Vin, 4e édition	Laure Liger, Ivan-Paul Cassetari	22,90 €	978-2-7540-0961-4
La Cuisine	Bryan Miller	21,90 €	978-2-8769-1683-8

Santé

Titre	*Auteur*	*Prix*	*ISBN*
La Maladie d'Alzheimer	Christian Derouesne, Jacques Selmes	22,90 €	978-2-7540-1058-0
Améliorer sa mémoire	John B. Arden	22,90 €	978-2-7540-0323-0
Maigrir	Jane Kirby, Dr Jocelyne Raison	22,90 €	978-2-7540-0005-5
Bien s'alimenter	Carol Ann Rinzler	21,90 €	978-2-8769-1897-9
Le Diabète	Dr Alan Rubin, Dr Martine André	21,90 €	978-2-8769-1869-6
Asthme et Allergies	W.E. Berger, Dr Pierrick Hordé	21,19 €	978-2-87691-604-3
Le Sexe	Dr Ruth	21,19 €	978-2-87691-615-9

Bien-être

Titre	*Auteur*	*Prix*	*ISBN*
Shiatsu et Réflexologie	Synthia Andrews, Bobbi Dempsey, Michel Odoul	22,90 €	978-2-7540-0981-2
Le Développement personnel	Collectif	29,90 €	978-2-7540-0865-5
Zen ! La Méditation, 2e édition	Stephan Bodian	22,90 €	978-2-7540-0322-3
Le Tai-Chi	Therèse Iknoian	22,90 €	978-2-7540-0137-3
Les Massages	Steve Capellini, Michel Van Welden	22,90 €	978-2-7540-0060-4
La Méthode Pilates	Ellie Herman	21,90 €	978-2-8769-1767-5
Le Yoga	Georg Feuerstein	21,90 €	978-2-8769-1752-1
Le Feng Shui	David Kennedy	21,90 €	978-2-8769-1687-6

Psychologie

Titre	*Auteur*	*Prix*	*ISBN*
La Confiance en soi	Kate Burton	22,90 €	978-2-7540-0647-7
Le Coaching	Jeni Mumford	22,90 €	978-2-7540-0353-7

Titre	*Auteur*	*Prix*	*ISBN*
L'Hypnothérapie	Mike Bryant, Peter Mabbutt	22,90 €	978-2-7540-0504-3
La PNL	Romilla Ready, Kate Burton	22,90 €	978-2-7540-0169-4
Les Thérapies comportementales et cognitives	Rob Willson, Rhena Branch	22,90 €	978-2-7540-0246-2
La Psychologie	Dr Adam Cash	21,90 €	978-2-8769-1802-3
Gérer votre stress	Dr Allen Elking	21,90 €	978-2-8769-1661-6

Puériculture

Titre	*Auteur*	*Prix*	*ISBN*
La Grossesse	Dr J. Stone, Dr K. Eddleman	21,90 €	978-2-8769-1915-0

Droit pratique

Titre	*Auteur*	*Prix*	*ISBN*
Préparer sa retraite	Laurence de Percin	22,90 €	978-2-7540-0792-4
L'Immobilier, 2e édition	Laurence Boccara, Catherine Sabbah	22,90 €	978 2754005302

Finances personnelles

Titre	*Auteur*	*Prix*	*ISBN*
Les Finances personnelles	Pascale Micoleau-Marcel	22,90 €	978-2-7540-0630-9
Payer moins d'impôts, 2e édition	Robert Matthieu	22,90 €	978-2-7540-1072-6

Maison

Titre	*Auteur*	*Prix*	*ISBN*
Vivre écolo	Liz Barclay, Michael Grosvenor, Franck Laval	22,90 €	978-2-7540-0707-8
Le Bricolage	Gene Hamilton, Katie Hamilton	21,19 €	978-2-8769-1702-6

… En Poche

Titre	*Auteur*	*Prix*	*ISBN*
Le Code de la route	DFC Production	14,90 €	978-2-7540-1093-1
Les Tests du Code de la route	Denis Mohr	14,90 €	978-2-7540-0751-1
Le Vin	Laure Liger, Yvan-Paul Cassetari	11,90 €	978-2-7540-0087-1
La Cuisine facile	Brian Miller, Alain Le Courtois	11,90 €	978-2-8769-1872-6

Titre	*Auteur*	*Prix*	*ISBN*
Le Sexe	Dr Ruth	11,90 €	978-2-8769-1956-3
Maigrir	Jane Kirby	11,90 €	978-2-8769-1870-2
Zen ! La Méditation	Stephan Bodian	11,90 €	978-2-7540-0000-0
Un bureau feng shui	Holly Ziegler, Jennifer Lawler	11,90 €	978-2-8769-1949-5
La Méthode Pilates	Ellie Herman	11,90 €	978-2-7540-0223-3
Le Yoga	Georg Feuerstein, Larry Pane	11,90 €	978-2-7540-0063-5
Guérir l'anxiété	Dr Martine André, Dr Charles Eliott, Dr Laura Smith	11,90 €	978-2-7540-1195-2
Les Thérapies comportementales et cognitives	Rob Willson, Rhena Branch	11,90 €	978-2-7540-1074-0
La PNL	Romilla Ready, Kate Burton	11,90 €	978-2-7540-0879-2
La Psychologie	Dr Adam Cash	11,90 €	978-2-8769-1957-0
Le Bricolage	Gene Hamilton, Katie Hamilton	11,90 €	978-2-7540-0373-5

Business

Titre	*Auteur*	*Prix*	*ISBN*
Le Marketing, 2e édition	Alexander Hiam	22,90 €	978-2-7540-0688-0
La Comptabilité	Laurence Le Gallo	22,90 €	978-2-7540-0617-0
Créer sa boîte	Laurence de Percin	22,90 €	978-2-7540-0492-3
Le Management	Bob Nelson	21,90 €	978-2-8769-1952-5
Business Plans	Paul Tifany, Steven D. Peterson	21,90 €	978-2-8769-1712-5
La Vente	Tom Hopkins	21,90 €	978-2-8769-1670-8

… en Poche

Titre	*Auteur*	*Prix*	*ISBN*
Trouver un job	Collectif	6,90 €	978-2-7540-1013-9
Le Management	Bob Nelson	11,90 €	978-2-7540-0454-1
Business Plans	Paul Tiffany, Steven D. Peterson	11,90 €	978-2-7540-0094-9
La Vente	Tom Hopkins	11,90 €	978-2-8769-1950-1

Loisirs

Sports

Titre	*Auteur*	*Prix*	*ISBN*
Courir	Tere Stouffer Drenth, Philippe Maquat	22,90 €	978-2-7540-1044-3
Gym et Musculation	Cyndi Targosz, Jean-Pierre Clémenceau	22,90 €	978-2-7540-1059-7
L'Équitation	Audrey Pavia, Marie Martin	22,90 €	978-2-7540-0732-0
Le Rugby, 2e édition	François Duboisset, Frédéric Viard	22,90 €	978-2-7540-0459-6
Le Golf	Gary McCord	22,90 €	978-2-7540-0078-9
La Voile	J.-J. Isler, Peter Isler	22,90 €	978-2-7540-0059-8

Musique

Titre	*Auteur*	*Prix*	*ISBN*
L'Harmonica	Winslow Yerxa, Jean-Jacques Milteau	22,90 €	978-2-7540-1210-2
DJ	John Steventon, Nicolas Dambre	22,90 €	978-2-7540-1198-3
Le Pack Guitare	M and M Merchandisers	139 €	978-2-7540-1015-3
La Batterie	Jeff Strong, Laurent Bataille	22,90 €	978-2-7540-0352-0
Le Chant	Pamela S. Phillips, Mariette Jost	22,90 €	978-2-7540-0462-6
Le Solfège	Michael Pilhofer, Jean-Clément Jollet	22,90 €	978-2-7540-0586-9
La Guitare basse	Patrick Pfeiffer	22,90 €	978-2-7540-0288-2
Claviers et Synthétiseurs	Christophe Martin de Montagu	22,90 €	978-2-7540-0118-2
La Guitare, 2e édition	Mark Phillips, Jon Chappel	22,90 €	978-2-7540-0124-3
Le Piano	Blake Neely, Marc Rozenbaum	22,90 €	978-2-7540-0102-1
La Guitare électrique	John Chappell	22,90 €	978-2-8769-1983-9

Loisirs créatifs

Titre	*Auteur*	*Prix*	*ISBN*
L'Aquarelle	Colette Pitcher	24,90 €	978-2-7540-0934-8
La Peinture à l'huile	Anita Giddings, Cherry Stone Clifton	24,90 €	978-2-7540-0935-5
Dessiner des mangas	Kensuke Okabayashi, Nobuyuki Anzai	22,90 €	978-2-7540-0494-7
La Couture	Janice Saunders Maresh	22,90 €	978-2-7540-0193-9
Le Dessin	Brenda Hoddinot	22,90 €	978-2-7540-0185-4
Le Tricot	Pam Allen	21,90 €	978-2-8769-1705-7

Nature

Titre	*Auteur*	*Prix*	*ISBN*
Un aquarium	Maddy Hargrove, Mic Hargrove	22,90 €	978-2-7540-0917-1
Le Cheval	Audray Pavia, Marie Martin	22,90 €	978-2-7540-0367-4
Éduquer son chiot	Sarah Hodgson	22,90 €	978-2-7540-0372-8
Éduquer son chien	Jack Volahrd, Wendy Volahrd	22,90 €	978-2-7540-0152-6

Jeux

Titre	*Auteur*	*Prix*	*ISBN*
Le Casino	Kevin Blackwood, François Montmirel	22,90 €	978-2-7540-0447-3
Le Poker Texas Hold'em	Mark Harlan, François Montmirel	22,90 €	978-2-7540-0448-0
La Magie	David Pogue, Bernard Bilis	22,90 €	978-2-7540-0453-4
Le Bridge	Eddie Kantar, Dominique Portal, Patrice Marmion	22,90 €	978-2-7540-0276-9
Le Poker	Richard D. Harroch, Lou Krieger, François Montmirel	22,90 €	978-2-7540-0123-6
Les Échecs	J. Eade	21,90 €	978-2-8769-1824-5

... en Poche

Titre	*Auteur*	*Prix*	*ISBN*
Accords de guitare	Antoine Polin	11,90 €	978-2-7540-1009-2
Le Tricot	Pam Allen	11,90 €	978-2-7540-0135-9
Le Dessin	Brenda Hodinot	11,90 €	978-2-7540-0889-1

Langues

Méthodes de langues

Titre	*Auteur*	*Prix*	*ISBN*
Le Latin	Clifford Hull, Steven Perkins, Tracy Barr, Danièle Robert	22,90 €	978-2-7540-0881-5
La Grammaire anglaise	Géraldine Woods, Claude Raimond	22,90 €	978-2-7540-0564-7
Le Russe	Vincent Bénet, Oleg Chinkarouk, Serafima Gettys, Andrew Kaufman	22,90 €	978-2-7540-0813-6
Le Portugais	Karen Keller, Ricardo Rodrigues	22,90 €	978-2-7540-0831-0

Titre	*Auteur*	*Prix*	*ISBN*
L'Arabe	Amine Bouchentouf, Sylvie Chraibi, Aboubakar Chraibi	22,90 €	978-2-7540-0312-4
Le Japonais	Eriko Sato, Vincent Grépinet	22,90 €	978-2-7540-0495-4
Le Néerlandais	Margreet Kwakernaak, Michael Hofland, Annick Christiaens	22,90 €	978-2-7540-0313-1
Le Chinois	Wendy Abraham, Joël Bellassen	22,90 €	978-2-7540-0212-7
L'Allemand	Paulina Christensen, Claude Raimond	22,90 €	978-2-7540-0038-3
L'Anglais	Gail Brenner, Claude Raimond	22,90 €	978-2-8769-1973-0
L'Espagnol	Suzanna Wald, Anne-Carole Grillot	22,90 €	978-2-8769-1974-7
L'Italien	Francesca Onufri, Sylvie Le Bras	22,90 €	978-2-7540-0039-0

Guides de conversation

Titre	*Auteur*	*Prix*	*ISBN*
Le Basque	Charles Videgain	5,90 €	978-2-7540-1239-3
Le Breton	Hervé Le Bihan	5,90 €	978-2-7540-1240-9
Le Japonais	Eriko Sato, Vincent Grépinet	5,90 €	978-2-7540-0653-8
L'Arabe	Amine Bouchentouf, Sylvie Chraïbi, Aboubakr Chraïbi	5,90 €	978-2-7540-0839-6
Le Portugais	Karen Keller, Ricardo Rodrigues	5,90 €	978-2-7540-1016-0
Le Russe	Vincent Bénet, Oleg Chinkarouk, Serafima Gettys, Andrew Kaufman	5,90 €	978-2-7540-1010-8
L'Allemand	Paulina Christensen, Claude Raimond	5,90 €	978-2-7540-0324-7
L'Italien	Francesca Onofri, Sylvie Le Bras	5,90 €	978-2-7540-0325-4
Le Chinois	Wendy Abraham, Joël Bellassen	5,90 €	978-2-7540-0485-5
Le Néerlandais	Margreet Kwakernaak, Michael Hofland, Annick Christiaens	5,90 €	978-2-7540-0484-8
L'Espagnol	Suzanna Wald, Anne-Carole Grillot	5,90 €	978-2-7540-0178-6
L'Anglais	Gail Brenner, Claude Raimond	5,90 €	978-2-7540-0177-9

Kits audio

Titre	*Auteur*	*Prix*	*ISBN*
Kit audio Anglais	Gail Brenner	17,90 €	978-2-7540-0963-8
Kit audio Espagnol	Jessica Langemeier	17,90 €	978-2-7540-0964-5

… en Poche

Titre	*Auteur*	*Prix*	*ISBN*
L'Anglais correct	Claude Raimond	11,90 €	978-2-8769-1923-5

Parascolaire

Collège

Titre	*Auteur*	*Prix*	*ISBN*
Maths 6e	Cédric Bertone	7,95 €	978-2-7540-1176-1
Maths 5e	Yann Gélébart	7,95 €	978-2-7540-1178-5
Maths 4e	Jean-Charles Alvado	7,95 €	978-2-7540-1180-8
Maths 3e	Yann Gélébart	7,95 €	978-2-7540-1182-2
Français 6e	Dominique Rat, Anne Lavielle	7,95 €	978-2-7540-1175-4
Français 5e	Nathalie Soihet	7,95 €	978-2-7540-1177-8
Français 4e	Hélène Papiernick	7,95 €	978-2-7540-1179-2
Français 3e	Hélène Papiernick	7,95 €	978-2-7540-1181-5

Lycée

Titre	*Auteur*	*Prix*	*ISBN*
Le Bac Philosophie	Christian Godin	12,90 €	978-2-7540-1098-6
Le Bac Français	Gilles Guilleron	12,90 €	978-2-7540-1099-3
Le Bac Histoire-Géo	Nicolas Arnaud, Hugues Vessemont	12,90 €	978-2-7540-1100-6